SLAVISTIC PRINTINGS
AND REPRINTINGS

294

STRUCTURE OF TEXTS AND SEMIOTICS OF CULTURE

edited by

JAN VAN DER ENG

and

MOJMÍR GRYGAR

1973
MOUTON
THE HAGUE · PARIS

© Copyright 1973 in The Netherlands
Mouton & Co. N.V., Publishers, The Hague

No part of this book may be translated or reproduced in any form, by print, photoprint, microfilm, or any other means, without written permission from the publishers

LIBRARY OF CONGRESS CATALOG CARD NUMBER: 73-80963

Printed in Belgium by N.I.C.I., Ghent

PREFACE

In this book we have gathered together a series of Czech, Polish, Russian, and Dutch contributions for the Seventh International Congress of Slavists in Warsaw. The basic impetus to this undertaking has been our common interest in semiotics of culture and in the structural analysis of literary texts. Moreover, we think it important that collections of articles should focus upon a common theme (or some connected themes) and that a wide range of specialists from Slavic and Western countries should cooperate on such a subject of general discourse. We strongly intend to promote further collections of the same kind.

Jan van der Eng
Mojmir Grygar

TABLE OF CONTENTS

Preface V

B. A. Uspenskij, V. V. Ivanov, V. N. Toporov, A. M. Pjatigorskij, Ju. M. Lotman
   Theses on the Semiotic Study of Cultures (as Applied to Slavic Texts) 1

Jan van der Eng
   Прием: центральный фактор семантического построения повествовательного текста 29

Mojmír Grygar
   Кубизм и поэзия русского и чешского авангарда 59

Vjač. Vs. Ivanov
   Категория времени в искусстве и культуре XX века 103

Vjač. Vs. Ivanov
   Категория "видимого" и "невидимого" в тексте: еще раз о восточнославянских фольклорных параллелях к гоголевскому "Вию" 151

Ju. I. Levin
   Лирика с коммуникативной точки зрения 177

M. R. Mayenowa
   An Analysis of Some Visual Signs: Suggestions for discussion . . 197

Jan M. Meijer
   Literature as Information. Some Notes on Lotman's Book: *Struktura xudožestvennogo teksta* 209

V. N. Toporov
О структуре романа Достоевского в связи с архаичными схемами мифологического мышления *(Преступление и наказание)* 225

Stefan Żółkiewski
Des problèmes de la littérature populaire 303

Jan M. Meijer
Verbal Art as Interference between a Cognitive and an Aesthetic Structure. 313

Krystyna Pomorska
О членении повествовательной прозы 349

THESES ON THE SEMIOTIC STUDY OF CULTURES
(AS APPLIED TO SLAVIC TEXTS)

1.0.0. In the study of culture the initial premise is that all human activity concerned with the processing, exchange, and storage of information possesses a certain unity. Individual sign systems, though they presuppose immanently organized structures, function only in unity, supported by one another. None of the sign systems possesses a mechanism which would enable it to function culturally in isolation. Hence it follows that, together with an approach which permits us to construct a series of relatively autonomous sciences of the semiotic cycle, we shall also admit another approach, according to which all of them examine particular aspects of the *semiotics of culture*, of the study of the functional correlation of different sign systems. From this point of view particular importance is attached to questions of the hierarchical structure of the languages of culture, of the distribution of spheres among them, of cases in which these spheres intersect or merely border upon each other.

1.1.0. In investigations of a semiotic-typological nature the concept of culture is perceived as fundamental. In doing so we should distinguish between the conception of culture from its own point of view and from the point of view of a scientific metasystem which describes it. According to the first position, culture will have the appearance of a certain delimited sphere which is opposed to the phenomena of human history, experience, or activity lying outside it. Thus the concept of culture is inseparably linked with the opposition of its "non-culture". The principle according to which this is done (the antithesis of true religion and profanity, of enlightenment and ignorance, of belonging to a certain ethnic group or not belonging to it, and the like) pertains to the type of the given culture.

Yet the very opposition of inclusion in some closed sphere and exclusion from it constitutes a significant feature of our interpretation of the concept of culture from the "inner" point of view. Herein occurs a characteristic absolutization of the opposition: it seems that culture does not need its "outer" counteragent and can be understood immanently.

1.1.1. From this point of view the definition of culture as the sphere of organization (information) in human society and the opposition to it of disorganization (entropy) is one of the many definitions given "from within" the object being described, which is further evidence of the fact that science (in this case, information theory) in the twentieth century is not only a metasystem but is also part of the object described, "modern culture".

1.1.2. The opposition "culture-nature", "done-undone" ("artificial-non-artificial") is likewise merely a particular historically conditioned interpretation of the antithesis of inclusion and exclusion. Let us point out that the antithesis "culture-civilization", which was prevalent in Russian culture at the beginning of the twentieth century (A. Blok), regards culture as a structure which is organized but not by man – rather by the "spirit of music" – and is therefore "primeval". As for the feature of doneness ("artificialness") it is ascribed to the antipode of culture – civilization.

1.2.0. To describe them from the outer point of view, culture and non-culture appear as spheres which are mutually conditioned and which need each other. The mechanism of culture is a system which transforms the outer sphere into the inner one: disorganization into organization, ignoramuses into initiates, sinners into holy men, entropy into information. By virtue of the fact that culture lives not only by the opposition of the outer and the inner spheres but also by moving from one sphere to the other, it does not only struggle against the outer "chaos" but has need of it as well; it does not only destroy it but continually creates it.

One of the links between culture and civilization (and "chaos") consists in the fact that culture continually estranges, in favor of its antipode, certain "exhausted" elements, which become clichés and function in nonculture. Thus in culture itself entropy increases at the expense of maximum organization.

1.2.1. In this connection it may be said that each type of culture has its corresponding type of "chaos", which is by no means primary, uniform, and always equal to itself, but which represents just as active a creation by man as does the sphere of cultural organization. Each historically given type of culture has its own type of nonculture peculiar to it alone.

1.2.2. The sphere of extracultural nonorganization may sometimes be constructed as a mirror reflection of the sphere of culture or else as a space which, from the position of an observer immersed in the given culture, appears as unorganized, but which from an outer position proves to be a sphere of *different organization*. An example of the former might be the reconstruction of pagan ideas by a monk of twelfth-century Kiev in *Povest' vremmenyx let* [Tale of Bygone Years]. It makes a sorcerer taking part in a religious debate with Christians answer the questions "Who are your gods? Where do they dwell?" by saying: "They dwell in abysses; as for their appearance, they are black and winged, and have tails ..." When in the sphere of the culturally-mastered world "the heights" are appointed to the gods, then in its outer space they live below. Now, in the system of the given culture, an identification arises of the extra-cultural space with the negative "low" world. ("That God which sits in an abyss is a devil, but a God sits in the skies.") An example of the latter is the assertion of a Poljanin annalist that in old times the Drevljans did not "have marriages", after which a description is given of the family organization, which was, for the annalist, not based on marriage but, naturally, is for the modern investigator.

1.2.3. Although culture, by extending its limits, seeks completely to usurp the whole of extracultural space, to assimilate it to itself, from the position of an outside description the expansion of the sphere of organization leads to the expansion of the sphere of nonorganization. The narrow world of Hellenic civilization had its correspondingly narrow sphere of encircling "barbarians". The spatial growth of ancient Mediterranean civilization was accompanied by the growth of the extracultural world. (Of course, if we abstract ourselves from the concepts of the given type of culture, no growth occurred whatsoever; a certain people might live the same way both before and after they became known to the world of Roman civilization. Yet from the point of view of the given culture, its "forefield" steadily expanded.) It is characteristic that the twentieth century, having exhausted the reserves of the spatial expansion of culture (all geographical space has become "cultural"; the "forefield" has disappeared), has addressed itself to the problem of the subconscious, constructing a new type of space opposed to culture. The opposition to the spheres of the subconscious, on the one hand, and of the cosmos, on the other, is just as essential to an understanding of the inner structure of twentieth-century culture as the oppositions of *Rus'* and the steppe were for the twelfth century, or of the people and the intelligentsia for Russian culture in the second half of the nineteenth century. As a fact of culture the problem of the subconscious is not so much a discovery as a creation of the twentieth century.

1.2.4. The opposition "culture-extracultural space" is the minimal unit of the mechanism of culture on any given level. Practically speaking, we are given a paradigm of extracultural spaces ("infantile", "exotic-ethnic" from the point of view of the given culture, "subconscious", "pathological", and others). The descriptions of various peoples in medieval texts are constructed in an analogous manner: in the center there is situated a certain normal "we", to which other peoples are opposed as a paradigmatic set of anomalies. It should be emphasized that from the "inner" point of view the culture appears as the positive member of the aforementioned opposition, whereas from the "outer" point of view the whole opposition appears as a cultural phenomenon.

1.3.0. The active role of the outer space in the mechanism of culture is particularly revealed in the fact that certain ideological systems may associate a culture-generating source precisely with the outer, unorganized sphere, opposing to it the inner, regulated sphere as culturally dead. Thus in the Slavophile opposition of Russia and the West, the former is identified with the outer sphere, which is not normalized, which is not culturally assimilated, but which constitutes the germ of future culture. As for the West, it is conceived as a closed and regulated world, that is to say, "cultural" and at the same time culturally dead.

1.3.1. Thus, from the position of an outside observer, culture will represent not an immobile, synchronically balanced mechanism, but a dichotomous system, the "work" of which will be realized as the aggression of regularity against the sphere of the unregulated and, in the opposite direction, as the intrusion of the unregulated into the sphere of organization. At different moments of historical development either tendency may prevail. The incorporation into the cultural sphere of texts which have come from outside sometimes proves to be a powerful stimulating factor for cultural development.

1.3.2. The game relationship between culture and its outer sphere must be taken into consideration when studying cultural influences and relations. If during periods of the intensive influence of culture on the outer sphere, culture assimilates what is similar to it, that is to say, what from its position is recognized as a fact of culture, then during moments of extensive development it absorbs the texts which it does not have the means to decipher. The extensive encroachment upon twentieth-century European culture of infantile art, of archaic and medieval art or of the art of Far Eastern or African peoples, is bound up with the fact that these texts are torn out of their characteristic historical (or psychological) context. They are seen through the eyes of the "adult" or European. In order to play an active role, they must be perceived as "strange".

1.3.3. The cultural function of the tension between the inner (closed) and the outer (open) spaces is clearly revealed in the structure of houses (and other buildings). In making a house, man thereby partitions off a part of space which – in contrast with the outer sphere – is perceived as culturally assimilated and regulated. However, this initial opposition acquires cultural significance only against a background of continual breaches in the opposite direction. Thus, on the one hand, the closed "domestic" space begins to be perceived not as the antipode of the outside world, but as its model and analogue (for example, the temple as an image of the universe). In this case the regularity of the temple space is transferred to the outside world, suppressing the sphere of irregularity (the aggression of the inner space against the outside). On the other hand, some properties of the outside world penetrate into the inner world. Related to this is the attempt to distinguish "the house within the house" (for example, the altar space is an inner sphere within an inner sphere). An extremely interesting example of the "game" between the inner and outer spaces of a building as analogues to the tension between the corresponding cultural spheres is that of baroque architecture. The creation of structures which "overflow" their boundaries (pictures extending out of their frames, statues descending from their pedestals, the system of paired correlation between windows and mirrors, which introduces the exterior landscape into the interior) creates mutual breaches of the cultural sphere into chaos and of chaos into the cultural sphere.

2.0.0. Thus culture is constructed as a hierarchy of semiotic systems, on the one hand, and a multilayered arrangement of the extracultural sphere surrounding it. Yet it is indisputable that it is precisely the inner structure, the composition and correlation of particular semiotic subsystems, which determines the type of culture in the first place.

2.1.0. In accordance with what was said above, several cultures may also form a functional or structural unity from the point of view of broader contexts (genetic, areal, and others). Such an approach proves especially fruitful in solving problems of the comparative study of culture, particularly the culture of Slavic peoples. The formation of an inner paradigm of cultures or their distribution in the field of the "inner sphere of culture versus outer sphere of culture" opposition permits us to decide a number of questions, both of the relationship between individual Slavic cultures and of their relation to the cultures of other areas.

3.0.0. The fundamental concept of modern semiotics – the *text* – may be considered a connecting link between general semiotic and special studies such as Slavistics. The text has integral meaning and integral function (if we distinguish between the position of the investigator of culture and the position of its carrier, then from the point of view of the former the text appears as the carrier of integral function, while from the position of the latter it is the carrier of integral meaning). In this sense it may be regarded as the primary element (basic unit) of culture. The relationship of the text with the whole of culture and with its system of codes is shown by the fact that on different levels the same message may appear as a text, part of a text, or an entire set of texts. Thus Puškin's *Povesti Belkina* [Tales of Belkin] may be regarded as an integral text, as an entire set of texts, or else as part of a single text – "the Russian short story of the 1830's".

3.1.0. The concept "text" is used in a specifically semiotic sense and, on the one hand, is applied not only to messages in a natural language but also to any carrier of integral ("textual") meaning – to a ceremony, a work of the fine arts, or a piece of music. On the other hand, not every message in a natural language is a text from the point of view of culture. Out of the entire totality of messages in a natural language, culture distinguishes and takes into account only those which may be defined as a certain speech genre, for example, "prayer", "law", "novel", and others, that is to say, those which possess a certain integral meaning and fulfill a common function.

3.2.0. The text as an object of study may be examined in the light of the following problems:

3.2.1. *Text and sign.* The text as an integral sign; the text as a sequence of signs. The second case, as is well known from the experience of the linguistic study of the text, is sometimes regarded as the only possible one. Yet in the overall model of culture another type of text is also essential, one in which the concept of the text appears not as a secondary one derived from a chain of signs, but as a primary one. A text of this type is not discrete and does not break down into signs. It represents a whole and is segmented not into separate signs but into distinctive features. In this sense we can detect a far-reaching similarity between the primacy of the text in such modern audiovisual systems of mass communication as the cinema and television, and the role of the text for systems in which, as in mathematical logic, metamathematics, and the theory of formalized grammars, language is understood as a certain set of texts. The fundamental distinction between these two cases of the primacy of the text consists, however, in the fact that for audiovisual systems of the transmission of information and for such comparatively earlier systems as painting, sculpture, the dance (and pantomime), and ballet, the *continuous* text may be primary (the whole canvas of a painting, or a fragment of it in the event that separate signs are segmented in the painting), and a sign appears as a secondary notion, definable in terms of the text, whereas in formalized languages the text may always be represented as a chain of discrete symbols assigned as elements of an initial alphabet (of a set or a vocabulary). The orientation toward such discrete models of formalized languages (i.e., toward the discrete case of the transmission of information), which was characteristic of the linguistics of the first half of our century, is being replaced in contemporary semiotic theory by a concern with the continuous (indiscrete) text as a primary datum (i.e., with nondiscrete cases of the transmission of information) precisely at a time when in culture itself communication systems using predominantly continuous texts are acquiring increasingly greater significance. For television the basic unit is the elementary life situation, which before the moment of televising (or of filming) is, in an a priori manner, unknown and irresolvable into elements. But for the audiovisual technique of mass communication (the cinema and television, including television films) a combination of both methods is also typical. The cinema by no means relinquishes discrete signs, primarily signs of the oral language and of other everyday languages (particularly what it obtains as "raw" or "precinematographic" material from other, typologically earlier, systems), but rather it includes them in integral texts (the crucifix in the church scene in A. Wajda's *Ashes and Diamonds* appears by itself as a discrete symbol, but it is reinterpreted in the context of the entire sequence, in which it is correlated with the hero of the film). A similar inclusion of discrete signs, most often adopted from other (archaic) systems, in a continuous text may be shown in historically earlier visual systems, particularly in painting, where the human image on the world tree – which is central to a considerable number of mythological and ritual traditions (including those of the most ancient Slavs) – or other images equivalent to it, may be retained as the center of the composition. In all such cases we can see a manifestation of a general law of the evolution of semiotic systems, according to which a certain sign or an entire message (or fragment of a message) may be included in the text of another sign system as a component part of it and may subsequently remain chiefly in that capacity (hence with a shifted function – esthetic and not mythological or ritual, as in the examples given). The latter generalization may also be of interest in the substantiation of those methods of reconstructing the most ancient semiotic systems which are based on the discovery of the signs (and sometimes of texts as well) of an archaic system (of proto-Slavic mythology, for example) on the basis of their latest reflections, included in folklore and other texts preserved in historical tradition. At the same time, from this point of view the analysis of modern means of mass communication in their relationship with systems historically preceding them is organically included in the comparative study of the languages of culture (such subjects of investigation as, for example, the relationship between Wajda's films and the Polish baroque tradition are found to be in conformity with the law – not only on the level of the emotional atmosphere of the work, but also in the nature of the "precinematographic" material selected).

The choice of a discrete metalanguage of distinctive features of the type: upper-lower, left-right, dark-light, black-white, to describe such continuous texts as those of painting or the cinema, may by itself be regarded as a manifestation of archaizing tendencies which impose on the continuous text of the object-language metalinguistic categories more characteristic of archaic systems of binary symbolic classification (of mythological and ritual types). But we must not rule out the fact that features of this kind remain as archetypical features even during the creation and perception of continuous texts.

Thus the predominance of texts of the discrete or the nondiscrete type may be associated with a certain stage of development of the culture. Yet it should be emphasized that both these tendencies may also be represented as synchronically coexisting. The tension between them (for example, the conflict between verbal and visual text) constitutes one of the most permanent mechanisms of culture as a whole. The prevalence of one of them is possible not as a complete suppression of the opposite type, but only in the form of an orientation of culture toward certain textual structures as the predominant ones.

3.2.2. *Text and the problem of "sender-receiver"*. In the process of cultural communication, particular significance is attached to the problem of the "grammar of the speaker" (addressor) and the "grammar of the hearer" (addressee). Just as individual texts may be created with an orientation toward the "position of the speaker" or the "position of the hearer", in the same way a similar trend may also be inherent in certain cultures as a whole. An example of a culture oriented toward the hearer would be one in which the axiological hierarchy of texts is arranged in such a way that the concepts "most valuable" and "most intelligible" coincide. In this case the specifics of secondary superlinguistic systems will be expressed to the least possible degree – the texts will strive for mimimal conventionality and will imitate "doneness", consciously orienting themselves toward the type of "bare" message found in a natural language. The chronicle, prose (especially the essay), the newspaper article, the documentary film, and television will occupy the highest value stages. "Authentic", "true", and "simple" will be regarded as the highest axiological characteristics.

A culture oriented toward the speaker possesses as its highest value the sphere of closed, inaccessible, or completely unintelligible texts. It is a culture of the esoteric type. Prophetic and priestly texts, glossolalia, and poetry occupy the highest place. The orientation of the culture toward the "speaker" (addressor) or the "hearer" (addressee) will be revealed in the fact that in the first case the audience models itself according to the pattern of the creator of the texts (the reader seeks to approach the poet's ideal); in the second case, the sender constructs himself according to the pattern of the audience (the poet seeks to approach the reader's ideal). The diachronic development of culture may also be regarded as movement within the same communication field. An example of movement from an orientation toward the speaker to an orientation toward the hearer in the individual evolution of a writer might be the work of a poet like Pasternak. At the time of the creation of the first version of "Poverx bar'erov" ["Over the Barriers"], "Sestra moja žizn'" ["My Sister Life"], "Temy i variacii" ["Themes and Variations"], the poet's fundamental style was a monologue utterance which strove for accuracy of expression of his own vision of the world with all the conditioned features of the semantic (and sometimes syntactic as well) structure of poetic language. His later works are dominated by a dialogue orientation toward the interlocutor-as-hearer (toward the potential reader, who must understand everything being communicated to him). The contrast between the two styles appears especially clearly in cases where the writer tries to convey the same impression in two ways (the two versions of the poem "Venecija" ["Venice"] and the two prose descriptions of the same first impression of Venice in "Oxrannaja gramota" ["Safeguard"] and in his autobiography "Ljudi i položenija" ["People and Situations"]; the two versions of the poem: "Improvizacija" ["Improvisation"] of 1915 and "Improvizacija na rojale" ["Improvisation on the Piano"] of 1946). That such a movement may be interpreted not only in the light of individual causes, but also as a certain regularity in the development of the European avant-garde, is attested by the creative movement of Majakovskij, Zabolockij, and the poets of the Czech avant-garde. Generally speaking, development from an orientation toward the speaker to an orientation toward the hearer is not the only possible one; among Pasternak's contemporaries, a reverse development is characteristic of Mandel'štam and particularly of Axmatova ("Poèma bez geroja" ["Poem Without a Hero"] in comparison with earlier works).

3.2.3. We should ascertain to what degree the distinction between two polar types of literary and artistic styles: Renaissance-baroque, baroque-classicism, classicism-romanticism – which with respect to Slavic literatures of various periods was most clearly outlined by Julian Krzyżanowski – may be correlated with the hearer-oriented type of culture (the early Middle Ages, the baroque, romanticism, the literature of the avant-garde – *Młoda Polska* [Young Poland] and the like). Within each of such oppositions in turn, possible distinctions can be drawn according to the analogous feature (with which we can associate the existence of such intermediate types as Mannerism). The late chronology of the inclusion in Slavic cultures of styles oriented toward the hearer can be associated in a number of cases with the existence within these styles of features which are closer to styles having an orientation toward the speaker (the baroque within the Slavic late Renaissance, and the like). Certain general features linking styles with the orientation toward the speaker permit us to raise the question of far-reaching stylistic similarities (for example, in individual poems by Norwid from *Vademecum* and in Cvetaeva's poetry) irrespective of absolute chronology.

3.2.4. Since memory is incorporated into the channel of communication between sender and receiver in cultures possessing the means of externally fixing the message, a distinction is made between the potential receiver ("my distant descendant" in Baratynskij's poetry) and the actual receiver. The aggregate of actual receivers is linked with the sender in an inverse relationship. Specifically, by means of such an aggregate a collective selection is made of the entire set of texts, those selected conforming to the esthetic norms of the age, the generation, and the social group. The mechanism of such a selection may be modeled by means of an apparatus similar to the one elaborated in the cybernetic model of evolution. Since from the information-theory point of view the amount of information is defined for a given text in relation to the entire set of texts, it is possible at the present time to describe more clearly the real role of "minor writers" in the collective selection which prepares generation of the text carrying maximum information. The individual selection made by the writer (and reflected in rough drafts, for example) may be regarded as a continuation of the collective selection, a continuation which he sometimes directs but often rejects. From this point of view it may prove useful to investigate the factors hindering the selection.

The existence of memory in the channel of communication can also be associated with the reflection, in the structure of genres, of communication features which sometimes can be traced back to the preceding period (the "genre memory", according to M. M. Baxtin).

4.0.0. In defining culture as a certain secondary language, we introduce the concept of a "culture text", a text in this secondary language. So long as some natural language is a part of the language of culture, there arises the question of the relationship between the text in the natural language and the verbal text of culture. The following relationships are possible here:

(a) The text in the natural language is not a text of the given culture. Such, for example, for cultures oriented toward writing, are all texts whose social functioning implies the oral form. All utterances to which the given culture does not ascribe value and meaning (and does not preserve, for example), from its point of view, are not texts.

NOTE: We should distinguish the nontext from the "antitext" of a given culture: the utterance which the culture does not preserve from the utterance which it destroys.

(b) The text in the given secondary language is simultaneously a text in the natural language. Thus a poem by Puškin is at the same time a text in the Russian language.

(c) The verbal text of the culture is not a text in the given natural language. It may at the same time be a text in another natural language (a Latin prayer for a Slav), or else it may be formed by the irregular transformation of some level of a natural language (cf. the functioning of such texts in children's culture).

NOTE: Rare but possible are cases in which the realization of some message as a text in the given language is determined by the fact that it belongs to a text of the culture.

In the poetic texts of Xlebnikov there are fragments which in their phonological structure (*bobeobi*), morphological or lexical composition (*lukaet lukom* 'it arches by the arch', *smejanstvuet smexami* 'he laughingnessifies with laughters', and other neologisms based on a revival of the archaic device of *figura etimologica*, which has been characteristic of Slavic poetry beginning with the most ancient period) and syntactic constructions (*ty stoiš' čto delaja* 'you're standing there doing what?') are not included among the correctly constructed texts, from the point of view of the common language.

But each such fragment, owing to its inclusion in a text recognized as grammatical from the point of view of poetry, thereby becomes a fact of the history of the language of Russian poetry. Analogous phenomena at earlier stages of evolution can be noted with respect to those forms of folklore, for example to *nebyval'ščina* and *nelepica* (fantastic and absurd texts of Russian folkore), where a breach of the semantic standards accepted in the common language becomes a basic compositional principle.

4.0.1. Also essential is the question about the construction of the typology of cultures in connection with the correlation of text and function. By text we imply only a message which performs within the given culture a textual function. In a more general form this tenet is applicable to any semiotic system. Within another language or another system of languages the same message may not be a text. Here we can see a general semiotic analogue of the linguistic concept of grammaticalness, which is of cardinal importance to the modern theory of formal grammars. Not every linguistic message is a text from the point of view of culture, and conversely, not every text from the point of view of culture is a correct message in a natural language.

4.1.1. The traditional history of culture takes into consideration for each chronological section only "new" texts, texts created by the given age. But in the real existence of culture, texts transmitted by the given cultural tradition or introduced from the outside always function side by side with new texts. This gives each synchronic state of culture the features of cultural polyglotism. Since on different social levels the speed of cultural development may not be identical, a synchronic state of culture may include its diachrony and the active reproduction of "old" texts. Cf., for example, the vigorous existence of pre-Petrine culture among the Russian Old-Believers of the eighteenth and nineteenth centuries and partly also today.

5.0.0. The place of the text in the textual space is defined as the sum total of potential texts.

5.0.1. The connection between the semiotic concept of the text and traditional philological problems is especially clearly evident in the example of Slavistics as a field of knowledge. The object of Slavic studies has invariably been a certain sum of texts. But as scientific thought and the overall movement of culture on which it is based progress, the same works may sometimes gain and sometimes lose the ability to appear as texts. A significant example in this regard is the literature of Old Russia. If the number of sources here is relatively stable, the list of texts varies significantly from one scholarly school to another and from one investigator to another, since it reflects a formulated or an implicit concept of the text which always correlates with the conception of Old Russian culture. The sources which do not satisfy this concept are transferred to the category of "nontexts". An obvious example is the hesitation of literary scholars in designating some works as artistic texts according to the extent to which they satisfy the concept of the "artistic culture of the Middle Ages".

5.1.0. A broad conception of the study of texts would be in accordance with traditional methods of Slavistics, which even previously embraced both synchronically interpreted Slavic texts (for example, those written in Old Church Slavonic) and texts of different periods compared on the diachronic level. It appears important to emphasize at this point that a broad typological approach removes the absoluteness from the opposition of synchrony and diachrony. In this connection it is worth noting the special function of languages which claim the role of the basic instrument of interlingual communication and of the connecting link between different ages at least in certain parts of the Slavic area, and first of all the role of Old Church Slavonic and of the texts written in its various recensions. Therefore together with the relationship between synchrony and diachrony we can also suggest the problem of the panchronic functioning of language (in this specific case Old Church Slavonic served primarily as the language for Orthodox communication). This appears all the more significant because with respect to an absolute time scale different Slavic cultural traditions are organized in different ways (cf., on the one hand, the abundance of vestiges of proto-Slavic antiquity in the East Slavic area in the sphere which may be called "lower culture" and, on the other hand, the encroachment of certain areas, particularly West Slavic and parts of South Slavic, upon other cultural zones), which accounts for discreteness in the structure of the diachrony of these Slavic cultures, in contrast to the continuity of other traditions.

5.2.0. For a historical reconstruction as applied to Slavic texts, a synchronic comparison of texts belonging to different Slavic linguistic traditions may in a number of cases yield more than a comparison within the same evolutionary series. In this way it is possible to obtain fruitful results in the solution of the traditional philological problem of the reconstruction of texts unavailable to the investigator. For minimal texts – the combination of morphemes in words or separate morphemes – such an approach is practically realized in Slavic comparative-historical linguistics. At present it can be extended to the entire field of the reconstruction of Slavic antiquities – from metrics to the genre characteristics of folklore texts, mythology, ritual (understood as text), music, dress, ornaments, life style, and others. The abundance of the various influences of other traditions with respect to the latest periods (for example, of Eastern – and later Western European – forms of dress with respect to the history of the costumes of East Slavic peoples) makes the diachronic development to a great extent discontinuous as a result of far-reaching breaches of traditions). In order to reconstruct initial Common Slavic forms, an analysis of this development may be important chiefly in the aspect of the segmentation of later features. A more effective way of solving the same problem of diachronic stratification and of projection of the most ancient layer on the Common Slavic period may be a comparison of synchronic sections of each of the Slavic traditions.

5.2.1. Practically speaking, the reconstruction of texts is the concern of all philologists – from specialists in Slavic antiquities and folklore to investigators of the literature of modern times (the reconstruction of the author's intention or of a work of art, the restoration of lost texts and parts of them, the reconstruction of the reader's interpretation from the opinions of contemporaries, the reconstruction of oral sources and of their place in the system of a written culture; in studying the history of the theatre and dramatic art the object of investigation is primarily reconstruction, etc.). To a certain extent every reading of a poetic manuscript is a reconstruction of the creative process and a successive removal of superimposing layers; cf. the approach to the reading of a manuscript as a reconstruction in the Puškin scholars' textual criticism of the 1920's, 30's, and 40's. The empirical material accumulated in various fields of Slavic philology permits us to raise the question of the creation of a general theory of reconstruction based on a common system of postulates and formalized procedures. In so doing, a deliberate approach to the problem of levels of reconstruction appears essential, i.e. the idea that different levels of reconstruction require different procedures and lead to specific results in each case. Reconstruction may be carried out at the highest level, the purely semantic level, which in the final analysis we transfer to the language of certain universal notions.

But in the formulation of a number of problems, there may occur a uniform overlapping of the reconstructed material into other structures of the same national culture. As semantic messages are recoded on the lower levels, more and more specific problems are solved, even including those which directly link the reconstruction of the text with linguistic investigations. The most conspicuous results of reconstruction have been achieved on the extreme levels corresponding to the semiotic categories of the signified *(signifié)* and the signifier *(signifiant)*, which is perhaps related to the fact that it is precisely these levels which to the greatest degree correspond to textual reality, whereas the intermediate levels are to a greater extent correlated with the metalinguistic system assumed in description.

5.2.2. The representation of a text in a natural language might be described by proceeding from an idealized diagram of the work of an automatic machine which would transform the text, successively developing it from the general intention to the lower levels; in this transformation each of the levels or some combination of different levels might in principle correspond to the recoding of the text by means of an output mechanism (see Fig. 1). If the output mechanism in Fig. 1 corresponds to the phoneme level, this means that the message transmitted by means of this mechanism is a sequence of phonemes, i.e., in the transmitter (understood according to the information-theory model of message transmission) each of the phonemes in the code table is compared with a certain letter-signal; an example might be a letter script of the Serbian and Croatian type. But if the output mechanism corresponds to the level of the general intention of the text, then this means that the message transmitted by means of this mechanism represents a general idea of

Fig. 1. *General diagram of the recoding of a linguistic text by levels*

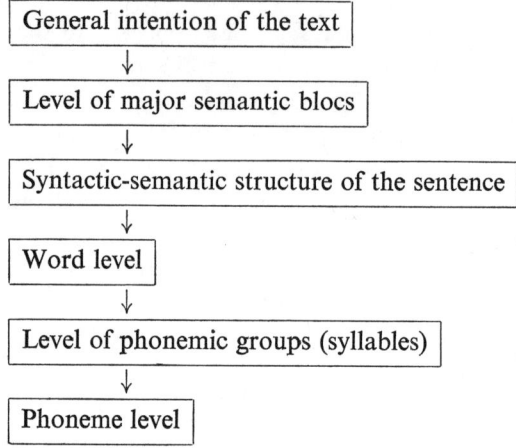

the text in a still unsegmented form, i.e., in the transmitter this idea is compared with its coding symbol (the possibility cannot be ruled out that this symbol is the only one forming the entire code and is thereby an extrasystemic sign). As an example we can cite such general symbols as, for example, suns, pictures of birds and horses, or combinations of all three of these symbols in a vegetative design forming a single text; with respect to the most ancient period, which coincides with the Proto-Slavic, they represented a single text having a strict relationship of its symbols-as-elements – both with the common semantics for the whole text and the completely defined semantics of each element; as for their subsequent reflections in individual Slavic traditions (for example, in the decorative designs on spinning wheels, sleighs, carriages, various utensils – chests, trunks – embroidery on clothing, carved wooden ornaments – particularly on the roofs of houses – on ritual goods made of pastry – pies, round loaves – on children's toys, etc.) they appear as parts of a secondary text constructed by "intermingling" original component parts, which lose their syntactic function as the fundamental semantics of the text is forgotten. For the earlier period the reconstruction of the text describing the world tree, the luminaries above it, and the birds and animals arranged on and near it, is confirmed by the existence, in all the principal Slavic traditions, of verbal texts of various genres (charms, riddles, songs, tales) which completely coincide with one another. At the same time it turns out that such a reconstruction of the text corresponds, on the one hand, to a common Indo-European reconstruction made without regard for Slavic data on the basis of the coincidence of Indo-Iranian texts with Old Icelandic ones, and on the other hand, to typologically similar texts of various Eurasian shamanist traditions.

5.2.3. For such reconstructions, even when it is impossible to find the linguistic elements which embody the text on the lower level, its semantic reconstruction is facilitated by the typological similarity of cultural complexes using, practically speaking, a single set of basic semantic oppositions (of the type reconstructed for Proto-Slavic: fortune-misfortune, life-death, sun-moon, land-sea, etc.). In such cases we can also advance a hypothesis concerning similar possibilities of the social interpretation of such systems; in this connection we should note the possibility of also including in the appropriate cultural complexes (understood in the broad sense for the most ancient periods, given a certain type of social organization) such manifestations of social structures as the shape of settlements and houses, rules, instructions, and prohibitions concerning permissible and especially compulsory types of marriages and the characteristics of the functioning of kinship terms associated with them. Therefore the data obtained in the application of structural methods to the reconstruction of Slavic antiquities prove to be significant not only for the history of culture in the narrow sense, but also for the investigation of the early stages of the social organization of the Slavs (as well as for the interpretation of archeological data). This once again confirms the real unity of Slavistics as the study of Slavic antiquities understood as a single semiotic whole, and of the latest transformation and differentiation of the respective traditions.

6.0.0. From the semiotic point of view culture may be regarded as a hierarchy of particular semiotic systems, as the sum of the texts and the set of functions correlated with them, or as a certain mechanism which generates these texts. If we regard the collective as a more complexly organized individual, culture may be understood by analogy with the individual mechanism of memory as a certain collective mechanism for the storage and processing of information. The semiotic structure of culture and the semiotic structure of memory are functionally uniform phenomena situated on different levels. This proposition does not contradict the dynamism of culture: being in principle the fixation of past experience, it may also appear as a program and as instructions for the creation of new texts. Moreover, it is possible given a fundamental orientation of culture toward *future experience* to construct a certain conditional point of view from which the future appears as the past.

For example, texts are being created which *will be* stored by our descendants; people who perceive themselves as "public figures of the age" seek to perform historic deeds (acts which in the future will become memory). Cf. the aspiration of people of the eighteenth century to choose heroes of antiquity as programs for *their own* behavior (the image of Cato is the distinctive code which deciphers the entire lifelong behavior of Radiščev, including his suicide). The essence of culture as memory is especially clearly shown in the example of archaic texts, particularly folklore texts.

6.0.1. Not only do the participants in communication create texts, but the texts also contain the memory of the participants in communication. Therefore the assimilation of texts of another culture leads to the transmission through the centuries of certain structures of personality and types of behavior. The text may appear as a condensed program of the whole culture. The assimilation of texts from another culture results in the phenomenon of *polyculturality*, in the possibility, while remaining within one culture, of choosing conventional behavior in the style of another. This phenomenon occurs only at certain stages of social development, and as an outward sign specifically affords the possibility of choosing a type of clothing (cf. the choice between the "Hungarian", "Polish", or "Russian" dress in the Russian culture of the late seventeenth and early eighteenth centuries).

6.0.2. For the period beginning with the Proto-Slavic and continuing in individual Slavic traditions down to modern times, the collective mechanism for the storage of information ("memory") ensures the transmission from generation to generation of fixed rigid schemes of texts (metric, translinguistic, etc.) and whole fragments of them (*loci communi* with respect to folklore texts). The most ancient sign systems of this type – in which literature is reduced to the embodiment, by means of ritual formulas, of mythological plots handed down from generation to generation – on the level of social interpretation may be synchronized with rigidly determined systems of relationships in which all possibilities are covered by rules correlated with the mythological past and with cyclical ritual. On the contrary, more advanced systems, in groups whose behavior is regulated by the memory of their real history, correlate directly with the type of literature in which the basic principle becomes the search for devices which are statistically the least frequent (and which therefore carry the greatest amount of information). Similar arguments might also be advanced with respect to other areas of culture in which the very concept of development (i.e., of direction in time) is inseparable from the accumulation and processing of information, which is gradually used to introduce appropriate corrections into programs of behavior; this accounts for the regressive role of the artificial mythologization of the past, which creates myth in place of historical reality. In this sense the typology of the attitudes toward the Common Slavic past may prove useful in the investigation of the legacy of the Slavophiles and of its role. We can take into account the possibilities of a diachronic transformation of Indo-European culture such that it does not always assume development in the direction of complexity of organization (complexity is understood here on the purely formal level as a function of the measure of the number of elements, of the characteristics of their order and the relations between them, and of the regularity of the entire culture). Modern investigations of reconstructed Indo-European forms in their relation to Proto-Slavic forms permit us to raise the question of the possibility in certain cases of movement not in the direction of increasing the amount of information but in the direction of increasing the amount of entropy in Common Slavic texts in comparison with Common Indo-European texts (and sometimes also in individual Slavic as compared with Common Slavic texts). In particular, dual exogamic structures, which apparently correlate with the binary symbolic classification reconstructed for proto-Slavic, represent a more archaic layer than structures reconstructed for Common Indo-European; but that may be explained not by the greater archaicness of the Slavic world but by certain secondary processes which have resulted in the simplification of structures. In all such cases, in the process of reconstruction there occurs the problem of eliminating the noise superimposed on the text as it is transmitted through the diachronic channel of communication between generations. In this connection, phenomena revealed in secondary modeling systems can be compared with the evident decrease in complexity (and increase in simplicity) of the organization of the text on the morphological level during the transition from the Indo-European to the (late) Proto-Slavic period during which the law of open syllables was operating (by simplicity here we mean a decrease in the number of elements and the rules for their distribution).

6.1.0. For the functioning of culture and accordingly for the substantiation of the necessity of employing comprehensive methods in studying it, this fact is of fundamental significance: that a single isolated semiotic system, however perfectly it may be organized, cannot constitute a culture – for this we need as a minimal mechanism a *pair* of correlated semiotic systems. The text in a natural language and the picture demonstrate the most usual system of two languages constituting the mechanism of culture. The pursuit of heterogeneity of languages is a characteristic feature of culture.

6.1.1. In this connection particular significance is attached to the phenomenon of bilingualism, which is extraordinarily important for the Slavic world and which in many respects determines the specific character of Slavic cultures. Despite the great diversity of the specific conditions of bilingualism in different Slavic spheres, the *other* language usually appeared as hierarchically higher, serving as the standard model for the formation of texts. The same orientation toward the "foreign" language may be found when there occurs in the culture a movement toward the democratization of linguistic means. Thus Puškin's remark that one ought to study the language of the *prosvirnyj* women in Moscow who baked a special kind of cakes implies a treatment of the popular language as a different language. This principle is revealed when a socially lower system becomes axiologically higher. The specific functions of the second Slavic language (usually Old Church Slavonic) in such a pair of structurally equivalent languages makes the material of Slavic cultures and languages especially valuable, not only for the investigation of problems of bilingualism but also for explaining a number of processes hypothetically associated with bilingualism and polylingualism (the origin of the novel and the role of bilingualism and polylingualism for that genre, the approximation to the spoken language as one of the social functions of poetry; cf. the idea of the "secularization" of the language of Russian poetry in articles by Mandel'štam).

6.1.2. In view of the indisputable connections established through linguistic means of presenting texts, among the texts studied by the various branches of Slavistics we may include texts which are written in admittedly non-Slavic languages but which are functionally significant in their opposition to the corresponding Slavic languages (the Latin of the scholarly works of Jan Hus as distinct from Old Czech; the French of Tjutčev's articles). In this connection it may be of particular interest to analyze Latin and Italian texts in comparison with Slavic texts during the period of Renaissance bilingualism in the West and Southwest Slavic world (cf. the characteristic Latin-Polish and Italian-Croatian macaronic verse texts of later baroque times), and to analyze French texts in comparison with their Russian equivalents in the Russian literature of the first half of the nineteenth century (the same poem by Baratynskij in French and Russian, Puškin's French notes in comparison with his Russian works which in part parallel them), as well as French-Russian bilingualism represented and used as a literary device in the nineteenth-century Russian novel or in comic verse, for instance by verse, for instance by Mjatlev.

6.1.3. As a system of systems based in the final analysis on a natural language (this is implied in the term "secondary modeling systems", which are contrasted with the "primary system", that is to say, the natural language), culture may be regarded as a hierarchy of semiotic systems correlated in pairs, the correlation between them being to a considerable extent realized through correlation with the system of the natural language. This connection appears especially clearly in the reconstruction of Proto-Slavic antiquities on account of the greater syncretism of archaic cultures (cf. the connection between certain rhythmic and melodic types and metrical ones, which in their turn are conditioned by rules of syntactic prosody; the direct reflection of ritual functions in the linguistic denotations of such elements of ritual texts as the names of ceremonial foods).

6.1.4. The proposition concerning the insufficiency of only one natural language for the construction of culture can be connected with the fact that even a natural language itself is not a strictly logical realization of a single structural principle.

6.1.5. The degree of the awareness of the unity of the entire system of systems within a given culture varies, which by itself may be regarded as one of the criteria of a typological evaluation of a given culture. This degree is very high in the theological structures of the Middle Ages and in those later cultural movements in which, as among the Hussites, we can see a return to the same archaic conception of the unity of culture but charged with a new content. However, from the point of view of the modern investigator, culture, whose representatives conceive of it as uniform, proves to be organized in a more complex manner: within medieval culture we can distinguish the layer of "unofficial carnival phenomena" discovered by M. M. Baxtin's school (which in the Slavic area are continued in such texts as the Old Czech mystery play *Unguentarius*); Hussite literature reveals a significant opposition of Latin scholarly texts and works of journalistic literature addressed to a different (mass) audience. Certain periods having a characteristic literary orientation toward the sender of the message are at the same time specifically characterized by a maximally extensive set of denotata and concepts within messages originating with the same author (Comenius, Bošković, Lomonosov), which may serve as an additional argument in favor of the unity of culture (including in these cases both the natural sciences and some disciplines of the humanities, etc.). This cultural unity is of exceptional significance for a strict substantiation of the subject of Slavistics itself as the study of the synchronic and diachronic functioning of cultures related through their correlation with the same Slavic language or else with two Slavic languages, one of them being Old Church Slavonic in a number of cultures. Knowledge of the community of the linguistic traditions used in each of the given cultures serves (not only in theory but also in the practical behavior of the bearers of the respective traditions) as a prerequisite for the realization of their differences. For the Slavic world these differences are connected not so much with the purely linguistic (morphonological) rules of recoding – which given their relative simplicity might not impede mutual understanding – as with cultural and historical (for the early periods primarily denominational) differences. It thereby clearly becomes necessary to study Slavic cultures in such a way that, while continually bearing in mind the connecting role of linguistic community, we go beyond linguistics proper and take into account all the extralinguistic factors which have specifically affected language differentiation. Thus the analysis of Slavic cultures and languages may prove to be a convenient model for investigating the interrelations between natural languages and secondary (superlinguistic) semiotic modeling systems.

6.2.0. In the system of culture-generating semiotic oppositions a special role is played by the opposition of discrete and nondiscrete semiotic models (discrete and nondiscrete texts), as a particular manifestation of which the antithesis of verbal and iconic signs may appear. This gives new meaning to the traditional problem of the comparison of the fine arts and the verbal arts: we can speak of their need of each other in order to form the mechanism of culture and of their need to be different according to the principle of semiosis, that is to say, on the one hand equivalent, and on the other hand not entirely mutually convertible. Since different national traditions possess a different logic, rate of evolution, and receptivity to foreign influences within discrete and nondiscrete text-generating systems, the tension between them creates the possibility of a great variety of combinations of what is essential, for example, for the construction of a historical typology of Slavic cultures. It may be of particular interest to uncover the same regularities of the construction of a text (of a typical baroque text, for example) using material of predominantly continuous (pictorial) and predominantly discrete (verbal) texts. On this level an important problem is that of film making as an experiment in translating a discrete verbal text into a continuous one which is merely accompanied by fragments of the discrete (for example, Iwaszkiewicz's *Birch Wood* and Wajda's television film of it, in which the role of the verbal text is reduced to a minimum in view of the significance of the music for the film's sound track).

7.0.0. One of the fundamental problems of the study of the semiotics and typology of cultures is the formulation of the question of the equivalence of structures, texts, functions. Within a single culture the problem of the equivalence of texts occupies a prominent place. This problem underlies the possibility of translation within a single tradition. In this process, so long as equivalence is not identity, translation from one system of text to another always includes a certain element of untranslatability. Given a semiotic approach, it is specific texts which are correlatable and identifiable according to the principles of organization, and not the systems, which preserve their autonomy no matter how extensive may be the identity of the texts they generate. Therefore the task of reconstructing texts in different sublanguages sometimes proves to be more attainable than the reconstruction of those sublanguages themselves. The latter problem must often be solved by relying on typological comparisons with other cultural areas. In conformity with the traditional aims of Slavistics, comparativistic problems may be interpreted here as the transmission of texts through different channels.

7.0.1. In so doing it is essential to distinguish three cases: the transmission of a certain text in another Slavic language through a channel from which it issues in another Slavic language (the simplest example is translation from one Slavic language to another: Polish-Ukrainian-Russian relations in the sixteenth and seventeenth centuries); the transmission of a certain text created in a different tradition through two (or more) such channels (the simplest example is the various recensions of Old Church Slavonic translations of the gospel: translations of the same text of Western literature into different Slavic languages); finally, the transmission of a text through channels of which only one is ultimately represented by its realization in a Slavic language (the case in which literary or other cultural contacts within the Slavic area are limited to only one national or linguistic tradition) as, for example, a number of phenomena associated with Turkish-Bulgarian lexical contact; among the latter types of phenomena we can apparently include relations between the minnesong and forms of the Old Czech love-lyric texts (*vičerný*). The relatively lesser significance of the third case in comparison with the first two supports the view according to which the history of Slavic literatures must be constructed primarily as a comparative one. Against the background of the presence of some phenomenon in other Slavic traditions, its absence or the struggle against it (for example, Byronism in Slovak literature) proves especially significant. Transmission on relatively high levels (particularly on the level of the figurative and stylistic organization of the text) is typical of the Slavic documents of the late Middle Ages. This explains, on the one hand, the complexity of their organization (conditioned by the length of their evolution and of the collective selection of texts not in the Slavic world but within the Byzantine tradition) and, on the other hand, their relatively low value (speaking of the higher levels and not of the level of the language vocabulary proper) for Proto-Slavic reconstructions. The reflection – during transmission – in the Slavic area of a tradition explained by a prolonged preliminary selection of texts appears important both for the history of the literature of sixteenth century Dalmatia and for a number of Slavic literatures of recent centuries. A special case is represented by a transmission in which the character of the upper levels of the text essentially changes, while a number of essential features of the lower levels – particularly of the iconic levels – remain the same, as occurred in the identification (on the lower levels, which for a certain audience are the most significant) of East Slavic pagan gods with Orthodox saints (cf. such pairs as Volos and Vlasij, Mokoš' and Paraskeva Pjatnica; the reflection of the ancient cult of twins in the rites of Flor and Lavra). The problem of Slavic-non-Slavic contacts and of the transmissions associated with them requires a very broad understanding of the entire culture under consideration, including the "sublinguistic systems" of custom, life style, and technology (including trades); non-Slavic influences – frequently more noticeable in these areas (and in the spheres of linguistic terminology directly associated with them) – only in subsequent stages can be detected in the secondary superlinguistic systems, which here clearly reveal how they differ in principle from the "sublinguistic" systems, which are not constructed on the basis of the signs and texts of a natural language and cannot be transposed in them. In contrast with this principle, which was characteristic of the late periods of contact with Western cultural zones, the earlier contacts with Byzantium affected primarily the sphere of secondary modeling systems.

7.1.0. There is a difference between the transposition of texts within the same cultural tradition and the typologically similar translation of texts belonging to different traditions. For the Slavic cultural world, for strictly linguistic reasons (we have in mind the similarity preserved on different levels and the role of the Old Church Slavonic element) translation often coincides with reconstruction. This applies not only to obvious lexical and phonological correspondences but also, for example, to such phenomena as the anticipation of the reconstruction of Proto-Slavic metrical schemes in the rhythmic system of the "Pesni zapadnyx slavjan" ["Songs of the Western Slavs"] of Puškin, who intuitively compared the same two traditions – East Slavic and Serbo-Croatian – on which modern reconstructions are based. Cf. also J. Tuwim's experiments in the modeling of the phonetic structure of Russian speech within the Polish verse line given his deliberate rejection of an orientation toward lexical correspondences. In the light of this conception it is appropriate to point out the historical merit of Križanić and – in times closer to our own – the analogous approach characteristic of Baudouin de Courtenay, in whose opinion the correspondence between the Slavic languages represents a phonetic translation.

8.0.0. The view according to which cultural functioning does not occur within any semiotic system (let alone within a level of a system) implies that in order to describe the life of a text in a system of culture or the inner working of the structures which compose it, it does not suffice to describe the immanent organization of separate levels. We are faced with the task of studying the relations between the structures of different levels. Such interrelations may be revealed both in the appearance of intermediate levels and in the structural isomorphism sometimes observed on different levels. Thanks to the occurrence of isomorphism we can pass from one level to another. The approach which is summarized in these theses is characterized by primary consideration for recodings when passing from one level to another, in contrast to the immanent descriptions of levels at earlier stages of formalized descriptions. From this point of view, the "Anagrams" of F. de Saussure turn out to be more modern than the purely immanent experiments of the early stages of formal literary criticism.

8.0.1. Switching from one level to another may occur with the help of rewriting rules, in which an element represented on a higher level by one symbol is expanded on a lower level into a whole text (which given a reverse order of passage is understood accordingly as a separate sign included in the broader context). Here, as in other such cases discovered in modern linguistics, the order of rules describing the operations of the synchronic synthesis of the text may coincide with the order of diachronic development (cf. the coincidence of the order of the rules for the synchronic synthesis of the word form from its constituent morphemes, with the diachronic phenomenon of deetymologization as described in the history of the Slavic noun). Herein both in synchronic and diachronic description preference is given to context-bound rules, where for each symbol x the context A - B is indicated, in which it is rewritten as text T:

$$x \to T(A - B)$$

8.0.2. In recent years the interest of specialists in structural poetics has been concentrated on the study of interlevel relations; so onomatopoeia, for example, is studied not without regard for sense but in relation to sense. The process of recoding by level interweaves the result of different stages of the reduction of parts of a synthesized text to a sign, which is really embodied in the auditory or optic signal. The possibility of experimentally dividing the different stages in the process of synthesizing a literary text remains problematical because its surface structure, which is defined by formal limitations, may influence the deep figurative structure. This specifically follows from the ratio discovered on the basis of poetics, $\beta \leqslant \gamma$, according to which, given an increase in the coefficient β, which indicates the extent of the limitations imposed on the poetic form, there must be an increase in the quantity γ, which defines the flexibility of the poetic language, i.e., specifically, of the number of synonymous paraphrases achieved through transferred and figurative word usage, unusual word combinations, and the like. Therefore the discovery of the extent of formal limitations in works on comparative Slavic poetics, the establishment of such information-theory parameters of individual Slavic languages as flexibility (γ) and entropy (H), and the specification of the aims and possibilities of translation from one Slavic language to another, turn out to be different aspects of the same problem, which may be investigated only on the basis of preliminary research in each of those fields.

9.0.0. In the union of different levels and subsystems into a single semiotic whole – "culture" – two mutually opposed mechanisms are at work:

(1) The tendency toward diversity – toward an increase in differently organized semiotic languages, the "polyglotism" of culture.

(2) The tendency toward uniformity – the attempt to interpret itself or other cultures as uniform, rigidly organized languages.

The first tendency is revealed in the continual creation of new languages of culture and in the irregularity of its internal organization. Different spheres of culture have inherent in them a different extent of internal organization. While creating within itself sources of maximum organization, culture also has need of relatively amorphous formations which only resemble structure. In this sense it is characteristic to distinguish systematically, within the historically given structures of culture, spheres which are to become, as it were, a model of the organization of culture as such. It is especially interesting to study various artificially created sign systems which strive for maximum regularity (such, for example, is the cultural function of the ranks, dress coats, and badges of rank in the "regular" state of Peter the Great and his successors – the very idea of "regularity", in becoming a part of the uniform cultural unity of the age, constitutes an additional quantity in the motley irregularity of the real life of those times). Of great interest from this point of view is the study of metatexts: instructions, "regulations", and directions which represent a systematized myth created by culture about itself. Significant in this respect is the role played at different stages of culture by language grammars as models of organizing, "regulating" texts of various kinds.

9.0.1. The role of artificial languages and of mathematical logic in the development of such branches of knowledge as structural and mathematical linguistics or semiotics can be described as one of the examples of the creation of "sources of regularity". At the same time these sciences themselves in the overall complexity of twentieth-century culture play, on the whole, an analogous role.

9.0.2. The essential mechanism which imparts unity to the various levels and subsystems of culture is its model of itself, the myth of the culture about itself which appears at a certain stage. It is expressed in the creation of autocharacteristics (for example, metatexts of the type of Boileau's *L'art poétique*, which is especially typical of the age of classicism; cf. the normative treatises of Russian classicism), which actively regulate the construction of culture as a whole.

9.0.3. Another mechanism of unification is the orientation of culture. A certain particular semiotic system becomes significant as the prevailing system, and its structural principles penetrate the other structures and the culture as a whole. Thus we may speak of cultures oriented toward writing (text) or toward oral speech, toward the word and toward the picture. There may exist a culture oriented toward a culture or toward the extracultural sphere. The orientation of culture toward mathematics in the Age of Reason or (to a certain extent) at the beginning of the second half of the twentieth century may be compared with the orientation of culture toward poetry during the period of romanticism or symbolism.

9.1.0. Scientific investigation is not only an instrument for the study of culture but is also part of its object. Scientific texts, being metatexts of the culture, may at the same time be regarded as its texts. Therefore any significant scientific idea may be regarded both as an attempt to cognize culture and as a fact of its life through which its generating mechanisms take effect. From this point of view we might raise the question of modern structural-semiotic studies as phenomena of Slavic culture (the role of the Czech, Slovak, Polish, Russian, and other traditions).

B. A. Uspenskij
V. V. Ivanov
V. N. Toporov
A. M. Pjatigorskij
Ju. M. Lotman

ПРИЕМ: ЦЕНТРАЛЬНЫЙ ФАКТОР СЕМАНТИЧЕСКОГО ПОСТРОЕНИЯ ПОВЕСТВОВАТЕЛЬНОГО ТЕКСТА

ЯН ВАН ДЕР ЭНГ

В данной статье автор старается дать определение специфических черт семантичекского построения литературного текста, преимущественно прозаического. Он не старается зафиксировать разницы между литературными и другими текстами языкового характера. Это, впрочем, не исключает предположения, что уловленные черты литературного текста отграничивают его от других текстов языкового типа.

Автор хочет разъяснить то, что каждый читатель, более или менее сознательно, испытывает при чтении литературного текста:

Во-первых, что мотивы литературного текста "действуют" по всему тексту, в прогрессивном и регрессивном направлениях:[1] мотивы вбирают в себя все новые смысловые оттенки в результате их связи с предыдущими и последующими мотивами и даже с фрагментарными значимыми элементами, еще не вполне рассказанными, но уже частично предвосхищенными. При этом все смысловые дифференциации сохраняются. Но иерархия старых и новых смысловых элементов не раз заново восстанавливается по отношению к тем же мотивам и их комплексам. Это ведет к повторяющемуся переосмыслению старых фактов, новому отношению к старым фактам, и, на основе этой переменчивости, другому ожиданию последующего текста;

во-вторых, что индуцирование новых смысловых оттенков в тех же самых мотивах часто не является обязательным: читатель может пропустить их без вреда для логической причинно-временной связи между мотивами. Иными словами: эти смысловые оттенки

---

[1] О переоценке рассказанного в процессе чтения не раз говорил В. Шкловский. Ср. например: *Техника писательского ремесла* (Москва-Ленинград, 1927), стр. 35: "Сюжетный рассказ дает разностороннее освещение предмета, заставляет несколько раз заново пережить его."

находятся нередко вне обычной фабулярной линии, их обнаружение отчасти зависит от читателя, и автор рассчитывает на его сотрудничество, чтобы провести их в жизнь. Хотя без этого сотрудничества, т. е. при ограниченной аперцепции на основе логической причинно-временной последовательности, понятность, как правило, не теряется, но не хватает самого существенного для семантической фактуры многих текстов: скрытый и глубокий уровень семантики не принимается во внимание. На этом уровне обнаруживаются затаенные сцепления и узоры, сконструированные скрывающимся за своим созданием автором, невидимым и вездесущим, как Бог, по Флоберу.[2] Обнаружение скрытого автора, этого затаенного конструктивного принципа, и ходов в его построениях, вскрывает квинтэссенцию тематики.

Вскрыть ее значит найти высшую точку художественности литературного произведения. Сущность художественности, как нам кажется, состоит в "ходах" ("приемах") скрытого автора, при посредстве которых созданный им мир разъясняется и "просвещивается" глубокой оценкой.[3] То, что иногда весьма усложняет (для неопытного читателя) семантическое построение текста, есть смысловая связь между элементами данного и другого текстов.[4]

Значимость этого отношения тогда не объективируема в рамках данной языковой структуры. Иногда даже подобного отношения к другим письменным текстам нет. Есть только скрытое отношение к известным образцам поведения, общественному порядку, модным

---

[2] Письмо от 19 февраля, 1857.
[3] Виктор Шкловский как будто останавливается на полпути: С одной стороны он подчеркивает семантический эффект процесса чтения, выдвигая разные способы "приема остранения", т. е. "вывода вещи из автоматизма восприятия", но с другой он отрицает ценность семантического результата. Ср. например: *Теория прозы* (Москва-Ленинград, 1925), стр. 12: "искусство есть способ пережить деланье вещи, а сделанное в искусстве не важно".

Отсюда у Шкловского следующие рассуждения: "Новая форма является не для того, чтобы выразить новое содержание, а для того, чтобы заменить старую форму, уже потерявшую свою художественность" (стр. 27). И еще: "Форма создает для себя содержание" (стр. 30). Хотя обратный тезис кажется возможным без большой потери для смысла (содержание создает для себя форму), все же установка на "деланье вещи" оказывается не без смысла, если под содержанием подразумевается резюме или абстрактная квинтэссенция тематики (тема): без многочисленных связей с разными тематическими развитиями, резюме или тема являются не более как словарным словом, или как любым текстом, не связанным с данным произведением.

[4] Об отношениях к другим текстам см. Ю. М. Лотман, *Структура художественного текста* (Москва, 1970), стр. 121-122.

формам мышления, ко всяким феноменам, текстуально не зафиксированным ни в настоящем произведении, ни вне его.

Есть только мнимость такого отношения, что встречается нередко у крупных писателей. Они скрыто как бы внушают читателю, что ссылаются на типические формы действительности, но на самом деле они приводят читателя к реконструкции "universalia" на основе скрытых выводов, которые можно сделать из данного текста. Разумеется, что здесь дорога открыта разным интерпретациям. Мудрено ли, что литературное произведение не раз открывает простор оригинальным философским, психологическим или религиозным размышлениям, до него не так ясно выраженным или даже совсем еще не выраженным?[5]

Между тем, кажется бесспорным, что этот скрытый оценочный центр литературного произведения нельзя определить заранее, т. е. до расшифровывания лабиринта сцеплений и законов, лежащих в его основе, по Толстому.[6] Этот лабиринт сцеплений открывает разные категории смысловых связей между мотивами, расположенными в разных местах синтагматической оси. При установлении такой связи эти мотивы чаще всего как будто выпадают из контекстов, к которым они примыкают. Новая смысловая связь находится вне контекста, т. е. между отцепленными мотивами разных контекстов, и показывает иногда другую тематическую доминанту, чем она есть в каждом отдельном контексте. Контекст не раз содержит мотивы разных тематических уровней: действия, характеристики, окружающей среды, повествовательного обобщения. Один из этих уровней доминирует над другими, так что, например, при доминирующей позиции уровня характеристики значимость мотивов уровня среды прежде всего относится к характеристике персонажа. Но при отцеплении мотива от контекста, он приобретает, опять-таки в качестве доминанты, свое первое тематическое значение, хотя отражение доминанты контекста проступает во фразеологии отцепленных мотивов. Тем не менее мотивы среды прежде всего относятся к изображению среды, а не к символике характера персонажа. Таким образом, смысловая

---

[5] Достоевский по отношению к *Братьям Карамазовым* говорит: "... в Европе такой силы атеистических выражений нет и не было". Ср.: *Биография. Письма и заметки из записной книжки Ф. М. Достоевского* (Санкт-Петербург, 1883), стр. 375.
[6] Письмо Н. Н. Страхову от 23 апреля, 1876.

связь между мотивами, отделенными от разных контекстов, может быть основана на доминанте, отличающейся от доминанты контекстов. Решающим фактором при преобладании одного из тематических уровней отцепленных мотивов, является тематическая доминанта мотива, с которого начинается смысловое отношение к другому мотиву. Это всегда последний мотив в процессе чтения.

С этого момента начинается регрессивное движение по уже рассказанному тексту или прогрессивное движение по тексту, который еще впереди и уже предварительно частично конструируется. Регрессия и прогрессия всегда существуют вместе, но одна из них доминирует в зависимости от последнего мотива текста, вызывающего с большой силой движение назад или вперед.

При установке на регрессивное направление по тексту, переосмысляется семантика предыдущего мотива (предыдущей группы).

В результате многое не раз в промежуточном тексте модифицируется. Модифицируется, следовательно, и ожидание будущего текста. Но эту ориентацию на продолжение рассказа можно считать вторичным эффектом.

При установке на прогрессивное направление по (еще не рассказанному) тексту вводятся в него фрагментарные предвосхищения будущих данных: на основе этих фрагментов конструируется предположенный заполненный состав мотивов. Потом, при появлении недостающих текстовых данных, произойдет обратный процесс противопоставления.

Будут сравниваться неполная предварительная конструкция и последующие дополняющие сообщения: при несовпадении реконструкции и текстуально зафиксированного момента многое между двумя местами будет переоцениваться. Но здесь регрессивную ориентацию можно считать вторичным эффектом.

Смысловое противопоставление друг другу отцепленных мотивов разных контекстов, с выше отмеченными эффектами регрессии и прогрессии, является, как нам кажется, одним из самых важных свойств семантического построения нарративного произведения.

Другое неотделимое свойство нарративных текстов состоит в образовании рядов однородных приемов или, точнее, серий смысловых связей, одинаковых по тематической доминанте и повторяющих тот же тип противопоставления мотивов, ориентирующих читателя на развитие того же исходного тематического элемента в разных местах синтагматической оси и, следовательно, при разных пространственно-временных условиях и других дифференциациях тематики. Каждое повествовательное произведение ведь зиждится на нескольких исходных данных, которые служат мерилом для всех перемен и развитий. Это – персонажи, какие-либо черты их внешней и внутренней жизни; это – основные данные конфликта, авантюры и факторов, движущих их; это – фрагментарные сообщения о последствиях конфликта или авантюры, полный рассказ которых еще впереди; это – данные определенной среды (общества, города, деревни и т. д.); это – философское, нравственное или религиозное обобщение.

Серии приемов, показывающие развитие начальных данных конфликтной ситуации, облика героя, окружающей среды или обобщений характеризуются т. н. нарастанием: т. е. они идут по восходящей линии эмфазы, напряжения, усложнения.

Динамика развития повышается еще многослойностью серий, состоящих из разных субсерий, скрещением серий, чередованием серий. Таким образом не только рельефно выступает элемент нарастания, но и обозначается сущность тематики: серии соотнесены скрещением, чередованием и многослойностью.

Образуются разные формы подчинения, обусловленности и иерархии между ними. Но, прежде чем перейти к описанию разных рядов и их координации, необходимо точнее определить понятие мотива, мотива и предложения, мотива и контекста, мотива и приема, категорий приемов.

МОТИВ И КОНТЕКСТ

Мотивом автор называет самую маленькую часть темы произведения. Эта тематическая единица иногда совпадает с предложением, иногда является элементом предложения, синтагмой, словом внутри синтагмы. Если мотив оказывается элементом предложения, он всегда интегрирован в данное предложение, т. е. объединяется интонационным строем более обширного высказывания, выражающего отношение говорящего к действительности. Мотив в таком случае обозначает отдельный аспект этого отношения и в своей семантической функции зависит от связи с цельным, более комплексным отношением к действительности, выраженным в предложении.[7]

Предложение, в свою очередь, не раз примыкает к предыдущим и последующим предложениям: оно представляет собой, другими словами, компонент контекста и, как таковой, развивает семантические элементы, до него введенные, и прибавляет к ним новые данные, которые, в свою очередь, нюансируются в дальнейшем куске контекста. Так, предложение может появиться в контексте данных о социальной среде, где персонажи представляются более или менее как аксессуары этой среды. Мотив характеристики какого-либо персонажа выступает тогда в данном контексте как элемент бытовой обстановки.

Как мы уже отметили в интродуктивной части нашей статьи, тематическая доминанта может быть другой при включении мотивов в контекст и при их отцеплении от него: т. е. при отделении мотива от контекста, более или менее теряется интонационный строй говорящего, хотя сохраняются следы во фразеологической обработке отделенного мотива: отодвинутая доминанта продолжает ощущаться, но уже не как доминирующий тематический фактор, а как второстепенный признак.

Контекст характеризуется доминантами тематики и повествовательного медиума. Как тематические доминанты выступают характеристика, действие, окружающая среда, обобщения рассказчика. Тематическая доминанта совсем никогда не вытесняет других факторов тематики. Описание среды не раз символизирует вместе со средой какие-то черты характера персонажа; действие часто является и средством непрямой характеристики действующего персонажа; характеристика нередко представляет факты, способствующие в то же время дальнейшему развитию действия и т. д.

Притом, символика среды, психическая значимость разных поступков, значимость страстей персонажа в развитие событий могут стоять в центре внимания.

Доминанты повествовательного медиума сводятся к разным повествовательным маскам, отличающимся степенью знания, пространственно-временной и оценочной перспективами и соот-

---

[7] По Томашевскому каждое предложение обладает одним мотивом. Ср.: В. Томашевский, *Теория литературы. Поэтика* (Москва-Ленинград, 1925), стр. 137: "Тема неразложимой части произведения называется мотивом. В сущности – каждое предложение обладает своим мотивом."

ветствующей фразеологией: эти разные маски могут применяться к одному и тому же рассказчику, сосредоточенному на внутренней и внешней жизни самого себя или другого персонажа (или поочередно, разных персонажей); они могут принести с собой и смену типов рассказчиков: всеведущего рассказчика, хроникера и т. д.

При доминирующей позиции определенного типа рассказчика с определенной повествовательной маской, другие способы повествования вытесняются не совсем: в рассказ всеведущего рассказчика могут внедриться элементы речи персонажей; рассказчик, ограничивающийся знанием внутренней и внешней жизни персонажа может более или менее субтильным образом вплести в свой рассказ сведения, пробивающие этот кадр и т. д.[8]

Смена контекста, совпадающего обычно с абзацем, определяется прежде всего сменой рассказчика или дифференциациями в его оценочной и пространственно-временной перспективах (модификациями маски). Перемены в пространственно-временных опытах и в оценочной перспективе персонажа не всегда (и, может быть, далеко не всегда) приводят к смене контекста. Так, синоптический рассказ о персонаже может в пределах одного контекста коснуться разных периодов его жизни и разных жизненных опытов с соответствующими переменами оценочных перспектив персонажа (в передаче рассказчика).

Возможен даже переход от одного персонажа к другому в рамках того же абзаца. Но доминирующий повествовательный медиум является связывающим элементом, стоящим над этими тематическими сдвигами в рамках одного контекста: определенный рассказчик с определенной маской соединяет совсем различные тематические компоненты в рамках одного контекста. С другой стороны уже при легких изменениях в оценочном подходе рассказчика получается новый контекст, хотя тематическая доминанта остается та же самая и ни в пространственно-временной перспективе персонажей, ни в той же перспективе рассказчика, ничего не изменяется: только точка зрения последнего делается, например, более выразительной.

---

[8] О точке зрения и связанной с ней проблематике оценки, фразеологии, пространственно-временных факторов и т. д. см.: Б. А. Успенский, *Поэтика композиции* (Москва, 1970).

МОТИВ И ПРИЕМ

Прием является условной смысловой оппозицией между двумя мотивами, группами мотивов, мотивом и группой, или, лучше сказать, между двумя терминами, охватывающими по одному один или несколько мотивов.[9] Оппозиция здесь имеет смысл несовпадения сопоставленных элементов; понятие "термин" употребляется по аналогии с определением элементов сравнения или силлогизма.

Условность состоит в том, что эта оппозиция для каждой категории приема всегда основывается на признаках тождества и различия в определенных соотношениях. Определенное соотношение обозначает определенную категорию приема. Так, признаки тождества могут отойти на задний план, элементы различия могут выступить на передний план и наоборот, различия могут принять антиномические формы значимости и т. д.

Соотношение признаков происходит на основе общего доминирующего уровня: приемы характеризуются так же, как и контексты своими тематическими доминантами.

Доминанта определяется термином, с которого начинается оппозиция. Этот термин подбирает себе в другом контексте термин с такой же доминантой для оппозиционного сопоставления. Доминанта одного или каждого из оппозиционных терминов не раз противостоит доминанте контекста, к которому примыкают мотивы терминов. Термины часто выдвигают первым тематическим фактором подчиненный элемент в пределах предложения и контекста. И притом термины, в отличие от контекста, довольно часто сужают тематический охват: это суживание может дойти почти до ограничения одним тематическим уровнем при исключительном отделении от контекста элементов действия, элементов характеристики и пр. Однако связь с другими уровнями не совсем теряется из-за фразеологических дифференциаций терминов: термин содержащий исключительно элементы внешней характеристики персонажа, которые в пределах предложения и контекста оцениваются

---

[9] Наше определение приема относится к внутритекстовым конструкциям и отношениям, но мы согласны с Лотманом, что "внетекстовая часть художественной структуры составляет вполне реальный (иногда очень значительный) компонент художественного целого". Однако, мы здесь не учитываем вопроса функциональности т. н. минус-приемов: совпадают ли они в этом отношении с другими (внутритекстовыми) приемами, показывают ли они те же возможности серийного образования, соотносительности серий, составляют ли они один ряд с другими (внутритекстовыми) приемами, образуют ли они суперструктуру и т. д.. Ср.: Ю. М. Лотман, *op. cit.*, стр. 131.

как аксессуары какой-то среды, неизбежно несет на себе отпечаток этой функции.

Разница тематической доминанты может оказаться между контекстами и терминами, повествовательная доминанта оказывается общей, т. е. интонационный строй термина хоть и теряется более или менее в результате отцепления мотивов, но все же соответствует интонации контекста; оценочный подход рассказчика, который, как мы сказали, определяет единство контекста-абзаца, отражается во фразеологии терминов.

Косвенным путем контексты все же сильно влияют на термины, которые, следовательно, могут весьма отличаться друг от друга в интонационной фактуре, в оценочном подходе рассказчика к каждому из сопоставленных кусков. Ясно, что эти отличительные факторы при противопоставлении друг другу терминов, в высшей степени влияют на отношение признаков тождества и различия.

Определение приема как смысловой оппозиции между терминами выдвигает его как семантический фактор. Мы уже сказали, что этот фактор может пройти мимо аперцепции читателя, так как термины не раз занимают разрозненные места на синтагматической оси. Однако рассказчик облегчает и не раз вызывает восприятие оппозиционного сопоставления терминов разными формами диспозиции: стилистическими и композиционными.

Стилистические формы диспозиции являются прежде всего спецификумом стихотворной речи, композиционные – повествовательной речи. При стилистических формах диспозиции имеется установка на "signifiant", на распределение звуков, как в количественном отношении (метр, ритм), так и в качественном (рифма, повтор, и т. д.).

Моделируя чередование звуков, поэт рассчитывает на определенные семантические эффекты: если они пропадают, звуковые формы диспозиции не воспринимаются или воспринимаются уже не в плане связного языкового текста.[10] Правда, что стилистическим формам диспозиции иногда не соответствуют смысловые оппо-

---

[10] Ср.: Ю. М. Лотман, *Лекции по структуральной поэтике. Введение, теория стиха* (= *Brown University Slavic Reprint*, V) (1968), стр. 66 и сл. ("природа рифмы"); стр. 77 и сл. ("проблема повтора в стихе"); тот же, *Структура художественного текста* (Москва, 1970), стр. 149-168 ("повторяемость и смысл"); Ю. Тынянов, *Проблема стихотворного языка*, photomechanic reprint (The Hague, 1963), стр. 48-120 ("Смысл стихового слова").

зиции: звуковое уподобление остается без значимости. Но и вывод, что семантическая связь отсутствует является в таком случае семантическим эффектом. Поэтическое произведение иногда в значительной мере "живет" на таких дискрепанциях.

Однако, чтобы разные способы звуковой организации не терялись, т. е., чтобы ощущалась их смысловая эффективность и при мнимосемантических отношениях, поэт применяет известные формы строфической композиции. Таким образом сохраняются слуховые (и зрительные) эффекты при помощи стилистической диспозиции, а вместе с тем и иллюзия смысловой связи, запечатлевающей ощутимость звуковых факторов.

При композиционных формах диспозиции есть установка на "signifié". Для восприятия оппозиции термин, с которого начинается противопоставление, помещается на значимом (сильном) месте, на месте, где происходит, например, резкий пространственно-временной сдвиг или повествовательный сдвиг при посредстве смены типа рассказчика. Причем, значимость термина, с которого начинается оппозиция не раз повышается формами стилистической композиции.

Рассказчик применяет звуковые возможности как количественной, так и качественной организации языка: он варьирует факторы темпа, динамики, паузы, тона; он распределяет эффекты вокализма и консонантизма, ритмико-синтаксическое построение.

При серийных образованиях однородных приемов, развивающих определенные исходные данные тематики (о которых речь еще впереди), рассказчик не раз рассчитывает на эскалационную линию эмфазы или на интригующие эффекты фразеологических смен, идущих от выражения страстности до холодности, от уверенности до нерешительности и т. д.

КАТЕГОРИИ ПРИЕМОВ

Приемы дифференцируются разными соотношениями признаков тождества и различия между терминами. Возможности соотношения ограничены, так что и количество категорий приемов ограничено. Термин в конце прочтенного текста является исходным пунктом для сравнения общего и различного с другим значимым элементом текста. Это, впрочем, не значит, что в восприятии читателя этот термин занимает первое место. Значимость термина определяется читательским интересом. А скрытый автор старается повлиять на него оценкой тематических компонентов. Весьма возможно, что он хочет, чтобы читатель сосредоточился на раньше прочтенном термине, при посредстве смысловой оппозиции, проведенной текстуально последним термином. То же можно применить к элементам будущего рассказа: мотивы в конце текста не раз ориентируют читателя на продолжение рассказа; это происходит на самом деле, когда мотивы являются предвосхищенными элементами дальнейших развитий и приводят читателя к догадкам в этом отношении.

Читатель тогда конструирует еще не вполне рассказанные развития на основе отрывков в соответствии с его желаниями в результате предыдущего рассказа: там, конечно, дают себя знать "манипуляции" рассказчика, направляющего интерес читателя на тот или иной персонаж, на то или иное событие и т. д. Словом, рассказчик внушает ему предварительную реконструкцию термина, проверка которого еще впереди при появлении текстовых дополнений к фрагментам.

Есть приемы с установкой на регрессивное движение по тексту, и есть приемы с установкой на прогрессивное движение. Дело только в установке: всякий прием вызывает движение назад по тексту, но тоже вперед по еще не рассказанному тексту. Регрессивное движение по тексту начинается противопоставлением термина в конце прочтенного текста термину предыдущего текста. Происходит переоценка более раннего термина. За этим следует пересмотр промежуточного текста между двумя терминами на основе переоценки второго (более раннего) термина: новые нюансы этих промежуточных тесктовых частей порождают и модификации по отношению к ожиданию будущего текста. Но такое прогрессивное движение является уже вторичным эффектом для приемов с установкой на регрессивное движение. Этот вторичный эффект может, впрочем, поразить больше всего: все зависит от "манипуляций" скрытого автора, выводящего основной смысл человеческой действительности вообще и жизни отдельного персонажа в особенности.

Приемы с установкой на прогрессивное движение принуждают читателя к предварительной реконструкции термина будущего текста. Противопоставление этой предварительной конструкции текстуально зафиксированному термину откладывается. При текстовом появлении отложенного термина конструкция может оказаться правильной, она может только частично совпадать с текстуально зафиксированным термином или оказаться совсем ложной.

В двух последних случаях следует ориентация на предыдущий текст, чтобы выяснить, как читатель мог частично или целиком потерять нить по отношению к дальнейшему рассказу. В результате нюансирование и новая интерпретация уже прочтенных частей. Но это регрессивное движение по тексту является вторичным для приемов с установкой на прогрессивное движение. Однако и здесь, эти вторичные движения являются иногда самыми интригующими. Все зависит от скрытого автора, педализирующего свой тематический центр.

Диспозиция терминов, с которых проводится смысловая связь, облегчает или регрессивную или прогрессивную ориентацию. Эффективный способ в пользу регрессивного движения по тексту состоит в помещении термина на сильное место: например, в начало или в конец главы, книги и т. д. Особенно, если после этого момента следует переход к другим персонажам, событиям и пр., может осуществиться желанное противопоставление уже прочтенному термину.

При смежных, или почти смежных, терминах противопоставление почти обязательно. Регрессивному движению весьма способствует также сдвиг к уже рассказанным частям, например, при посредстве воспоминаний персонажа, данных эвентуально в пересказе рассказчика. Этот сдвиг всегда состоит из хронологически обратного движения к известным фактам в связи с текущим моментом рассказа: обратное движение во времени служит разъяснению настоящего. Такого рода "flash-back" может сообщить только несколько деталей бывшего состояния: читатель реконструирует остальные элементы тождества и различия и определяет таким образом более обширно тип приема.

Форма композиционной диспозиции, оказывающей содействие ориентации на будущий текст (термин), состоит в вплетении в контекст отрывочных данных термина, примыкающего к контексту, который еще впереди.[11] Этот отрывочный термин предварительно дополняется на основе предположений, которые вытекают из этого

---

[11] Ср. наше определение приема "suspense" в статье "Suspense в *Братьях Карамазовых*", in: Jan van der Eng, Jan M. Meijer, *The Brothers Karamazov by F. M. Dostoevskij* (= *Dutch Studies in Russian Literature*, 2) (The Hague, 1971), стр. 63-148.

самого отрывка предстоящего рассказа. Здесь, впрочем, играет роль и предыдущий текст и, следовательно, регрессивное движение по тексту, так как фрагментарным предвосхищениям соответствует логический причинно-временной разрыв по отношению к предыдущему тексту: ориентация на дополнительную информацию сопровождается сознанием этого разрыва. Однако, доминирующий элемент ориентации в этом случае относится к еще не рассказанному тексту: этот разрыв ощущается не раз только на плане тематики приема. Контекст, содержащий отрывок, часто обозначается тематической доминантой с которой не связан разрыв в причинно-временной последовательности. Контекст может сосредоточиться на характеристике персонажа, на его психических реакциях в связи с какими-то "сигналами" окружающей среды, наводящими ужас на него. По отношению к доминанте контекста никакого нарушения хронологии нет. Но по отношению к тематике приема эти сигналы могут отрывочно сообщать что-то о каком-нибудь заговоре против персонажа. Представим себе, что персонаж принадлежал к террористической группе, но бросил ее и убежал. В городе, где он скрылся, ему попались навстречу один за другим известные ему члены группы, и он должен заключить, что они замыслили убить его, и что у них уже есть определенный план на это. Весь его психическое состояние в связи с бегством и попытками скрыться от своих гонителей, весь его ужас что они напали на его след, – все это изображается как последовательный поток моментов. Но умысел против него сигнализируется только отрывочными заметами и нельзя точно знать какой план лежит в основе ходов бандитов. Происходит разрыв связи с будущей событийной частью. Предварительно дополненный термин сохраняет свой эффект прогрессивной ориентации, пока не последует проверка при посредстве текстуально зафиксированных дополнительных сообщений.

Весь эффект зиждится на игре с возможным противопоставлением термину-реконструкции: будет совпадение или несовпадение в разных формах. Читатель уже считается с возможностью разных разрешений при реконструкции предварительно дополненных терминов: он предвидит разные альтернативы, особенно если отрывочные предвосхищения являются темными, туманными, неопределенными или даже противоречивыми в связи с предыдущим текстом. При появлении дополненного термина в следующем рассказе регрессивное движение опять вступает в свои права.

Другой способ диспозиции, способствующий прежде всего прогрессивному движению по тексту, состоит в прервании рассказа в момент высшего напряжения. Здесь не обязателен разрыв в логике и во временной последовательности событий, но есть срыв в восходящей линии напряженности. Эмоционально заинтересованный читатель требует продолжения и сам предварительно дополняет исход или разные возможности исхода. При этом альтернативы предстают как желательные или нежелательные.

В этом сказывается автор, направляющий интерес читателя на продолжение в связи с предыдущим текстом. Но функция этой связи с уже рассказанными частями находится в ориентировке на предстоящий текст. Такая же функция не раз частично, а иногда и целиком, выполняется литературной традицией: читатель уже угадывает продолжение по известным образцам. Несомненно автор нередко рассчитывает на знания читателя в этой области. Есть иногда и расчет на социо-психические образы человеческой действительности. А если такого сознательного расчета нет, все же эти факторы могут повлиять на взгляды и вкусы автора и его читателей. Однако, эти внетекстовые связи не входят в рамки нашей статьи: мы ограничиваемся смысловыми оппозициями и формами диспозиции, способствующими восприятию приемов на уровне текста.

Мы уже мимоходом отметили, что категории приемов в большой мере определяются типом рассказчика, его повествовательной маской: оценочный подход к тем же событиям, персонажам, среде, не раз является весьма разнообразным в зависимости от разных типов рассказчиков или от разной точки зрения того же типа. Что́ для одного представляет элемент различия, для другого обозначает фактор сходства, что́ сперва одобрено, потом осуждено. Ясно, что это важнейший элемент в развитии исходных данных всех уровней и в углублении значимости основных этапов этого развития. Конечно, разные оценочные подходы не являются равноправными. Повествовательные формы отличаются, как известно, степенью знания и надежности: создается иерархия при разностороннем освещении какого-то развития. Обычно, в разные моменты процесса чтения термины, принятые как исходные факторы для смысловой оппозиции, считаются самыми значимыми: они кажутся связанными с самым широким диапазоном промежуточных развитий и, следовательно, учитывают самое большое количество информации. Однако, это не обязательно. Нельзя предварительно гарантировать надежность интерпретации: это зависит от данного повествовательного медиума.

И притом распознавание признаков тождества и различия и их соотношения является довольно сложным делом: эти признаки воплощаются в разных мотивах, выражающих иногда совсем различные поступки, мысли, эмоции и т. д., оцененные разными формами повествовательной перспективы. Только при вторичном наблюдении обнаруживается какая-то система общего и разного.

Первой категорией мы отмечаем параллелизм, где признаки различия преобладают над признаками тождества. Например, два человека того же возраста, того же звания, того же круга и т. д., сравниваются друг с другом для того, чтобы на общем плане выделить отличительные черты характера, интересов и пр. Вторая категория, аналогия, показывает, наоборот, преобладание признаков тождества над признаками различия. Например, два человека разного возраста, разного звания, разного круга и т. д., сравниваются для того, чтобы подчеркнуть их одинаковые интересы, одинаковые черты характера и пр.

Третьей категорией является антитеза, где признаки различия выступают как равносильно антиномичные элементы. Например, два персонажа того же значения противопоставляются друг другу, как демон ангелу.

Четвертая категория состоит в контрасте, который отличается от антитезы в том смысле, что признаки различия одного из терминов выполняют служебную функцию по отношению к другому, оттеняют его. Здесь, конечно, дифференциация в оценочном подходе повествовательного медиума по отношению к одному из терминов перестраивает антитезу в контраст; в случае антитезы сохраняется стилистическое равновесие повествовательного подхода. Пример контраста: на фоне ангельских черт одного выразительно изображается демонизм другого: демонизм таким образом производит самое сильное впечатление.

Если антиномически соотнесенные признаки обоих терминов исключают друг друга, получается противоречие. Например, тот же персонаж рассматривается, как ангел и демон, на основе приблизительно тех же данных.

Шестым приемом является вариация: в этом случае признаки тождества образуют сущность терминов, признаки различия являются добавочными элементами, подчеркивающими сущность тождества. Например, в разных ситуациях описывается страх персонажа.

В одной из них прибавляется, что раньше он был храбрым по природе, но что потом злоупотребили его храбростью, в другой, что он уже не является наивным и поэтому боится. Все эти довольно простые примеры взяты из области характеристики. Можно расширить их примерами из событийной сферы, из обыденной обстановки и пр.

Но наши примеры уже достаточно ясно показывают, что отношение между элементами тождества и различия зависит от повествовательной оценки.

СЕРИИ ОДНОРОДНЫХ ПРИЕМОВ
(СЕРИИ ВАРИАЦИЙ ТОГО ЖЕ ПРИЕМА)

Особенность построения нарративного произведения состоит в образовании серии однородных приемов, параллелизмов, аналогий и т. д., развивающих исходные тематические данные и углубляющие важнейшие этапы этого развития.

В этих сериях варьируются смысловые связи повторяющихся приемов той же категории. Это значит, что, от случая к случаю, оппозиционные термины сохраняют ту же семантическую сущность, выраженную в том же распределении признаков тождества и различия при дифференциации конкретных мотивов в связи с пространственно-временными сдвигами и переменами событий и ситуаций в промежуточных этапах между терминами: новые мотивы, при посредстве которых оттеняется постоянная значимость оппозиционной пары, отражают перемену промежуточной тематики. Дифференцируется и точка зрения рассказчика, или разных типов рассказчика, со всеми оттенками уверенности, сомнительности, надежности, ненадежности в соответствующей фразеологии. Оппозиция друг к другу терминов в сериях вариаций того же приема имеет следующий вид: термин, с которого начинается оппозиция к предыдущему термину, в свою очередь входит как вторичный значимый элемент в смысловую связь со следующим термином. Этому термину противопоставляется самый последний термин (в конце только что прочтенного куска текста) и т. д.

При этом всякий раз, когда прием варьируется и оппозиция обновляется, последний термин не только относится к предпоследнему термину но и ко всем предыдущим терминам серии. Создается своего рода лестница дифференциаций. В результате создается все бо́льшая напряженность и все более сильное ожидание климакса. Все это, конечно, сильно способствует как прогрессивному, так и регрессивному движениям: скрытые и сомнительные элементы в начале серии приобретают не раз больший вес благодаря смысловой связи с терминами в конце серии. Тогда только обнаруживается вся их значимость, которая вначале вследствие, скажем, ненадежного, неуверенного, мало знающего рассказчика почти пропала. Впрочем, при движении взад и вперед по серии однородных приемов преобладает или регрессивное или прогрессивное движение. В первом случае каждый новый термин (конкретизирующий каждый раз, скажем, новую ситуацию любовной интриги) противопоставляется предыдущему, во втором случае возникают повторно новые предварительные конструкции термина, на основе новых фрагментарных деталей, приносящих прибавления, обостряющих семантическую суть, но не вполне осведомляющих о каком-то положении или событии.

Не всегда термины серии однородных приемов показывают в сравнении с предыдущим термином большую эмфазу языковых средств и обостряющее оттенение семантической основы при помощи новых мотивов: в разрез с восходящей линией напряженности попадаются иногда термины, которые допускают другое изложение фактов и подрывают ожидание климакса. Но такое отклонение эффективно для усиленного регрессивного направления по звеньям серии и открывает возможность срыва серии, усложняет, другими словами, ориентировку на ее продолжение. Серии однородных приемов действенны в пределах одного плана, но иногда и двух планов, каждый со своими персонажами, событиями, средой. В последнем случае каждое звено противопоставляет друг другу два плана. Но можно и обособить термины как элементы, принадлежащие одному из планов: тематический диапазон серии тогда суживается.

СООТНОШЕНИЕ РЯДОВ ОДНОРОДНЫХ ПРИЕМОВ

а) Слои обрамляющего ряда

Серия однородных приемов, варьирующих те же отношения тождества и различия между оппозиционными группами мотивов (терминами) не раз слагается из разных субрядов однородных приемов. Эти субряды можно отделить от обрамляющего ряда постепенным уменьшением количества мотивов противопоставленных друг другу терминов, переменой категории приема (эвентуально) и тематической доминанты (эвентуально).

Если обрамляющий ряд состоит из оппозиционных терминов с событийными мотивами в качестве доминанты и с мотивами прямой характеристики внутренней и внешней жизни протагониста и антагониста в качестве второстепенных значимых элементов, то можно отцепить первый субряд вычитанием событийных мотивов, второй субряд вычитанием событийных мотивов и мотивов характеристики протагониста, третий субряд вычитанием событийных мотивов и мотивов характеристики антагониста. Дальнейшее разделение возможно еще при расширении вычитания: можно вычесть еще мотивы внутренней характеристики одного персонажа и ограничиться наблюдением за внешними чертами его характера. Так получаются разные субряды уменьшающегося тематического объема, которые как доминирующий тематический элемент выводят подчиненный фактор главной обрамляющей серии.

И притом, можно предположить, что категория приема субрядов отличается от категории главного ряда и что субряды между собой и меняют иногда тип приема. Положим, что обрамляющий ряд состоит из приемов категории параллелизмов, первый субряд, противопоставляющий друг другу антагониста и протагониста, из контрастов, а другие субряды, касающиеся или одного антагониста или протагониста, из вариаций.

Ряды однородных приемов, которые являются слоями обрамляющего ряда, неразрывно связаны с этим главным рядом и часто также с его другими слоями частичным совпадением мотивов оппозиционных терминов.

Это, впрочем, не значит, что приемы главного ряда и его субрядов не могут примкнуть к другим тематическим частям, которые не совпадают по мотивам, но все же (при дифференциации конкретных мотивов) дают то же распределение признаков тождества и различия. Ведь тактика антагониста или черты его характера чаще всего не только выводятся в рамках одной обрамляющей серии, развивающей, скажем, любовную авантюру, но и в рамках других серий, других любовных авантюр или предпринятий вне этой сферы. Но такие расширенные серии, конечно, нельзя считать слоями главного, обрамляющего ряда однородных приемов.

Многослойные серии однородных приемов усиленно вызывают регрессивное и прогрессивное движение с установкой на момент регрессии или прогрессии. Но при преобладании направления вперед фрагментарность оппозиционных терминов, требующая дополнений в будущем рассказе, иногда весьма усложняет определение доминанты главного ряда и субрядов, и даже может принудить читателя сменить ложную доминанту на правильную. Такое построение многослойного ряда мы рассматривали в нашей статье о первой части романа *Преступление и наказание*.[12]

Там мы различаем четыре субряда вариаций в рамках главной обрамляющей серии вариаций. Противопоставленные друг другу реконструкции полных терминов этих субрядов содержат, следовательно, мотивы, которые все входят в состав реконструированных оппозиционных терминов главной серии. Реконструкция терминов разных слоев охватывает следующие мотивы: мотивы "пробы" фрагментарно указанного умысла и окончательных шагов для его выполнения (первый субряд); мотивы ретировки в ужасе перед перспективой этого умысла с соответствующим психическим состоянием персонажа (второй субряд); мотивы философской мотивировки аморализма вплоть до кровопролития (третий субряд); мотивы социально-нравственной мотивировки преступления (четвертый субряд). На первый взгляд, доминанта обрамляющей серии причисляется к событийному разряду и элементы характеристики, которые определяют доминанту второго, третьего и четвертого субрядов, в пределах главной серии, являются подчиненными признаками. Первый и второй субряды, впрочем, можно соединить в одно целое и считать за субряд с событийной доминантой: мотивы тогда входят в состав расширенных оппозиционных терминов, осуществляющих субряд приемов вариаций: серия вариаций пробы и ретировки от перспективы убийства. Но потом получается впечатление, что проекты и поступки и соответствующие мысли и эмоции не очерчивают или оправдывают какую-то тактику: они являются сбивчивыми и противоречивыми; нельзя заинтегрировать их в событийный ряд; они выступают как сигналы характеристики расстроенного персонаж.

И мы пришли к заключению, что доминанта обрамляющей серии на самом деле есть характеристика, и что в рамках обрамления и событийные элементы затронуты патологическими чертами характера; что, другими словами, их на первый взгляд доминирующая событийная значимость перестроена в пользу характеристики:

[12] "Le procédé du suspense dans la première partie de *Crime et Châtiment*", *Russian Literature*, 4 (1973), pp. 72-86.

событийная сторона подчинена. Рассказчик сам сделал это наблюдение неоспоримым: в редких случаях голос персонажа (обычно звучащий в повествовательной передаче) сменяется голосом всеведущего рассказчика; он прямо говорит о Раскольникове как о мономане и непосредственно обнаруживает его патологическое состояние.

Это состояние также отражается в противоречии между субрядами философского аморализма и социальной этики. И это противоречие кажется симптоматическим для патологического состояния. Многослойные ряды не раз развивают важнейшие совокупные моменты из жизни антагониста и протагониста, которые иногда с большими временными сдвигами следуют друг за другом и пересекаются разным другим тематическим материалом, но все же являются связующими моментами, занимающими разные места на одной причинно-временной линии: это в большой мере обусловливает фактор нарастания в развитии исходного тематического комплекса. То же самое применяется и к развитию проектов, предприятий и соответствующих мыслей и эмоций только одного персонажа, как это происходит в начале *Преступления и наказания*.

Есть также обрамляющие серии, которые охватывают части двух независимых полей тематики, каждое с его персонажами, пространственными масштабами, логическими и причинно-временными связями. Как термины главного ряда, так и термины субрядов не раз противопоставляются друг другу как два полюса. Но при дальнейшем разделении можно обособить субряды внутри одного поля тематики.

Пример такого построения – роман *Анна Каренина*. Ряд параллелизмов противопоставляет друг другу любовные пары Анну – Вронского и Китти – Левина. Обрамляющий главный ряд охватывает, например, параллели, сопоставляющие, с одной стороны, бегство Анны с Вронским и последующую жизнь заграницей; с другой стороны, женитьбу Левина на Китти и последующую жизнь в деревне. Можно разделить обрамляющую серию на субряды, охватывающие также два поля: параллелизмы по отношению к амбициям и способностям мужских и женских персонажей. И, наконец, можно отделить от главной серии ряды внутри одного поля, например в связи с внешностью и внутренней жизнью персонажей. Параллелизмы двух планов романа выводят признаки различия, которые иногда близко подходят к контрастам, причем жизнь Анны рельефно выступает на фоне жизни других.

б) Скрещение рядов

Разделение обрамляющего ряда на несколько субрядов с разными доминантами, а иногда и с разной категорией приема, связано с тематической разносторонностью мотивов, а именно, с меняемостью доминанты и подчиненных признаков: доминанта выражает, как мы уже отметили, главную значимость мотивов для действия, характеристики и т. д. в связи с контекстом или приемом. Эта меняемость придает мотивам способность входить в состав разных приемов, т. е. быть элементом разных терминов, отличающихся по доминанте и осуществляющих разные смысловые оппозиции к другим терминам. Эта способность, может быть, яснее всего сказывается там, где два ряда однородных приемов разной категории пересекаются в общем термине или в нескольких общих терминах подряд. Даже три или четыре таких ряда могут пересечься в том же месте. На практике, т. е. текстуально, такое скрещение терминов является весьма удобным в начале романа, где надо ввести персонажи, исходные черты их характера и интересов, их отношений друг к другу и т. д. Такая задача часто поручается говорящему персонажу, раскрывающему не раз одновременно самого себя, какие-то черты других персонажей, конфликтные элементы его отношений к ним, и их отношений между собой и т. д.

Так, в начале романа *Братья Карамазовы*, старик Федор Павлович, разыгрывает ряд сцен показывающих его безбожие, эротоманию, сребролюбие. Но эти вариации черт его характера не раз выражаются анекдотами и сообщениями, которые содержат отрывочные данные о финансовой распре с сыном, о двух женщинах в жизни его сына.

Есть моменты, когда его провокационные сообщения и формы поведения ведут к ситуациям открытой борьбы с сыном и уже прямо входят в длинную серию конфликтных ситуаций, варьирующих отношения сына к отцу и ориентирующих читателя на катастрофу, которая потом все навязчивее внушается ему при посредстве разрастающейся массы все более эмфатических фрагментов. Следовательно, серия вариаций характеристики старика пересекается моментами конфликта между ним и сыном, моментами характеристики каждой из женщин, и моментами где они друг другу противопоставляются. В пределах характеристики отца эти моменты являются подчиненными значимыми элементами.

Но вне этой серии они примыкают к серии контрастов, противопоставляющих друг другу женщин, к серии вариаций, состоящих из терминов-реконструкций по отношению к характеристике двух женских персонажей, и к уже отмеченному ряду терминов-реконструкций, касающихся катастрофического развития конфликта между отцом и сыном. В пределах этих серий вариационные моменты характеристики отца в свою очередь являются подчиненными элементами.

Смена доминанты и подчиненных элементов терминов, в зависимости от серии, в которую они включаются, конечно, весьма способствует регрессивному и прогрессивному движениям по тексту: если термины, варьирующие безбожие, эротоманию и сребролюбие старика прежде всего эффективны по регрессивному направлению, они все же сильно способствуют прогрессивному движению при скрещении с терминами-реконструкциями, требующими дополнений по отношению к характеристике женщин и развитию конфликта с сыном; с другой стороны серии отрывочных данных, ориентирующих на характеристику женщин и на развитие катастрофической событийной части в будущем рассказе, принуждают не раз читателя также к регрессивной переоценке вариаций безбожия, эротомании и сребролюбия в свете их значения для характеристики женщин и для затронутых ими конфликтов. Скрещение рядов – могуче средство развивать одновременно разные тематические комплексы. Другим важнейшем эффектом является "семантическое углубление" пересекающих друг друга рядов. Включение элементов характеристики старика в конфликтный событийный ряд с сыном ведет к переоценке всех моментов сребролюбия, эротомании и безбожия в свете их значимости для конфликтных ситуаций. С другой стороны и конфликтный ряд более рельефно выступает на плане признаков характеристики старика. Повышенная динамика прогрессивных и регрессивных движений по тексту связана с этим.

Можно на самом деле при помощи скрещения создать тематический центр, приносящий философское, психологическое и религиозное разъяснение изображаемой человеческой действительности. Для этого надо вплести в рассказ, например, ряд терминов, варьирующих определенную философскую, психологическую или религиозную мысль при посредстве самых гетерогенных тематических кусков, распределенных во всю повествовательную ширину: обобщения и наблюдения всеведущего рассказчика, переживания и наблюдения персонажей, ситуации борьбы между персонажами, боковые эпизоды, вставные новеллы и т. д.

На основе тематических компонентов всех уровней образуется ряд, выдвигающий доминантой (косвенное) обобщение. Эта доминанта в скрытом виде присутствует в моментах, которые на первый взгляд рисуют пейзажные, сценические, портретные или событийные детали но потом оказываются значимыми для перспективы обобщения. Такой эффект не раз достигается при помощи эмоциональной реакции персонажа, который "видит" (эвентуально в пересказе рассказчика) упомянутые детали и окрашивает их своими переживаниями. Эти детали делаются значимыми в сфере обобщений, не раз без его ведома. Но их символическое значение обнаруживается "манипуляциями" конструирующего автора, включающего их в ряд вариаций и подчеркивающего, таким образом, повторяющуюся основную мысль. Толстой широко употребляет такую семантическую фактуру в романе *Анна Каренина*. Он варьирует мысли разрушительной силы страсти и связанной с ней, ужасающей читателя, смеси радости, обворожительности с одной стороны, ужаса и гибели – с другой. Он проводит эти вариации через описания обстановки и природы, через моменты внешней характеристики Анны, через наблюдения рассказчика об адюльтере, через разные переживания Анны и т. д.

Ужас разрушительной страсти, приносящей несчастье Китти, первый раз вкладывается в обворожительный портрет Анны: в начале романа она описывается через призму этой самой Китти. И потом склонность героини к гибельной страсти связывается и с другими предыдущими моментами изображения ее внешности, а именно, с несколько раз выведенным избытком чего-то в радостном блеске ее глаз, в очаровательной улыбке. Так, термин из ряда вариаций, касающихся красоты Анны, скрещивается с термином из ряда вариаций, выражающих привлекательный ужас ее гибельной страсти: это скрещение вводит диссонирующие значимые элементы в оба ряда.

Такое же тематическое снаряжение вкладывается в ряд параллелей, развивающих любовную авантюру в результате скрещения с рядом, подчеркивающим истребительную силу страсти.

Термин, входящий в состав двух рядов, возникает когда рассказчик сообщает о первой ночи Анны и Вронского. Он говорит об этом, как о самой обворожительной мечте счастья и о самом ужасном происшествии, и он сравнивает Вронского, страстно целующего

Анну, с убийцей, не удовлетворяющимся смертью своей жертвы, но бросающимся на нее, чтобы разрезать ее тело на куски. Потом пленительная разрушительная сила страсти делается неотделимым элементом серий однородных приемов, развивающих адюльтер: она на самом деле достигает там своего апогея. Вместе с тем она охватывает всю длину романа, сообщает ему все больше напряженное ожидание гибели, обостряет потребность переоценки прочтенных частей. Подумайте только о первом появлении Анны, обещающем неведомый мир счастья и красоты, и о ее трупе, положенном на столе вокзала. Подумайте о словах Анны в конце первого тома, что есть что-то ужасное в их любви, и об ответе Вронского, что любовь может только усилиться ужасом. Подумайте о повторных словах Анны во втором томе, что она непростительно счастлива. Подумайте о том, как она пережила метель, когда она вернулась в Петербург (в начале романа) и эмфатически отрицала ужас стихий или, точнее, подчеркивала наличие в них радости и веселости (в передаче повествователя).

Тематический центр, на который проецируются несколько рядов разных категорий, разных доминант, и который, другими словами, составляет ряд вариаций, развивающих основную мысль романа и скрещивающий другие ряды, – такой центр и определяет единство романов Достоевского.

Так, например, в *Братьях Карамазовых* проблематика вины и страдания, являющаяся элементом жизненного опыта отца и сыновей, старца и других, скрещивает ряды, развивающие философию Ивана Карамазова, содействие второго сына убийству старика, предположение отцеубийства, совершенного Дмитрием и т. д.

в) *Чередование рядов*

Чередование рядов однородных приемов, развивающих тот же исходный тематический комплекс и углубляющих те же этапы этого развития, может произойти непосредственно за последним звеном предыдущего ряда или после промежуточного тематического материала. Такие же чередующиеся ряды той же категории приема, конечно, не совпадают, даже при сплошном повторении мотивов, если оценочный подход, обнаруживающийся во фразеологии (хотя бы только в тоне) различается. Но таких мнимых повторений сравнительно мало. Обычно исходный тематический комплекс только частично заполнен, и притом таким образом, что разные предположения дальнейшего развития возможны: разные альтернативы, образующие разные ряды, читателю предстают: при таком же соотношении элементов тождества и различия и отчасти тех же (двусмысленных) данных в этих рядах может быть большая разница. В нашей статье о романе *Братья Карамазовы*, мы обратили внимание на так называемые соревнующиеся друг с другом ряды в связи с вопросом: кто является убийцей Федора Павловича Карамазова.[13] Там имеется с одной стороны ряд вариаций (на основе предварительно заполненных терминов), обозначающих Дмитрия, как потенциального убийцу, с другой стороны – ряд вариаций (на основе предварительно заполненных терминов), обозначающих Ивана, как будущего отцеубийцу. Мы пришли к заключению, что оба ряда однородных приемов той же категории исключают друг друга, как противоречивые стихии. Таким же образом возможны и контрастные, антитетические и другие соотношения при чередовании рядов.

Если при рядах той же категории приема исходный тематический комплекс, развиваемый этими рядами, весьма фрагментарно заполнен (то же убийство, та же жертва, другой виновник, другая реконструкция преступления, другая применяемость совпадающих данных), то при рядах разной категории приема исходный тематический комплекс широко заполнен, но элементы тождества и различия сменяемы: тождество рассматривается, как различие и наоборот. Примером может служить следующее: какой-нибудь персонаж измеряет любовную авантюру на основании предыдущего опыта. Ставит ее в параллель им. В ряду параллелизмов подчеркивается разница с бывшими приключениями. Потом он меняет свою перспективу: видит в приходящей к концу авантюре аналогию по отношению к такого же рода переживаниям в прошлом. Следует ряд аналогий, противопоставляющих те же похождения той же новой авантюре. Но ему навязывается третья точка зрения: он контрастирует уже окончившуюся любовную интригу с обычными любовными эскападами.

Появляется ряд контрастов, обостряющий разницу, выведенную прежним рядом параллелизмов и определяющий, как контраст, то, что в ряду аналогий рассматривается как элемент тождества. Разграничение между такими рядами однородных приемов разной категории может быть довольно шатким. Можно ввести в рассказ

[13] *Op. cit.*

колебание между параллелизмами, аналогиями и контрастами, можно вплести в контрасты временное возвращение аналогических моментов, ставящих авантюру в одну линию с прежними обычными приключениями и т. д.

Таким образом, рассказ проводится через серию быстрых смен. Чередование рядов всегда сопровождается более или менее резкими семантическими сдвигами, но при колебании между разными сериями темп смен убыстряется: рассказ характеризуется скорыми поворотами, идущими непосредственно друг за другом. При этом можно субтильным образом вплести внезапную смену в рассказ, например, при помощи вопросительных знаков и наречий в роде следующих оборотов: "разве там было что-то особенное, чего нет в других любовных приключениях?" Здесь специфический эффект получается благодаря тому, что параллелизм (выделяющий разницу) строится словами аналогии (выделяющей тождество) и только вопросительно-эксклямационная интонация может дать решительный толчок в сторону параллелизма. В нашем примере разные оценки того же рассказчика играют главную роль в несколько раз заново установленных отношениях между признаками тождества и различия.

Не раз, конечно, вместе с оценкой меняется тип рассказчика: ряды однородных приемов разной категории тогда представляют разные точки зрения разных типов рассказчиков. Обычно ряд в конце текста является иерархически самым главным. Но нельзя сказать, что предыдущие ряды подчинены ему. В процессе образования текста, они сохраняют свое независимое значение и не раз продолжают свое действие как возможные альтернативы, которые всегда грозят сменить окончательную оценку и связанный с ней ряд.

В этом состоит так называемый "открытый конец" многих рассказов. Но все же последний ряд занимает иерархически самое сильное место и (без специфических оценочных средств) как таковой, больше влияет на предыдущие ряды, чем они на него. Это значит, что разные элементы из прежних рядов применимы к осмыслению их в свете окончательного ряда: это, конечно, такие элементы – поступки, замыслы и т. д. –, которые легко подходят под разные интерпретации. Создается впечатление, что прежний ряд уже включил в себя разные возможности нового, сохраняя, впрочем, и свою значимость вне последующего переосмысления: переоценка не обязательна.

Чередующиеся ряды однородных приемов разных категорий, развивающие исходный тематический комплекс, часто сопровождаются таким же чередованием рядов на другом уровне тематики. Так, ряд приемов на уровне действия может отразить свой семантический спецификум в ряде на уровне среды: если любовная авантюра ставится в аналогию прежней любовной интриге, то окружающая среда обычно не отличается от сцены бывших любовных похождений; но если новое приключение контрастно предыдущему, то и среда не раз показывает контрастные черты в противопоставление сцене прежних ухаживаний. Это, конечно, весьма поражает при изображении той же среды в качестве фона разных любовных ситуаций.

Признаки эмоциональности, связанные с любовной авантюрой распространяются на сценические детали. Так, чередование рядов на уровне окружающей среды обусловливается чередованием рядов на уровне действия и (или) характеристики.

ЗАКЛЮЧЕНИЕ

Приемы являются важнейшими факторами семантического объединения и динамического построения повествовательного произведения. Они создают оппозиционные отношения (антитетические, контрастные, и т. д.) между мотивами, которые не раз занимают разрозненные места на синтагматической оси, которые примыкают к разным контекстам с разными доминантами. Следовательно, тематическая доминанта оппозиционной связи часто противостоит доминанте контекстов, и оппозиция одного тематического элемента другому происходит вне прямой причинно-временной последовательности. Объединение разрозненных элементов является динамическим фактором: оно ведет к движению взад и вперед по тексту, устанавливает смысловые связи между элементами разных фабулярных линий, обнаруживает для последующего развития скрытый смысл мотивов прежнего рассказа, который пропал бы в сплошном хронологическом потоке моментов и т. д. И при этом эти внезапные, т. е. необязательные смысловые отношения ведут за собой переоценку многих промежуточных мотивов, групп мотивов, расположенных где-то между двумя соотнесенными элементами. Объединение оппозиционных мотивов на фоне действия, характеристики и пр. (в качестве доминанты), расширяется образованием серий однородных приемов, развивающих исходные данные тематики. Эти серии характеризуются нарастанием, т. е. все более экспрессивным выделением соотношения признаков тождества и различия при дифференциации конкретных мотивов и связанном с ней умножении информации.

Вместе с тем усиливается регрессивное и прогрессивное движение по тексту, т. е.: динамизм становится более сильным.

Диапазон объединения разрастается соотношением серий однородных приемов той же или иной категории при помощи обрамления, скрещения или чередования рядов. Многослойные серии однородных приемов, состоящих из обрамляющего главного ряда и разных субрядов, развивают связанные комплексы антагонистского и протагонистского действия, характеристики персонажей, сценических, городских, пейзажных обстановок: при этом субряды не раз меняют доминанту и категорию однородных приемов. Они выдвигают в качестве доминанты подчиненные признаки обрамляющего ряда и вместе с тем специфический тип смыслового соотношения между этими признаками, обозначенный особой категорией приема.

Если, например, обрамляющая серия варьирует параллелизмы любовной интриги, то субряд может ограничиться подчеркиванием контрастов внешнего облика между протагонистом и антагонистом. Таким образом в субряде рельефно выступает элемент контраста, который в главной серии более или менее затушевывается из-за подчинения характерологических признаков событийной доминанте: субряд ярко освещает скрытый фактор динамизма главного ряда.

Другой формой соотношения является скрещение рядов. Разные ряды проводятся через перекрестный пункт, состоящий из одного или нескольких мотивов. Этот пункт является общим термином, движущим одновременно ряды, которые, однако, развивают разные элементы тематики и не раз отличаются друг от друга по доминанте и категории приема. В зависимости от момента чтения этот термин включается в тот или в иной ряд, в комбинацию или во все ряды, если читатель обозревает уже весь текст. Тогда и определяется им эффект одного ряда на другой, бо́льшая значимость одного ряда для другого, хотя все сохраняют независимость как отдельные тематические части, не связанные структурой обрамления.

При ограничении текущим моментом текста, ряд, стоящий на первом месте, далеко не всегда является самым важным в тотальности тематики; он может иметь менее значительную функцию в ее развитии, чем другие ряды, скрещивающиеся в данном пункте. Но тем сильнее он затронут смысловыми оттенками, связывающими его с другими рядами в целом текста: эти смысловые оттенки кроются как "колеблющиеся признаки"[14] во многих терминах ряда и активируются в перекрестном пункте. Скрещение рядов является на самом деле самым важным средством для активации скрытых значимых элементов и для создания основного оценочного центра или разных таких центров.

Чтобы получить максимальный эффект центральной оценки, автор, как правило, создает ряд, состоящий из терминов, которые варьируют смысловые элементы философского, религиозного или психологического качеств. Как таковые выступают термины, примыкающие к контекстам всех тематических уровней и содержащие иногда абстрактные мотивы обобщения, но чаще всего весьма конкретные мотивы действия, характеристики и окружающей среды: важно то, что за "конкретными", "осязательными" терминами может выплыть символический смысл. Эти конкретные термины иногда являются отдельными элементами рассказа вне пределов событийных, характерологических или сценических серий, но они не раз входят в состав серий с установкой на одну из указанных доминант. Тогда термины обозначают собой перекрестные места, где пересекаются символический и конкретный смыслы: особый ряд, ориентирующий читателя на религиозное, философское или психологическое разъяснение фактов, большей частью состоит из таких терминов.

Третьей формой соотношения рядов однородных приемов тех же или разных доминант и категорий приемов является их чередование. При помощи чередующихся рядов можно показать, как исходные тематические элементы поддаются разным интерпретациям и, следовательно, разным альтернативам развития: таким образом, подчеркивается шаткость разных стадий и вместе с тем шаткость изображенной человеческой действительности. Можно внести иерархический элемент в чередование и сделать из ряда на самом сильном месте, т. е. в конце текста, "убеждающее слово", как это бывает в тенденциозных произведениях.

[14] Термин "колеблющиеся признаки" употребляется Тыняновым. Ср. Ю. Тынянов, *op. cit.*, стр. 56.

Без специфических оценочных средств иерархия, впрочем, всегда есть и при сохранении шаткости: она сказывается в порядке чередования, последние этапы которого являются самыми значимыми. Она сказывается и в том, что чередующиеся ряды на событийном и (или) характерологическом уровнях часто обусловливают смену рядов на уровне среды: так, другое отношение персонажа к известным действующим лицам влечет за собой другое отношение к известной среде.[15]

---

[15] Серийность однородных приемов и особенно соотносительность серий дает возможность определить то, что мы обозначили словами: "тематические центры". Может быть, удастся таким образом найти смысловой "первоэлемент", "инвариант", "тему" произведения, как попытались это сделать Жолковский и Щеглов. Ср. А. К. Жолковский, Ю. К. Щеглов, *К описанию смысла связного текста (на примере художественных текстов)*, Проблемная группа по экспериментальной и прикладной лингвистике, Предварительная публикация, вып. 22 (Москва, 1971), стр. 8, 33. Однако их определение темы при посредстве "вычитания приемов" нам кажется неудовлетворительным. Эта процедура является возможной только при ограничении одним приемом: вариацией. Этого ограничения они придерживаются на самом деле: "Приемы выразительности – это по сути дела способы варьирования темы, которая благодаря их действию развертывается в некий длящийся процесс и принимает множество различных обликов. Соответственно, тема – это тот инвариант, вариациями которого является все в произведении [...]", стр. 33.

КУБИЗМ И ПОЭЗИЯ РУССКОГО
И ЧЕШСКОГО АВАНГАРДА

МОЙМИР ГРЫГАР

1

Семиотическое понимание культуры позволяет новым образом исследовать взаимосвязь между разными литературными направлениями и разными видами искусства. В отличие от традиционной компаратистики семиотическое сравнение параллельных областей не стремится редуцировать их отношения в непосредственные связи каузального и строго хронологического порядка. Со структурно-типологической точки зрения, которая характеризует семиотический подход к явлениям культуры, не окажется, например, основным вопросом приоритет или оригинальность так называемых художественных открытий. Сам факт, что в произведениях разных авторов и в литературных и художественных течениях разных стран появляются параллельные и иногда сходные тенденции и элементы, не должен всегда и обязательно свидетельствовать о сознательном заимствовании или влиянии. Очень часто это совпадение вытекает из объективных причин внутреннего движения сравниваемых культурных рядов, и его объяснение надо искать в самих принципах построения и функционирования отдельных семиотических систем и их соединяющих иерархических комплексов. Семиотика позволяет определить внутренние структурные и типологические сходства разных культурных явлений, исходя из основного предположения, что они являются разными типами и видами интерсубъективного сообщения, общественной коммуникации. Все эти системы могут существовать только в непрерывном взаимодействии как разные элементы одного структурного целого. Мера их кодификации и автономности различна, но перемены в одной области связаны с движением и изменениями в других областях. Семиотические системы создаются, стабилизируются и функционируют лишь в постоянном определении и устанавливании собственных границ, взаимосвязей, функций. Современная семиотика рассматривает взаимные отношения между, скажем, литературой и живописью не как что-нибудь, с точки зрения данных областей, случайное и периферийное, но как симптомы их внутренних движений, тенденций и перемен. Уже пражские структуралисты в своих довоенных работах сформулировали некоторые основные методологические принципы и задачи структуральной компаративистики.[1] Особенно подчеркивался факт автономности, самостоятельности отдельных областей, которые сами определяют возможность, степень и границы инородного влияния. Заимствование в структуралистическом освещении не является механическим перенесением внешних импульсов, но их сложной транспозицией в имманентное движение данного художественного ряда.

При нынешнем уровне развития структурно-семиотического исследования литературы и искусств[2] можно сделать ещё один шаг вперед и поставить вопрос о внутренней мотивировке параллельных перемен в разных видах искусства, связанных разными формами взаимных отношений. В рамках подобного сравнительного изучения литературных и художественных областей являются релевантными не только факты непосредственного влияния и заимствования, но и отношения объективного параллелизма и разных типов комплементарности и антагонизма.

Задачей нашей статьи является анализ некоторых основных взаимосвязей между поэзией и живописью, как они проявлялись в начале так называемого авангардного движения в русской и чешской культуре. Сравнение касается двух главных аспектов: отношений между живописью и поэзией в России и в Чехии и реляций между параллельными направлениями в литературах обеих стран. Начало авангардного движения в России представляют разные литературные группировки, возникшие и действующие в десятых годах; несмотря на их взаимные полемические нападки, они являются проявлением одного более общего структурного

---

[1] Jan Mukařovský, "Mezi poezií a výtvarnictvím", в кн.: *Kapitoly z české poetiky*, I (Praha, 1948), стр. 253-274; F. Vodička, "Literární historie, její problémy a úkoly", в кн.: *Struktura vývoje* (Praha, 1969), стр. 28-29. Структуралистическая концепция компаративного исследования литературы и искусства исходит из некоторых методологических принципов русского формального метода, особенно из работ Ю. Тынянова, Р. Якобсона, Б. Эйхенбаума и В. Жирмунского.
[2] Сравнительное исследование литературы и искусств укладывается в рамки общего семиотического изучения культур. Подробное изложение этой проблематики в "Тезисах к семиотическому изучению культур" (см. англ. перевод в данном сб.).

перелома, который отличает поэзию 'классического' типа от поэзии 'современной', 'модерной'. Сосредоточим наше внимание прежде всего на теории и практике кубо-футуризма, так как в этом литературном направлении наиболее ярко выражается изобразительное вдохновение, непосредственная связь между поэзией и живописью. К тому же, в рамках кубо-футуризма развивалось творчество Велимира Хлебникова, самого выдающегося новатора русской поэзии того времени. Хотя авангардное литературное движение в Чехии уже до первой мировой войны создало программу, которая в некоторых аспектах совпадала с тезисами итальянского футуризма[3] (современная цивилизация как главный источник творческого вдохновения), носителем структурного перелома в чешской поэзии был послевоенный 'поэтизм' – литературное направление, особым способом развивающее наследство постсимволистских поэтических течений.[4] 'Поэтизм' в теории и практике был многим обязан примеру французской авангардной поэзии, особенно 'кубофутуризму' Г. Апполинера. Самый крупный поэт чешского литературного авангарда Витезслав Незвал занимает в развитии чешской авангардной поэзии ключевую позицию, подобную ведущему месту Хлебникова в русской и Г. Апполинера во французской поэзии. Со сравнительно-исторической точки зрения можно охарактеризовать отношение поэзии В. Незвала к творчеству Г. Апполинера как сознательное заимствование; определенные элементы влияния существовали и между французским авангардом и русским кубофутуризмом. Но чешский 'поэтизм' не имел никаких непосредственных отношений к русскому дореволюционному авангарду, так что сравнение поэзии Незвала и Хлебникова не укладывается в рамки традиционной литературной компаратистики. Однако структурно-типологический анализ открывает здесь ряд совпадений, отнюдь не случайного характера. Они свидетельствуют об общих закономерностях динамики европейской поэзии и культуры в широком смысле слова.

Наше сравнение поэзии и живописи опирается также больше на анализ объективных структурных перемен данных знаковых

---

[3] Так называемый цивилизм, принципы которого формулировал поэт С. К. Нейман (St. K. Neumann, *Ať žije život!* [Praha, 1920]), развивал особенно импульсы творчества Уитмена и Верхарна. Возникновение и теорию чешского цивилизма анализирует Eva Strohsová, *Zrození moderny* (Praha, 1963).
[4] См. сборник *Poetismus*, red. Květoslav Chvatík a Zdeněk Pešat (Praha, 1967); Květoslav Chvatík, *Strukturalismus und Avantgarde* (München, 1970); *Prague, poésie, Front gauche* (= Collection "Change", 10 [Paris, 1972]).

систем, чем на поиски непосредственных исторических контактов, встреч, влияний. Но это не значит, что изучение отношений эмпирического типа не имеет для структурализма и семиотики значения. Сравнительное описание исторического материала позволяет определить и поставить ряд важнейших вопросов; исторический и структурный подходы не исключают друг друга: исторические данные отражают более глубокую структурную динамику. Что касается авангардной живописи, то в центре нашего внимания стоит кубизм, как самое яркое выражение перелома между традиционным и новым видением и изображением мира. Новаторские принципы изобразительного искусства, выработанные парижскими кубистами, нашли непосредственный отклик в России; они имели довольно сильное влияние на молодых художников и поэтов. И в Чехии в десятые годы появилась группа авангардных художников. Они своеобразным способом применяли теоретические и практические импульсы парижского кубизма.[5] Пражские художники-кубисты не имели творческих контактов с современными молодыми поэтами: соединение авангардных течений в разных видах искусства – в поэзии, живописи, театре, архитектуре и музыке – произошло лишь в начале двадцатых годов на основе 'поэтизма' (в группе "Деветсил").

Чешский 'поэтизм', подобно русскому кубо-футуризму, пытался релятивизировать границы между поэзией и остальными областями художественного творчества; таким образом и чешская авангардная поэзия принимала творческие импульсы новых течений изобразительного искусства, во главе которых стоял именно кубизм.

2

Перелом между 'традиционным' и 'новым' искусством состоял прежде всего в небывалом до тех пор обнажении внутренней проблематики художественного знака. Напряжение между означаемым и означающим достигло такой степени, что условные и общепринятые системы художественного выражения распадались и перед поэтами, художниками, композиторами открылась возможность создать

[5] Руководящую роль в чешском кубистическом движении сыграли: Emil Filla (1882-1953) и Bohumil Kubišta (1884-1918). В группе пражских кубистов участвовали Otto Gutfreund (1889-1927), Josef Čapek (1887-1945), Antonín Procházka (1882-1945) и др. См. Miroslav Lamač, *Modern Czech Painting 1907-1917* (Prague, 1967); Douglas Cooper, *The Cubist Epoch* (London, 1971), стр. 150-155.

новые художественные 'языки' и системы. Этот процесс подчеркнул относительность между знаком и денотатом и перенес установку с коммуниката на сам процесс коммуникации, на внутреннее построение художественного знака.

Исследование этого процесса в рамках отдельных искусств показывает, что смелая ломка традиции является результатом внутренней логики развития данной структуры. Так, например, символизм появляющийся в поэзии разных европейских стран в период между 'традиционными' и 'новаторскими' литературными течениями, уже подчеркнул напряжение между отдельными аспектами языкового знака. Символисты, с одной стороны, сделали ощутимыми звуковые качества слова и с большой смысловой суггестивностью создали реальный план поэтического образа, но, с другой стороны, лишили его переносные, символические значения определенности, затуманили их и поставили в неясную и многозначную связь с конкретным наименованием. Символизм обратил таким образом внимание на внутреннюю проблематику поэтического слова, на отношение и мотивировку между означающим и означаемым.

Внутреннюю диалектику изобразительного знака в живописи актуализировали некоторые постимпрессионистические направления, подчеркивающие автономность картины в отношении к внешнему миру. Самым выдающимся представителем этих течений был Сезанн. В отличие от импрессионистов он не стремился передать посредством картины точную запись зрительных ощущений данного объекта, но он поставил себе задачей построить объективный и обобщающий образ внешнего мира, образ, построение которого соответствовало бы больше имманентным законам художественной композиции, чем иллюзорному и подражательному изображению предмета. В то время, как импрессионистическая картина должна была стать источником тех же смысловых импульсов, которые возбуждает изображенный предмет в определенной временной и пространственной ситуации (т. е. означающее подчинялось означаемому на основе сходства смысловых данных), в картинах Сезанна означающее пользовалось довольно большой автономностью, и связь между изображением объекта и самим объектом мотивировало совпадение более абстрактных качеств обоих полюсов художественного знака (означающее является своеобразной транскрипцией денотата).

Было бы ошибочным предполагать, что 'авангардный' перелом

в знаковой системе искусства выражал собою полный отказ от коммуникативных функций. Установка на знак как таковой не ставила себе целью исключить какой-либо коммуникат (т. е. уничтожить 'содержание' или 'послание' произведения), но открыть сообщения нового типа. Программы кубизма, футуризма и 'поэтизма' отказывались от старого идеологического, тенденциозного и 'литературного' понимания коммуниката и подчеркивали необходимость выразить новые, до тех пор неосознанные, жизненные, психические и смысловые феномены. Разные авангардные течения формулировали по разному область новых тем и содержаний и по разному определяли философскую и общественную мотивировку своего творчества. Здесь открывается сложная проблематика социально-исторических корней нового искусства. Оказывается, что очень трудно свести разные новаторские течения к одинаковым общественным условиям или к тождественным идеологическим позициям.[6] Утверждение, что социальной почвой, на которой вырастает авангардное движение, является прослойка т. н. художественной богемы, не имеет достаточной обобщающей силы, так как, во-первых, в среде богемы возникали и переплетались самые разные тенденции вплоть до официальной халтуры, во-вторых, некоторые авангардные группы и многие из крупных представителей нового искусства совсем не принимали анархический стиль богемной жизни. Например, группа чешских кубистов отличалась програмным отрицанием всякой неорганизованности, крикливости и псевдохудожественной эксцентричности.[7] То же самое можно сказать и о Владиславе Ванчуре, самом крупном новаторе чешской прозы.

Между отдельными авангардными течениями и группами можно обнаружить и коренные идеологические противоречия. Например 'урбанизм' итальянских футуристов, их восхищение современной городской жизнью, размахом техники и цивилизации совсем не характерны для творчества русских кубо-футуристов, не говоря уже о самом глубоком антагонизме между культом насилия и захватнической войны у Маринетти и антимилитаризмом и гума-

---

[6] См. Z. Mathauser, "Ruský kubofuturismus, jeho determinace a transcendence", *Československá rusistika*, XII (1967), стр. 208-209.
[7] F. X. Šalda, "Vzpomínka na E. Fillu a jeho kroužek", *Šaldův Zápisník*, VIII (1935-1936), стр. 160-166. ("S těmito hochy vstupoval do výtvarného umění docela jiný typ malířský, než byli jejich předchůdci... Nebyli to více méně zajímaví flamendři, byli to pracovníci a dělníci opravdovosti až střízlivé a věcné. Spíš badatelé a vědci než umělci bohémského typu".)

низмом Хлебникова.⁸ Но несмотря на эти различия русский и итальянский футуризм так же, как творчество Апполинера и его друзей, являются реакцией на глубочайшие общественные перемены, протекающие во всех европейских странах в сравнительно короткий, но очень динамичный период кануна мировой войны. Резкое движение в цивилизационной и социальной областях таит более глубокую ломку общей культурной ситуации: все области культуры находятся на каком-то переходном пункте, в самых разных коммуникативных системах происходит двойной процесс распада старых и кристаллизации новых кодов, иерархий и функций. Именно искусство ярко выражает этот общий 'хаос' переходного периода, когда настойчивое сознание необходимости основных перемен еще не уравновешено познанием новых путей и возможностей. Это состояние проявляется прежде всего в неустойчивости разных художественных тенденций и в столкновении и соединении отдаленных и часто противоречивых элементов (например, 'примитивизма' с цивилизационной утопией или интуитивизма с рациональной аналитичностью). Почти для всех инициаторов авангардного искусства характерно чередование разных творческих периодов и разных стилей, так что все этапы их творчества нельзя свести к одной системе художественного выражения, к одному конструктивному принципу. Постоянное обновление вдохновляющих и организующих сил определило своеобразный 'творческий путь' многих иногда своим личным темпераментом резко отличающихся авторов, таких как Хлебников и Пикассо, Маяковский и Незвал, Малевич и Ванчура. Этот факт убедительно свидетельствует о том, что авангардное искусство находилось на переломе двух культурных эпох, когда напряжение между старым и новым, традиционным и современным, непрерывностью и отрицанием эволюционной линии проявлялось во всех областях культуры.⁹

Подчеркивание внутренней проблематики художественного знака и ослабление его непосредственной связи с денотатом (т. е. отрицание миметического понимания тематики) не обозначает, что авангардное искусство можно охарактеризовать как ларпурларистическое отрицание отношений искусства к социальной и

---

⁸ Напыщенные воинственные и националистические лозунги итальянских футуристов встречались в среде чешского авангардного движения с полным отрицанием. Антимилитаризм принадлежал всегда к основным идеологическим признакам чешской поэзии.

⁹ В сб. *L'année 1913. Les formes esthétiques de l'œuvre d'art à la veille de la première guerre mondiale.* Par L. Brion-Guerry. I-II (Paris, 1972).

общественной действительности, как изоляцию творчества в замкнутой и привилегированной сфере. Артистический изоляционизм был авангардным художникам совершенно чужд; они стремились наоборот релятивизировать общепринятые границы поэзии, живописи, скульптуры, театра, музыки в пользу неканонизированных областей 'бытовой' коммуникации. В связи с новым определением 'художественного факта' можно иногда встретиться с провокационной игрой с понятием искусства и его ограничениями. Когда, например, русские кубо-футуристы выступают против 'вечности' искусства и советуют читателям своих текстов: "Прочитав-разорви!",[10] когда Хлебников восхищается стихами тринадцатилетней девочки и оценивает их выше текстов крупных поэтов русского символизма[11] или когда чешские 'поэтисты' стремятся изобрести такой творческий метод, который был бы общедоступен, позволяя всем людям принимать участие в художественной деятельности – это только разные проявления одной тенденции: заново переоценить соотношение между центром искусства и его периферией, 'художественным фактом' и бытом. Необыкновенное расширение материала живописи, скульптуры, поэзии, музыки, с одной стороны (сравните, например, технику кубистического коллажа, скульптуры-монтажа Татлина, неологизмы и 'звукообразы' кубо-футуристов или атональную систему Шёнберга), канонизация приемов разных периферийных жанров и культур (например, влияние негритянской скульптуры, 'лубочной' литературы, рекламы, плаката, сентиментального романса, детского творчества и т. д.) и постоянное смешение и переплетение разных стилей и жанровых элементов, с другой стороны, характеризует процесс возникновения и кристаллизации авангардного искусства.[12]

3

Между отдельными видами искусства всегда существуют взаимоотношения; искусство как специфическая и исторически перемен-

[10] А. Кручёных и В. Хлебников, "Слово как таковое", *Манифесты и программы русских футуристов; Die Manifeste und Programmschriften der russischen Futuristen*, red. Vladimir Markov (München, 1967), стр. 57.
[11] "Песни 13 весен", Велимир Хлебников, *Неизданные произведения*, ред. Н. Харджиев и Т. Гриц (Москва, 1940), стр. 338-340.
[12] Теоретическим и историческим вопросам разных течений европейского литературного авангарда была посвящена международная конференция Словацкой академии наук (Смоленице, 25-27 октября, 1965). См. *Problémy literárnej avantgardy*, red. M. Bakoš (Bratislava, 1968).

чивая область общественной коммуникации представляет собой иерархически построенную структуру. В ней всегда возможно отличить доминирующие виды искусств от подчиненных, которые как бы стремятся подражать способам выражения и эстетическим эффектам первых. Этот факт свидетельствует о том, что в искусстве проявляется общая тенденция, мотивирующая основные перемены во всех его отдельных видах. Конструктивный принцип данного исторического периода выражается самым наглядным образом в доминирующем искусстве (и в определенных его жанрах); так, например, принципы стиля барокко в архитектуре и в изобразительном искусстве, романтизма в поэзии и музыке, реализма в прозе и в живописи, импрессионизма в живописи и в музыке, символизма в музыке и в поэзии и т. д. Новые принципы художественного выражения и изображения реализуются прежде всего в доминирующих искусствах и жанрах, между тем, как в остальных художественных областях выход из норм старой управляющей системы связан с большими трудностями. Вдохновляющая сила 'передовых' искусств состоит в том, что им удалось раньше других разрешить общую проблему перемены знаковой системы.

В начале авангардного периода такую пионерскую роль сыграла живопись: кубизм самым интенсивным и убедительным способом выразил стремление к новому пониманию художественного знака. Своеобразие кубизма с семиотической точки зрения характеризировал Р. Якобсон следующими словами: "The mode in which the *signatum* stands relatively to the *signans*, on the one hand, and to the *denotatum*, on the other, had never been laid bare so plainly, nor the semantic problems of art brought forward so provocatively as in cubist pictures, which delay recognition of the transformed and obscured object or even reduce it to zero."[13] Именно природа изобразительного знака в живописи позволяет столь интенсивное и наглядное обнажение внутренней диалектики художественного знака. В литературе, опирающейся на знаковую систему естественных языков, не так легко было нарушить общеобязательные связи между значением слова, с одной стороны, и его звуковой формой и денотатом, с другой. И система музыкальных знаков, создающая только неопределенные и многозначные отношения между означающим, означаемым и внешним миром, не предоставляла композиторам возможности вести столь провокационную игру с изображающей

---

[13] Roman Jakobson, "Retrospect", в кн.: *Selected Writings*, I: *Phonological Studies* (Den Haag, 1962), стр. 632.

функцией художественного знака. Но всё-таки и в поэзии и в музыке, в театре и в скульптуре чувствовалась необходимость перелома традиционных способов выражения и стремление освободить до тех пор еще целиком неосознанную выразительную силу, дремлющую во внутренних качествах и возможностях самого материала и знаковой системы данных искусств. Именно поэтому открытия кубистической живописи сразу привлекли внимание поэтов, скульпторов, драматургов. Десятые годы можно считать периодом гегемонии живописи: другие виды искусства – прежде всего поэзия – вдохновлялись ее примером и стремились применить отдельные приемы кубистической живописи в своих специфических условиях. Этот процесс характеризует ситуацию авангардного искусства во Франции, в Италии, в России, в Чехии и в других странах Европы, хотя местные условия и традиции влияли на его конкретные формы и интенсивность. Особенно в России начало авангардной поэзии было тесно связано с развитием живописи. Кубофутуристы в своих теоретических манифестах не раз подчеркивали вдохновляющее значение кубизма для поэзии. Хлебников уже в 1912 году заявил: "Мы хотим, чтобы слово смело пошло за живописью"[14] и при теоретическом осмыслении новых приемов и новой концепции поэтического языка ("самовитое слово") повторно появлялись аналогии с кубистической живописью.

В чешском довоенном изобразительном искусстве кубизм занимал выдающееся место и его принципы и результаты привлекали внимание поэтов молодого поколения.[15] Но здесь не было непосредственных связей, так как чешский литературный авангард десятых годов отличался больше поисками нового мировоззрения и нового отношения к фактам окружающей жизни (т. н. цивилизм), чем динамизацией внутренних отношений поэтического знака. Можно сказать, что чешский цивилизм был ближе итальянскому футуризму (не идеологически, а установкой на урбанистическую, цивилизационную тематику) и поэзии Верхарна, чем творчеству Хлебникова. Несмотря на открытия в области поэтического наименования (неожиданное сталкивание самых разных слов и представлений на основе метафорических взаимоотношений), синтаксиса (расшатывание иерархических отношений в конструкции предложения и более высоких синтаксических рядов) и стиля (пренебрежение законами стилистического единства), 'цивилисти-

---

[14] В. Хлебников, *Неизданные произведения*, стр. 334.
[15] St. K. Neumann, *Ať žije život!* (Praha, 1920), стр. 103, 224 и т. д.

ческая' поэзия не выдвинула принцип свободного словотворчества и 'самовитого слова'. Объяснение надо искать в специфических условиях развития чешской поэзии, которая не пользовалась столь канонизированной 'классической' традицией, как, например, поэзия русская (Пушкин). В Чехии не было таких, так сказать, царствующих поэтов, которых бы молодому поколению захотелось "сбросить с Парохода современности". Ни традиция Махи, ни Эрбена, ни Неруды не связывала инициативу молодой поэзии. Но в связи с тенденцией преодолеть языковые и поэтические нормы символизма и старшей т. н. лумировской школы (Врхлицкий) стало очевидным, что чешский поэтический язык слишком отдален от практического. Таким образом, перед чешскими поэтами-постсимволистами стояла еще задача очистить поэтический язык от устаревших элементов в лексике (архаизмы, licentiae poeticae и поэтизмы 'лумировского' и символистического типа, отклоняющиеся от 'нормальной' лексики), во фразеологии и в синтаксисе.[16] В такой ситуации авангардная поэзия не могла пользоваться архаизмами как средством новаторского обогащения языка; и хлебниковские неологизмы, мотивированные руссификацией или славянизацией иностранных слов, звучали бы в чешском контексте странно, как реминисценция на языковой пуризм времен национального возрождения. Послевоенный 'поэтизм' расширил возможность поэтического выражения прежде всего в области наименования (образа) и синтаксиса, но он не стремился к словотворчеству кубо-футуристического типа. Например, лексический состав В. Незвала является довольно однородным, так как периферийные слова (вульгаризмы, архаизмы, диалектизмы и т. д.) занимают в нем сравнительно незначительное место. Незвал снял разницу между 'поэтическими' и 'непоэтическими' словами; таким образом суть поэтического эффекта состояла не в самом слове, в его исключительности или в его особой лексической окраске, но в необычном сочетании, столкновении и сцеплении слов и представлений разного типа. Расширение языкового материала путем создания неологизмов и использования периферийных слов характеризовало творчество Ф. Галаса и В. Голана, которые, дебютировав в рамках 'поэтизма', создали на переломе двадцатых и тридцатых годов особый экспрессивный стиль. В текстах этих поэтов можно найти некоторые языковые средства, напоминающие словотворчество Хлебникова.[17]

[16] J. Mukařovský, *Kapitoly z české poetiky*, II (Praha, 1948), стр. 267.
[17] J. Jíša, "Chlebnikov a Holan", *Československá rusistika*, XIII (1968), стр. 287-293.

'Поэтизм' в своей поэтической программе и практике не в последнюю очередь исходил из результатов современного изобразительного искусства, включая довоенный кубизм. Сходство надо искать, конечно, не в тематическом или мотивическом плане, но в структуре поэтического знака, в соотношении между означающим и означаемым, в релятивизации связей между языковым знаком и действительностью, в установке на самостоятельность художественного образа. 'Поэтизм' особенно актуализировал визуальную сторону поэтической инспирации; система метафорической речи Незвала опирается на ассоциативное видение мира, который воспринимается как динамический комплекс соотношений между конкретными, пластическими, видимыми феноменами.[18] Но в чешском авангардном искусстве двадцатых годов живопись уже больше не играет доминирующей роли. Центральным пунктом новой эстетики стало понятие лиризма как постоянного и переменчивого течения смысловых ощущений, впечатлений, эмоций.[19] Лиризм является результатом воображения, фантазии и представляет всегда бунтующую стихию человеческой психики в отличие от ее рациональных управляющих сил. (В этой теории повторяется известный хлебниковский тезис о полярности "правительства рассудка" и "бурного народа чувств", причем "заумный язык есть обращение через голову правительства прямо к народу чувств".)[20] Если в десятых годах кубистическая живопись стала образцом творческой смелости, то после войны лирика опять заняла свое руководящее место. Кубизм в свое время сыграл роль большого импульса, но его влияние продолжалось лишь несколько лет: такова логика течений, которые стремятся довести определенные качества и возможности художественного знака до крайностей. Если проследить перипетии возникновения 'нового' искусства в более широком временном плане, то можно обнаружить следующую диалектику взаимосвязи между живописью и поэзией. Первые попытки создать художественный образ, который бы сохранил свою самостоятельную выразительную силу (автономную по отношении к денотату), находим у французских символистов, в частности у А. Рэмбо. Этот поэт, не случайно вызывающий такое

---

[18] M. Grygar, "Vítězslav Nezval", в кн.: *Jak číst poezii*, red. J. Opelík (Praha, 1969), стр. 88-90.
[19] См. K. Teige, "Manifest poetismu", в кн.: *Svět stavby a básně* (Praha, 1966), стр. 338-339.
[20] В. Хлебников, "О стихах", *Собрание произведений*, том V, ред. Ю. Тынянов и Н. Степанов (Ленинград, 1933), стр. 225.

большое восхищение русских кубо-футуристов и чешских 'поэтистов', предвидел будущие перемены изобразительного искусства, утверждая, что живопись надо освободить от ее старой привычки копировать; только тогда она станет суверенной и будет возбуждать эмоции посредством линий, красок и из внешнего мира перенятых, но упрощенных и сжатых контуров.[21] Можно сказать, что кубизм в живописи связан с традицией предшественников французской авангардной поэзии, о чем, впрочем, свидетельствует и тесное сотрудничество и взаимная поддержка молодых художников парижской школы (Пикассо, Брак, Леже и т. д.) и поэтов (Аполлинер, Сендрарс, Жакоб и т. д.). И, с другой стороны, кубизм стал катализатором определенных тенденций в современной поэзии: художественные открытия А. Рэмбо, имеющие общее значение для всех видов искусства, влияли на авангардную поэзию десятых годов также посредством кубистической живописи.

4

Исследование взаимосвязей между живописью и поэзией может касаться разных уровней и аспектов. С одной стороны, надо искать сходства и влияния в области тематики и мотивов (сравнительный анализ текстов и картин обрабатывающих одинаковые темы), с другой стороны, аналогии в области выразительных средств, отдельных стилистических и композиционных приемов.[22] Несомненно оба подхода имеют свои положительные стороны, хотя первый иногда находит только внешнюю подобность, а второй очень часто расплывается в приблизительных (более метафорических, чем рациональных) выводах.

Семиотический подход позволяет избежать эмпирического и спекулятивного решения компаративных задач: сравнение бази-

---

[21] См. Hugo Friedrich, *Die Struktur der modernen Lyrik* (Hamburg, 1956), стр. 81.
[22] Компаратистика искусств все больше стремится открыть внутренние, т. е. структуральные сходства разных видов художественного творчества. См. W. Sypher, *Four Stages of Renaissance Style* (New York, 1955); E. Hajek, "Literarischer Jugendstil", *Vergleichende Studien zur Dichtung und Malerei um 1900* (Düsseldorf, 1971); Б. А. Успенский, *Поэтика композиции. Структура художественного текста и типология композиционной формы* (Москва, 1970). Р. Якобсон в статье: "Sur l'art verbal de William Blake et d'autres peintres-poètes" (*Hypothèses*, Coll. "*Change*" [Paris, 1972] стр. 75-102) стремится открыть закономерности, которые обусловливают построение поэтической (словесной) и изобразительной структуры одного автора. См. также "L'image", *La Nouvelle Revue Française*, № 226 (octobre 1971).

руется на анализе перемен структуры и функций данных знаковых систем. Несмотря на коренные различия материала изобразительный и словесный знаки подчиняются общим законам построения и функции знаковых систем.

Анализ динамики художественного знака в кубистической живописи показывает следующие тенденции:[23]

1. Художественный знак становится более автономным, самостоятельным: картина не является средством передачи какой-нибудь внехудожественной информации, какого-нибудь априорного 'литературного' или описательного сообщения. Содержание картины возникает в процессе её создавания и восприятия, и оно зависит больше от внутренних связей отдельных элементов изобразительной композиции, чем от их непосредственного сравнения с окружающим миром.

2. Установка на означающее подчёркивает материальную сторону художественного знака. Кубистическая картина обращает внимание зрителей на свои непосредственно ощутимые качества. Эстетически релевантными являются не только краски, линии, плоскости, но также поверхность картины (фактура), особый 'почерк' художника, способ обработки материала и т. д. Таким образом кубистическая картина требует особого способа восприятия; на неё нельзя смотреть, например, 'импрессионистическими глазами', которые стремятся не принимать во внимание материальную, вещественную сторону красок, чтобы не нарушить иллюзию непосредственного впечатления.

Кубизм актуализирует аспекты 'знака-вещи', в то время как отношения знака к действительности отодвигаются на задний план.[24] Теоретики и практики кубизма утверждали, что картина не является изображением предметного мира, но объектом, который существует по законам своей собственной природы. Подход к художественному произведению как к 'вещи' ослабляет его знаковый характер.

[23] Теоретическую основу кубизма освещает сборник документарных текстов: Edward Fry, *Der Kubismus* (Köln, 1966). Методологию семиотического анализа картины разрабатывают статьи в журнале *Communication*, 15 (1970) ("L'analyse des images"). Там же библиографический обзор по вопросам семиотики картины.

[24] См. J. Mukařovský, "Umění jako semiologický fakt", в кн.: *Studie z estetiky* (Praha, 1966), стр. 85-88. ("L'art comme fait sémiologique", *Poétique*, 3 [1970], стр. 387-392); M. Červenka, "Literární dílo jako znak", *Orientace*, 1 (1968). ("L'œuvre littéraire en tant que signe", в: *Prague, poésie, Front gauche* [= Collection "*Change*", 10] [Paris, 1972], стр. 201-214).

Пикассо, например, иронически относился к стремлению публики "понять" кубистические картины, подчёркивая тот факт, что люди, наслаждающиеся птичьим пением, цветами, красотой ночи и другими явлениями предметного мира, не требуют "понимания" этих природных явлений[25]. Картина, таким образом, сравнивается с 'вещами', рассматривается как бы вне знаковой системы. Но кубизм, с другой стороны, настаивал на специфике искусства, т. е. актуализировал внутреннюю проблематику 'языка' живописи. Кубисты стремились открыть и сделать ощутимыми чисто художественные принципы построения картины, изобразительного произведения. Напряжение между установкой на непосредственное восприятие картины как вещи и между обнажением внутренних связей изобразительного знака является одной из типичных противоположностей нового искусства. Эта тенденция хорошо видна в картинах-коллажах; употребление фрагментов настоящих вещей (журнальных или обойных отрезков, этикеток и т. д.) усиливает 'вещность' картины, но с другой стороны подчёркивает её знаковый характер: фрагменты вещей теряют в коллаже свое подлинное назначение и становятся элементами какого-то особого смысла.

3. Тема как соединяющий принцип отдельных элементов и значений не играет в кубистической живописи больше руководящей роли; она имеет часто лишь вспомогательную функцию, так как основная мотивация данной изобразительной композиции и отбора её отдельных элементов находится в плане самого 'языка' живописи.

Кубисты стремились сделать ощутимыми внутренние принципы изобразительной композиции, развернуть скрытые выразительные возможности материала и расширить его объём. (Все эти тенденции интенсивно проявляются именно в картинах-коллажах.)

4. Кубизм динамизировал понятие творческого процесса. Для кубистов важен был не только сам результат их работы – оконченная картина, но и отдельные этапы её возникновения. Пикассо неоднократно повторял, что для него картина не существует до её реализации, что он заранее не знает, какой будет конечный итог его работы. На протяжении творческого процесса картина "меняется как мышление" и она, по мнению Пикассо, варьируется также после окончания в зависимости от психического настроения зрителя. Не случайно многие кубистические картины являются как бы вариантами одного произведения. Пикассо и в дальнейших

---

[25] P. Picasso, "Conversations avec Christian Zervos", *Cahiers d'art* (1935); см. M. Lamač, *Myšlenky moderních malířů* (Praha, 1968), стр. 106.

этапах своего творчества сохранил этот динамический принцип создания изобразительного произведения: иногда десятки его картин возникали на основе одного центрального композиционно-тематического проекта, так что их можно рассматривать как самостоятельные варианты одной картины. Разумеется, что в свете такового понимания художественной работы и её итогов понятие 'оконченности произведения', 'фрагмента', 'наброска', 'варианта' и т. д. приобретает иной смысл, чем в рамках традиционной эстетики. С другой стороны также проблематика интерпретации произведения должна быть решена по-новому: произведение является не замкнутым комплексом данных значений, а как бы "партитурой" позволяющей разное индивидуальное "проигрывание".[26]

5. Кубистическая композиция построена на принципе аналитичности: художники редуцируют бесконечное многообразие природных форм на ограниченное количество элементарных геометрических единиц. Традиционное единство перспективы заменено полиперспективным видением; предмет уже воспринимается не на основе пространственно-каузальных отношений, а в рамках особой композиции, которая отдельные 'разрубленные' части объекта соединяет по законам сходства и контраста основных геометрических формул, по законам композиционной структуры.

6. Кубизм отрицал традиционную концепцию простора; отдельные предметы (тела) и их части уже не укладываются в рамки пространственных отношений (т. е. композиция предметных элементов не внушает больше иллюзию реального простора), так как отсутствует разница между предметами и окружающей их пустотой (пространством). Картина позволяет соединить и разделить элементы предметного мира по законам адистанционного простора. Основным композиционным приёмом кубизма является 'сдвиг', т. е. неожиданное соединение, сопоставление или пересечение разных несовместимых предметов или их отдельных частей. Эффект 'сдвига' напоминает резкую перемену точки зрения и соответствующей перспективы.

7. Кубизм стремился обогатить чувствительность современного человека, расширить возможности его видения. Живопись является для кубистов сферой чистой живописной восприимчивости и интенсивной образности, которая не связывается эмпирически осознанными формами отдельных предметов. Но кубизм не отрицал

---

[26] См. U. Eco, *L'œuvre ouverte* (Paris, 1965).

взаимосвязь между картиной и действительностью: в его теоретических манифестах и объяснениях повторяется убеждение, что кубистическая картина ближе к объективному миру чем, скажем, импрессионистическая, так как вторая только воспроизводит непосредственные ощущения творческого субъекта, совсем не стремясь увидеть природные феномены и предметы в их объективной реальности.

Но с другой стороны, стремление кубизма открыть правила чисто изобразительной, художественно-живописной интерпретации внешнего мира уже скрывало в себе возможность создания беспредметной композиции. В кубистической картине предметный денотат является часто лишь предлогом свободной творческой игры с данными элементами изобразительной композиции. Художник Грис следующим образом определил разницу между творческим методом Сезанна и своей, т. е. кубистической, практикой: Сезанн ищет в природных объектах геометрические формы (абстрагирует реальные формы), в то время как он геометрическую композицию приспосабливает внешнему миру (конкретизирует абстрактные формы).[27] Скачок от кубизма к 'чистой живописи' можно считать дальнейшей логической ступенью в развитии постсезанновской живописи: художник создаёт композицию, совсем не принимая во внимание её отношения к формам предметного мира. Изобразительный знак актуализирует аспект своей внутренней организации (структуры) и своей материальности (картина как вещь), но третий составной аспект знаковой системы, т. е. отношение к действительности, приобретает качественно новый характер. Но было бы ошибочным считать, что беспредметная живопись целиком элиминирует отношение к реальному миру. И совершенно 'абстрактные' (лучше сказать автономные) краски, линии и пятна на холсте или бумаге возбуждают какие-то намеки на реальный мир и они, конечно, всегда выражают какие-то значения, имеют определенную семантическую ценность.[28] Разные художники мотивируют практику беспредметной живописи по разному (например, Купка стремлением выразить определенные 'абстрактные' темы, Мондриан последовательным абстрагированием природных форм, Малевич достижением чистых ощущений и т. д.), но это не меняет сути дела.

---

[27] См. D. H. Kahnweiler, *Juan Gris, sa vie, son œuvre, ses écrits* (Paris, 1946); M. Lamač, упомян. сборник, стр. 120.
[28] См. J. Mukařovský "Podstata výtvarných umění", *Studie z estetiky*, стр. 192-193.

5

Перед нами стоит теперь вопрос, каким образом перемены в новой поэзии совпадали с движением и напряжением, характеризирующим знаковую систему кубистической живописи. В то же время нас интересует вопрос, в какой мере можно определить непосредственные соотношения (влияния, заимствования и т. д.) между параллельными новаторскими течениями в поэзии и живописи.

Существует ряд свидетельств о том, что Хлебников, Маяковский и другие русские поэты-новаторы были – именно в начале своих творческих поисков – под непосредственным влиянием современной живописи, особенно кубистической. Эти факты были уже достаточно собраны и описаны в работах Н. Харджиева, Б. Лифшица и других авторов и поэтому не будем их здесь перечислять и останавливаться на отдельных случаях.[29] Смысл примера и 'толчка' кубистической живописи состоит в том, что поэты вдруг осознали творческие возможности, вытекающие из смелой перестройки художественного знака. Кубистическая живопись наглядно показала, что установка на материальную сторону означающего, на знак-вещь, позволяет расширить область материала и открыть его до сих пор мало осознанные выразительные возможности. И во-вторых: ослабление денотативной функции художественного знака динамизирует внутреннее соотношение между разными элементами художественного языка; эта свободная игра является источником неожиданных эстетических и в какой-то мере и познавательных ценностей.

[29] Н. Харджиев, "Маяковский и живопись", в сб.: *Маяковский. Материалы и исследования* (Москва, 1940). См. также: Н. Харджиев и В. Тренин, *Поэтическая культура Маяковского* (Москва, 1970); Б. Лифшиц, *Полутораглазый стрелец* (Ленинград, 1933); V. Markov, *Russian Futurism: A History* (Berkeley - Los Angeles, 1968); A. M. Ripellino, *Majakovskij e il teatro russo d'avanguardia* (Torino, 1959); K. Pomorska, *Russian Formalist Theory and its Poetic Ambiance* (Den Haag, 1968). См. также её статью: "Теоретические взгляды русских футуристов", '*Annali*'. *Sezione slava*, X (Napoli, 1967).
Некоторые исследователи и критики стремились создать дефиницию 'кубистической поэзии' (напр. M. Bense, "Theorie kubistischer Texte", в кн.: *Die Realität der Literatur*, Köln, 1971). Но для нас главный вопрос не состоит в том, если существует словесный кубизм как особое литературное направление, которое сумело последовательно и, так сказать, без остатка применить принципы изобразительного кубизма в области поэзии, а в том, открыть суть объективных взаимосвязей между кубизмом и началом авангардной поэзии. Ср. также: G. Lemaître, *From Cubism to Surrealism in French Literature* (Harvard, 1941); M. Guiney, "Cubisme, littéraire et plastic", *Revue des sciences humaines*, 142 (1971).

КУБИЗМ И ПОЭЗИЯ АВАНГАРДА

Влияние кубизма на русскую авангардную поэзию проявляется прежде всего в трёх следующих аспектах:

1. В установке на материальную сторону поэтического текста и в ослаблении изобразительной функции языкового знака.

2. В применении новых способов соединения языковых и семантических единиц, в открытии новых композиционных приемов.

3. В новой концепции восприятия поэтического текста. Эти три аспекта, конечно, тесно связаны друг с другом, а также имеют свою особую литературную мотивировку.

Прежде всего обратим внимание на стремление русского кубофутуризма подчеркнуть ощутимость слова и текста. В полемике с эстетизацией звуковой стороны слова, с концепцией эвфонии как 'музыки', как источника лирического настроения, Хлебников, Маяковский, Кручёных, Д. Бурлюк и другие кубо-футуристы актуализировали "неблагозвучные" звуки русской речи. Установка на диссонанс, на "занозистую" и "сильно шероховатую поверхность" (фактуру)[30] текста должна была превратить поэтическое "пение" в "мычание". Раздражение критики и публики, вызванное первыми программно-провокационными текстами русских кубо-футуристов, напоминает упрёки французской общественности, которая с возмущением отворачивалась от 'грубости' и 'примитивизма' ранних кубистических картин Пикассо или Брака. Звуковая сторона поэтического языка могла приобрести столь самостоятельную роль, что она как бы сама рождала смысл текста и в определённых крайних случаях она полностью изолировалась от всех остальных аспектов языкового знака. Например, известный текст Кручёных "Дыр бул щил" является лишь суммой отдельных звуковых группировок и звуков, в ряду которых нельзя почти

---

[30] См. А. Кручёных и В. Хлебников, "Слово как таковое", упомян. произв., стр. 53. Хлебников в стихотворении "Бурлюк" следующим образом описывает кубистические картины своего друга:
  Горы полотен могучих стояли по стенам
  Кругами, углами и кольцами
  Светились они; черный ворон блестел синим клюва углом,
  Тяжко и мрачно багровые и рядом зеленые висели холсты,
  Другие ходили буграми, как черные овцы, волнуясь
  Своей поверхностью шероховатой, неровной, –
  В них блестели кусочки зеркал и железа.
  Краску запекшейся крови
  Кисть отлагала холмами, оспой цветною.
  (*Собрание произведений*, том III, стр. 290)

выделить обычные русские морфемы; смысл этого текста можно определить только, рассматривая его как один знак, функционирующий в определенном литературном контексте: автор намеренным отбором твердых и диссонирующих звуков выражает свой протест против установки классической и символистической русской поэзии на гласные или на мягкие и плавные согласные.[31] Но такие тексты, как "Дыр бул щил" нельзя сравнивать с кубистическим пониманием художественного знака, который сохраняет – хотя и в ослабленном виде – денотативную ценность картины и её некоторых составных элементов.[32]

Коренная разница между ощутимостью картины, с одной стороны, и поэтического текста, с другой, состоит в том, что материал живописи (вещество красок и фона картины) существует вне искусства как природное явление, которое только в искусстве приобретает знаковый характер, между тем как язык является знаком как таковым – знаковость представляет его основную черту. Именно поэтому язык сравнительно независим от смыслового ощущения.[33] Несмотря на звуковую или графическую реализацию слова, оно не обращается непосредственно к определенному человеческому чувству, но косвенно ко всем. Картина как 'вещь' апеллирует к зрению, но слово как таковое существует всегда как неразрывное единство означающего (звуковая или графическая реализация) и означаемого (значение). Установка на ощутимость слова или понимание слова как 'вещи' имеет разные формы.

Во-первых, слово может восприниматься как 'звучащая вещь', во-вторых, подчёркивается графическая запись слова (текст обращается к человеческому зрению) и, в-третьих, ощутимость слова проявляется в интенсификации его смысловой выразительности (здесь уже действует больше вещность значения, чем материальная сторона означающего).

Поэты русского кубо-футуризма развертывали разные возмож-

---

[31] А. Кручёных, "Тайные пороки академиков", *Манифесты и программы русских футуристов*, стр. 82-85.
[32] К. Поморска сравнивает футуристическую теорию 'самовитого слова' с "кубистической концепцией беспредметной живописи". (Ср. упомянутую статью "Теоретические взгляды русских футуристов", стр. 120.) Но это сравнение надо специфицировать, так как, с одной стороны, теория 'самовитого слова' не совпадает с теорией 'заумного слова' (т. е. слова с установкой на 'магическое' воздействие звукового материала) и, с другой стороны, кубистическую концепцию живописи нельзя характеризовать как теорию 'беспредметной живописи'.
[33] См. J. Mukařovský, "O jazyce básnickém", *Kapitoly z české poetiky*, I, стр. 84.

ности усиления ощутимости слова. В их творческой практике можно встретить следующие приемы, направленные на актуализацию звуковой стороны речи:

1. Звук слова непосредственно ссылается на природный звук; означающее стремится передать означаемый предмет на основе иконической репродукции. Но кубо-футуристы не пользовались слишком традиционным звукоподражанием, а искали неологических форм ономатопоэтических выражений. Хлебников, например, создавал особую 'птичью речь' (запись птичьего чирикания и крика с помощью русской фонологической системы) или связывал метафорическое значение слова (иногда неологически построенного) с его звуковой стороной. (Сравни девятую 'плоскость' поэмы-повести Зангези, где поэт изображает "благовест в ум, набат в разум" используя префиксальные неологизмы слова 'ум': "Гоум, оум, уум, паум ... воум, боум, быум, бом!" и т. д.)

Звукоподражание часто касается экспрессивных проявлений человеческого голоса – крика, пения, стона, шума толпы и разных других эмоциональных выражений. В таких случаях поэты часто применяли разные способы стилизации действительных звуков. Например, Хлебников в поэме "Настоящее" стремился передать впечатление 'голосов и песней улицы' с помощью монтажа фрагментов слов, выкриков, частушечных рефренов, настойчивых повторов ("На о/На обух/Господ/На о/На обух/Господ/На о/На обух/Царей/Царя/Царя/Народ/Наро/Народ/Кузнец/Моло/Молото-боец/Наро/Народ/Берет/Бере/Берет/Господ/На о на о царей..."); метод обработки и композиции звукового материала напоминает технику кубистического коллажа, где отдельные куски природного материала включаются в структуру произведения.

И в текстах Маяковского встречаются интерполяции экспрессивных звуковых элементов, которые перешагивают границы обыкновенной фонетики поэтического языка. (Например, в поэме "Война и мир" Маяковский цитирует с помощью нотной записи отрывки мотивов и ритмов эстрадных куплетов и церковного песнопения или особой транскрипцией слов и междометий стремится передать их эмоциональную окраску и звуковой эффект: /"Браво!Бра-во!/Бра-а-аво!Бра-а-а-аво!/Б-р-а-а-а-а-в-о!"; "Г-р-а-а-ах!"; "Г-с-с-с-с ..."/

Итальянские футуристы, восхищающиеся шумом, гулом и грохотом города, звуковыми атрибутами технической цивилизации, разработали определенную систему ономатопоэтического описания акустических ощущений и более сложных психических переживаний современного человека.³⁴ Русские поэты не принимали эту теорию, отрицая пафос машинной цивилизации; проблема передачи синкретических психических состояний индивидуума, реагирующего на новые феномены технической экспансии, также находилась вне их философской и творческой программы.³⁵

Кроме того отдельные звукоподражательные повторы в стихах Маринетти казались им слишком упрощенными и механическими. Но это не значит, что Хлебников или Маяковский целиком отказывались от ономатопоэтического выражения разных технических или природных звуков, например, выстрелов, плеска волн, морской бури, голосов зверей и т. д. В их текстах таких звукоподражаний довольно много и они подчеркивают конкретность описания действительности и установку стихов на звуковую, декламационную сторону слова.

2. Особым типом звукоподражания является 'звукообраз'. В этом случае фонетический состав неологического слова или группы звуков должен воспроизвести определенное – прежде всего зрительное – ощущение.

Звукообразы Хлебникова построены на предпосылке синестетической связи между звуковыми и зрительными ощущениями; в известном экспериментальном тексте "Бобэоби пелись губы" поэт стремился передать разные цветовые качества воображаемого портрета с помощью 'заумных' слов (причем носителем определённого цветового ощущения является согласная, управляющая данным словом). Это стихотворение, как уже было сказано, свидетельствует о том, что Хлебникова привлекали находки современной живописи, в частности тенденция к аналитическому подходу к объекту (лицо как сумма отдельных цветовых элементов) и к более абстрактному пониманию темы ("на холсте каких-то соответствий / вне протяжения жило Лицо").³⁶ 'Звукообраз' разрушает знаковый характер языка, стремясь создать непосредственную связь между звуком и определенным ощущением. В дальнейших своих поисках Хлебников сохраняет идею "управляющей согласной", но ссылается на анализ настоящей семантики русских слов. Его утопи-

---

[34] См. Umbro Apollonio, *Der Futurismus. Manifeste und Dokumente einer künstlerischen Revolution 1909-1918* (Köln, 1966).
[35] См. Р. Якобсон, *Новейшая русская поэзия. В. Хлебников* (Прага, 1921), стр. 6-10; *Манифесты и программы русских футуристов*, стр. 59, 71, 84.
[36] См. K. Pomorska, *Russian Formalist Theory and its Poetic Ambiance*, стр. 97-98.

ческая идея "звездного языка" построена на аксиоме, что согласные в определенной позиции (а именно в начале слова) обусловливают семантическую направленность слова. Если Хлебников, с одной стороны, подчеркивал звуковую сторону поэтического слова, усиливая его ощутимость и 'предметность', то, с другой стороны, он отдельные элементы фонетического и фонологического материала крайним образом семантизировал. Уже Р. Якобсон обратил внимание на то, что Хлебников в своей теории языка, которая является больше поэтикой, оправдывающей творческие поиски новой поэзии, чем строго научной дисциплиной, интуитивно открыл путь к определению фонемы, основного понятия структурной лингвистики.[37] (Сравни, например, хлебниковскую теорию "внутреннего склонения слов"[38] или такие его тексты, как "Смеянство древних зорь", или некоторые отрывки "Лесной тоски", где перемены значения слов зависят от минимального варьирования звукового материала.)

Напряжение между установкой на материальный аспект означающего и его максимальной знаковости, между звуком и значением, напоминает ситуацию знаковой системы кубистической живописи: установка на 'вещность' картины не исключает интенсивную семантизацию отдельных элементов его композиции. Не случайно в теории кубизма встречается тезис, что кубистические картины надо читать, что они являются суммой отдельных разбросанных знаков.

3. Звуковой аспект особенно доминирует в 'заумных' словах, так как они звучат необычно, не укладываясь в рамки системы русского языка. Их значение не может быть определено с помощью рациональных понятий; они обращаются непосредственно к эмоциональному и интуитивному восприятию, стремясь создать какую-то исключительную, внесистемную коммуникацию. Хлебников в своих размышлениях о 'заумном' языке упомянул экстатическое воздействие древних заклинаний, молитв на чужих недоступных языках, священных или запрещенных слов. Не случайно Хлебников иногда мотивирует появление 'заумных' слов в своих стихах как цитирование 'языка богов', который имеет, между прочим, определенную комическую окраску.

Поэтическую функцию 'заумных' слов выполняют в конкретных случаях также экзотически звучащие слова чужих языков, например,

---

[37] R. Jakobson, "Retrospect", упомян. произв., стр. 632-633.
[38] *Собрание произведений*, том V, стр. 171-172.

ориентальные выражения, иностранные географические названия, имена и т. д. Определенный элемент 'тайны' находится и в кубистической живописи, хотя он никак не принимает характер мистицизма или 'глубинной' неясности языка символов или мифических образов. Некоторые кубистические картины, построенные на игре значений, на напряжении между темой (титулом) и ее обработкой, являются каким-то видом семантических загадок. (Сравни, например, кубистические картины Малевича "Англичанин в Москве" или "Дама у остановки трамвая", которые скрывают какой-то неясный эпический элемент.)

4. Установка на звуковую форму слова проявляется также в стилистических фигурах, основанных на гомонимии слов или на разных типах звукового параллелизма и повторов. Каламбуры, составные рифмы, поэтическая этимология, парономасия и т. д. внушают впечатление приоритета фонетического аспекта слов: значение слова как будто рождается из данной звуковой формы, слова близкие по звуковому составу должны иметь и определенное семантическое сходство.

Например, в двустишии Хлебникова:

> Осени скрипки зловещи,
> Когда золотятся зеленые вещи[39]

слово "зловещи" является как бы синкретическим предначертанием трех следующих слов "золотятся зеленые вещи". Таким образом непосредственно ощутимые звуковые качества первого слова создают иллюзию внутреннего, семантического сходства со следующими словами подобного звукового склада. Разумеется, что семантическая ассимиляция слов на основе их звуковых качеств принадлежит к основным атрибутам поэтического языка и что постоянное колебание между звуком и значением характеризует в определенной мере поэзию самых разных течений и эпох. Но всё-таки надо подчеркнуть, что поэзия авангарда выдвинула этот прием на первый план: иногда он сам становился двигателем поэтической инвенции. Примером его напряженного остранения могут служить следующие стихи Ярослава Сейферта из стихотворения "Odjezd lodi":

> A cizí kraje krásné kraje
> Kraječky krásných tanečnic

[39] *Неизданные произведения*, стр. 54.

pastýři hrají na šalmaje
v kostkách se může vyhrát víc

Слово "kraje" ('пейзажи') повторяется в слове "kraječky", но оно не является уменьшительной формой первого ('маленькие пейзажи'), а реализацией в данном контексте неожиданного гомонимического значения 'кружева'. Кроме того, наглядный звуковой повтор "кра" связывает значение прилагательного *krásný* ('красивый') с существительными "kraje" и "kraječky". И глагол *hrát* ('играть') употребляется здесь в двух разных значениях: *hráti na šalmaj* ('играть на свирели') и *hráti v kostky* ('играть в кости').

Кубистическая живопись открыла также возможность сопоставления разных предметов (значений) на основе их определенных формальных сходств. Например, в натюрмортах вещи теряли свою непроницаемость и материальность: между стаканом, бутылкой, трубкой и доской стола или блюдом возникали непосредственные связи и родства, основанные на параллелизме форм, линий, поверхностей и красок.

На картинах кубистов иногда метафорически соединялись и такие различные объекты, как женское тело и гитара, дерево и скала, окно и рисунок на бумаге.

6

Установка на материальную сторону означающего проявилась у русских футуристов также в усиленном внимании к графической форме напечатанного или написанного слова. Уже художники-кубисты открыли изобразительные возможности разных графических знаков, букв и слов; если критика утверждала, что картины кубистов надо 'читать', то потом это определение можно было в какой-то мере толковать буквально.

Например, в центре картины Брака "В честь Баха" (1912) находится выразительная надпись "BACH J S", которая непосредственно выражает тему произведения.

Также слова "MA JOLIE", написанные в левом верхнем углу одноименного натюрморта Пикассо (1914), выполняют важную семантическую функцию: в глаза бросающиеся буквы являются не только чисто декоративным элементом изобразительной композиции, но они особым образом освещают все предметы данного натюрморта, обогащая их каким-то лирическим оттенком. Но письменный элемент в кубистической живописи может играть разную роль: с одной стороны, отдельные буквы или фрагменты слов применяют только свои чисто графические, зрительные способности; с другой стороны, они складывают более или менее компактный текст. Крайний тип картины с текстом представляет натюрморт Гриса – рисунок, на котором приклеен текст стихотворения; этот коллаж стоит уже на самой грани между изобразительным искусством и поэзией.[40]

Русские кубо-футуристы как будто с другой стороны стремились включить зрительный эффект в поэтическое творчество, создать особый симбиоз между поэзией и живописью. Эта тенденция проявляется, например, в тесном сотрудничестве поэтов и художников при издании сборников футуристических стихов. Хлебников, Маяковский, братья Бурлюки, Кручёных, Ларионов, Филонов, Малевич, Гончарова, Розанова и другие пионеры нового искусства принимали участие в подготовке книг, брошюр, сборников и журналов, которые отличались необыкновенным оформлением и оригинальными иллюстрациями.[41] Всё, что касается графической, оптически и даже осязательно ощутимой стороны текста, становилось вдруг релевантным. Если русские кубо-футуристы издавали некоторые сборники на шероховатой бумаге обоев или если они гектографической техникой копировали рукописные тексты некоторых своих произведений, то это не значит, что выбор технических средств был целиком обусловлен недостатком денег или общей ситуацией экономического кризиса во время войны.

Самая важная причина в том, что они хотели сделать поэтический текст ощутимым также в аспекте типографическом. Николай Бурлюк в статье "Поэтические начала" изложил семантическую и эстетическую ценность материализации словесного знака в графической записи.[42] Автор, выражая мнение футуристической группы, утверждал, что семантические оттенки слова меняются в зависимости от способа, каким оно написано. Индивидуальность авторского почерка и его постоянная переменчивость являются для футуристов неотделимой чертой поэтического выражения.

Но кроме значений, вытекающих из индивидуальной реализации графической формы текста, они стремились открыть также какие-то

---

[40] J. Gris, Nature morte avec poème. См. M. Butor, *Les mots dans la peinture* (Genève, 1969), стр. 173.
[41] См. C. Gray, *The Great Experiment: Russian Art 1863-1922* (London, 1962); V. Marcadé, *Le renouveau de l'art pictural russe (1863-1914)* (Lausanne, 1971).
[42] *Манифесты и программы русских футуристов*, упом. изд., стр. 77-80.

общие пространственно-линейные, т. е. зрительно воображаемые первоэлементы языка.

Хлебников изложил свою теорию "тайных глыбов языка" в поэме-повести "Зангези"; по его мнению, отдельные звуки – особенно согласные, управляющие словом – связаны с определенными геометрическими и кинетическими представлениями: "Частицы речи. Части движения. Слова – нет, есть движения в пространстве и его части – точек, площадей ... Плоскости, прямые площади, удары точек, божественный круг, угол падения, пучек лучей прочь из точки и в нее – вот тайные глыбы языка. Поскоблите язык – и вы увидите пространство и его шкуру."[43]

Например, Хлебников определяет значение звука Л с помощью следующих геометрических формул: "Остановка падения, или вообще движения, плоскостью поперечной падающей точке" или "эль – путь точки с высоты, остановленный широкой плоскостью".[44] В стихотворении "Слово о Эль" Хлебников показывает, как эта дефиниция элементарного значения звука Л становится богатейшим источником поэтической образности и как она позволяет сближение и сопоставление самых разных предметов и представлений. Например:

> Когда у ласточек протяжное перо
> Блеснет как лужа ливня синего,
> И птица льется лужей ноши,
> И лег на лист летуньи вес,
> Мы говорим, – она летает...

Все слова, начинающие с Л, связывает – по поэтической этимологии и семантике Хлебникова – какой-то общий семантический план: ласточка, лужа, ливень, литься, лечь, лист, летунья, летать и другие понятия ссылаются на геометрическую формулу, которую можно графически изобразить следующим образом:

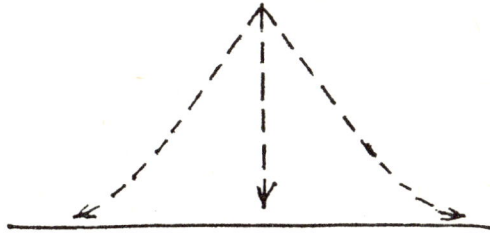

---

[43] *Собрание произведений*, том III, стр. 333.
[44] Там же, стр. 332, 72.

В этой фигуре на первый взгляд проглядывает форма буквы Л (и даже латинского шрифта L). Подобное сходство между хлебниковским определением основного, т. е. геометрического значения данного звука и его графического знака встречается и у других согласных. Например, у З ("отражение луча от зеркала; угол падения равен углу отражения"; сравни также латинскую букву Z),[45] у К ("встреча и отсюда остановка многих движущихся точек в одной неподвижной") или у Т (Хлебников значение Т противопоставляет значению Л: "тянуть, тяжкий, тень..." против "летать, легкий, лень..." и т. д.; противоположность этих значений как бы напоминает и графическая разница между буквами Т и Л). Интересно, что Хлебников и значения абстрактного, например, аксиологического типа (лихой-тихий), интерпретирует с помощью геометрических фигур.[46] Аналитическое стремление Хлебникова, которое в фантастической оболочке содержит какое-то рациональное ядро,[47] свидетельствует о том, что поэт был убежден в максимальной внутренней мотивировке означающего, что для него план выражения в поэтическом тексте неотделим от плана содержания.

Кубизм также выдвинул на первый план аналитические тенденции, целью которых являлось объяснение принципов композиционной постройки картины и изобразительных возможностей материала живописи. Например, чешские кубисты, особенно Богумил Кубишта, интенсивно искали геометрические и математические формулы, способные точным образом описать эстетическое воздействие картины.[48] С другой стороны, Кандинский разрабатывал семантику отдельных изобразительных элементов, стремясь создать какой-то основной словарь графических форм.[49]

Хлебниковские поиски элементов 'звездного языка' напоминают некоторые аспекты 'супрематической' живописи Малевича, стремившегося найти за переменчивой многообразностью предметного

---

[45] Определенная символика букв опирается о древние мифические ассоциации. Ср. R. Barthes, *S/Z* (Paris, 1970).
[46] *Неизданные произведения*, стр. 326.
[47] См. J. Levý, "Sémantika verše", в кн.: *Bude literární věda exaktní vědou?* (Praha, 1971), стр. 294-296.
[48] B. Kubišta, *Předpoklady slohu* (Praha, 1947), стр. 84-85, 147-149.
[49] W. Hess, *Dokumente zum Verständnis der modernen Malerei* (Hamburg, 1956); W. Kandinsky, *Punkt und Linie zur Fläche* (München, 1926).
[50] K. Malevič, *Suprematismus. – Die gegenstandlose Welt* (Köln, 1962); M. Lamač, *Myšlenky moderních malířů*, стр. 204-217; Troels Andersen, *Malevich* (Amsterdam, 1970).

мира свободный простор, 'заселенный' движущимися геометрическими телами и формами.⁵⁰ В творчестве Хлебникова и Малевича можно несомненно открыть ряд взаимоотношений и совпадений. Хлебниковские теории 'заумного' языка ускорили переход Малевича от кубистической живописи к беспредметному 'супрематическому' пониманию изобразительного искусства; с другой стороны, в утопических представлениях Хлебникова о "городе будущего" как бы проглядывают элементы фантастических урбанистических проектов Малевича.

Установка на зрительный аспект текста проявлялась в творчестве русских футуристов разными способами: остранением типографической формы слов, соединением рисунка и текста (например "Окна РОСТА" Маяковского) и постепенной автономизацией графических и оптических качеств текста.

В некоторых композициях В. Каменского, А. Кручёных или К. Зданевича, построенных из элементов типографического или письменного материала, уже преобладали принципы изобразительной коммуникации над языковой. Переход к 'зрительной поэзии' начался с первых манифестов Маринетти, требующих "освобождения слова", расшатывания синтаксиса, исключения знаков препинания.

Итальянские футуристы создавали особые тексты-картины: фрагменты слов, хаотические группировки отдельных букв, куски наклеенных этикеток, газетных отрезков и т. д. нельзя было больше читать как элементы постепенно развивающегося и складывающегося сообщения; 'оптическая поэма' воспринималась одним взглядом как симультанная пространственная композиция. На противоположном полюсе поэзии как 'чистой музыки' и текстов с установкой на звуковую реализацию находятся также известные 'идеограммы' Аполлинера. Небольшие лирические наброски Аполлинера особым типографическим оформлением воспроизводят какие-нибудь предметы, связанные с темой; традиционные строчки стихов преобразуются в живую движущуюся линию, которая создает рисунки домов, звездной ночи, Ейфелевой башни, дождя.⁵¹

Сближение живописи с поэзией осуществилось также в чешском поэтизме. Карел Тейге, крупный теоретик нового художественного течения, в своих статьях и манифестах подчеркивал тот факт, что с времен "кубистической революции" живопись и поэзия разви-

---

[51] См. K. Teige, "Guillaume Apollinaire a jeho doba", в кн.: *Svět stavby a básně. Studie z dvacátých let* (Praha, 1966), стр. 371-404.

ваются на одном общем базисе: искусство, отказавшись от подражания действительности, стало "поэзией оптических форм", между тем как поэзия в поисках чистой поэтичности открыла вдохновляющую силу непосредственно ощутимых образов живописи, фильма, фотографии, театра.[52] Тейге, Незвал, Восковец, Штырский, Тойен и другие 'поэтисты' создавали 'оптические поэмы' или 'поэмы-картины', т. е. монтажи фотографического, эмблематического и типографического материала, передающие какое-нибудь лирическое впечатление (особенно часто повторялась тема далеких путешествий, экзотических стран, городов и т. д.).[53]

Поэтисты обращали особое внимание на типографическую сторону своих публикаций и на сопровождающий иллюстративный материал. Установка на зрительные ощущения выступает на первый план, например, в сборнике поэтических текстов Незвала *Пантомима* (1924). Один отдел этой книги, имеющий заглавие "Алфавит", содержит двадцать пять четырехстиший, инспирированных отдельными буквами латинского алфавита.[54] Интересно сравнить метод Незвала, вдохновляющегося алфавитом, со способом Хлебникова, поэтически обрабатывающим 'звуки азбуки'. В то время, как Хлебников стремится открыть под самыми частыми консонантами основные семантические единицы языка, Незвал пользуется формами букв как источником неожиданных поэтических образов, метафор, ассоциаций. Например буква L напоминает Незвалу секстант – "лиру инженеров"; в последней строчке четырехстишия появляется без какого-либо перехода следующий апостроф: "Рабочий, ты светишь как лампочка на рельсах".

> L
> Horizontála L vertikální směr
> Inženýr ví žes vzácná lyra jejich
> Studenti říkají ti chybně úhloměr
> Dělníku svítíš jak lampička na kolejích

Мотив рабочего связан по ассоциации со сферой работы инже-

---

[52] K. Teige, "Manifest poetismu", там же, стр. 323-359. Чешский поэтизм стремился создать поэзию 'для пяти чувств', т. е. произведения, которые бы всесторонне актуализировали человеческую чувствительность. Среди 'пяти чувств' доминирующую роль играло зрение: "Fakt, že soudobá civilizace ze všech smyslů nejúplněji vykultivovala zrak (v neposlední řadě je zjemnění a zpružnění zraku zásluhou fotografie a filmu), vykázal poezii cestu postupného zoptičtění. Báseň se kdysi zpívala, a nyní se čte." (K. Teige, там же, стр. 337).
[53] См. сб. *Poetismus*, упом. произв., стр. 112-117, 181.
[54] Там же, стр. 80-85.

G. Braque, "L'hommage à Bach" (1912). Функция надписи при определении темы. Сближение изобразительной и музыкальной композиций.

К. Малевич, "Англичанин в Москве" (1913-1914). Элементы текста добавочно определяют тему.

патърЕт
кагжывОй

Зо

заиНьк А паΠавык А
паыГай КАТ
в VЗ галаПШ а Б укатувИша
лизаЛб УИа
уЛим О и ка жЫ МУ
Зачиг О дырь па ним У
з ВиЦаЛУица

И. Зданевичь (Ильязд), "ПатьрЕт кагжывОй" (1923).

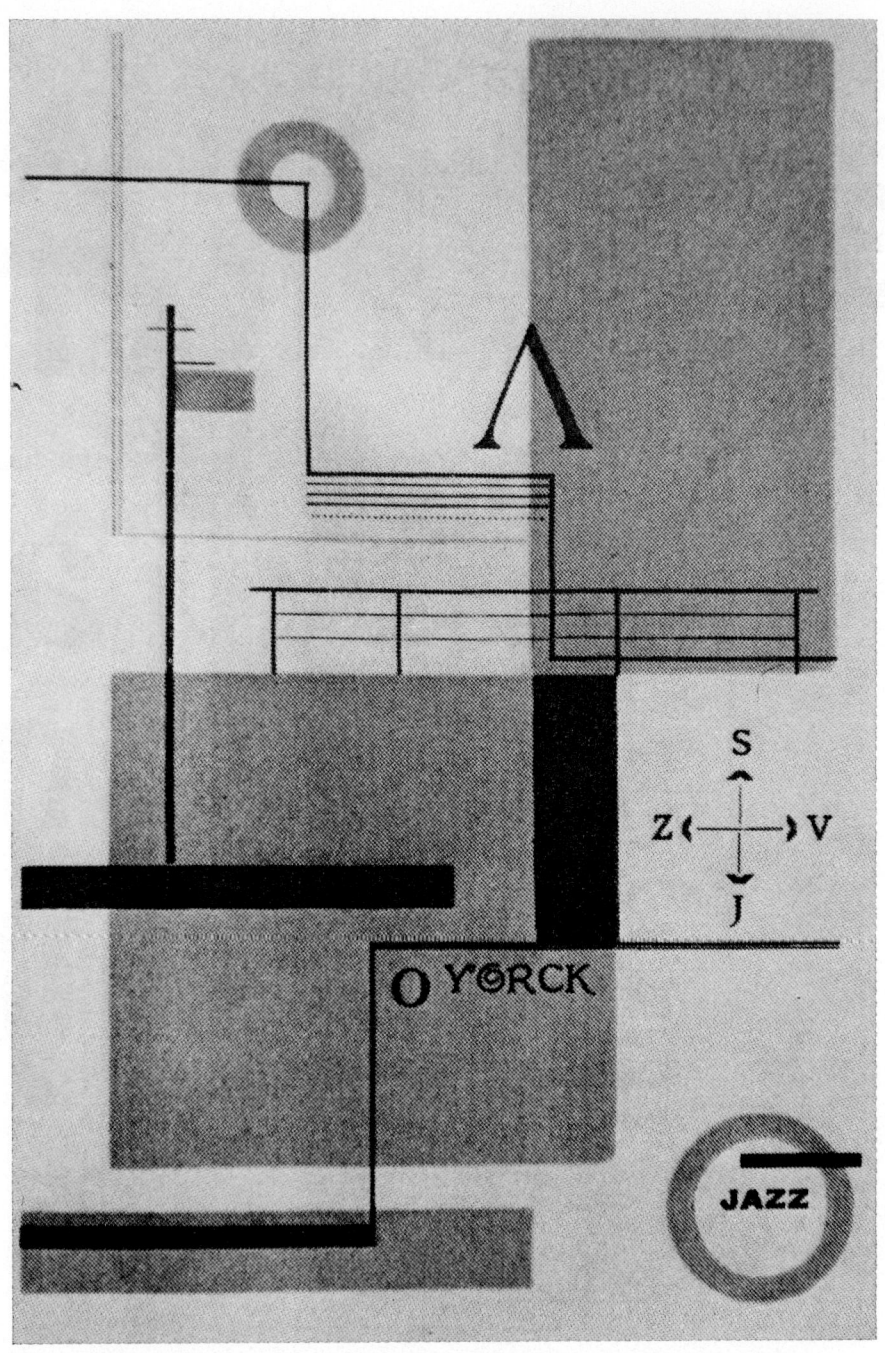

K. Teige, Типографическая 'иллюстрация' к стихам К. Библа (Zlom, 1928).

нера и выбор слова "lampička" (также как ключевого слова "lyra") мотивирован доминирующей согласной L.

Иногда трудно объяснить пути ассоциативной образности Незвала, но в общем можно сказать, что ими управляет прежде всего логика зрительных представлений и конкретная, т. е. смысловыми ощущениями и впечатлениями насыщенная память поэта.[55] Именно поэтому вряд ли бы мы могли встретить в стихах Незвала поэтические наименования интеллектуального типа, ссылающиеся только на внутренние семантические качества определённых фонем, морфем или слов. Но метафоры такого происхождения для поэзии Хлебникова характерны. (Например: "Матери ливнем любимец – лужа дитя".)[56]

'Поэтизм' не отличался стремлением анализировать семантическую структуру словесного материала.

Целью поэтов и художников "Деветсила" было обогащать человеческую образность и восприимчивость, возбуждать фантазию, чувствительность, воображение и постоянными лирическими впечатлениями усиливать чувство жизнерадостности. Язык был для них только одним из средств, с помощью которых можно возбуждать лирические эмоции и переживания. В своем поэтическом манифесте заявили они, что существует и поэзия без слов, поэзия представлений, образов, чувств.[57] Хотя Незвал, Библ, Ванчура, Сейферт и др. в своем творчестве открывали выразительные возможности разных аспектов чешской речи и хотя они в некоторых текстах удалились далеко от принятых норм поэтического языка, всё-таки они никогда не нарушали единства слова. Этот факт, отличающий, в ряду других, 'поэтизм' от футуризма, находится в связи с отрицанием теории и практики беспредметного искусства поэтистами. Тейге сказал, что художник требует контакта с действительностью и что образность – как бы она ни была автономна и несвязана с окружающим миром прямыми каузальными отношениями – требует постоянных, хотя бы и минимальных, соприкосновений с предметной реальностью. Именно поэтому Тейге относился скептически к возможностям беспредметной живописи (например к орфизму, супрематизму или неопластицизму) или к экспериментальному фильму, основанному на чисто геометрических и оптических элементах.[58]

[55] См. M. Grygar, "Vítězslav Nezval", в кн.: *Jak číst poezii*, упом. произв., стр. 89-92.
[56] "Слово о Эль", *Собрание произведений*, том III, стр. 72.
[57] K. Teige, "Poetismus", в сб.: *Poetismus*, стр. 111.
[58] Там же, стр. 118.

Пример кубистической живописи помог поэзии не только последовательно осознать и расширить выразительные возможности словесного материала, но также коренным образом перестроить структуру поэтического текста. В поэзии появились новые синтаксические и композиционные приемы, которые переменили традиционное понятие семантической динамики и целостности произведения.

Одним из самых ярких симптомов этого процесса была актуализация двух комплементарных приемов: разбивания устойчивых семантических единиц и создания новых элементов и комплексов с помощью монтажа.

Кручёных и Хлебников в манифесте "Слово как таковое" заявили, что "живописцы будетляне любят пользоваться частями тел, разрезами, а будетляне речтворцы разрубленными словами, полусловами и их причудливыми хитрыми сочетаниями (заумный язык)".[59] Некоторые неологизмы Хлебникова, как 'крылышковать', 'золотописьмо', 'смеево', 'поюны', 'гляделка', 'звученник', построены по морфологической аналогии и поэтому не противопоставляются определенным традициям языкового новаторства, но слова, составленные из не совсем ясных корней или из морфем, которые не сливаются, а подчеркивают свой фрагментарный характер, являются как бы словесными реализациями кубистического монтажа разбросанных форм разных вещей (например: 'хорошеуки', 'ужасва', 'хлябыматствует', 'равнебен', 'железавут', 'парусавель', 'времяшерстны', 'жароши').[60]

Принцип фрагментарности и неожиданного сталкивания разнородных семантических единиц проявляется на всех уровнях языковой и тематической постройки кубо-футуристических текстов. Постоянные семантические 'сдвиги' характеризуют, например, семантическую динамику стихотворения Хлебникова "И черный рак на белом блюде".[61] В этом тексте, как в кубистической картине,

---

[59] *Манифесты и программы русских футуристов*, стр. 57.
[60] Монтаж является одним из самых важных приемов 'нового искусства'. Вслед за кубистической живописью развивал этот новый способ соединения разбросанных и гетерогенных элементов 'художественной речи' особенно авангардный фильм. См. С. М. Эйзенштейн, "Монтаж", в кн.: *Избранные произведения*, т. 2 (Москва, 1964). Языковыми предпосылками монтажа в поэзии занимался словацкий литературовед Оскар Чепан (Oskár Čepan), "Jazykové predpoklady montážu v poézii", в сб.: *Avantgarda, Litteraria*, VI (Bratislava, 1966).
[61] И черный рак на белом блюде
Поймал колосья синей ржи.

сквозь отдельные мотивы просвечивает какая-то не совсем ясная сцена: она представляется не как логическая связь временных и пространственных объектов и явлений, а скорее как 'загадка', которую надо разгадать. Отношение слов и мотивов к действительности становится более свободным и иногда многозначным.

Вступительные стихи "И черный рак на белом блюде / поймал колосья синей ржи" сигнализируют настроение диссонанса и какого-то напряжения – они открывают сцену иронического 'интеллигентского' разговора между мужчиной и женщиной. Но денотативный смысл первых мотивов не легко схватить; только дальнейший контекст позволяет нам интерпретировать их как 'сдвинутый' описательный элемент салонной среды: или как реальные предметы на столе (рак на фарфоровом блюде с декоративным рисунком колосьев), или как изображение натюрморта на картине. Текст напоминает кубистическую композицию также неопределенностью перспективы или точки зрения (чередование фрагментов описательного, эпического и двух иронических субъективных высказываний), гетерогенностью языкового и мотивического материала и пользованием цитат (слегка искаженные крылатые слова из древнерусской летописи являются в тексте инородным элементом как бы 'вклеенным' в общий словесный фон).

При анализе хлебниковских текстов бросается в глаза отсутствие плавной связи между отдельными семантическими единицами: контекст значения складывается как бы из разных осколков. Некоторые слова и мотивы появляются неожиданно, без логической мотивировки: соединяющие элементы разных частей предложений, мотивических группировок и целых тематических рядов часто отсутствуют. Осип Брик характеризировал композиционный метод Хлебникова как 'констелляцию' слов и образов.[62] Это значит, что общее значение текста или его составной части осуществляется

> И разговоры о простуде,
> О море праздости и лжи.
> Но вот нечаянный звонок:
> "Мы погибоша, аки обре!"
> Как Цезар некогда, до ног
> Закройся занавесью! добре!
> Умри, родной мой. Взоры если
> Тебя внимательно откроют,
> Ты скажешь, развалясь на кресле:
> "Я тот, кого не беспокоят".

[62] O. Brik, *Sur Khlebnikov. La mode, l'invention* (= Collection "*Change*", 4) (Paris, 1969).

не постепенным разматыванием семантической линии, а взаимным, как бы пространственным, отражением комплекса текстовых элементов; слова притягиваются и отталкиваются как бы по законам особого магнитного поля.

Определение поэтического образа в чешском 'поэтизме' во многих своих аспектах совпадает с кубо-футуристическим пониманием структуры поэтического наименования и высказывания. Незвал в одной статье характеризовал суть образности как "желание совместить несовместимые вещи. Надо найти между двумя отдаленными вещами мостик, с помощью которого вещи могли бы соединиться."[63]

Авангардные поэты находили скрытые 'мостики' между самыми разными вещами, представлениями, смысловыми ощущениями, но очень часто ставили слова и мотивы просто рядом, не показывая соединяющих звеньев. Таким образом слова и представления в их текстах сталкиваются друг с другом и между ними, как сказал Незвал, вспыхивают искры особого образного или лирического напряжения.

Хлебников в стихах "Эти зелены крыши, как овцы, тычутся мордой друг в друга и дремлют"[64] объяснил мотивировку образного наименования (персонификации) сравнением (крыши, как овцы). Но эта объясняющая вставка иногда отсутствует, и тогда читатель должен с помощью своей фантазии найти скрытые связи и значения. Таким образом, слова и мотивы становятся многозначными и иногда трудно воссоздать их отношение к действительности.

Например, в стихотворении "Лютиков желтых пучок"[65] переплетается и повторяется несколько основных мотивов (цветы, буря, женщина), но неопределенность их взаимных отношений не позволяет точно установить денотативный смысл всех предложений и стихов:

> Лютиков желтых пучок.
> Молнии злостный зрачок.
> Женщина бросила бледный цветок.
> После же очи окна зазвенели,
> Запрыгав под звучное иго.
> Желтой строки осыревшая книга.
> Тучи темнеют и посинели.
> На области слуха упало два замка.

---

[63] См. *Jak číst poezii*, стр. 92.
[64] *Неизданные произведения*, стр. 53.
[65] Там же, стр. 167.

> И прочь убегала могучая самка
> Гроза, это ты!
> Ницнут цветы.

Двухзначностью отличаются особенно стихи: "После же очи окна зазвенели, запрыгав под звучное иго" и "На области слуха упало два замка". С одной стороны, их можно интерпретировать как образное выражение звукового эффекта грома, но с другой стороны, здесь намекается на какое-то следствие поведения женщины, которая "бросила бледный цветок". Но можно ли эти слова толковать в их буквальном смысле? Контекст стихотворения вызывает впечатление, что гроза совпадает с каким-то драматическим конфликтом между женщиной и 'лирическим субъектом' стихов. Этот любовный конфликт, который в глазах авторского 'я' соединяет уходящую женщину с бурей, очень выразительно выступает на поверхность в ключевых словах стихотворения: "Могучая самка гроза, это ты!"

Взаимное сталкивание, проникание и наслоение разных мотивических планов часто характеризует семантическую постройку поэтических текстов Хлебникова, Маяковского и других поэтов русского футуризма. Иногда бросается в глаза зрительная или прямо живописная инспирация некоторых кубо-футуристических стихотворений (сравни, например, 'натюрморт' Маяковского "А вы могли бы?",[66] стихи Хлебникова "В этот день голубых медведей"[67] или экспериментальный текст Бенедикта Лифшица, созданный на основе воображаемой кубистической картины).[68]

8

Процесс ослабления предметного значения слов и отдаления образов от действительности часто сопровождается редукцией и ассимиляцией материала и актуализацией композиционных прие-

---

[66] См. анализ этого стихотворения в статье Н. Харджиева, "Заметки о поэзии Маяковского", упомян. произв., стр. 125. Особую проблематику представляет отношение Маяковского поэзии к фильму. Несомненно у Маяковского преобладает зрительное вдохновение; тематическая линия его стихов и динамика отдельных образов очень часто развертывается по логике сценария, т. е. на основе монтажа разных зрительно воспринимаемых сегментов. Ср. Z. Mathauser, *Die Kunst der Poesie* (Praha, 1967), стр. 50-58.
[67] См. M. Grygar, "Remarques sur la dénomination poétique chez Khlebnikov", *Poetics*, 4 (1972), стр. 109-118.
[68] Б. Лифшиц, *Полутороглазый стрелец*, стр. 49-50.

мов. Этот процесс можно наблюдать и в кубистической живописи, особенно т. н. аналитического периода, когда картины уже теряли связь с действительностью и перед художниками открылась возможность беспредметной композиционной игры, не связанной изображающей функцией. При этом действует – как в живописи, так и в поэзии – одно основное семиотическое правило: чем больше ослабляется денотация, тем больше усиливается роль коннотации, т. е. значений, зависимых от контекста. Аналитический кубизм стремился описать разные предметы с помощью ограниченного репертуара геометрических форм; является ли определенная кривая формальным элементом стакана, гитары, трубки или лица – это решает более широкий комплекс формальных элементов, подчиняющихся основному тематическому проекту. С подобным явлением встречаемся и в стихах Хлебникова. Например:

> И я свирел в свою свирель.
> И мир хотел в свою хотель.
> Мне послушные свивались звезды в плавный кружеток.
> Я свирел в свою свирель, выполняя мира рок.[69]

Только коннотативные отношения внутри первого двустишия могут подсказать значение неологического слова "хотель", которое по звуку и значению ассимилируется с управляющим словом "свирель". Строгий синтактсический и грамматический параллелизм первого и второго стиха опредедяет смысл всех слов и оборотов. Контекст объясняет значение неологического слова 'свиреть' (свистеть), также как неожиданного сочетания слов "мир хотсл в свою хотсль" (мир хотел свистеть в свой свисток, т. е. он стремился идти своим путем, преследовать свою цель).

У Хлебникова можно найти и небольшое количество текстов, в которых значение отдельных слов-неологизмов отступает на задний план и читатель воспринимает лишь игру звуковых повторов и общую синтаксическую и грамматическую конструкцию, которая однако не наполняется конкретным значением.
Например:

> Помирал морень, моримый морицей,
> Верен в веримое верицы.
> Умирал в морильях морень
> Верень в вечора верни.
> Обмирал морея морень...

---

[69] *Неизданные произведения*, стр. 95.

Или:

> Мы чаруемся и чураемся.
> Там чаруясь, здесь чураясь,
> То чурахарь, то чарахарь,
> Здесь чуриль, там чариль.
> Из чурыни взор чарыни.
> Есть чуравель, есть чаравель.
> Чарари! Чурари!
> Чурель! Чарель!
> Чареса и чуреса.
> И чурайся и чаруйся.[70]

Эти тексты, близкие по своей заумности, аллогизму и двухзначному комическому эффекту "Песням виселицы" Христиана Моргенштерна,[71] напоминают калейдоскопическое поворачивание данных звуковых и семантических осколков, причем новые вариации и констелляции основных элементов как бы развивают какую-то более или менее абстрактную тему. Подобный композиционный прием встречается и в 'кубистических' текстах Г. Стейн, хотя у нее составными сегментами являются не морфемы или отдельные слова, а прежде всего словосочетания и фрагменты предложений.[72]

Во многих неологизмах и неологических словосочетаниях Хлебникова проявляется воля к 'абстрактной' кристаллизации образов, т. е. стремление создать поэтические наименования, отклоняющиеся от мира конкретных вещей и ссылающиеся на сферу отвлеченных семантических отношений и понятий. Например:

> Я ведал: Ненарекаемость бозничего,
> Неизбытность полевичего,
> Ненасытность огневичего,
> Нерассыпность водяничего,
> Неувядаемость девичего. Я ведал[73]

'Дематериализация' значений осуществляется здесь с помощью суффиксов, меняющих категорию слов и создающих неологизмы неопределенного значения. В следующем четырёхстишии Хлебников из глагола 'плеснуть' сделал существительное "плескиня" и словосочетание 'грустными крыльями' переменил в абстрактную метафору, в чисто семантическое эхо подлинного образа: "крыльными грустильями".

---

[70] *Собрание произведений*, том II, стр. 44, 42.
[71] Ch. Morgenstern, *Galgenlieder* (1905).
[72] См. M. Bense, "Theorie kubistischer Texte", упом. произв., стр. 36-68.
[73] *Неизданные произведения*, стр. 89.

> Плескиня, дева водных дел,
> Радея красоте,
> Играла и сияла, служила немоте
> И крыльными грустильями воздела темноте.[74]

Термин 'абстрактная кристаллизация' перенимаю у Ф. Кс. Шальды, крупного критика и знатока чешской литературы переломного периода.[75] Он его употребил в статье о стихах Ф. Галаса, который отклоняясь в конце двадцатых лет от игривости и чувственной конкретности и непосредственности 'поэтизма', стремился к более интеллектуальной и абстрактной поэзии. В связи с этим процессом отвлечения образов и значений Шальда упомянул именно аналитический кубизм.

Что касается структуры поэтического образа 'поэтистов', можно сказать, что она отличается также принципом монтажа, 'констелляцией', калейдоскопическим варьированием фрагментарных элементов и другими композиционными приемами, действующими как в кубистической живописи, так и в текстах русских кубо-футуристов.

Шальда в своих статьях о 'поэтизме' обратил внимание на то, что в стихотворениях Незвала, Сейферта, Библа появляется новое понимание простора и что эта качественная перемена имеет параллель в новых изобразительных принципах, осуществляющихся в живописи с времен Сезанна.[76] Проблема простора в поэзии особенно сложна, так как словесное искусство не выражается в категориях пространственности и понятие простора в связи с системой словесных знаков теряет свое подлинное значение и, может быть, становится лишь метафорическим выражением. Но всё-таки новые тенденции в поэзии позволяют традиционную противоположность изобразительного (пространственного) и словесного (временного) искусства истолковать по-новому. Поэтический образ постсимволистической поэзии стремится все больше и больше преодолеть сукцессивную природу языковой системы и пользоваться пространственными симультанными отношениями слов и представлений.[77]

Видение мира, понятие временных и пространственных отно-

---

[74] Там же, стр. 90.
[75] См. F. X. Šalda, "Pohled na naši nejnovější produkci lyrickou" (Zápisník, 1933); в кн.: *O poezii* (Praha, 1970), стр. 196.
[76] См. F. X. Šalda, "O nejmladší poezii české", в кн.: *O poezii*, стр. 142-145.
[77] См. J. Frank, "La forme spatiale dans la littérature moderne", *Poétique*, 10 (1972), стр. 244-266.

шений в начале века резко изменились. Поэзия стремилась соединить опыты, переживания и ощущения, которые кажутся на первый взгляд бессвязными, в одно органическое целое. Хлебников несколько раз повторял, что он стремится освободиться "от времени, от пространства".[78] Смысл этой сентенции в том, что надо создать новый автономный поэтический простор, в котором мог бы осуществиться синтез самых разных тематических и языковых, содержательных и выразительных элементов.

Стремление нового искусства преодолеть традиционную концепцию простора мотивируется, с другой стороны, небывалой динамизацией субъекта; нет уже больше одной неподвижной и постоянной точки зрения, одной перспективы, которая все события, факты, ощущения приводит в принятую систему отношений. Остроумие, гибкость, быстрота, готовность – это достоинства новых поэтов, не случайно иногда сравниваемых с акробатами, клоунами, игроками. Все характерные качества словесного выразительного плана (такие, как сжатость текста, расшатывание синтаксиса, отказ от пунктуации, фрагментарность, эллиптичность, нарушение временных и каузальных отношений, 'констелляция' и другие стилистические и композиционные приемы) являются лишь следствием перемен в самом понимании человеческого субъекта и окружающего мира.

9

Одной из самых выразительных черт авангардного движения была релятивизация границ между отдельными видами искусства. Эта тенденция подчеркивала единство эстетического (поэтического) восприятия.

Кубизм стал, как уже было сказано, 'поэзией оптических элементов' и его сближение с искусством слова особенно доказывают композиции с использованием поэтических текстов. Но кубистическая живопись поддерживала также определенные внутренние

---

[78] Например, в письме В. Каменскому, где Хлебников как вдохновляющий 'прообраз' припоминает картину Савинова "Купальщики". См. *Неизданные произведения*, стр. 354. В прозе "Ка" Хлебников цитирует слова своего друга художника Филонова, который метафорическим образом говорил о своей "борьбе за время". Эти слова можно интерпретировать как свидетельство о глубоких переменах осуществляющихся в новой живописи, которая также стремилась преодолеть категорию времени в изобразительном (пространственном) искусстве. См. *Собрание произведений*, том IV, стр. 51. Ср. монографию о Филонове: J. Kříž, *P. N. Filonov* (Praha, 1964).

связи с музыкой; не случайно в натюрмортах Пикассо, Брака, Гриса или Малевича так часто появляются музыкальные инструменты, надписи и графические элементы, связанные с миром музыки. Иногда можно даже сказать, что композиция картины как бы стремится передать ощущение определенной музыкальной гармонии (сравни, например, картину Брака "L'hommage à J. S. Bach").

Чешский 'поэтизм' соединял разные виды искусств на базисе всеохватывающего лиризма поэзии 'для пяти чувств'. Развитие словесного искусства было связано с открытиями новой живописи, театра, пантомимы, музыки, а также с фильмом и другими областями и жанрами 'легких муз' – с цирком, кабаре, джазом, плакатом и т. д.[79] Подобная тенденция проявляется также в русском авангарде и, конечно, в творчестве итальянских футуристов и французских художников, объединяющихся вокруг Аполлинера. В процессе соединения разных областей художественного искусства особую роль играл театр; именно сценическое произведение могло самым наглядным образом осуществить идею 'поэзии для пяти чувств'.

Театральные постановки текстов Хлебникова, Маяковского, Аполлинера, Незвала, Ванчуры и других авангардных поэтов возникали как результат тесного сотрудничества авторов с художниками, композиторами, актерами, режиссерами; театр представлял общую лабораторию нового искусства.

Все эти факты из истории авангарда – мы, конечно, не стремимся перечислить их здесь полностью – свидетельствуют о каком-то более глубоком движении, характеризующем перемены в способе восприятия искусства. Одним из основных принципов новой французской поэзии со времен Рэмбо является стремление обогатить, расширить и утончить чувствительность, смысловую емкость и гибкость воображения современного человека. Эстетические ощущения, эмоции и представления не имели цели сами в себе – они должны были влиять на ежедневную практику человека, на его отношение к окружающему миру. Здесь уже открывается психологическая и антропологическая проблематика авангардного искусства.

Идея освободить восприимчивость и образность человека от устаревших и связывающих привычек и правил лежала также в основе творческой программы русских футуристов. 'Инфантилизм' и 'примитивизм' в их творчестве вытекает именно из стремления

---

[79] См. V. Nezval a K. Teige, *Manifesty poetismu* (Praha, 1928).

найти новые, более непосредственные, свежие способы видения и понимания мира. 'Варваризация' искусства, вторжение 'дикаря' и 'ребенка' в замкнутую сферу эстетского салонного творчества должны были разбить склеротические формы и нормы, связывающие человеческую естественность. Изобретение неологизмов и новых неожиданных образов, разрушение синтаксических, композиционных и метрических правил, свободная игра гетерогенных элементов языкового и тематического плана часто вызывают ассоциации с образцами 'примитивного' (например негритянского, средневекового, фольклорного) и 'детского' искусства. Стремление включить в область современной культуры также сферу детского мира (особенно элементы его чувствительности, фантазии, образности, игры, языка) и культуру 'природного' человека проявляется и в других областях общественного сознания тех лет (сравни отдельные аспекты учения Фрейда, Бергсона, Кропоткина и других). Поэтому так называемый инфантилизм в творчестве Аполлинера, Пикассо, Хлебникова или Незвала нельзя объяснить только как следствие индивидуального психического склада этих, впрочем очень разных, личностей; его корни находятся гораздо глубже в общей психосоциологической атмосфере времени.

Стремление итальянских футуристов передать в поэзии или в живописи симультанность психических состояний и ощущений современного человека имеет много общего с поисками Аполлинера, который стремился создать поэтическую структуру, позволяющую выразить переменчивое течение лирических переживаний без предварительного рационального контроля. Но с этими тенденциями совпадают также хлебниковские поиски закономерностей, управляющих внутренними связями между ощущениями разных чувств и их взаимными 'переводами'.

Хлебников в одной неопубликованной статье 1904 года писал:

То есть, как треугольник, круг, восьмиугольник суть части плоскости, так и наши слуховые, зрительные, вкусовые, обонятельные ощущения суть части, случайные обмолвки этого одного великого, протяженного многообразия...

Далее, точно так, как непрерывным изменением круга можно получить треугольник, а треугольник непрерывно превратить в восьмиугольник, как из шара в трехпротяженном пространстве можно непрерывным изменением получить яйцо, яблоко, рог, боченок, точно так же есть некоторые величины, независимые переменные, с изменением которых ощущения разных рядов – например, слуховое и зрительное или обонятельное – переходит одно в другое.

Так есть величины, с изменением которых синий цвет василька (я беру чистое ощущение), непрерывно изменяясь, проходя через неведомые нам, людям, области разрыва, превратится в звук кукования кукушки или в плач ребенка, станет им.[80]

Эти размышления Хлебникова как бы предначертывают творческий путь поэта. Смысл его поисков очень близок теории и практике чешского 'поэтизма'. Среди поэтистов особенно Незвал всю свою жизнь увлекался 'тайной' человеческой образности и чувствительности.[81] Точно так же, как и Хлебников, он был убежден, что существуют до сих пор неоткрытые внутренние связи между отдельными чувствами и что задачей поэзии является их исследование и объективизация, т. е. выражение словами, этих трудно уловимых явлений. Оба поэта в своем творчестве исходили из предпосылки, что область логического рассудка гораздо уже широкой и почти безграничной сферы постоянно взволнованного 'народа чувств' и что задача поэзии и есть дать слова этой 'немой' массе ощущений, эмоций, представлений. (Маяковский перенес это требование на социальную почву, провозгласив право речи "улицы безъязыкой".) Возникновение и значение многих смелых и иногда 'непонятных' метафор и образов авангардных поэтов объясняют именно внутренние связи между разными элементами чувствительности, взаимные синестетические 'переводы' и замены отдельных ощущений более общих единиц человеческого воображения.

В заключение нашего исследования взаимосвязей между кубистической живописью и началом авангардной поэзии в России и в Чехии можно сделать несколько обобщающих выводов:

1. Вдохновляющие открытия кубизма в изобразительном искусстве соответствовали внутренней динамике структурных перемен, осуществляющихся в поэзии постсимволистического периода. Именно этот факт объясняет, почему влияние кубизма на поэзию оказалось так значительным и интенсивным.
2. Кубистическая перестройка традиционной системы изобразительных знаков, с одной стороны, и параллельные процессы, протекающие в авангардной поэзии, прозе, театре, музыке,

---

[80] *Неизданные произведения*, стр. 319.
[81] Ср. например свидетельство Незвала о необыкновенной синестетической восприимчивости композитора Я. Ежека, который, будучи почти целиком слепым, обладал удивительно тонкими зрительными ассоциациями и воображениями (V. Nezval, *Z mého života* [Praha, 1959], стр. 7-8).

фильме и т. д., с другой, являются следствиями более глубоких перемен современной культуры и общества.
3. Несмотря на то, что этот общий процесс осуществлялся в разных странах по разному, что он видоизменялся в зависимости от конкретных условий, традиций и индивидуальных случаев, он сохранил свою идентичность. Семиотика позволяет уловить общие черты и тенденции разных культурных течений и областей, не подвергая многообразие действительности неадекватной редукции.
4. Противоречивая динамика искусства и культуры свидетельствует в конце концов об одном: о переменах отношения человека к действительности, к окружающему миру. Эти реляции касаются внутренней сферы человеческого субъекта, с одной стороны, и его внешних, общественных и коммуникативных отношений, с другой.

КАТЕГОРИЯ ВРЕМЕНИ
В ИСКУССТВЕ И КУЛЬТУРЕ XX ВЕКА

ВЯЧ. ВС. ИВАНОВ

Целью настоящей статьи является рассмотрение времени как семиотической категории, существенной для искусства XX века, в сопоставлении с современной наукой с целью выявления отличий от культуры предшествующих веков. В XX веке проблема времени становится одной из центральных не только в естественных науках, достижения которых пробуют осмыслить философы,[1] но и в науках о человеке. При этом можно установить известный параллелизм в подходе к времени в науке и в искусстве, где категория времени в XX веке приобретает особое значение и как тема, и как принцип конструкции произведения, и как категория, вне которой невозможно воплощение художественного замысла. Один из крупнейших поэтов начала столетия, глубоко чувствовавший и пути науки своего века – Хлебников, наделенный поэтическим даром прозрения, писал (в 1921-1922 г.) в одной из последних проникновенных своих статей о времени:

Про некоторые области земного шара существует выражение: "Там не ступала нога белого человека". Еще недавно таким был весь черный материк.

Про время также можно сказать: там не ступала нога мыслящего существа. Если не каждый самый мощный поезд сдвинет с места все написанное человечеством о пространстве, то все написанное о времени легко подымет каждый голубь в письме, спрятанном под крылом.

An English translation of this article appeared in *Semiotica* 8, 1 (1973), 1-45.

[1] См., например, из работ последних лет: Д. Уитроу, *Естественная философия времени* (Москва, 1964). Обзор различных подходов к времени, помимо тех, которые разбираются ниже, был дан более 10 лет назад в специальном выпуске *Studium generale* (1956). Автор пользуется случаем принести благодарность Б. Ф. Егорову, Б. А. Захарьину, М. И. Лекомцевой, Ю. К. Лекомцеву, Г. А. Лесскису, Ю. М. Лотману, З. Г. Минц, Е. В. Падучевой, Б. А. Успенскому, Р. О. Якобсону за замечания, сделанные при обсуждении настоящей работы, первый вариант которой был положен на занятиях Летней школы по вторичным моделирующим семиотическим системам в Кяярику летом 1966 г.

Это всего несколько вскользь брошенных, иногда очень метких, замечаний. Я не говорю о чисто словесных трудах по данному вопросу, которые не ведут к цели и служат плохим топливом паровозу знаний...

Казалось, наука о времени должна итти тем же путем, которым шла наука о пространстве. Избегая заранее готовых мыслей открыть свой разум, как слух, к голосу опыта, лежащего перед ним. Если в ушах не будет внутреннего звона и навязчивых голосов бреда, голос опыта будет, конечно, услышан. Задача – увидеть чистыми глазами весь опыт в кругозоре человеческого разума.[2]

Сам Хлебников, однако, пошел по пути построения числовых законов, которые определяют структуру исторического времени (при его жизни эти законы были опубликованы лишь частично;[3] посмертно напечатаны так же лишь некоторые из его многочисленных вычислений и пояснений к ним).[4] Но Хлебников считал свои выводы чисто эмпирическими и при расхождении своих предсказаний с происходившими реально событиями приходил к выводу, что избранный им "путь ошибочен и никому не советуется итти по нему".[5] Он понимал, что предполагавшийся им "основной закон времени: во времени происходит отрицательный сдвиг через 3^n дней и положительный через 2^n дней",[6] говоря его собственными словами, "в сущность есть дерево [,] растущее из зерна 'суеверной веры' в чет и нечет"[7]. В этом же мифологическом духе Хлебников формулирует этот закон:

---

[2] Велимир Хлебников, *Проза*, в: *Собрание произведений*, т. IV (Ленинград, 1930), стр. 312-313.
[3] В. Хлебников, "Учитель и ученик", *Собрание произведений*, т. V (Ленинград, 1933), стр. 174 (впервые издано в Херсоне в 1912 г., переиздано в журнале *Союз молодежи* № 3, 1913); его же, *Новое учение о войне* (Санкт Петербург, 1914). См. примечания к ней, в печатный текст не вошедшие: Велимир Хлебников, *Неизданные произведения* (Москва, 1940), стр.. 373-374; ср. там же на стр. 375 интересные замечания Хлебникова о 4-м измерении в современной науке; его же, "В мире цифр", *Военмор*, № 19 (Баку, 1920), стр. 3-4 (числовой анализ современных событий, в архиве Вс. Иванова хранится экземпляр печатного текста статьи с правкой автора); его же, *Доски судьбы*, *1, 2, 3* (Москва, 1922); *Вестник Велимира Хлебникова*, № 1-2 (Москва, 1922), (литографированное издание).
[4] См. в частности: Велимир Хлебников, *Неизданные произведения*, стр. 376-379.
[5] Там же, стр. 377.
[6] Велимир Хлебников, *Собрание произведений*, т. V, стр. 324 (там же примеры из современной истории).
[7] Велимир Хлебников, "Труба Гуль-Муллы", стр. 4 автографа. Цитирую по рукописи, хранящейся в архиве Вс. Иванова; там же заголовок рукой А. Е. Крученых: "Неизданный Хлебников, выпуск 28. Труба Гуль-Муллы. Основной закон времени". Собрал А. Крученых, Москва, 1935 г. Этот прозаический текст имеет заглавие, общее с напечатанной поэмой Хлебникова.

3^n дней – злое божество времени, "колесо смерти"
2^n дней – доброе божество времени.[8]

По существу в этой формулировке числовой закон Хлебникова очень близок к тому пониманию чета и нечета, в частности 2 и 3, в связи с разнесением всех явлений по двум категориям (*инь* – чет и *ян* – нечет), которым проникнута мифологическая по своим истокам теория чисел в древнем Китае.[9] Предсказание событий, исходящее из этого закона, близко к тем ритуалам гадания, в которых можно искать одно из древнейших применений классификации по чету и нечету в древнем Китае.[10] Любопытно, что чет и нечет в древнем ритуально-гадательном (ненаучном) смысле упоминается и в стихах Хлебникова ("Ветер бросает нечет и чет").[11]

В данном случае речь идет скорее об оживлении в архаизирующем сознании Хлебникова раннего архетипа противопоставлений типа чет-нечет,[12] чем о непосредственном воздействии восточных представлений о времени на Хлебникова, хотя с индийским учением о мировых периодах (древнеиндийск. *uига* 'временной цикл') Хлебников был знаком и упоминал это учение в своих хронологических таблицах и статьях.[13] Вместе с тем сам Хлебников воспринимал свою идею цикличности (периодичности) определенного типа событий (войн, введения новых законов, появления крупных реформаторов и т. д.) как более современную форму той же мысли, которая лежит в основе индийского учения о перевоплощении, переосмысляемого в духе современной науки:

Никогда не виновато колесо рождений, что слух не различает его шума, железного визга его лопастей. Могут спросить: Как можно искать

---

[8] Там же, стр. 1.
[9] См. посвященный числам раздел книги: Marcel Granet, *La pensée chinoise* (Paris, 1934).
[10] См. там же.
[11] Стихотворение, относимое к 20-м годам, "Точит деревья и тихо течет", см. Велимир Хлебников, *Собрание произведений*, т. III (Ленинград, 1931), стр. 106. Ср. "В мигов нечет", там же, т. II (Ленинград, 1930), стр. 282. Ср. тему "Нечета" в стихах Ахматовой.
[12] О типологии этого противопоставления, в частности в славянском фольклоре, в сопоставлении с упомянутыми древнекитайскими фактами, см. В. В. Иванов и В. Н. Топоров, *Славянские языковые моделирующие семиотические системы* (Москва, 1965), стр. 85-91 и 216; А. Я. Сыркин и В. Н. Топоров, "О триаде и тетраде", *III Летняя школа по вторичным моделирующим системам* (Тарту, 1968), стр. 119.
[13] В частности, "эра индусов Кали-Юга" упомянута в статье: В. Хлебников, "Ритмы человечества", машинописный экземпляр, хранящийся в архиве Вс. Иванова.

общего закона для рождений подобных людей, если борцы за одно и то же дело родились в разных государствах и члены разных народов? Но государство–молния давно соединило все человечество, сплетя в одну косу волосы всех людей. Можно вообразить себе такого наблюдателя с соседней звезды, который бы хорошо их видел, но не заметил ни народов ни государств.[14]

Периодичность в появлении однотипных деятелей Хлебников в этом своем диалоге (продолжающем жанр более раннего диалога "Учитель и ученик") излагает образным языком, стилизованным под восточную мудрость: "Вот он, пароход времени, вращает около своей оси колесо рождений, и старая спица мелькает под новыми именами: Будда, Менций, Иисус, Савонарола..."[15] Образный язык этого диалога Хлебникова не является только формальной чертой. В одной из черновых записей Хлебникова по поводу своих вычислений, доказывавших, по его мнению, периодическую повторяемость войн, Хлебников озаглавил соответствующую таблицу такой вводной фразой: "Тогда можно написать такие стихи из войн".[16] Архаизирующее отношение к числу у Хлебникова делало для него возможным подход к таблицам числовых закономерностей в духе поэтического, а не научного творчества,[17] в чем можно видеть также след архаизирующего "мифопоэтического" мышления. Недаром это отношение к числу Хлебников называл искусством:

Вот виды нового искусства числовых лубков, творчества, где вдохновенная голова вселенной так, как она повернута к художнику, свободно пишется художником числа; клетки и границы отдельных наук не нужны ему: он не ребенок. Проповедуя свободный треугольник 3 точек: мир, художник и число, он пишет ухо или уста вселенной широкой кистью чисел, и совершая свободные удары по научному пространству, знает, что число служит разуму тем же, чем черный уголь руке художника,

---

[14] Велимир Хлебников, "Колесо рождений. Разговор", *Неизданный Хлебников*, вып. XXX, собрал А. Крученых (Москва, 1935) (машинописный текст, хранящийся в архиве Вс. Иванова); отрывок, непосредственно следующий за только что приведенным, процитирован в статье автора: В. В. Иванов, "Структура стихотворения Хлебникова 'Меня проносят на слоновых...'", *Труды по знаковым системам*, III (= *Ученые записки Тартуского государственного университета*, вып. 198) (Тарту, 1967), стр. 163, примеч. 23; см. там же об интересе к индийскому учению о перевоплощениях у Хлебникова (пример периодичности в 27 лет см. там же, стр. 158, примеч. 2).
[15] В. Хлебников, "Колесо рождений ..." Менций = Мен-Цзы.
[16] Отрывок, начинающийся этой фразой, хранится в архиве Вс. Иванова.
[17] Относительно стихов из чисел у таких близких к Хлебникову поэтов, как Маяковский, см. статью автора: В. В. Иванов, "Ритм поэмы Маяковского 'Человек'", *Poetics. Поэтика. Poetyka*, II (Warszawa, 1966), стр. 262 и 272 (о фрагменте 74).

а глина или мел ваятелю; работая число углем, объединяя в этом искусстве бывшие до него знания.[18]

Хотя Хлебников и отказывался от продолжения традиций "чисто словесных" трудов о времени, сам он продолжал (хотя и посредством чисел, а не слов) традицию древнего синкретического искусства (отчасти народной словесности, еще близкой к мифологическим истокам) и числовой магии по отношению к этой проблеме, решавшейся им в духе архаического представления о цикличности времени.

Не менее критическим по отношению к предшествующим "чисто словесным трудам" о времени был подход тех философов XX века, которые опирались на выводы естественных наук (особенно физики), прислушиваясь, говоря цитированными выше словами Хлебникова, к "голосу опыта". Рейхенбах в своем исследовании о времени отвергал философскую традицию, восходящую к Гераклиту:

Подход Гераклита к проблеме временного порядка является наивным, он представляет собой попытку понять время только путем размышления над понятиями, полученными из повседневного опыта. К сожалению, подобный подход даже в наше время рассматривается многими как истинно философский, в особенности, если полученные выводы сформулированы на темном языке оракулов, подобном языку Гераклита. Однако темный язык очень часто оказывается лишь внешним нарядом философии, оперирующей тривиальностями наряду с ложными и абсурдными положениями. Эта философия либо провозглашает учение о единстве противоположностей, защищая доктрину, согласно которой противоречие является источником движения и жизни, или же защищает концепцию о превращении ничто в нечто. Разъяснение сущности времени и становления можно ожидать только в том случае, когда на вопросы, выдвигаемые здравым смыслом, отвечают с помощью научного метода.[19]

В отличие от предшествующих "чисто словесных трудов", написанных в духе темных ответов оракулов, которые можно толковать по-разному, философы, подобные Рейхенбаху, стремились осмыслить естественно-научные выводы, относящиеся к времени. Одним из наиболее важных выводов современной физики является установление связи "направления времени" (или 'стрелки времени' –

---

[18] Велимир Хлебников, "Голова вселенной. Время в пространстве", *Неизданный Хлебников*, выпуск 27-й, редакция А. Крученых (Москва, 1934) (машинописный экземпляр, хранящийся в архиве Вс. Иванова).

[19] Г. Рейхенбах, *Направление времени* (Москва, 1962), стр. 20. Отражение мифологической традиции во взглядах Гераклита на цикличность временного развития вселенной показано в статье: В. Н. Топоров, "К истории связей мифопоэтической и научной традиции: Гераклит", *To Honor Roman Jakobson* (The Hague-Paris, 1967), p. 2047-48.

time arrow, если воспользоваться образом А. Эддингтона)[20] с физическим понятием увеличения энтропии. Второй закон термодинамики интерпретируется обычно как закон, позволяющий определить направление времени. Поскольку в теории информации найдено выражение количества информации, которое только знаком отличается от энтропии в термодинамике, отсюда легко было сделать вывод о возможности рассмотрения информации как величины, противоположной энтропии. Из этого следовали бы исключительно существенные выводы о соотношении информации и физического времени.

Впервые мысль о противоположности энтропии ("Хаоса") и начала, соответствующего "Логосу", была высказана ученым – энциклопедистом П. А. Флоренским, роль которого как предшественника кибернетики признана лишь в последнее время.[21] Согласно Флоренскому, человеческая культура основана на эктропии ("Логосе") – начале, противоположном энтропии ("Хаосу").[22]

В своих автобиографических записках – представляющих не только огромный интерес для истории формирования великого ученого, воспитанного отцом в духе естественно-научного отрицания религиозности, но и большую художественную ценность – П. А. Флоренский рассказывает, что его с детства занимала проблема времени; прошлое ему не казалось недостижимым, оттого позднее так занимали его геологические напластования разных эпох и "годовые слои древесных стволов".[23] Время он хотел использовать как метод, а не как рок. В своем основном эстетическом трактате, законченном в 1924 г., Флоренский исходил из того, что

> всякий действительный прогресс протекает во времени и имеет свою длительность. Всякий измерительный и иной прибор имеет свою в широком смысле инерцию и потому свое время запаздывания: показания

---

[20] A. Eddington, *The Nature of the Physical World* (London, 1955), p. 86.
[21] См. А. А. Дорогов, В. В. Иванов, Б. А. Успенский, П. А. Флоренский и его статья "Обратная перспектива", *Труды по знаковым системам*, III; Σημειώτικη (= *Ученые записки Тартуского государственного университета*, вып. 198) (Тарту, 1967), стр. 378; Г. Э. Влэдуц, Е. К. Гусева, А. К. Жолковский, В. В. Иванов, Ю. В. Кнорозов, В. Ю. Розенцвейг, Ю. А. Шрейнер, Ю. К. Щеглов, "Семиотика", в сб. *Кибернетика на службу коммунизму* (М., 1967), стр. 372; А. Моль, *Теория информации и эстетическое восприятие* (Москва, 1966), стр. 299.
[22] См. "П. А. Флоренский", статья в *Энциклопедическом словаре Русского библиографического института Гранат*, 7 изд., т. 44 (Москва, 1927), колонки 143-144.
[23] П. А. Флоренский, "Физика на службе математики", *Социалистическая реконструкция и наука* (1932), вып. 4, стр. 47.

ни одного инструмента нельзя считать мгновенными, и инструмент непрестанно отстает от измеряемого процесса. Всякому наблюдателю свойственно то, что астрономы называют личным уравнением, т. е. в своем восприятии, в своем сознании и в своей потребной реакции задерживается сравнительно с показаниями инструмента.[24]

Ссылаясь на выводы теории относительности и на перспективы межзвездной коммуникации в будущем, Флоренский отмечал, что даже для самых быстрых явлений существенной оказывается их "толщина во времени" (анализ проблемы скорости передачи информации по каналу связи в этой работе Флоренского нельзя не считать блестящим предвосхищением постановки основных задач теории информации). Полемизируя с распространенными до недавнего прошлого в науках о неорганической природе и в биологии "учениях о безвременности", Флоренский утверждал, что

биологическому роду свойственна своя история, т. е. своя линия времени, как она свойственна и отдельному члену рода. Внешние условия могут причинять искажение внутренне преднамеченной линии времени данного рода, могут искривлять ее, как искривляется ствол дерева выступающей скалою или стебель растения – придавливающим его камнем. Но закон развития, т. е. форма линий времени, имеет свой *инвариант* – и род не уступит его и не сможет от него отказаться, иначе как ценой собственной гибели.[25]

Наряду с тонким анализом проблемы времени по отношению к восприятию произведений искусства и "уплотнению" (синтезу) времени в этих произведениях Флоренский анализирует роль активного сознания в конструировании времени. По его мнению,

активностью сознания время строится, пассивностью же, напротив, расстраивается: распадаясь, оно дает отдельные, самодовлеющие части, и каждая из них лишь внешне прилегает к другой, но из восприятия одной нельзя тут предчувствовать, что скажет нам другая. Таково именно житейское сознание большинства в отношении даже к собственной жизни. Оно распадается тут на отдельные куски, преемствующие друг другу лишь по смежности, но не выводящиеся из единого целостного времени всей биографии, как развертывающей внутренне многообразие и ритм личности. Лишь молитвенно и в минуты парений охватывается собственная жизнь в сознании рядовых людей как внутреннее связное целое, как художественное единство, где все, большое и малое, предполагается друг другом и служит раскрытию и выражению замкнутой в себе формы данной личности.

[24] П. А. Флоренский, "Анализ пространственности в художественно-изобразительных произведениях", раздел "Пространство и время", § 50 (архив П. А. Флоренского).
[25] Там же, § 53.

Расслабленное городской сутолокой сознание привыкает к еще большей пассивности и охватывает лишь небольшие кусочки времени от толчка до другого. Эти обрезки времени обычно не простираются даже на один день. А далее, при сильной усталости, при издерганности, неврастении и т. п. эти отрезки еще сокращаются, пока, наконец, не сводятся ко времени единичного впечатления. Тогда сознание не имеет уже опоры для сравнения его с другим, т. е. не имеет почвы для мысли. Такое состояние, как известно, близко к бессознательности: это овладение мысли одним впечатлением, в котором не усматривается многообразие, приводит к гипноидному состоянию, к роду полусна, где бездействует воля и застывает движение... Время разложилось, и каждый момент его в сознании всецело исключает все прочие. Время стало для сознания лишь точкой, но не точкою полноты, вобравшей в себя *все* время, а точкою опустошения, из которой извлечено и от которой отогнано всякое многообразие, движение, форма.[26]

Эта характеристика важна и для понимания структуры времени в некоторых упоминаемых ниже произведениях современной литературы.

Проблемой деформации времени Флоренский занимался и в работе о сновидениях, где исследовал вопрос течения времени в другом направлении.[27]. В более общем виде вопрос о течении времени "в *обратном* смысле" им был изучен в связи с осмыслением космологии Данте в свете теории относительности, где он приходил к выводу, что это обратное течение времени возможно при $v > c$, т. е. при скоростях, больших скорости света; "разрывая время, 'Божественная Комедия' неожиданно оказывается не позади, а *впереди* нам современной науки".[28]

Наиболее полно проблемы целого во времени, организации времени и циклов развития обсуждались в основном философском труде Флоренского,[29] где соответствующие главы следовали непосредственно за разделом о золотом сечении, напоминая тем самым об интерпретации последнего в связи с логарифмической спиралью как отображением законов развития живого в трудах

---

[26] Там же.
[27] П. А. Флоренский, "Символика сновидений" ("У водоразделов мысли", II), архив П. А. Флоренского.
[28] Павел Флоренский, *Мнимости в геометрии* (Москва: "Поморье", 1922), стр. 53. Ср. об отношении Данте ко времени: О. Мандельштам, *Разговор о Данте* (Москва: "Искусство", 1967), стр. 32, 35.
[29] См. там же, стр. 68; П. А. Флоренский, "У водоразделов мысли", III, архив П. А. Флоренского. Недавняя ссылка на эту часть книги Флоренского в сб. *Содружество наук и тайны творчества* (Москва, 1968), стр. 445, пункт 318, является библиографически неточной.

Эйзенштейна,[30] в этом отношении явившегося предшественником идей одного из крупнейших математиков современности – Г. Вейля.[31]

Для современной науки особый интерес представляет проведенное Флоренским противопоставление энтропии и эктропии в их отношении к времени. По существу та же идея легла в основу концепции Винера, у которого понятие информации ("негэнтропии") соответствует эктропии Флоренского. Книга Винера *Кибернетика* открывается главой, посвященной различию между двумя видами времени – ньютоновским, обратимым, и бергсоновским – однонаправленным (асимметричным) – временем жизненного опыта.[32] Еще раньше разграничение разных видов времени – в связи с проблемой характера симметрии времени – по отношению к неорганической и живой природе проводил в ряде работ 30-х годов В. И. Вернадский, первые записи которого о единстве пространства – времени относятся еще к 1885 г.[33] Ставя вслед за современной физикой вопрос о соотношении пространства и времени, Вернадский делал вывод, согласно которому

> время, выражающееся в биогеохимии сменой поколений, входит в свойства живого вещества в такой степени, в какой оно не входит ни в какое другое явление на нашей планете.[34] Для живого организма, всякого без исключения, мы не можем говорить о пространстве, но всегда должны говорить о пространстве – времени. Для многоклеточных

---

[30] С. М. Эйзенштейн, "Режиссура", *Избранные произведения*, т. IV (Москва: "Искусство", 1966), стр. 662-663; его же, "Неравнодушная природа", там же, т. III (1964), стр. 50-51.
[31] Г. Вейль, *Симметрия* (Москва: "Наука", 1968). стр. 96-97.
[32] См. Н. Винер, *Кибернетика*, гл. I (Москва, 1968); см. об этом уже в статье: А. Пуанкарэ, "Пространство и время", в сб. *Новые идеи в математике*, №. 2 (Санкт Петербург, 1913); А. Пуанкарэ, *Последние мысли* (Петербург, 1923), стр. 24.
[33] См. "Из рукописного наследия В. И. Вернадского", *Вопросы философии*, № 12, 1966, стр. 112.
[34] В этой связи Вернадский ссылался на те же работы Бергсона о длительности, которые имел в виду и Винер в указанной выше книге. См. А. Бергсон, *Длительность и одновременность* (Петербург, 1923). О соотнесении взглядо Бергсона с освещением времени в предшествующей философской традиции, см. тонкие наблюдения в кн: С. Л. Франк, *Предмет знания. Об основах и пределах отвлеченного знания* (Санкт Петербург, 1915), стр. 353 и далее. Критические замечания о ньютоновском понимании времени с другой точки зрения, лишь отчасти сходной с последующими, см. также: Н. Страхов, *Мир как целое* (Санкт Петербург, 1892) стр. 447 и далее. Страхову принадлежат также и некоторые другие интересные суждения о категории времени.

организмов оно проявляется в действительности всегда в смерти, в старении и в смене поколений.[35]

По существу Вернадскому принадлежит и первая отчетливая формулировка того, что можно назвать направлением времени по отношению к биологической эволюции. Развивая высказанную еще Д. Дана (в XIX веке) мысль, Вернадский сформулировал вывод о том, что

в эволюционном процессе мы имеем в ходе геологического времени направленность. В течение всего эволюционного процесса, начиная с кембрия, т. е. в течение пятисот миллионов лет, мы видим, что от времени до времени, с большими промежутками остановок до десятков и сотен лет идет увеличение сложности и совершенства строения центральной нервной системы, т. е. центрального мозга. В хронологическом выражении геологических периодов мы непрерывно можем проследить это явление от мозга моллюсков, ракообразных и рыб до мозга человека. Нет ни одного случая, чтобы появлялся перерыв и чтобы существовало время, когда добытые этим процессом сложность и сила центральной нервной системы были потеряны и появлялся геологический период, геологическая система с меньшим, чем в предыдущем периоде, совершенством центральной нервной системы.[36]

Этот закон, названный Вернадским "Принципом Дана", согласно Вернадскому, отвечает установленным им биогеохимическим закономерностям;[37] вероятно, развитие генетических исследований позволит внести уточнения в формулировку принципа Дана. Продолжением того же принципа Дана по отношению к человеческой истории является остающаяся в высокой степени гипотетической

---

[35] В. И. Вернадский, *Химическое строение биосферы Земли и ее окружения* (Москва, 1965), стр. 192. Ср. об этом в терминах теории информации: Дж. Сакер, "Вклад энтропии в умирание и старение", в сб. *Теория информации в биологии* (Москва, 1960). Этому вопросу Вернадский посвятил еще в 1931 г. монографию "О жизненном (биологическом) времени", архив Академии наук СССР, ф. 518, оп. I, ед. хр. 156. Проблеме времени посвящены также специальные статьи: В. И. Вернадский, "Проблема времени в современной науке", *Известия АН СССР, 7 серия, Отделение математических и естественных наук*, № 4 (1932), стр. 511-541; V. I. Vernadsky, "Le problème du temps dans la science contemporaine", *Revue générale des sciences*, vol. 45, no. 20 (1934), pp. 550-558; vol. 46, no. 7 (1935), pp. 208-213; vol. 47, no. 10 (1936), pp. 308-312; его же, "Время", *Из рукописного наследия В. И. Вернадского*, стр. 107-111.
[36] В. И. Вернадский, *Химическое строение биосферы Земли и ее окружения*, стр. 193; ср. там же, стр. 271 и 326. Ср. однако, скептические замечания по поводу продолжения эволюции в сторону возрастания сложности организации: А. Мюнтцинг, *Генетика. Общая и прикладная* (Москва, 1967), стр. 489-490. Тем не менее, по-видимому, этот принцип как рабочая гипотеза должен быть сохранен, ср. напр.: К. Гробстайн, *Стратегия жизни* (Москва, 1968), стр. 121.
[37] В. И. Вернадский, там же, стр. 272.

идея смены биосферы (сферы жизненного вещества) ноосферой (сферой деятельности разума), выработанная благодаря обмену гипотезами между Вернадским и Ле Руа – другом Тейар де Шардена.[38] По существу последняя идея предполагает такой подход к человеческой истории, который признает наличие в ней направленного хода событий. Вернадский сам был очень далек от наивных упрощенных представлений об эволюции и прогрессе, свойственных прошлому веку, и идею ноосферы выдвигал лишь как одну из возможностей развития. Еще в 1922 г. он писал:

Недалеко то время, когда человек получит в свои руки атомную энергию, такой источник силы, который даст ему возможность строить свою жизнь, как он захочет. Это может случиться в ближайшие годы, может случиться через столетие. Но ясно, что это должно быть. Сумеет ли человек воспользоваться этой силой, направить ее на добро, а не самоуничтожение? Дорос ли он до умения использовать ту силу, которую неизбежно должна дать ему наука? Ученые не должны закрывать глаза на возможные последствия их научной работы, научного процесса. Они должны себя чувствовать ответственными за последствия их открытий. Они должны связать свою работу с лучшей организацией всего человечества.[39]

Эти слова Вернадского, впервые опубликованные в 1922 г. – одновременно с известными строками в "Первом свидании" Андрея Белого об "атомной лопнувшей бомбе" –, могут иллюстрировать один из доводов, который можно было бы привести против идеи ноосферы. Подобные прогнозы, выдвигаемые с целью помочь развитию ноосферы и воспрепятствовать разрушению биосферы, оставались без должных последствий и не получили своевременного распространения и отклика. Они оценивались задним числом, когда они уже не влияли на ход событий. Значительный запас сведений о прошлом, накопленный человечеством, не использовался эффективным образом для экстраполяции на будущее. Тем большие трудности возникают по мере увеличения объема поступающей информации, которую физически не может переработать – с целью выбора оптимальной программы будущего поведения – не только один человек (любой степени одаренности), но и целый коллектив, например, ученых – "футурологов" (даже при использовании во вспомогательных целях вычислительных машин, которые при неблагоприятном ходе истории могут оказаться единственными

[38] Там же, стр. 328.
[39] Там же, стр. 362; впервые напечатано в кн.: В. И. Вернадский, *Очерки и речи*, вып. 2 (Петербург, 1922).

сохранившимися представителями ноосферы, полностью отделившейся от биосферы). Задача экстраполяции на будущее всего накопленного опыта должна по существу решаться коллективно всем человечеством (это и имел в виду Вернадский, когда говорил о ноосфере). Модели мира, которые предопределяют будущее поведение живых огранизмов – согласно кибернетической физиологии активности Н. А. Бернштейна –,[40] должны обеспечивать сохранение вида; несомненно, что с точки зрения биосферы в этом состоит биологическая и социальная значимость человеческой культуры, вырабатывающей коллективные модели мира, сохраняющей и передающей их в будущее с помощью информационных систем.

Используемые в обществе системы передачи информации, по-видимому, в большой степени подчиняются тем же законам развития во времени, т. е. законам возрастания энтропии, что и другие физические системы. Это особенно наглядно можно показать на примере таких общих для всего общества систем, которые используются каждым взрослым членом коллектива бессознательно, как язык.[41] В развитых цивилизациях стремление к возрастанию энтропии информационных систем увеличивается из-за отмеченных выше трудностей переработки растущей информации, а также в силу стандартизации проявлений массовой культуры и дополнительно налагаемых табу на отступления от стандартов, причем стандартизуются и сами возможные отступления от стандартов, в свою очередь становящиеся стандартными, как в авангардном искусстве. С этой точки зрения реальный творческий поиск, т. е. нахождение наименее стандартных – и несущих наибольшее количество информации в рамках данной культурной традиции или же знаменующих основание новой традиции – способов построения знаковых моделей мира, является "негэнтропийным". В этом смысле можно понимать известный вывод из математического соотношения между энтропией и информацией,

---

[40] Н. А. Бернштейн, *Очерки по физиологии движений и физиологии активности* (Москва, 1966). Роль модели будущего в физиологии активности, в отличие от предшествующих физиологических теорий, ориентированных только на опыт прошлого, можно сравнить с ролью конструирования новых языков (например, информационных) в современной лингвистике в отличие от лингвистики начала века, ориентированной целиком на прошлое языка.

[41] См. постановку вопроса в ранней статье автора: В. В. Иванов, "Вероятное определение лингвистического времени", в сб. *Вопросы статистики речи* (Ленинград, 1958).

согласно которому для информации стрела времени должна быть направлена в обратную сторону. Но это нельзя понимать таким образом, что накопление информации само по себе означает "преодоление энтропии". Речь может итти лишь о постоянном стремлении к этому, что можно обеспечить лишь путем эффективной коллективной переработки – и все более широкого распространения, т. е. беспрепятственной передачи – информации, позволяющей обеспечивать эффективное прогнозирование будущего.

Практически развитие может оказаться дальше невозможным, если не будут созданы эффективные способы для оценки и переработки создаваемой научной и технической информации. По отношению к естественным наукам, где современная документалистика пытается найти такие способы посредством использования вычислительных и информационных машин, решение этой задачи необходимо лишь для ускорения научных исследований. Например, чтобы не тратить времени на поиск того, не сделано ли данное открытие раньше, что в органической химии может привести к большей затрате времени, чем время, потребовавшееся для самого открытия. В науках же о человеке речь идет о практических выводах, без которых невозможно направленное развитие в сторону ноосферы. Антрополог Леви-Стросс сформулировал "неолитический парадокс", заключающийся в том, что при наличии уже в неолите предпосылок для современной науки она была создана лишь спустя много тысячелетий, на протяжении которых – по-видимому, в нарушение упомянутого выше спорного расширенного понимания принципа Дана по отношению к ноосфере – не наблюдается совершенствования интеллектуальных возможностей человека.[42] Этот парадокс, вероятно, связан с характером социальной организации, предполагающим ориентацию на ритуал и мифологическое прошлое.

Сама по себе ориентация на прошлое объединяет культуры всех типов. Роль сведений о прошлом подчеркивается в концепции Рейхенбаха, не предполагающей различия между двумя направлениями времени. Согласно Рейхенбаху, когда мы говорим об информации, речь идет о показаниях приборов и документов, которые регистрируют прошлое. Увеличение информации означает увели-

---

[42] C. Lévi-Strauss, *La pensée sauvage* (Paris, 1962), p. 24. Для рассматриваемых проблем существенны мысли Леви-Стросса об увеличении энтропии в ходе человеческой истории: C. Lévi-Strauss, *Tristes tropiques* (Paris, 1955), p. 374; его же, "Elogio dell'antropologia", *Aut aut*, no. 88, 1965 (о двух видах времени в истории).

чение сведений о прошлом (то же, что мы знаем о будущем, основано на имеющихся данных о прошлом). Увеличение информации (т. е. числа протоколов, говорящих о прошлом) обратно энтропии (мере протекания физического времени), как и можно было предполагать, исходя из количественного выражения той и другой величины. Поэтому по Рейхенбаху не существует двух разных направлений времени – одного, которое определяется вторым законом термодинамики, и другого, связанного с законами теории информации. Направление времени одно и то же, но, кроме движения времени и независимо от него существует увеличение информации, т. е. числа данных о прошлом. По Рейхенбаху этот второй процесс не связан с первым.[43]

Мысль о взаимоотношении времени и памяти, на основании данных современной физики обсуждаемая в книге Рейхенбаха, является достаточно древней. Она была воплощена в древнегреческой мифологии, где богиня Мнемозина одновременно управляла памятью и течением времени, чем позднее стал заниматься бог Хронос.[44] В духе концепций Рейхенбаха Мнемозину можно было бы назвать богиней информации, потому что она ведала знаниями о прошлом, а, следовательно, и временем.

Ранняя человеческая культура целиком обращена в прошлое. В преобразованном виде эта общечеловеческая черта сохранилась до нашего времени. Леви-Стросс сравнивает нынешнюю человеческую культуру с ее почитанием музеев, памятных мест, архивов, в которых хранятся документы старых времен, с отношением к прошлому у австралийских туземцев, чтивших чуринги – священные предметы, воплощавшие прошлое рода.[45] Леви-Стросс полемизирует с неверной точкой зрения, по которой между мыслью дикаря и мыслью современного человека есть непреодолимая пропасть. Доказывая обратное, Леви-Стросс указывает на наличие сходных явлений в первобытной культуре и современной цивилизации. С наибольшей остротой эта мысль была проведена еще предшественником современной документалистики – Федоровым в его рассуждении о музее, предвосхитившем ставшие популярными

[43] Г. Рейхенбах, *Направление времени*, стр. 358.
[44] J.-P. Vernant, *Mythe et pensée chez les grecs* (Paris, 1965). Уже после написания первого варианта настоящей статьи автор познакомился в рукописи с блестящей книгой И. Соловьевой и В. Шитовой "Мнемозина" (готовится к печати), где на материале современного кино и литературы раскрыто переплетение проблемы памяти с проблемой времени.
[45] C. Lévi-Strauss, *La pensée sauvage*.

в последние годы нападки на роль вещей в западноевропейском обществе потребления:

Прогресс есть именно производство мертвых вещей, сопровождаемое вытеснением живых людей; он может быть назван истинным, действительным адом, тогда как наш музей, если и есть рай, то еще только проективный, так как он есть собирание под видом старых вещей (ветоши) душ отошедших, умерших. Но эти души открываются лишь для имеющих душу. Для музея человек бесконечно выше вещи; для посада, для фабричной цивилизации и культуры вещь выше человека. Музей есть последний остаток культа предков; он – особый вид этого культа, который, изгоняемый из религии (как это видим у протестантов), восстанавливается в виде музеев.[46]

Здесь выражена та мысль об ориентированности любой культуры на прошлое, которую позднее выдвинет Леви-Стросс. Современный ученый, по традиции предпосылающий своей монографии главу с изложением истории вопроса и испещряющий страницы своей книги ссылками на своих предшественников, по существу следует обычаю, сходному с древними ритуалами почитания предков.

Разница между развитыми современными цивилизациями, где прошлое исследуется объективными научными методами, и первобытными или архаичными культурами, заключается в том, что в этих последних прошлое обычно мыслится как повторение нескольких качественно различных циклов или же отнесено к особому мифологическому времени, к которому приурочены события не только мифа,[47] но и эпоса. (Искусственная мифологизация прошлого, создающая миф вместо исторической реальности, в развитых цивилизациях является свидетельством социального регресса, лишающего общества его реальной истории.) По мере развития фольклорных жанров в народной словесности наряду с мифологическим (в частности, эпическим) временем может возникать время сказочное. Но все эти виды времени, отделенные от времени рассказчика некоторым интервалом, который не может быть измерен привычными категориями календарного счета времени, принципиально отличаются от исторического времени.[48]

---

[46] Н. Ф. Федоров, *Философия общего дела*, т. II (Москва, 1913), стр. 399. "Проективный" употреблено в смысле "существующий лишь в проекте"; "музей" имеет расширительное значение "памяти культуры", как в книгах А. Мальро по истории искусств.
[47] См. Л. Леви-Брюль, *Сверхъестественное в первобытном мышлении* (Москва, 1937). О пережитках этого отношения к времени в Средние века в Европе ср.: А. Гуревич, "Что есть время", *Вопросы литературы*, II (1968).
[48] Ср. о времени в фольклоре: В. В. Иванов и В. Н. Топоров, "К описанию

В мифологии,⁴⁹ а, по-видимому, также и в языках⁵⁰ многих народов, находившихся за пределами основных цивилизаций Старого света, видят поэтому отражение таких представлений о времени, которые резко расходятся с общепринятым в европейских культурах способом, с помощью которого "события вселенной грубо локализуются в нашей частной последовательности времени".⁵¹

Методы современной этнологии позволяют точно определить различие между наиболее архаичными социальными структурами, которые регулируются только с помощью правил, соотнесенных с мифологическим временем, и более развитыми структурами, где в сами правила функционирования общества включены ссылки на его историю. Примером первых могут быть такие австралийские общества (как аранта), где брачные (и локальные) классы, определяющие социальную организацию, закреплены в мифах и ритуалах, отражающих путешествия мифологических (тотемных) предков.⁵² Если в обществе этого типа, построенном по дуальному принципу, четыре брачных класса (попарно различающихся по поколениям или возрасту) разнесены по двум экзогамным половинам (внутри которых невозможны браки), то брачные (и другие социальные) связи между членами коллектива целиком предопределены системой этих классов.⁵³

Такая дуальная система, исчерпывающе описываемая отно-

некоторых кетских семиотических систем", *Труды по знаковым системам*, II (= *Ученые записки Тартуского государственного университета*, вып. 181) (Тарту, 1965); В. В. Иванов и В. Н. Топоров, *Славянские языковые моделирующие семиотические системы* (Москва, 1965), стр. 188 и далее; Д. Лихачев, "Эпическое время русских былин", *Сборник в честь акад. В. В. Грекова* (Москва-Ленинград, 1952) стр. 55-63; его же, "Время в произведениях русского фольклора", *Русская литература*, № 4, 1962, стр. 32-47; его же, *Поэтика древнерусской литературы* (Ленинград, 1967).

⁴⁹ См. пионерскую работу: В. Г. Богораз, *Эйнштейн и религия* (Петербург, 1924).

⁵⁰ См. об отсутствии категории времени в языке хопи в статьях Уорфа, собранных в сб. *Новое в лингвистике*, т. I (Москва, 1960); см. там же сопоставление с теорией относительности, аналогичное тому, которое предложено Богоразом.

⁵¹ А. С. Эддингтон, *Теория относительности* (Москва-Ленинград, 1934), стр. 47.

⁵² F. C. H. Strelhow, "Culture, Social Structure and Environment in Aboriginal Central Australia", *Aboriginal Man in Australia. Essays in Honour of Emeritus Professor A. P. Elkin* (Sydney, 1965), p. 138.

⁵³ P. Courrège, "Un modèle mathématique des structures élémentaires de la parenté", *L'Homme*, V, 3-4 (1965); L. Dumont, "Descent or Intermarriage?", *Southwestern Journal of Anthropology*, vol. 22, 3 (1966).

шениями между четырьмя брачными классами, восстанавливается для древнейшего китайского общества.[54] С этим можно связать характерную для древнекитайского общества – как и для других типологически с ним сходных – роль числа 4 в социальной жизни (4 касты или "социальных ранга"),[55] мифологии (4 мировых эпохи, 4 стороны света и соответствующие им божества, цвета, времена года и т. п.), ритуале (где существенна роль четырехугольника). Особенно показательно то, что в семейном культе предков почитаются только предки, относящиеся к 4 более ранним поколениям (по сравнению с поколением главы культа).[56] Эта черта ритуала несомненно восходит к такому древнему периоду, когда еще сохранялась четырехчленная система брачных классов. От таких полностью (жестко) детерминированных социальных структур, регулируемых посредством ритуалов, соотносящих их с мифологическим прошлым, принципиально отличается более развитый тип социальной организации, представленный, в частности, типом омаха-кроу. (Как недавно показано, к типу омаха первоначально принадлежала, например, римская социальная организация, судя по латинской терминологии родства.)[57] В социальных структурах типа кроу и омаха вводится запрет на брак с женщиной, входящей в группу, из которой какой-либо предок когда-либо брал себе жену.[58] Поэтому в структурах этого типа число брачных классов (фратрий) всегда больше, чем 4 (в отличие от архаичных структур типа австралийских). Основным для таких структур является накапливание статистических данных о браках, причем всякий раз выбирается

---

[54] М. В. Крюков, *Формы социальной организации древних китайцев* (Москва, 1967), стр. 141-146.
[55] М. В. Крюков, "Социальная дифференциация в древнем Китае", сб. *Разложение родового слоя и формирование классового общества* (Москва, 1968). Приводимые ниже данные ритуала, подтверждающие идею М. В. Крюкова, в его работах не использованы.
[56] M. Granet, *La pensée chinoise* (Paris, 1934), p. 100. Проницательный Гране выделил курсивом число 4 в этом месте (и других подобных местах) главы о категориях времени и пространства в древнекитайской мысли.
[57] Эта гипотеза, высказанная в статье: Д. А. Ольдерогге, "Система родства баконго в XVII в.", *Африканский этнографический сборник*, III (Ленинград, 1959), независимо от него доказана в недавнем докладе: F. G. Lounsbury. "The Structure of the Latin Kinship System and Its Relation to Roman Social Organization", *Труды VII Международного конгресса антропологических и этнографических наук*, т. 4 (Москва, 1967).
[58] См. характеристику этих структур в статье: C. Lévi-Strauss, "Vingt ans après", *Les temps modernes*, no. 256, 23e année, sept. 1967, p. 400; см. там же о роли числа 4 в структурах родства и о расчетах соответствующих этнологических моделей на вычислительной машине.

такой партнер для брака, который принадлежит к брачному классу, несущему – в точном статистическом смысле слова – наибольшее количество информации, т. е. отсутствующий среди хранящихся в памяти сведений об уже имевших место брачных связях между брачными классами. Возможности здесь оказываются весьма разнообразными в отличие от жестко детерминированных систем архаичного типа; это было показано в недавнее время с помощью расчетов на вычислительной машине по программе, основанной на идеях Леви-Стросса.

Системы, относящиеся к тому архаичному типу, как австралийские и древнейшая китайская, характеризуются наличием времени только двух типов: циклического ритуального времени (в древнем Китае, как и у многих других народов, например, у пуэбло, регулируемого периодическим объезжанием четырехчленного царства-вселенной ритуальным царем)[59] и мифологического времени при отсутствии реального исторического времени. Само мифологическое время может оказаться циклическим, как это имеет место во всех мифах о богах, связанных с сезонными циклами.

Задолго до современного математика, приходящего к выводу, что "если бы бог был ограничен миром, было бы необходимо для бога быть рождающимся и гибнущим",[60] эта мысль была воплощена во многих архаических религиях – в символе умирающего (или исчезающего) и возрождающегося бога плодородия – в частности, восточносредиземноморских богов, таких, как греческий Дионис или хеттский Телепинус, культ которых, быть может, сказался и на христианских представлениях о воскресении.

Различие между жестко детерминированными системами, где все возможности исчерпаны правилами, соотнесенными с мифологическим прошлым и с циклическим ритуалом, и более развитыми системами, поведение которых регулируется памятью об их реальной истории, может быть проведено не только по отношению к брачным связям (которые на ранних этапах истории общества исчерпывающе характеризуют социальную структуру). По существу

---

[59] M. Granet, *La pensée chinoise*. Недавно к проблеме времени в древнем Китае вернулся Нидхем в работе о времени и восточном человеке: J. Needham, *Time and Eastern Man*.

[60] E. T. Whittaker, *The Beginning and End of the World* (London, 1943), p. 40. Ср. о "вечном возвращении": Дж. Синг, *Общая теория относительности* (Москва, 1963), стр. 228; A. Grünbaum, *Philosophical Problems of Space and Time* (New York, 1963), p. 197.

аналогичным является различие между фольклорной традицией, основанной первоначально на воплощении передающихся по наследству мифологических сюжетов с помощью неизменных ритуальных формул, и современной литературой, где основным принципом становится поиск наименее статистически частых – и, следовательно, несущих наибольшее количество информации – приемов и тем. Сходные рассуждения можно было бы предложить и по отношению к другим областям культуры, где накопление сведений об опыте прошлого и поиск путей, которыми еще не шли раньше, становится главной задачей. Само понятие развития (т. е. направленности во времени) здесь, как и в других рассмотренных случаях, неотделимо от накопления и переработки – т. е. постоянного использования для внесения соответствующих корректив в программы поведения – информации, т. е. сведений о прошлом. Социальная функция исторических исследований заключается в накоплении сведений об уже использованных и не оправдавшихся путях развития с целью их избежать. Подмена реальной истории вновь создаваемой мифологией в таких обществах может служить лишь задаче искусственной остановки развития.

Подобные культуры западноевропейского типа могут моделироваться посредством автомата, имеющего встроенную в него память и осуществляющего свое поведение посредством вычеркивания уже использованных возможностей. От этих культур принципиально отличны многие архаичные, в частности, восточные традиции (как уже упоминавшаяся древнекитайская). В них предполагается наличие циклических перевоплощений, исключающих развитие во времени. Например, в древней Индии категория исторического времени не была существенной для культуры. В Индии долгое время принципиально отсутствовала хронология и летописание. Безразличие к развитию во времени сказывалось на таких высокоразвитых областях древнеиндийской науки, как лингвистика. Именно поэтому древнеиндийская грамматика с ее чисто синхронным подходом к языку и древнеиндийская философия языка, интересовавшаяся такими вневременными единицами языка, как sphoṭa (эквивалент фонемы в науке XX века), близки к науке о языке первой половины нашего столетия, когда диахронический аспект изучения языка (в его истории), дреобладавший в XIX веке, сменился синхронным описанием или рассмотрением языка в панхронии (в отвлечении от времени). Именно в синхронном описании грамматика Панини и других древнеиндийских ученых стоит на уровне нашего века. Согласно мысли В. Н. Топорова,[61] такое же безразличие к движению во времени сказывалось не только в древнеиндийской науке и во вневременном характере основного языка индийской культурной традиции – классического санскрита, но и в индийском искусстве: в "кинематографическом" построении пьес древнеиндийского театра с внезапными перемещениями во времени,[62] в традиции индийского балета – сохраненной вплоть до нового времени и, быть может, отразившейся на системах танца таких народов, исторически связанных с Индией, как цыгане –, где, в отличие от европейского танца, не существует смены движений во времени и танец сведен к тому, что одна и та же поза должна сохраняться в течение какого-то времени, после чего этот неподвижный "кадр" в индийском балете сменяется другим. (Недаром в древней Индии скульптура теснейшим образом связана с танцем, и, например, выработанная в индийских описаниях скульптуры классификация жестов и поз может с успехом быть применена и для индийского танца.)

В своих первоначальных индоевропейских истоках – как это можно показать путем анализа истории соответствующих терминов, в частности, названия "вечности"[63] – греческие мифологические представления о времени, в частности, о его цикличности, поразительно сходны с древнеиндийскими[64] и имеют типологические аналогии во многих неиндоевропейских мифологических традициях (например, у южноамериканских индейских племен Бразилии). Постепенно, однако, греческая философия преодолела эти мифологические концепции,[65] для которых характерно приписывание

[61] В. Н. Топоров, "О некоторых аналогиях к проблемам и методам современного теоретического языкознания в трудах древнеиндийских грамматиков", *Краткие сообщения Института народов Азии АН СССР*, VII (Москва, 1961); В. В. Иванов и В. Н. Топоров, *Санскрит* (Москва, 1960). В недавнее время об индийских (и других локальных) концепциях времени писал Г. С. Померанц ("Роль масштаба времени и пространства в моделировании исторического процесса. Тезисы доклада", Институт истории АН СССР, Москва, 1968) (отпечатано множительным аппаратом).
[62] Такую же кинематографическую структуру исследователи отмечают и в китайском классическом театре.
[63] E. Benveniste, "Expression indoeuropéenne de l'éternité", *Bulletin de la Société de linguistique de Paris*, t. 38, no. 1 (1937).
[64] См. цитированную выше, примеч. 19, статью: В. Н. Топоров, "К истории связей мифопоэтической и научной традиции: Гераклит", стр. 2048, прим. 61; см. там же об аналогиях идее "вечного возвращения" в современной науке; И. Д. Рожанский, "Проблема движения и развития в учении Анаксагора", *Успехи физических наук*, т. 95, вып. 2 (1968), стр. 350.
[65] См. анализ этого процесса: E. Cassirer, *Philosophie der symbolischen Formen*,

каждому отрезку времени его собственных качественных характеристик, делающее невозможным выстраивание всех временных интервалов в единый ряд.[66] Греческие философские учения о времени, движении и развитии послужили основой для рассмотрения этих проблем в позднейшей европейской науке, после Канта нашедшей тот новый подход к ним, который привел к созданию теории относительности.

На этом новом этапе возврат к мифологическому представлению об особом "доначальном" времени можно было бы видеть в современных космогонических гипотезах, предполагающих образование вселенной благодаря "взрыву" сверхплотного вещества, сосредоточенного в одном "атоме".[67] Как указывал Эйнштейн, "при больших плотностях поля и вещества уравнения поля и даже входящие в них переменные должны потерять смысл".[68]

Принципиально новый подход к времени в физике начала XX века возникает параллельно с возрастанием интереса к проблеме времени в литературе и искусстве. Тема "машины для изучения времени" появляется на рубеже века в раблезианском обличье в шуточной прозаической вещи, связанной с именем Фауста и написанной предшественником современного театра абсурда Альфредом Жарри.[69] Уже в *Рассказах о времени и пространстве* (1899) [Tales of Space and Time] Уэллса и в его же *Машине времени* можно видеть прямое воздействие предшествовавших созданию специальной теории относительности естественно-научных концепций, под влия-

---

2. Teil: *Das Mythische Denken* (Berlin, 1925), S. 161-173.
[66] H. Hubert et M. Mauss, "Étude sommaire de la représentation du temps dans la religion et la magie", *Mélanges d'histoire de religions* (Paris, 1909), p. 189 et autres.
[67] При обсуждении этой гипотезы в беседе с автором 1 января 1957 г. покойный Л. Д. Ландау подтвердил мнение, согласно которому до этого "взрыва" по существу нельзя говорить о времени в обычном физическом смысле. Здесь можно было бы видеть возврат к представлению о "мифологическом" времени до образования вселенной. Ср. в этой связи замечания об Анаксагоре и теории расширяющейся Вселенной: И. Д. Рожанский, ук. соч., стр. 350.
[68] А. Эйнштейн, *Сущность теории относительности* (Москва, 1955), стр. 115. К проблеме сингулярной метрики (g = 0), обсуждаемой в этом месте книги Эйнштейна, ср. Е. М. Лифшиц, В. В. Судаков и И. М. Халатников, "Об особенностях космологических решений уравнений гравитации", *Тезисы и программы I-й Советской гравитационной конференции* (Москва, 1961); см. также Я. Б. Зельдович и И. Д. Новиков, *Релятивистская астрофизика* (Москва, 1967), стр. 66-67 и 92; Э. М. Чудинов, "Геометрическое моделирование времени в теории относительности", *Вопросы философии*, № 9, 1968, стр. 57-66.
[69] "'Commentaire pour servir à la construction de la machine à explorer le temps' par Dr. Faustroll", *Mercure de France*, 1-2, 1899; см. A. Dabèzies, *Visages de Faust au XXe siècle* (Paris, 1967), p. 49, прим. 5.

нием которых возникает идея "перенесения" во времени. Из складывающегося позднее в физике представления о том, что события как в прошлом, так и в будущем могут рассматриваться как уже заданные,[70] легко может возникнуть идея "путешествия" вдоль линии, соединящей события. Теми же концепциями определяется и структура многих пьес Пристли, который сам отмечал влияние на него "Новой модели вселенной" Успенского – одного из писателей, рано оценивших значимость выводов новейшей физики, но при этом утверждавшего, что "искусство идет впереди науки, точного знания и даже впереди философии, но не служит им, не прокладывает для них путей, а идет своим путем, открывая свои горизонты".[71] В качестве иллюстрации этой мысли можно было бы указать на роман Марка Твена *Янки при дворе короля Артура*, где едва ли можно предполагать какое бы то ни было влияние естественно-научных концепций. Тем не менее структура этого романа по существу предвосхищает строение многих современных произведений, подобных пьесам Пристли с их постоянно повторяющимся смещением разных временных планов. Одним из наиболее характерных примеров может быть пьеса Пристли *Музыка вечером* [Music at night]. В первом акте этой пьесы показан великосветский салон, где должен исполнить свою новую вещь композитор, надеющийся найти поддержку у собравшихся в салоне. В следующих актах те же действующие лица показаны в прошлом и в будущем, причем исполнение музыкального произведения служит реалистической мотивировкой перенесения во времени, т. е. музыка выступает в качестве эквивалента машины времени. В другой пьесе Пристли английский танкист, находящийся во время второй мировой войны в Ливийской пустыне, в следующем акте перевоплощается в римского легионера, который находится на том же самом месте, но в античное время.

Рационалистическая построенность этих пьес Пристли отличает их от близких по принципам построения, но самой своей гротескной абсурдностью ближе подходящих к реальности, драматургических опытов, осуществленных (независимо от Пристли) в нашей литературе 30-х годов.

В недавно изданной, и с успехом поставленной в Москве, пьесе Булгакова *Иван Васильевич* в гротескной форме показана комму-

---

[70] А. Эддингтон, *Пространство, время и тяготение* (Одесса, 1923).
[71] П. Д. Успенский, *Четвертое измерение*, 2 изд. (Санкт Петербург, 1914), стр. 93-94.

нальная квартира 30-х годов. В квартире живет изобретатель, работающий над машиной времени. Машина переносит часть людей, случайно оказавшихся в квартире, в XVI век и обратно, причем управдом Иван Васильевич меняется местами с Иваном Грозным. Благодаря наложению друг на друга разных эпох становятся очевидными черты сходного и несходного в них. (Аналогично построена написанная в те же годы пьеса Вс. Иванова *Вдохновение*, где актеры, занятые на съемках фильма, переносятся в Смутное время; на перенесении во времени строятся и некоторые из его фантастических рассказов.) С поэтикой гротескного "фантастического реализма",[72] намеченной уже в таких вещах Булгакова, как *Иван Васильевич*, и позднее развитой в *Мастере и Маргарите*, можно сблизить и стиль сценария Эйзенштейна "М. М. М." (1932). В этом сценарии патриарх и бояре из глубины русской истории переносятся в наш город 30-х годов. Сходство этой вещи, самим Эйзенштейном названной "небылицей в лицах", с *Иваном Васильевичем* и в особенности с *Мастером и Маргаритой* не ограничивается лишь общностью иронического показа реальности, остраненной благодаря столкновению с пришельцами из другого света, из других времен. Это – Воланд со свитой – различными средневековыми воплощениями нечистой силы, оживающими в Москве в *Мастере и Маргарите*, где, кроме того, посредством "параллельного монтажа" сплетены события современности и начала нашей эры. Это – патриарх со свитой, включающей мифологических птиц Алконоста и Сирина и эпических героев-богатырей в сценарии Эйзенштейна.

Сходство простирается и на те детали современной обоим авторам действительности, которые служат для сцепления двух планов повествования: реалистического и фантастического. И в *Мастере и Маргарите* и в "М. М. М." необычное посещение пришельцев из других времен вводится в повседневность с помощью "Интуриста". В обоих произведениях телефонный разговор с этим учреждением служит официальным основанием для приема пришельцев как интуристов. Обыденность этих повседневных деталей становится средством превращения сказочного в действительность,

---

[72] Этот термин, в критических статьях позднейшего времени применявшийся не только к словесному искусству, но и к живописи (в частности, Шагала), едва ли не впервые был введен Вахтанговым для определения его театральной манеры: Э. Кекелидзе, "Театральная концепция Е. Б. Вахтангова", *Тартуский государственный университет. Материалы XXII Научной студенческой конференции* (Тарту, 1967), стр. 92.

которая сама делается не менее ирреальной, чем Воланд, Алконост и Сирин.

Для Эйзенштейна "основной проблемой" (по его собственной формулировке) было противоположение древних и новых слоев психики, в замыслах эйзенштейновских фильмов, начиная с мексиканского, воплощавшееся в столкновении разных исторических эпох. В "М. М. М." иронически поданные символы ожившего мифологического прошлого – птицы Сирин и Алконост – одновременно являются знаками низших слоев психической деятельности. Начиная с мексиканского фильма в "М. М. М", замыслах фильмов о Москве (в двух вариантах – довоенном и послевоенном) и Фергане Эйзенштейн намеревается показать единство разных хронологических слоев. Как писал он сам, "среди роя неосуществленных мною вещей есть один патетический материал, так и не увидевший экрана – 'Москва' ..." В нем Эйзенштейн видел "мысль о непрерывном внутри нас единстве и последовательности, и единовременности ... в каждом из нас есть разряд сознания, идентичный разряду 'предка'" (записи "Зараза моих теоретических положений", архив П. М. Аташевой).

В 20-е годы близкие к проектам этих эйзенштейновских фильмов задачи решал Ремизов, который в книге *Россия в письменах* хотел "представить Россию по обрывкам и осколкам ее памятников. И это не историческое ученое сочинение, а новая форма повести, где действующим лицом является не отдельный человек, а целая страна, время же действия – века".[73] В те же годы Акутагава в одной из последних автобиографических вещей вспоминает "о задуманном романе. Героем этого романа должен был быть народ во все периоды своей истории от Суйко до Мэйдзи, а состоять роман должен был из тридцати с лишним новелл, расположенных в хронологическом порядке."[74] Точно так же строился сценарий "¡Que viva Mexico!" (1930-1931) Эйзенштейна, состоявший из нескольких последовательных новелл, в своей совокупности воплощавших всю судьбу Мексики.[75] Возможно, что на замысле этого

---

[73] А. Ремизов, *Литературная Россия* (Москва, 1924), стр. 30.
[74] Акутагава, "Зубчатые колеса", *Новеллы* (Москва, 1959), стр. 356 (написано в 1927 г.). Последовательный монтаж в этом замысле можно сравнить с параллельным монтажом в рассказе "В чаще" (там же, стр. 209-218), по которому поставлен известный фильм Куросава "Расёмон"; заглавие и обрамление заимствованы из другой вещи Акутагавы, там же, стр. 21-27.
[75] О строении сценария этого фильма по данным архива Э. Синклера и другим материалам см.: I. Barna, *Serghei Eisenstein* (Bucureşti, 1966), стр. 227.

фильма, хотя бы бессознательно, могло сказаться воспоминание о "Нетерпимости" Гриффита, где, по словам самого Эйзенштейна, "великолепно задумано это сплетение четырех эпох... Но эффект не получился. Ибо снова получилось сочетание четырех разных историй, а не сплав четырех явлений в одно образное обобщение".[76] Эйзенштейна занимало именно обобщение – по сути своей не рационалистическое, а мифологическое –, к которому он стремился путем сведения воедино разных эпох; в последние годы сходным замыслом, по отношению ко всей истории человечества, увлечен Росселлини.

Все эти замыслы Эйзенштейна остались неосуществленными, а в поставленных исторических фильмах он выполнял главным образом ту задачу искусственной мифологизации истории, функция которой отмечена выше. Занимаясь позднее проблемой времени в современном романе и театре (в частности, у Пристли), Эйзенштейн намеревался применить приемы перескакивания во времени в своем последнем фильме о Москве, развивающем поэтику замысла фильма о Фергане (заметка "Вопрос времени", цикл "Grundproblem", 7 сентября 1946 г., архив П. М. Аташевой).

В своих предсмертных автобиографических записках Эйзенштейн назвал поиски времени "центральной драмой персонажей XX столетия".[77] Наряду с названным им в этой связи Марселем Прустом нельзя не упомянуть Томаса Манна, чья *Волшебная гора* начинается с "намека и указания на сомнительность и своеобразную двойственность той загадочной стихии, которая зовется временем."[78]

В новейшей литературе, как и в литературе о литературе,[79] ста-

---

[76] С. М. Эйзенштейн, "Диккенс, Гриффит и мы", *Избранные произведения*, т. 5 (Москва, 1968), стр. 169-170. В связи с проблемой времени и памяти в кино о "Нетерпимости" пишут И. Соловьева и В. Шитова в одной из лучших глав названной выше книги; там же сравнение с пародийным фильмом Бестера Китона.
[77] С. М. Эйзенштейн, "Foreword – Автобиографические записки", *Избранные произведения*, т. I (Москва, 1964), стр. 213. Связь Эйзенштейна с темой времени стоит в центре поэмы Луговского (В. Луговской, "Середина века", *Книга поэм*, Москва, 1958, стр. 192) и прозаических набросков к этой поэме (В. Луговской, "Из записных книжек, 2. Дербент", *Литературное наследство*, т. 74, Москва, 1965, стр. 713).
[78] Томас Манн, *Волшебная гора*, в: *Собрание сочинений*, т. 3 (Москва, 1959), стр. 7-8. Роль времени как темы романа Томаса Манна в беседе с автором подчеркнул Н. И. Конрад.
[79] E. Straiger, *Die Zeit als Einbildungskraft des Dichters* (Zürich, 1939); G. Müller, *Die Bedeutung der Zeit in der Erzählungskunst* (Bonn, 1946); G. Poulet, *Études sur le*

вился вновь и вновь тот вопрос о смысле времени, необходимость постановки которого с особой силой была подчеркнута Хейдеггером.[80]

Ж.-П. Сартр, чьи философские воззрения на время сложились под влиянием книг Хейдеггера и исследования Гуссерля о внутреннем осознании времени,[81] в одной из своих ранних статей[82] подверг исследованию новый подход к времени у Фолкнера, особенно отчетливо сказавшийся в романе *Звук и ярость* [The Sound and the Fury]. Сартр показал, что Фолкнеру, как и Прусту и некоторым другим авторам XX века, свойственно принципиально другое отношение ко времени, чем у писателей XIX столетия. Роман Фолкнера, как и психологическая эпопея Пруста – где, однако, в отдельных частях строже выдерживается локальная хронология событий –, обращен в прошлое (подобно произведениям ранних культурных традиций). Время в книгах Фолкнера не движется. Герои Фолкнера существуют во времени своих воспоминаний, где нет линейного порядка событий. Хронологически разные эпизоды – в *Звуке и ярости* самоубийство одного из героев, кастрация другого герояидиота, бегство девушки, похитившей деньги у своего опекуна – никак не соотнесены друг с другом. Хронологию этих, и других, событий можно установить не столько из текста самого романа, сколько из специальной хронологической таблицы, приложенной к позднейшим изданиям *Звука и ярости*, как и некоторых других романов Фолкнера с особенно запутанными причинно-следственными и временными соотношениями, в частности *Absalom, Absalom!* – точно так же, как пространственная картина области одного из южных штатов, где происходит действие романов, поясняется приложенной к ним картой.

Само по себе несовпадение реальной хронологической последо-

---

temps humain (Edinburgh, 1949; Paris, 1964); А. Гуревич, *Что есть время* (там же дальнейшая литература).

[80] M. Heidegger, *Sein und Zeit* (Halle a.d. Saale, 1931). Из многочисленных новейших работ, рассматривающих эту сторону философии Хайдеггера, следует отметить статью: П. П. Гайденко, "Проблема времени в философии Хайдеггера", *Вопросы философии*, № 12, 1965.

[81] J. P. Sartre, *L'être et le néant*, deuxième partie, chapitre II: "La temporalité" (Paris, 1943), pp. 150-218.

[82] J. P. Sartre, "A propos de 'Le bruit et la fureur': La temporalité chez Faulkner", *La Nouvelle Revue Française*, 52, 1939, pp. 1057-1061; 53, pp. 147-151. Английский перевод в сб. *William Faulkner. Three Decades of Criticism* (New York-Burlingame 1963), pp. 225-232. См. также литературу о времени у Фолкнера в статье: А. Гуревич, ук. соч.

вательности событий ("фабулы") с сюжетным композиционным порядком смены составных частей произведения и с "временем рассказчика" встречалось в прозе и гораздо раньше, например, и у писателей XIX и начала XX века.[83] По словам того же Эйзенштейна, "классическими русскими примерами такого непоследовательного сказа могли бы служить 'Выстрел' Пушкина, начинающего свой сказ с середины, 'Легкое дыхание' Ив. Бунина и бесчисленное множество других образцов".[84] Структура "Легкого дыхания" с этой точки зрения была рассмотрена еще в ранней работе Л. С. Выготского *Психология искусства*,[85] где в связи с этим было введено различие реального времени и времени литературного. Данное Выготским представление композиции новеллы имеет исключительный интерес для дальнейших опытов формализации моделей новеллы, которые могут опираться и на выработанные в современной лингвистике способы представления синтаксической структуры – с различением непроективных структур, где пересекаются стрелки, соединяющие зависящие друг от друга слова, и проективных структур без такого пересечения. Линия повествования, подобно последовательности слов во фразе в упомянутых синтаксических моделях, может рассматриваться как проекция дерева событий, упорядоченных во времени и связанных между собой причинно-следственной зависимостью, на прямую. По отношению к фабуле, представляемой этим деревом, справедливо предложенное в связи с изложением математического аппарата теории относительности определение времени как "такого линейно упорядоченного множества событий..., с помощью которого можно *датировать* всякое событие".[86] Определение проективности лите-

---

[83] E. Lämmert, *Bauformen des Erzählens* (Stuttgart, 1955); T. Todorov, "Poétique", в сб.: *Qu'est-ce que le structuralisme* (Paris, 1968), pp. 128-129, 155-156 (там же о соотношении временных и причинно-следственных отношений); K. Wyka, "Czas powieściowy", zbior: *Inter arma* (Kraków, 1948).
[84] С. М. Эйзенштейн, "Неравнодушная природа", *Избранные произведения*, т. 3 (Москва, 1964), стр. 311. О "Выстреле" см. В. В. Шкловский, "Сюжет в кинематографе", *За сорок лет. Статьи о кино* (Москва, 1965), стр. 31; там же о "перестановке" во времени, как об одном из главных приемов построения сюжета в кино.
[85] Л. С. Выготский, *Психология искусства*, изд. 2 (Москва: "Искусство", 1968), стр. 193-207 и 518. Ср. также статью автора: В. В. Иванов, "О применении точных методов в литературоведении", *Вопросы литературы*, № 10 (1967), стр. 124.
[86] Р. И. Пименов, "Пространства кинематического типа (математическая теория пространства – времени)", *Записки научных семинаров Ленинградского отделения Математического института им. В. А. Стеклова*, т. 6 (Ленинград, 1968), стр. 188.

ратурного текста, в том числе сценария или пьесы, аналогично определению проективности предложения в математической лингвистике. Непроективность – т. е. сложное переплетение эпизодов, при котором между событиями, связанными причинно-следственными и временными соотношениями, вкрапливаются эпизоды, с ними не связанные – во многих произведениях литературы XIX в. (и предшествующих веков) сказывалась в несовпадении последовательности событий, позволяющих их датировать, с литературным изложением тех же событий в порядке, отличном от хронологического. (В качестве наиболее отчетливого примера из XVIII в. можно привести роман Стерна, с этой точки зрения проанализированный еще в ранней работе В. Б. Шкловского о теории прозы и перекликающийся по сложности построения с такими произведениями последних лет, как цикл повестей Сэлинджера о поэте Симуре.) Но для литературы XX века – в частности, для романов Фолкнера и Пруста – особенно характерна мотивировка этого несовпадения структурой "потока сознания", перемешивающего разные события. Здесь можно установить особенно наглядный – и, по-видимому, необъясняемый взаимными влияниями – параллелизм между современным искусством и новейшей физикой, где впервые глубоко было проанализировано несовпадение между непосредственным человеческим восприятием времени и соответствующими физическими явлениями. Согласно формулировке одного из наиболее глубоких исследователей:

Наше чувство времени не связано с событиями вне нашего мозга, оно относится только в линейной цепи событий вдоль нашего собственного пути через мир. Мы можем, однако, узнать от других наблюдателей, какова последовательность времени для событий вдоль их путей. Кроме того, мы имеем неодушевленных наблюдателей – часы, от которых мы можем получить аналогичные сведения об относящейся к ним последовательности времени ... Внешние события, которые мы наблюдаем, как будто покрываются нашей собственной последовательностью времени; но в действительности не сами события, а чувственные восприятия, которые вызываются ими, укладываются во временную последовательность нашего сознания.[87]

Стремление сделать последнюю особенность непосредственного восприятия времени конструктивным принципом, раскрывающимся во всем построении произведения, оказывается характерной чертой едва ли не всех наиболее выдающихся романов, пьес и фильмов второй и третьей четвертей XX века.

[87] А. С. Эддингтон, *Теория относительности*, стр. 46-47.

Подобно тому, как в начале эпопеи Пруста наглядное воспоминание рождается из казалось бы случайной детали, в фильме Феллини "Восемь с половиной" слова, написанные на доске знакомым фокусником ("Asa, nisa, masa"), вызывают в памяти героя картину его детства, потом преображаемую в гротескной психоаналитической сцене поздравления с рождеством всего воображаемого гарема героя. Смешение всех временных границ в этом фильме, как и в более рационалистически построенной "Земляничной поляне" Бергмана, в пьесе Артура Миллера "После грехопадения", где почти как в гротескной сцене в "Восемь с половиной", герой сталкивается попеременно с разными женщинами, с которыми был близок, и в более ранних пьесах того же Миллера, повлиявших и на современное кино,[88] является следствием того, что все произведение (или большая его часть) основано на внутреннем монологе героя, где стираются грани между разными периодами жизни, как и между реальным и воображаемым. Поэтому в подобных произведениях на новый лад толкуется традиционная "грубая локализация" внешних событий в нашей частной временной последовательности, пересматриваемая и в новейшей физике (ср. приведенные выше слова Эддингтона).

При далеко зашедшем пересмотре этой локализации оказывается возможным сохранение только одного из двух соотносимых рядов – психологического ("частного"), как в фильме Алена Ренэ "Прошлым летом в Мариенбаде".[89] В последующих фильмах Ренэ продолжил эксперименты со временем и памятью, введя мгновенное предвосхищение будущего в сознании героя в фильме "Война окончена" и объясняемое работой "машины времени" и перебоями в ее работе повторение прошлого и его мелькание в последнем фильме "Je t'aime, je t'aime" [Я тебя люблю, я тебя люблю]. Едва ли не наибольшее значение для искусства всего века

---

[88] См. в этой связи о фильме "Смерть коммивояжера", сделанном по одноименной пьесе Миллера: J. Leirens, *Le cinéma et le temps* (Paris, 1954), p. 65; М. Мартен, *Язык кино* (Москва, 1959), стр. 223 и 231; см. там же о других фильмах с аналогичным построением.

[89] Тонкие замечания об этом и более ранних фильмах Алена Ренэ, как и об упомянутом ниже фильме Калика, с близкой точки зрения делаются в называвшейся выше книге И. Соловьевой и В. Шитовой, "Мнемозина". Фильм Ренэ "Прошлым летом в Мариенбаде" можно считать блестящим использованием того, что в кино, где широко использован монтаж (ср. ниже о взглядах П. Пазолини), зритель имеет дело с фиктивным прошедшим временем; это до появления фильма Ренэ было показано в упомянутой выше книге J. Leirens, *Le cinéma et le temps*.

имеет фильм Алена Ренэ "Ночь и туман", где та же проблема памяти и времени поставлена на самом больном материале столетия – документальных свидетельствах о концлагерях. Подобно этому и в прекрасном фильме Калика "До свидания, мальчики!" во внутренний монолог поколения включен материал документальных фильмов, благодаря чему внутренний монолог, становясь сверхличным, теряет несколько искусственную, и делающуюся иногда стандартной в фильмах последних лет, субъективность.

Почти все перечисленные характерные черты нового подхода ко времени в литературе и искусстве нашего века соединены воедино в *Улиссе* Джойса, существенно повлиявшем и на такие упоминавшиеся выше произведения, как романы Фолкнера. Здесь наряду с отсылками к мифологическому (древнегреческому) прошлому и введением внутреннего монолога, смешивающего разные эпизоды в потоке сознания героев, соблюдается, хотя бы внешне, единство времени, которое можно видеть и в других классических произведениях прозы XX века – *По ком звонит колокол* Хемингуэя, *Над пропастью во ржи* Сэлинджера[90] и в других произведениях, где тема, близкая к теме "Ночи и тумана" Алена Ренэ, решена в русле психологической традиции Достоевского. У последнего внимательный анализ М. М. Бахтина[91] выявил черты внутреннего монолога и "внутреннего диалога" – термин, независимо друг от друга введенный М. М. Бахтиным и, много позднее, Клодом Мориаком –, которые заставляют изображать разные события как одновременные. Единство времен у Достоевского предвосхищает единство времени в таких лучших вещах новейшей литературы, где время действия ограничено одним или несколькими, например, тремя, днями (см. приведенные выше примеры).

При той роли, которую время – как тема и как конструктивный принцип – приобретает в искусстве века, понятна и частота, с которой символы или средства измерения времени, например, часы ("неодушевленные наблюдатели" времени), появляются у его лучших представителей. В качестве примеров достаточно упомянуть циферблат без стрелок, появляющийся во многих картинах и кинофильмах, например, в сновидении в "Земляничной поляне" Бергмана, изображения часов, обычно ходиков, на картинах Шагала,

---

[90] См. статью автора "Поэтика", *Краткая литературная энциклопедия*, т. 5 (Москва, 1968), стр. 939.
[91] М. М. Бахтин, *Проблемы творчества Достоевского* (Ленинград, 1929); 2 дополн. изд. (Москва, 1963).

например, на картинах "Время – река без берегов" (1930-1939), "Моей жене" (1933-1944), "Фокусник" (1943) (о часах на картинах Шагала хорошо писал Арагон в стихах, посвященных Шагалу), роль описания часов в "Звуке и ярости" Фолкнера (проанализированного в названной выше статье Сартра), стихи Цветаевой "Минута" – с характерным противопоставлением символов измеримого времени, маятников, и вечности; на ту же тему Цветаева писала и в прозе, цитируя стихи Пастернака и Мандельштама; естественно, что круг таких иллюстраций легко можно было бы умножить. Но едва ли не самым значительным и показательным с этой точки зрения фактом является приобретение все большей роли в XX веке таким временным искусством, для которого время является едва ли не основным (и единственным) структурным принципом – кино.[92]

Согласно Пазолини, недавно посвятившему этой проблеме особую статью, кино (*il cinema*) – это звукозрительная техника, с помощью которой создается бесконечно длинный план, запечатлевающий то, что представляет собой реальность для наших глаз и ушей. Этот план длится в течение всего того времени, пока мы в состоянии видеть и слышать ("бесконечный субъективный план, кончающийся вместе с концом нашей жизни"),[93] он является воспроизведением настоящего времени. Но с того момента, когда вторгается монтаж, т. е. когда от кино осуществляется переход к фильму, что Пазолини сравнивает с переходом от "языка" к речи, настоящее время превращается в прошедшее, но при этом для кино характерно "историческое настоящее" (*praesens historicum*). Монтаж делает с материалом фильма то же, что смерть с жизнью, которой только смерть, по Пазолини, дает окончательный смысл.[94] Основной проблемой неореализма и следовавшего за ним нового кино – *New cinema* Нью-йоркской школы и т. д. – Пазолини считает представление или преобразование жизненного времени,[95] в этом совпадая с пониманием сути кино у А. Тарковского.

Понимание кинематографа как прежде всего временно́го искусства едва ли не впервые было подробно раскрыто в 1918 г.

---

[92] См. статью: А. Тарковский, "Запечатленное время", *Искусство кино*, № 4 (1967); ср. J. Leirens, ук. соч.
[93] P. P. Pasolini, "La paura del naturalismo (Osservazioni sul piano-sequenza)", *Nuovi argomenti*, nuova serie, 6, 1967, p. 15.
[94] Там же, p. 16. В своем понимании значения смерти Пазолини примыкает к таким авторам XX в., как Рильке и Мальро (ср. также выше о Н. Страхове).
[95] Там же, стр. 20-21.

В. Э. Мейерхольдом в его лекции, основанной на опыте работы над фильмом "Портрет Дориана Грея". Отрицая за фотографированием право быть искусством, Мейерхольд говорил, что в кино

есть элементы, которые, переплетаясь с мастерством фотографирования, создают искусство. Кинематография имеет дело с экраном, где есть элементы движения, сочетания плоскостей, измерения времени ...[96]

Все дело в ритме движений и действий. Этот Ритм с большой буквы и есть то, что возлагает обязанности и на оператора, и на режиссера, и на художника, и на артистов. Мы должны помнить, что экран – это нечто находящееся во времени и пространстве и что развить в себе сознание времени в игре – есть задача актеров будущего.[97]

Наиболее глубоко суть "кинематографического приема" в искусстве была раскрыта в исследованиях П. А. Флоренского, связавшего его с ролью прерывности в культуре XX века.

П. А. Флоренский в своем сочинении "Число как форма", подготовленном к изданию в 1922 г., критикуя роль непрерывности и изгнания понятия формы в эволюционизме XIX в. в этом, как и в других отношениях, продолжавшем возрожденческую культуру, замечал:

В отраслях знания самых разных неожиданно обнаруживаются к началу XX века явления, обладающие заведомо *прерывным* характером; а, с другой стороны, добросовестному работнику мысли с несомненностью приходится тут удостоверить, опять-таки в разных областях знания, наличие *формы*.[98]

Где обнаруживается прерывность, там мы ищем целого, а где есть целое – там действует форма и, следовательно, есть индивидуальная отграниченность действительности от окружающей среды. Иначе говоря, там действительность имеет дискретный характер, есть некоторая монада, т. е. в себе замкнутая (конечно, относительно) неделимая единица. Значит, там возможен и счет.[99]

В согласии с мыслями Флоренского, кино можно считать лишь наиболее выраженным (эксплицитным) воплощением того, что всегда составляло суть временно́й организации искусства.

---

[96] Вс. Мейерхольд, "Портрет Дориана Грея", в кн.: *Из истории кино. Документы и материалы* (Москва: "Искусство", 1965), стр. 18-19.
[97] Там же, стр. 22-23. Существенным отличием этих мыслей Мейерхольда от того, что позднее писалось о кино, было то, что ему еще не было ясно соотношение времени с монтажом.
[98] П. А. Флоренский, "Пифагоровы числа", архив П. А. Флоренского. Роль дискретного в науке 20-го века многократно подчеркивал в своих выступлениях по общим вопросам науки в 50-х и 60-х годах А. Н. Колмогоров.
[99] П. А. Флоренский, там же.

Проблема временно́й организации произведений любого, в том числе и изобразительного, искусства была с наибольшей четкостью поставлена Флоренским, потому что он опирался на вытекавшую из общих его мыслей о времени идею временно́го характера любого процесса восприятия и на мысль о предписывании зрителю определенного порядка рассмотрения картины (близкую к мыслям Эйзенштейна о "прописи"):

время может быть в изображении, если отдельные органы и элементы его, хотя и сосуществуют друг другу, как физические части, т. е. как мазки краски или чернильные штрихи, однако имеют известный порядок, известную внутреннюю последовательность, [или] как бы написанные при них по мере их последовательности. Этот порядок делает эстетически принудительным выступание отдельных элементов созерцателю в определенном временном порядке. Произведение эстетически принудительно развертывается перед зрителем в определенной последовательности, т. е. по определенным линиям, образующим некоторую схему произведения и при созерцании дающим некоторый определенный ритм.[100]

Противополагая эстетическую принудительность восприятия искусства психологическому произволу, Флоренский оговаривался:

Изобразительное произведение, конечно, доступно моему осмотру с любого места начиная и в любом порядке. Но *если* я подхожу к нему как художественному, то непроизвольным чутьем отыскиваю первое, с чего надо начать, второе – за ним последующее и бессознательно следуя руководящей схеме его, расправляю его внутренним ритмом. Произведение так построено, что это преобразование схемы в ритме делается само собой. Если же *не* делается, или *пока* не делается по трудности ли такого превращения, или по неподготовленности зрителя, то произведение остается непонятым. Тут *нет* необходимой границы между искусствами изобразительными, вполне ошибочно слывущими за искусство пространства, и музыкой в ее разных видах, слывущую за искусство чистого времени.

Ведь произведения изобразительных искусств, пока они не прочитаны и не осуществлены во времени, вообще для нас не стали художеством. В этом смысле они не более понятны музыкальной партитуры, если таковая, будучи сама в себе лишь рядом плоского орнамента, не зазвучала ритмически инструментальным или внутренним чтением.[101]

Согласно Флоренскому, ритм при восприятии произведений изобразительного искусства образуется благодаря наличию в них элементов покоя (раздробленной материи произведения), на которых глаз

[100] П. А. Флоренский, "Анализ пространственности в художественно-изобразительных произведениях", § 71.
[101] Там же.

останавливается, и формальных элементов, разделяющих два смежных элемента покоя. "Таким образом, время вводится в произведение приемом кинематографическим, т. е. расчленением его на отдельные моменты покоя. Это общий прием изобразительных искусств и без него не обойтись ни одному из них."[102] Понимая роль дискретного в культуре XX века, Флоренский подчеркивал: "Организация времени всегда и неизбежно достигается расчленением, т. е. прерывностью."[103] При активной синтетической работе воспринимающего разума эта прерывность дается непосредственно, тогда как

разум, склонный к аналитичности, боится явной прерывности и старается скрыть таковую дроблением родственных групп и облегченностью переходов между ними. По существу, такое произведение останется прерывным, но в вялом восприятии оно сойдет за нечто непрерывное и не нуждающееся в духовной форме над чувственной данностью. Когда же откроются отступления этой лже-непрерывности от настоящей непрерывности чувственного, то невдумчивый зритель объяснит их себе как случайные погрешности художника, или своего рода поэтические вольности, и *простит* их художнику, но все же не поймет, что ими — то именно и осуществлена в произведении его жизнь. Такому зрителю эти подмеченные им разрывы чувственной связности, более видные со многими другими, им незамеченными, будут казаться случайными дефектами недостаточно опытного производства, подобными, например, швам не отливке. Но он не подумает, что и такие швы образуются необходимо, и, что, следовательно, затирание их с большей ловкостью ничего не изменило бы в существе дела. Такой зритель не захочет задать себе вопроса, в чем именно целесообразность и внутренняя необходимость этих и других подобных швов, т. е. какова их эстетическая функция в организации всего произведения.[104]

Эти идеи Флоренского, излагаемые им в связи с очень проницательными – и удивительно верными для того времени (1924 г.), когда они написаны – мыслями о роли кинематографического приема в искусстве, представляются особенно важными для понимания эволюции кино – того искусства, где этот прием дан в чистом виде, за последние десятилетия. Если после "Рождения наций" и "Нетерпимости" Гриффита монтаж коротких кусков пленки стал одним из наиболее действенных способов построения в классическом немом кино – и привел даже к такому сведению всех приемов всех искусств к монтажу, которое крайних форм достигло в ранних теорети-

---

102   Там же, § 72.
103   Там же.
104   Там же.

ческих статьях Эйзенштейна – то в последние десятилетия замечается (впервые ясно сформулированный Росселини) все больший отход от "монтажных швов" у многих кинорежиссеров. Один из наиболее известных молодых итальянских режиссеров, Бертолуччи, например, в последних выступлениях говорит о необходимости как можно реже пользоваться монтажом. В наиболее интересных киноведческих семиотических работах последнего времени соответственно при анализе языка кино все большая роль отводится сверхдолгим планам, эквивалентным монтажным фразам в прежних фильмах (фр. plan-séquence, ит. piano-sequenza).[105] В духе приведенных мыслей Флоренского можно было бы говорить о перевесе аналитической установки в нынешнем кино. Стоит заметить, что лучшие кинофильмы, посвященные изобразительному искусству, строятся как раз в духе "короткого монтажа": ранние фильмы Алена Ренэ – который и позднее сохранит и разовьет черты монтажного письма, прямо противоположные господствующей современной манере[106] – о "Гернике" Пикассо и о Ван-Гоге можно было бы считать прямыми свидетельствами верности приведенных выше мыслей Флоренского. Рене как бы восстанавливает в явной кинематографической форме монтажа – "вертикального", поскольку в этом фильме, как и в позднейших его фильмах, существенную роль играет звук, воспроизводящий атмосферу войны, воздушных налетов, бомбардировки – тот ритм восприятия "Герники", который заложен в схеме самой картины. Но, в отличие от картины, "швами", играющими роль формальных элементов, у него становятся элементы, внеположные картине – ранние вещи Пикассо, воплощавшие испанскую тему, газеты, документы гражданской войны в Испании. "Герника" Рене становится тем самым подобием коллажа в духе раннего Пикассо кубистического периода.

Развивая приведенные выше мысли о кинематографическом приеме образования временной структуры в искусстве, Флоренский писал:

Простейший и вместе с тем наиболее открытый прием кинематографического анализа достигается простой *последовательностью* образов, пространства которых физически не имеют ничего общего, не координи-

---

[105] См. особенно C. Metz, *Essais sur la signification au cinéma* (Paris, 1968), p. 129 и далее; Pier Paolo Pasolini, "La paura del naturalismo (Osservazioni sul piano-sequenza)". В книге К. Метца эта статья еще не была использована.
[106] Ср. в этой связи об Алене Рене: C. Metz, указ. соч., p. 55; B. Pingaud, "La vertu du montage", *L'arc*, no. 31 (Alain Resnais), 1967, p. 76-77 (сравнение Рене с Эйзенштейном).

рованы друг с другом и даже не связаны. Если угодно, это – та же кинематографическая лента, но [не]разрезанная во многих местах и потому ничто не потворствующая пассивному связыванию образов между собой. В кинематографе это связывание происходит на почве физиологической инерции ретины, удерживающей некоторое время полученное раздражение и тем принудительно сливающей его, при известных условиях, с дальнейшим. Поэтому движение в передаче кинематографа психофизиологически тождественно с движением передаваемым, т. е. оно есть не духовный образ его, а иллюзорный подмен, и, следовательно, насквозь натуралистично.

В художестве натурализм последовательный был бы простым уничтожением самого искусства, ибо оно прежде всего предполагает свободу. Но кинематографический прием, *как таковой*, вовсе не ведет непременно к натуралистической навязчивости иллюзорного подражания действительности и при известных условиях может, напротив, требовать наибольшего духовного усилия, а единство, им передаваемое, будет созерцаться взором ум[ствен]ным, но отнюдь не чувственным.[107]

В качестве простейшего примера единства, достигаемого при зрительном восприятии прерывных образов, Флоренский приводит книгу: "В художественно организованной книге отдельные ее графические или иллюстративные элементы выступают в сознании последовательно, как части *одного* целого, имеющего организацию и по четвертой координате,"[108] т. е. во времени. Блестящим примером подобной книги является изданное в те же годы, когда Флоренский работал над цитированным трактатом, его же исследование *Мнимости в геометрии* с обложкой В. А. Фаворского, художника, на которого приведенные мысли Флоренского оказали влияние и практическое, в его деятельности иллюстратора книги, и теоретическое.[109] Обложке Фаворского к своей книге Флоренский посвятил специальное исследование, представляющее исключительный интерес как один из первых опытов разъяснения возможных опытов "художества, насыщенного математическою мыслию".[110] Из этой замечательной эстетической работы Флоренского достаточно привести один лишь пример, иллюстрирующий то, с какой тонкостью

---

[107] П. А. Флоренский, "Анализ пространственности в художественно-изобразительных произведениях", § 73.
[108] Там же.
[109] См. в особенности В. А. Фаворский, "Время в искусстве", *Декоративное искусство СССР*, №. 2, 1965. С приведенными идеями Флоренского перекликаются также мысли E. Souriau, "Time in the Plastic Arts", *Journal of Aesthetics and Art Criticism*, VII (1948-1949), и работы М. Скрябиной о времени в изобразительном искусстве, с которыми автор имел возможность познакомиться в рукописи благодаря любезности М. Сапарова.
[110] П. Флоренский, *Мнимости в геометрии*, стр. 58.

в ней анализируется "вертикальный монтаж" надписей и графики на обложке:

> Обложка не вполне достигала бы своего назначения, если бы надписи служили только целям графики, а самая графика их была бы чужда их смыслу. Очевидно, графические особенности надписаний должны не только держать плоскость, но и передать звуковое пространство интонаций голоса и выразить звуковую координацию слов. Примером того, как Фаворский решает эту задачу, служит хотя бы помещение фамилии автора выше имени, чем передается соответственное интонационное подчеркивание; далее, в слове "мнимости" подчеркнутой оказывается первая его часть, ударяемая, имеющее же смысл пояснительный и произносимое вполголоса "в геометрии" – попадает на обложке в мнимую, т. е. полу-видимую часть плоскости...[111]

Идея изобразительного единства книги в те же годы теоретически и практически решалась в замечательных работах Л. Лисицкого. Лисицкий описывает тот процесс создания художественной книги стихов, который подтверждает слова Флоренского в его трактате о том, что

> книга стихов, не удовлетворяющая некоторым начальным требованиям художественности, явно мешает воспринять ее поэтическое содержание. Последовательно проходящие перед читателем страницы ее должны самым видом своим, видом своего построения способствовать последовательно развертывающемуся, но внутренне связному единству произведения.[112]

Подобными идеями вдохновлялось то движение за создание новой поэтической книги, которое в начале века в России намного опередило опыты иллюстрирования книг стихов, гораздо позднее, в 30-е и 40-е годы осуществленные во Франции Пикассо и Матиссом:

> У нас в России это новое движение, начавшееся в 1908 г., тесно связало художника и поэта, и нет почти книги стихов, которая бы тогда вышла без сотрудничества художника. Стихи писали и чертили типографской иглой, вырезывали по дереву. Поэты набирали целые страницы. Поэты Хлебников, Крученых, Маяковский, Асеев работали с художниками Розановой, Гончаровой, Малевичем, Поповой, Бурлюком и другими. Это были не отдельные нумерованные роскошные экземпляры, а дешевые непереплетенные тетрадки, которые следует считать народным искусством, хотя они и возникали в городах.[113]

---

[111] Там же, стр. 65.
[112] П. А. Флоренский, "Анализ пространственности в художественно-изобразительных произведениях", § 73.
[113] Л. Лисицкий, "Книга с точки зрения зрительного восприятия – визуальная книга", *Искусство книги. 1958-1960,* вып. 3 (Москва: "Искусство", 1962), стр. 166.

Теми же идеями, объединявшими новую поэзию и новейшие веяния в изобразительном искусстве, в те же годы определялись и опыты Аполлинера (в его "Калиграммах"), где по существу снималась грань между пространственными и временными искусствами.[114] По меткому замечанию Эйзенштейна, внимание к графической стороне стихотворения в русской, французской и итальянской авангардной поэзии начала XX века кажется возрождением древнекитайской "поэзии начертаний".[115]

Проблема "кинематографической" временной структуры единства прерывных изобразительных образов не могла не привлечь внимания художников и искусствоведов XX века к таким прообразам этого единства, как книга – свиток. Лисицкий, который свою книгу *Сказ о двух квадратах* хотел решить не только графически, но и с помощью кинематографа, и применял фотомонтажные приемы при оформлении книги, вместе с тем отмечал возрождение книги – свитка как одну из характерных черт 20-х годов.[116] В китайской картине – свитке Эйзенштейн видел "почти киноленту".[117] Отмечая музыкальную организованность старинных рукописных книг с миниатюрами, Флоренский замечал, что

китайская книга из одной сплошной бумажной ленты и [с] односторонней печатью есть исторически застывшая переходная стадия между свитками и нашей книгой, и в этом смысле может быть еще более облегча[е]т восприятие своей организованности во времени, чем лицевая рукопись. Расшитая китайская книга и вытянутая за концы дает свиток, в котором сплоченность во времени воспринимается с еще большей легкостью. А перенесенная на стену та же книга дает фреску или иной вид стенописи.[118]

О работах самого Лисицкого, в содружестве с Маяковским и другими поэтами см. Н. Харджиев, *Л. Лисицкий – конструктор книги*, там же, стр. 156, и сборник *El Lisitzky* (Berlin, 1967).
[114] Ср. об Аполлинере в его отношении к кубизму: E. Grabska, *Apollinaire i teoretycy kubizmu w latach 1908-1918* (Warszawa, 1966).
[115] С. М. Эйзенштейн, "Неравнодушная природа", *Избранные произведения*, т. 3 (Москва, 1964), стр. 257, примеч.
[116] Л. Лисицкий, ук. соч., стр. 166.
[117] С. М. Эйзенштейн, "Неравнодушная природа", стр. 266 и далее.
[118] П. А. Флоренский, "Анализ пространственности в художественно-изобразительных произведениях", § 74. В связи с проблемой "прообразов" кино в предшествующей традиции можно отметить успешность предпринятых в 50-е годы опытов создания целого фильма на основании старой географической карты (например, Южной Америки), где помимо географических сведений наносились также сцены, описывающие то или иное событие или последовательность событий, в частности, борьбу индейцев с европейскими колонизаторами.

В связи с приведенными выше сопоставлениями не лишним будет заметить, что в юные годы Л. Лисицкий внимательно изучал фрески мастеров Возрождения. В совершенных образцах стенописи по Флоренскому "отдельные изображения и многочисленные группы их единообразны не только по общему стилистическому единству, приемам, манере и краскам, но, кроме того, представляют развитие единого сказания и построены каждая порознь по одной композиционной схеме".[119] При этом отмечается роль пейзажа, часто выступающего в роли "швов", т. е. формальных элементов организации целого.

Идея наличия временной структуры не только в последовательности образов (например, на фреске), но и в каждом отдельном образе, по Флоренскому, объясняет наличие кажущихся противоречий в положении различных частей одного образа: объяснение состоит в том, что они воспринимаются не одновременно. В силу этой же особенности восприятия противоречивой оказывается фотография, все составные части которой синхронизированы. Тем самым характерные черты живописи таких крупнейших художников XX века, как Пикассо, можно связать все с тем же подчеркнутым выявлением временно́й организации;[120] связь кубизма с кинематографом, о которой упоминали многие исследователи искусства XX века, имеет, следовательно, более глубокий смысл. В обоих случаях на первый план выдвигается дискретный принцип построения.

Представило бы интерес выявление того, в какой мере принципы атональной музыки и роль диссонансов у тех композиторов, которые шли по другим путям, можно было бы связать с тем же подчеркнутым стремлением искусства XX века к выявлению прерывных элементов временно́й организации.

Изучение теории кино с точки зрения основной для науки XX века проблемы соотношения непрерывного и дискретного популяризовалось еще в ранней работе В. Б. Шкловского,[121] который позднее (в 1928 г.) тонко подметил основные черты кинематографического времени, когда писал, что "Октябрь" Эйзенштейна построен "на кинематографическом развертывании отдельных моментов. Реальное время заменено кинематографическим. Двери перед Керенским

---

[119] Там же.
[120] Ср. в этой связи замечания о Пикассо, и вообще о современной живописи и графике, в цитированной выше книге: М. Мартен, *Язык кино*, стр. 244.
[121] В. Б. Шкловский, *Литература и кинематограф* (Берлин, 1923).

открываются сколько угодно времени. Сколько угодно времени, то есть совершенно условно, поднимается мост, и Керенский идет по лестнице, набавляя себе титулы. Кино перестает быть фотографией."[122] В новейшем западноевропейском кино – в частности, у Антониони, экспериментирование которого с временем, показываемом в реальном масштабе, особенно очевидно в минуте молчания на бирже в "Затмении" – все чаще используется, наоборот, возможность остановить мгновение, превратив остановленный кинокадр в фотографию. В последнем фильме Антониони "Фотоувеличение" ("Blow up") этим определяется даже полудетективный сюжет фильма: фотографии, случайно снятые героем – профессиональным фотографом, запечатлели след преступления, но фотографии исчезают, и остановленное мгновение в финале фильма растворяется в абсурдной карнавальной игре, участники которой ловят несуществующий мяч, как бы символизирующий ирреальность фиксируемого фильмом потока событий. Такое же тяготение к повторяющейся статичной картине парка, как к пределу, обнаруживается и в фильме Ренэ "Прошлым летом в Мариенбаде", темой которой является ирреальность движения времени и субъективность памяти. Соотношение между неподвижностью картины (или фотографии) и развитием фильма во времени меняется в сторону преобладания статического над динамическим там, где фильм передает не столько движение, сколько отсутствие развития во времени.

Кино предоставляет наибольшие технические возможности для экспериментирования над временем, как в фильме Р. Клера "Это случилось завтра", название которого – как и его сюжет, основанный на сознательном вторжении в настоящее будущего, олицетворенного завтрашней газетой – отвечает опытам сдвига во времени, осуществлявшимся и в словесном искусстве. Обыденный язык – если отвлечься от языков неевропейских культурных традиций, особенности которых упоминались выше – обычно предполагает разграничение трех временных планов, отсчитываемых от настоящего (момента речи)[123] и жесткую временную последовательность

---

[122] В. Б. Шкловский, "Ошибки и изобретения", в кн.: *За сорок лет* (Москва, 1965), стр. 103. Ср. о сведении разных тем в "Октябре" в "едином времени": С. М. Эйзенштейн, "Режиссура", *Избранные произведения*, т. 4 (Москва, 1966), стр. 324.
[123] См. об этом: Ю. С. Мартемьянов, "О форме записи ситуации", *Машинный перевод и прикладная лингвистика*, вып. 8 (Москва, 1964), стр. 127-128 и 146-149; там же и об "Алисе в стране чудес"; Н. Н. Леонтьева, "Описание слов со зна-

причин и следствий. Но словесное искусство уже в таких пионерских опытах, как "Алиса в стране чудес" (где Алиса в самом начале задумывается над тем, как выглядит пламя свечи после того, как его задуют, а улыбка чеширского кота появляется раньше и остается дольше, чем он сам), вело к парадоксам типа того, который сформулирован Мандельштамом в стихах:

> Быть может, прежде губ уже родился шопот
> И в бездревесности кружилися листы,
> И то, чему мы посвящаем опыт,
> До опыта приобрело черты.

Но попытка передать подобное смещение временны́х планов и обычных представлений о времени средствами временно́го искусства оказывается возможной не столько в словесном искусстве, сколько в кино. Вместе с тем кино оказалось наиболее естественным способом для представления "частной" психологической последовательности времени. Кино стало представляться моделью внутренней психологической жизни человека, что было связано и с отмеченным выше использованием кино для воплощения внутреннего монолога. Часто в качестве образа это сравнение упоминается и в художественной литературе. Достаточно напомнить ленту воспоминаний героини, как фильм, повторяющуюся в романе "Дом без хозяина" Бёлля, одного из тех современных писателей, у которых изложение обычно ведется в психологической, а не хронологической последовательности.

С начала века начинается спор между теми учеными, кто видел в кино модель нашего восприятия мира, и учеными, отрицавшими эту аналогию. Представление о кинематографической модели, где впечатление непрерывности движения возникает за счет последовательности дискретных снимков, было признано Бергсоном характерным для интеллекта, но не для инстинкта, так как настоящее

чением времени", там же, стр. 33-49. Характерно, что все примеры "чисто семантической несообразности", приведенные Хомским (N. Chomsky, *Aspects of the Theory of Syntax* [Cambridge, Mass., 1965], стр. 77), относятся именно к несоблюдению временных правил, хотя сам Хомский этого и не заметил; ср. об этом в связи с особенностями временных конструкций типа *a grief ago, all the moon, all the sun long* в поэзии Дилана Томаса: В. Иванов, "О языковых причинах трудностей перевода художественного текста", *Актуальные проблемы теории художественного перевода*, т. II (Москва, 1967), стр. 274-275 и 278, прим. II. Об изучении категории времени в современной лингвистической семантике, см. T. Todorov, рец. на кн.: E. H. Bendix, *Componential Analysis of General Vocabulary*, *Lingua*, vol. 20, 1 (1968), стр. 108 (о "temporalité" или "temps sémantique").

изменение передается не кинематографической моделью, а с помощью истинной длительности, которая соединяет взаимопроникающие прошлое и настоящее. По замечанию Б. Рассела, не соглашающегося с предположением Бергсона об ограниченности этой модели, "бесконечное движение превосходно мог бы представить кинематограф, где имелось бы бесконечное число картинок и где никогда не было бы следующей картинки из-за того, что между любыми двумя имелось бы бесконечное число".[124] Ф. И. Щербатский сравнивал точку зрения Бергсона, согласно которой наш познавательный аппарат восстанавливает движение из мгновенных остановленных снимков, как кино, со взглядами буддийских логиков, для которых "мир представляется ... в виде чего-то похожего на кинематографическую картину",[125] "мир – это кинофильм".[126]

Быть может, с наибольшей отчетливостью это кинематографическое восприятие временны́х процессов было выражено – как в замедленной киносъемке и как в том "городском" ощущении времени, которое описано в приведенных выше словах Флоренского – в прозе "обэриута" А. Введенского, в стихах которого постоянно всплывает тема времени:

Названия минут, секунд, часов, дней, недель и месяцев отвлекают нас даже от нашего поверхностного понимания времени. Все эти названия аналогичны либо предметам, либо понятиям и исчислениям пространства. Поэтому прожитая неделя лежит перед нами как убитый олень. Это было бы так, если бы время только помогало счету пространства, если бы это была двойная бухгалтерия. Если бы время было зеркальным изображением предметов. На самом деле предметы – это слабое зеркальное изображение времени. Предметов нет. На, поди их возьми...
Пусть бегает мышь по камню. Считай только каждый ее шаг. Забудь только слово "каждый", забудь только слово "шаг". Тогда каждый ее шаг покажется новым движением. Потом, так как у тебя справедливо исчезло восприятие ряда движений как чего-то целого, что ты называл ошибочно шагом (ты путал движение и время с пространством), движение у тебя начнет дробиться, оно придет почти к нулю. Начнется мерцание. Мышь начнет мерцать. Оглянись: мир мерцает. (Как мышь). [Из "Серой тетради" А. Введенского.][127]

---

[124] Бертран Рассел, *История западной философии* (Москва, 1959), стр. 812.
[125] Ф. И. Щербатский, *Теория познания и логика по учению позднейших буддистов*, ч. II; *Учение о восприятии и умозаключении* (Санкт Петербург, 1909), стр. 74.
[126] Th. Ščerbatskij, *Buddhist Logic*, vol. 1 (Ленинград, 1932), стр. 82.
[127] Цитирую по статье: А. А. Александров, "Обэриу. Предварительные заметки", *Československá rusistika*, XIII, № 5 (1968), стр. 299.

Для естественно-научного решения проблемы дискретности или непрерывности внутреннего психологического времени существенны ведущиеся в последнее время работы, посвященные проблеме "биологических часов", измеряющих движение времени в живых организмах,[128] а также исследование спонтанной ритмической активности нервных центров, изученной в частности, на примере дыхательного центра,[129] центров спинного мозга, управляющих чесательным рефлексом и рефлексом шага[130] (и речевых центров, хотя в последнем случае возможны разные истолкования полученных экспериментальных данных).[131] Спонтанная активность в непрерывной среде с автосинхронизирующимися импульсами была изучена в одной из наиболее известных моделей кибернетической биологии.[132] Для изучения "часов" мозга Винер особенно важным считал данные, по которым центральная нервная система считывает импульсы с интервалами в 100 м/сек. Но во всех указанных биологических исследованиях имеется в виду не время в более широком смысле, а временные интервалы и их последовательность.[133]

В более глубоком смысле проблема времени, а не только временного интервала, входит в круг основных интересов кибернетической биологии благодаря явлению "биологического цейтнота", в наиболее отчетливом виде сформулированном Н. А. Бернштейном[134] (а вслед за ним и в ряде статей и докладов И. М. Гельфанда

---

[128] См. сб. *Биологические часы* (Москва, 1964); см. также литературу, указанную в кн.: Я. Ф. Аскин, *Проблема времени. Ее философское истолкование* (Москва, 1966), стр. 46-52. Ср. Н. Винер, *Кибернетика*, гл. 10.

[129] М. В. Сергиевский и Ю. Н. Иванов, "Краткий обзор исследований по физиологии дыхания за последние 10 лет", *Труды Куйбышевского медицинского института*, 18 (Куйбышев, 1961).

[130] Р. Крид, Д. Денни-Броун, И. Икклс, Е. Мидделл и Ч. Шеррингтон, *Рефлекторная деятельность спинного мозга* (Москва-Ленинград, 1935).

[131] Сб. *Речь, артикуляция и восприятие* (Москва-Ленинград, 1965), стр. 100-109; при всей гипотетичности сделанных выводов изложенные в этом сборнике эксперименты Л. А. Чистович и ее сотрудников представляют огромный интерес для исследования временно́й структуры речеобразования. См. там же о роли интервала 100 мсек для исследования работы центральной нервной системы.

[132] И. М. Гельфанд и М. Л. Цетлин, "О математическом моделировании механизмов центральной нервной системы", *Модели структурно-функциональной организации некоторых биологических систем* (Москва, 1966), стр. 20-21; см. также статьи, помещенные в разделе I того же сборника.

[133] О различии между "временными интервалами" и "временем" см. А. С. Эддингтон, *Теория относительности*, стр. 23-50; ср. А. А. Фридман, *Мир как пространство и время*, 2 изд. (Москва, 1965), стр. 55 и след.

[134] Н. А. Бернштейн, *Очерки по физиологии движений и физиологии активности*. Ср. приведенные выше мысли Вернадского о роли времени для живого. Из инте-

и М. И. Цетлина). Речь идет о тех ограничениях во времени, которые наложены на все живые организмы. Из-за этих ограничений требуется принятие решения за сравнительно небольшие отрезки времени, что исключает последовательный перебор всех возможностей. Сходные временны́е ограничения оказываются, по мысли Б. Л. Пастернака, причиной образности художественного творчества:

Метафоризм – естественное следствие недолговечности человека и надолго задуманной огромности его задач. При этом несоответствии он вынужден смотреть на вещи по-орлиному зорко и объясняться мгновенными и сразу понятными озарениями. Это и есть поэзия. Метафоризм – стенография большой личности, скоропись ее духа. Бурная живость кисти Рембрандта, Микеланджело и Тициана не плод их обдуманного выбора. При ненасытной жажде написать по целой вселенной, которая их обуревала, у них не было времени писать по-другому.[135]

На современном кибернетическом языке суть возникновения метафоричности можно объяснить необходимостью параллельного (одновременного) вывода тех сообщений, которые при отсутствии цейтнота можно было бы передавать последовательно. Путем употребления слов, или сочетаний слов, в переносных (образных) значениях оказывается возможным одновременное высказывание нескольких мыслей – что аналогично двойной экспозиции в кино,[136] развивающей принципы кубистической живописи[137] и другие более ранние аналогичные приемы передачи двуплановости[138] в искусстве.

Ограничение во времени – и прежде всего ограничение смерти, которую Врубель называл категорическим императивом, – творчества каждого художника не только предопределяет некоторые его черты, но и объясняет одну из главных тем искусства: соотношение времени и вечности. Рейхенбах, как и многие другие философы, выводит эту тему из страха смерти.[139] Боясь смерти, люди всегда

ресных более ранних предвосхищений этой проблемы ср. главу "Значение смерти" в книге: Н. Страхов, *Мир как целое*, стр. 123-144.

[135] Б. Пастернак, "Заметки к переводам шекспировских трагедий", *Литературная Москва* (Москва, 1956), стр. 795.

[136] Ср. об этом статью автора: В. В. Иванов, "Некоторые проблемы современной лингвистики", *Народы Азии и Африки*, №. 4, 1963, стр. 175.

[137] С. М. Эйзенштейн, "Монтаж", *Избранные произведения*, т. 2 (Москва, 1964), стр. 455-456.

[138] См. об Эль Греко: П. А. Флоренский, "Обратная перспектива", *Труды по знаковым системам*, III (= *Ученые записки Тартуского государственного университета*, вып. 198) (Тарту, 1967), стр. 397.

[139] Г. Рейхенбах, *Направление времени*, стр. 15.

хотели верить в существование вечности, лежащей за пределами времени, как мифологическое время находится за пределами календарного. Идея наличия двух категорий – реального (исторического) времени и вечности – проходит через всю греческую философию, где в конечном счете эти категории восходят к более архаичному противоположению циклического сезонного и мифологического времени и продолжаются в европейской философии нового времени. Едва ли не с наибольшей ясностью эту мысль высказал Спиноза в одном из начальных определений своей "Этики", где за определением вечности как "самого существования, поскольку оно представляется необходимо вытекающим из простого определения вечной вещи" следует объяснение: "В самом деле, такое существование, так же как и сущность вещи, представляется вечной истиной и вследствие этого не может быть объясняемо как длительность или время, хотя и длительность может быть представляема не имеющей ни начала, ни конца."[140] После романтиков в европейской культуре проблематика соотношения вечного и временного связалась с проблемой личности как соединения обоих этих начал. Впервые это сформулировал с наибольшей силой Кьеркегор в своей критике гегелевской философии. В библиотеке Б. Л. Пастернака сохранилась книга о Кьеркегоре с отмеченным рукой Пастернака местом, где формулируется тезис о вечном как основании человеческой субъективности, помещаемом во временное благодаря творческому достижению.[141] Незадолго до того, как Б. Л. Пастернак, перед самой своей смертью, отметил эти мысли Кьеркегора, сам он сформулировал сходное понимание творческой личности в своих стихах,

---

[140] Б. Спиноза, "Этика", *Избранные произведения*, т. I (Москва, 1957), стр. 362. В отличие от цитируемого русского перевода (см. там же, стр. 629) из двух возможных русских эквивалентов латинского duratio представляется целесообразным выбрать тот, который соответствует позднейшей философской терминологии. О времени в концепции Спинозы ср.: В. Д. Кудрявцев-Платонов, "Пространство и время", *Сочинения*, т. I, вып. 2 (Сергиев Посад, 1893), стр. 214. Необходимые поправки в традиционные представления о вечности должны быть внесены в свете естественно-научных данных, позволяющих предполагать, что "и за нами наблюдают какие-то более высокоорганизованные существа, которые в соответствии с их 'объективным' понятием времени находят, что наша вечность является ничтожно малым промежутком времени в их более широкой временной протяженности" (Р. Неванлинна, *Пространство, время и относительность* (Москва, 1966), стр. 153.

[141] *Sören Kierkegaard in Selbstzeugnissen und Bilddokumenten*, dargestellt von Peter P. Rohde (Hamburg, 1959), S. 111. Отмечен красным карандашом весь первый абзац; в отличие от других мест книги, где на стр. 114-115 рукой Б. Л. Пастернака сделаны отметки на полях против созвучных ему высказываний о стирании личного начала, указанная страница помечена еще и двумя красными крестами.

как бы продолжающих фетовскую строку "прямо гляжу я из времени в вечность":

> Не спи, не спи, художник,
> Не предавайся сну.
> Ты – вечности заложник
> У времени в плену.[142]

Роль искусства в преодолении смерти составляла основной предмет философских занятий Б. Л. Пастернака на протяжении всей его жизни, начиная с его юношеского доклада "Символизм и бессмертие", который

> основывался на соображении о субъективности наших восприятий, на том, что ощущаемым нам звукам и краскам в природе соответствует нечто иное, объективное колебание звуковых и световых волн. В докладе проводилась мысль, что эта субъективность не является свойством отдельного человека, но есть качество родовое, сверхличное, что это субъективность человеческого мира, человеческого рода. Я предполагал в докладе, что от каждой умирающей личности остается доля этой неумирающей, родовой субъективности, которая содержалась в человеке при жизни и которою он участвовал в истории человеческого существования. Главною целью доклада было выставить допущение, что, может быть, этот предельно субъективный и всечеловеческий угол или выдел души есть извечный круг действия и главное содержание искусства. Что, кроме того, хотя художник, конечно, смертен, как все, счастье существования, которое он испытал, бессмертно и в некотором приближении к личной и кровной форме его первоначальных ощущений может быть испытано другими спустя века после него по его произведениям.[143]

В основе человеческой культуры лежит тенденция в преодолении смерти, выражающаяся, в частности, в накоплении, сохранении и постоянной переработке сведений о прошлом. В XX веке эта тенденция особенно обостряется благодаря теоретической и практической постановке проблем, касающихся временны́х границ цивилизации, локальной или общечеловеческой. Эти проблемы становятся предметом не только общих прогнозов (см. выше о Вернадском), повторяющих на новый лад старые эсхатологические рассуждения,[144] но и математических расчетов, определяющих сроки исчерпывания энергетических ресурсов и другие факторы, от которых

---

[142] Б. Пастернак, *Стихотворения и поэмы* (Москва-Ленинград, 1965), стр. 463. Стихотворение впервые напечатано в 1957 г.
[143] Б. Пастернак, "Люди и положения. Автобиографический очерк", *Новый мир*, № 1, 1967, стр. 219.
[144] Ф. Л. Баумер, "Апокалиптика 20-го столетия", *Вестник истории мировой культуры*, № 2, 1957, стр. 33-34 и 45-46.

зависит прекращение цивилизации.¹⁴⁵ Растущее, по экспоненте, лавинообразно количество производимой человечеством информации – от числа научных изданий¹⁴⁶ до числа долгоиграющих пластинок¹⁴⁷ – и увеличивающиеся попытки организовать ее переработку на всех уровнях с этой точки зрения может рассматриваться как пока еще неуправляемое сознательно проявление противоположной тенденции обеспечения максимальной надежности передачи результатов работы цивилизации. По отношению не только к земной цивилизации, но и предполагаемым другим очагам разумной жизни во вселенной,¹⁴⁸ речь теперь может итти не об обеспечении отсутствия смерти – как в наивных мифологических представлениях о вечности –, а о сохранении (и передаче вовне) возможно более полной информации о человечестве (или об отдельной цивилизации и отдельном ее члене), чье прошлое в каждый следующий момент времени может оказаться завершенным.

По словам египтолога Тураева, самый цвет древнейших египетских надписей – текстов Пирамид – зеленый, считавшийся символом воскресения,

уже внешним видом свидетельствует, что этот древнейший литературный памятник человечества является вместе с тем и древнейшим словесным протестом против смерти и средством борьбы с нею, – борьбы, явившейся в помощь монументальной борьбе, которая выражалась дотоле в сооружении колоссальных царских гробниц, лишенных каких-либо надписей или изображений.¹⁴⁹

В какой-то мере вся человеческая культура до сих пор остается протестом против смерти и разрушения, против увеличивающегося беспорядка, или увеличивающегося единообразия – энтропии. По мере увеличения реальности этого грозящего разрушения все более значительными должны стать и усилия, ему противостоящие.

---

¹⁴⁵ И. С. Шкловский, *Вселенная, жизнь, разум*, 2 изд. (Москва, 1965), стр. 219, 222-223, 226, 261.
¹⁴⁶ См. например, рис. 1-4 в статье: Г. Э. Влэдуц, В. В. Налимов и Н. И. Стяжкин, "Научная и техническая информация как одна из задач кибернетики", *Успехи физических наук*, 69, № 1 (1959), стр. 14-16.
¹⁴⁷ См. фиг. 7 в кн.: А. Моль, *Теория информации и эстетическое восприятие*, стр. 172. Кривая практически совпадает с кривой роста числа научных публикаций (см. предыдущее примечание) и с другими подобными представлениями роста средств хранения и передачи информации.
¹⁴⁸ И. С. Шкловский, ук. соч., стр. 269-270. В художественной форме та же мысль изложена в финале фантастического романа астрофизика Хойла *Черное облако*.
¹⁴⁹ Б. Тураев, *Египетская литература*, т. I (Москва, 1920), стр. 37.

В этом и состоит главное объяснение той роли, которая в современной культуре, в частности, в искусстве отведена проблеме времени.

КАТЕГОРИЯ "ВИДИМОГО" И "НЕВИДИМОГО" В ТЕКСТЕ: ЕЩЕ РАЗ О ВОСТОЧНОСЛАВЯНСКИХ ФОЛЬКЛОРНЫХ ПАРАЛЛЕЛЯХ К ГОГОЛЕВСКОМУ "ВИЮ"

ВЯЧ. ВС. ИВАНОВ

В предшествующем сообщении[1] обсуждалось сходство мотива век (бровей и ресниц), поднимаемых железными вилами, в русской сказке об Иване Быковиче, где можно видеть прообраз гоголевского "Вия", и в кельтском фольклоре, где в функции, сходной с ролью Вия, выступают также и разноглазые (или одноглазые) герои, подобные осетинским одноглазым великанам-ваюгам.[2]

К числу свидетельств, подтверждающих наличие в восточнославянском сказочном фольклоре мотива век, поднимаемых железными вилами, кроме сказки об Иване Быковиче, названной в предыдущей заметке автора, принадлежит и оставшаяся в нем неотмеченной сказка о Василии-царевиче (из собрания Афанасьева, № 233), вятская сказка, привлеченная при разборе "Вия" В. Я. Проппом, а также белорусская сказка "Праз Іллюшку",[3] на которую внимание автора в данной связи обратил В. Н. Топоров. Привлечение этих сказок позволяет существенно расширить аргументацию в пользу фольклорного происхождения упомянутого мотива.

---

[1] Вяч. В. Иванов, "Об одной параллели к гоголевскому 'Вию'", *Труды по знаковым системам*, V (= *Ученые записки Тартуского государственного университета*, вып. 284) (Тарту, 1971), стр. 133-142.

[2] Большой типологический материал, относящийся к одноглазому персонажу типа древнегерманского бога Вотана (Одина), собран в статье: T. W. Africa, "The one-eyed man against Rome: an exercise in euhemerism", *Historia*, Bd. XIX, Heft 5 (Dezember 1970), Ss. 528-538. Как указал автору Ю. М. Лотман, в письме от 31 декабря 1970 г., в тот же ряд становится и Александр Македонский в "Александрии", у которого разные глаза. В письме от 17 января 1971 г. Ю. М. Лотман обратил внимание автора на воплощение смерти, описываемое у Тургенева: "старушка простенькая в кофте – только на лбу глаз один – а глазу тому и веку нет" (И. С. Тургенев, "Отрывки из воспоминаний своих и чужих, I: Старые портреты", *Собрание сочинений в 12 томах*, т. VIII, [Москва, 1956,] стр. 331). Ю. М. Лотман отмечает "игру слов" "веку нет – глаз без век" (ср. обратное: огромные веки Вия в "Вие", где с ним связана смерть героя).

[3] Е. Р. Романов, *Белорусский сборник*, том первый: *Губерния Могилевская*, выпуск третий, "Сказки" (Витебск, 1887), стр. 259.

В сказке о Василии-царевиче рассказывается, как благодарный лев, освобожденный (вместе со змеем и вороном) Василием-царевичем из каменной башни, позднее ласково принял своего спасителя. Согласно закономерности, выявленной В. Я. Проппом, в сказке "благодарное животное есть царь зверей",[4] в данном случае, – царь-лев. К нему в царство едет Василий-царевич:

Сел Василий-царевич на коня и поехал за тридевять земель, в тридесятое государство; долго ли, коротко ли, приезжает он в царство львиное. Говорит царь-лев: "Эй, мол детки семеры! Берите вилы железные, подставляйте под мои очи старые, дайте мне посмотреть на доброго мо́лодца!" Посмотрел, узнал его и обрадовался.[5]

Это место сказки представляет интерес в следующих отношениях. Сказка о Василии-царевиче обнаруживает разительное сходство со сказкой об Иване Быковиче, причем в ряде подробностей обе сказки совпадают там именно, где они расходятся с гоголевской повестью. В обеих сказках говорится о том, что веки поднимают (или, что то же самое, "под глаза подставляют") железные вилы, причем указывается число сказочных персонажей, поднимающих веки вилами – "двенадцать могучих богатырей" в сказке об Иване Быковиче, семеро "деток" царя-льва в сказке о Василии-царевиче; число 7 выступает и в вятской сказке, где брови Идолу Идолычу поднимают 7 вилами. В обеих сказках из собрания Афанасьева веки поднимают старику; в сказке о Василии-царевиче царь-лев говорит, что у него "очи старые", объясняя этим необходимость помочь ему увидеть. Как давно уже было замечено, Вий в повести Гоголя соответствует "старшей" из ведьм или чертей в сказках с аналогичным сюжетом.[6] Это вполне согласуется с образом сказочного старика со старыми глазами, чьи веки несколько богатырей (или детей старика) поднимают вилами. Но эта внутренняя связь образов и предикатов ("быть старшим" – "быть старым" – "иметь старые глаза" – "нуждаться в помощи, чтобы видеть") раскрывается только при сравнении друг с другом разных сказок, а не изнутри гого-

---

[4] В. Я. Пропп, *Исторические корни волшебной сказки* (Ленинград, 1946), стр. 140.
[5] *Народные русские сказки* Афанасьева, подготовка текста и примечания В. Я. Проппа, т. 2 (Москва, 1957), стр. 234.
[6] В. П. Петров, "Комментарий к 'Вию'", в кн.: Н. В. Гоголь, *Полное собрание сочинений*, т. 2, Издательство Академии Наук СССР (Москва, 1937), стр. 739: ср., однако, замечание Дриссена, считающего, что здесь именно параллелизм сказки и повести Гоголя нарушается: F. C. Driessen, *Gogol' as a short-story writer* (The Hague, 1965), p. 162; ср. там же, p. 139.

левской повести. Это представляется существенным доводом в пользу предположения о фольклорном происхождении изучаемого мотива у Гоголя. Обратное допущение – влияния гоголевской повести на фольклор – не помогло бы понять причины появления этих связанных между собой предикатов.

Данная самим Гоголем в пояснении к заглавию повести характеристика Вия – "таким именем называется у малороссиян начальник гномов"[7] – в точности соответствует тому, что веки в сказке не может без помощи со стороны поднять царь-лев. При этом то, что в сказке благодарное животное – лев является царем, согласно В. Я. Проппу,[8] может быть объяснено как пережиток ранней символической (тотемной) классификации. С этим же связано обычно и упоминание в таких сказках родословных или родственных отношений. В сказке о Василии-царевиче речь идет не о родстве между героем и благодарным животным, а только о детях царя-льва, поднимающих ему веки, но ласковое отношение царя-льва к герою сказки может быть интерпретировано в духе мысли Проппа о родстве между животным-тотемным предком и человеком. В сказке об Иване Быковиче отношения между "старым стариком" – мужем ведьмы – и героем сказки враждебные: как и в "Вие", он хочет отомстить герою:

Старик лежит на железной кровати, ничего не видит: длинные ресницы и густые брови совсем глаза закрывают. Позвал он двенадцать могучих богатырей и стал им приказывать: "Возьмите-ка вилы железные, подымите мои брови и ресницы черные, я погляжу, что он за птица, что убил моих сыновей?" Богатыри подняли ему брови и ресницы вилами; старик взглянул: "Ай да молодец Ванюша! Дак это ты взял смелость с моими детьми управиться! Что же мне с тобою делать?"[9]

Дети старика – мотив, общий для обеих сказок. Но в сказке об Иване Быковиче старик-муж ведьмы мстит за своих детей (как Вий мстит герою гоголевской повести за ведьму), тогда как в сказке о Василии-царевиче дети только помогают царю-льву увидеть

---

[7] Н. В. Гоголь, *Полное собрание сочинений*, т. 2, стр. 175.
[8] В. Я. Пропп, ук. соч., стр. 139-140. Там же см. об аналогичных выводах Д. К. Зеленина, сделанных на сибирском материале: "в числе тех сказаний, где животное – тотем выставляется благодетельным для человека существом, древнейшими надо признать легенды о благодарных животных" (Д. К. Зеленин, *Культ онгонов в Сибири* [Москва-Ленинград, 1936], стр. 233). О понимании тотемизма как символической (т. е. семиотической) классификации см. C. Lévi-Strauss, *Le totémisme aujourd'hui* (Paris, 1962); его же, *La pensée sauvage* (Paris, 1962); его же, *Mythologiques*, IV: *L'Homme nu* (Paris, 1971), p. 608.
[9] *Народные русские сказки* Афанасьева, т. 1 (Москва, 1957), стр. 283.

героя. Если принять толкование Проппа, по которому царь-лев должен интерпретироваться как тотемный предок героя, то в сказке об Иване-Быковиче можно было бы видеть след враждебных отношений между предком и героем-потомком, что соответствовало бы психоаналитическому толкованию Вия как образа "беспощадного отца".[10]

В белорусской сказке "Праз Іллюшку" обращение к слугам с просьбой поднять брови, почти дословно совпадающее с цитированным местом из сказки об Иване Быковиче ("подымите мне брови"), исходит от царя Пражора: "...Тады ўслыхаў тэй цар Пражор, што нехта едзя ... А ён быў крэпка жыран; дак вочы ў яго заплылі і бровы зараслі, і ён нічога ня відзеў. Дак ён говора: – Слугі мае верныя, падыміця мне вілкамі бровы."[11] Свидетельство этой сказки (хотя мотивировка невидения в ней явно вторична) подтверждает существенность того, что мотив поднятия бровей (век) связывается с царем.

Мотив ви́дения-неви́дения является общим для всех разбираемых текстов – как для гоголевской повести, так и для сказок, в которых мог в преобразованном виде отразиться ее восточно-славянский фольклорный прототип. В повести Гоголя настойчиво повторяется мифологический мотив "дурного глаза"[12] – начиная с глаз ведьмы и кончая глазами Вия, приносящими смерть герою. В обеих великорусских сказках ви́дение, следующее за поднятием век, равносильно узнаванию героя: в цитированном выше месте сказки о Василии-царевиче царь-лев "посмотрел, узнал его"; в вятской сказке "Идол Идолыч, которому подняли брови", "поглядел" на богатырей; в сказке об Иване Быковиче "старик взглянул: "Ай да молодец Ванюша! Дак это ты взял смелость с моими детьми управиться!" Таков же смысл восклицания Вия "Вот он!" в конце гоголевской повести. Но в отличие от обеих этих сказок в повести особое значение придается тому, что сам Хома, не вытерпев, глянул на Вия: иначе говоря, для гибели героя существен не только предикат "быть увиденным" (о герое), но и обратный ему предикат "видеть" (о герое).

---

[10] F. C. Driessen, ук. соч., p. 165. Дриссен высказывает предположение, что у Вия веки длинные (до земли) потому, что он (отец героя) давно умер. Судя по обеим сказкам, в них вернее было бы объяснить эту черту старостью старика, но у Гоголя вводится и мотив "подземности" Вия, в сказках отсутствующий.
[11] Е. Р. Романов, *Белорусский сборник*, том первый: *Губерния Могилевская*, выпуск третий, "Сказки" (Витебск, 1887), стр. 259.
[12] F. C. Driessen, ук. соч., pp. 152-153.

Ритуальные и мифологические истоки мотива ви́дения-неви́дения в "Вие" с присущей ему проницательностью раскрыл Пропп в том разделе своей книги о ритуальных основах волшебной сказки, который посвящен слепоте яги.[13] Яга – существо, связанное с животным миром и с миром мертвых, слепа, как это установил еще Потебня, давший в связи с этим глубокий анализ ритуальных истоков игры в жмурки, соответствующий идее детской игры как вырожденного ритуала. По мысли Потебни, в этой игре отражена слепота Бабы Яги и, что особенно важно для сопоставления с Вием и мужем ведьмы в сказке об Иване Быковиче, соответствующего украинского мифологического мужского персонажа, представленного, по словам Потебни,

в Малорусской игре, которая называется "Цици-бабу", но в которой, между тем, говорится только о деде. Поставят одного с завязанными глазами в углу, и кто-нибудь из играющих спрашивает его: "Деду, Деду, на чêм ты стоишь?" – Дед: "На глах (или злах) лободах, на курячêй нôжце" – "Де твоя каша?" – "На полице" – "А я зъем" – "А я кием!" – "А я утечу" – "А я кием по плечу." За тем дед ловит. Изба на курячей ножке, как известно, постоянная принадлежность Бабы Яги.[14]

Развивая эту мысль, Потебня далее высказывает предположение о том, "что Баба в жмурках представляется слепою не только в смысле мрака-безобразия, но и в смысле мрака-смерти. Это тем вероятнее, что Яга-Баба (которую мы принимаем за одно лицо с Цюцю-Бабою, Куца-Бабою) ... похищает детей, т. е. есть смерть. Самая игра в жмурки может изображать такое похищение,"[15] ср. Вия как образ смерти. Близкую мысль развивает в указанном месте своей книги В. Я. Пропп, который связал установленную Потебней слепоту Яги с более общей категорией невидимости, особенно существенной для исследования источников "Вия".

---

[13] В. Я. Пропп, ук. соч., стр. 58-61.
[14] А. А. Потебня, "О мифическом значении некоторых обрядов и поверий, II: Баба-Яга", *Чтения в императорском обществе истории и древностей Российских при Московском Университете*, июль-сентябрь 1865, кн. 3 (Москва, 1865), стр. 92-93. Относительно этимологии упоминаемых там же, стр. 92, славянских названий соответствующей игры в слепую бабу типа чеш. *kucibába*, ср. V. Mahek, *Etymologický slovník jazyka českého a slovenského* (Praha, 1957), стр. 244 и 78.
[15] А. А. Потебня, ук. соч., стр. 94. В. Я. Пропп, критикуя Потебню за одностороннюю лингвистическую аргументацию (В. Я. Пропп, ук. соч., стр. 58-59), не отметил ценности проведенного Потебней исследования этой игры, соответствующего тому представлению о детской игре как пережитке ритуала, которое подтверждается многочисленными фактами, в частности, славянскими.

Пропп формулирует принцип обоюдной невидимости, который в точности соответствует сказанному выше о "Вие":

анализ понятия слепоты мог бы привести к понятию невидимости. Слеп человек не сам по себе, а по отношению к чему-нибудь. Под "слепотой" может быть вскрыто понятие некоторой обоюдности невидимости. По отношению к яге это могло бы привести к переносу отношения мира животных в мир мертвых: живые не видят мертвых точно так же, как мертвые не видят живых. Но можно возразить, тогда и герой должен был бы представляться слепым. Действительно, так оно должно было бы быть, и так оно и есть на самом деле. Мы увидим, что герой, попавший к яге, слепнет.[16]

Эти мысли представляются особенно важными для уяснения того, почему Хома Брут не должен был смотреть на Вия: увидев Вия, он тем самым вошел в мир мертвых.

Как замечает В. Я. Пропп,

если верно, что яга охраняет тридесятое царство от живых, и если пришелец, возвращаясь, ослепляет ее, то это значит, что яга из своего царства не видит ушедшего в царство живых, вернувшегося. Точно так же и в гоголевском "Вие" черти не видят казака. Черти, могущие видеть живых, это как бы шаманы среди них, такие же как живые шаманы, видящие мертвых, которых обыкновенные смертные не видят. Такого шамана они и зовут. Это – Вий.[17]

В. Я. Пропп ссылается на отражение этого же мотива не только в "Вие", но и в разобранной выше сказке об Иване Быковиче и в вятской сказке из собрания Зеленина (№ 100). В этой сказке, представляющей собой, по определению впервые ее записавшего (в 1876 г.) и опубликовавшего М. А. Колосова, "былину в стихотворной форме",[18] тот же мотив относится к Идолу Идолычу, который грозится сравнять с землей двух богатырей:

Они приехали к палатам Идольца вдруг – Алеша Поповиц и Микита Добрыниц. Коней не привязали и никому не приказали и сами к Идолу Идольцу в полати взошли. Богу помолились, на все стороны цетыре поклонились. – Здраствуйте Идол Идольц! Мы молодцы и приехали к вашим полатам, коней не привязали, никому не приказали. Здраствуй, наш Идол Идольц! – Он и говорит: принеси ко те мне семеры вилы:

---

[16] В. Я. Пропп, ук. соч., стр. 59.
[17] В. Я. Пропп, ук. соч., стр. 60.
[18] М. А. Колосов, "Заметки о языке и народной поэзии в области северно-великорусского наречия", *Сборник отделения русского языка и словесности императорской Академии Наук*, т. 17, № 3, (Санкт Петербург, 1877), стр. 235.

КАТЕГОРИЯ "ВИДИМОГО" И "НЕВИДИМОГО" В ТЕКСТЕ   157

здыните[19] мои брови: я погляжу на них. – Знели[20] ево брови семерым вилам; он и поглядел на них, – я на одну руку посажу, и с коням, говорит, другого хлопну: одна грязь будет.[21]

Формула "здыните мои брови" (то есть, "поднимите мои брови") совпадает с такой же формулой "подымите мои брови и ресницы" в сказке об Иване Быковиче и с формулой "падыміця мне вілкамі бровы" в белорусской сказке, ср. так же более развернутое обращение "берите вилы железные, подставляйте под мои очи старые, дайте мне посмотреть" в сказке о Василии Царевиче. Сходство этих формул со словами Вия в финале гоголевской повести не оставляет сомнений в том, что в ее основе лежал фольклорный прототип.

Сформулированный А. П. Рифтиным принцип, согласно которому для мифологического мировоззрения центральной и специфической категорией является категория видимого и невидимого мира.[22] Способность видеть сама по себе рассматривается как свойство, которым могут наделять боги. Так, в абхазской мифологии об этом свидетельствуют мифы и сказки об охотнике, побывавшем на пиру у Бога охоты Ажвейпша, который проглатывает дичь и выплевывает ее,[23] после чего только она становится видимой

---

[19] 'Приподнимите', см. словарь в издании: Д. К. Зеленин, *Великорусские сказки Вятской губернии*, стр. 442.
[20] 'Приподняли' (знели = вздняли), см. там же.
[21] Там же, стр. 302. С образом Вия-начальника гномов Идола Идолыча вятской сказки объединяет указание на его небольшой рост.
[22] А. П. Рифтин, "Категории видимого и невидимого мира в языке", *Ученые записки Ленинградского Государственного Университета, серия филологических наук*, вып. 10 (Ленинград, 1946), стр. 137; относительно сопоставления с идеями Уорфа (Б. Л. Уорф, "Наука и языкознание", *Новое в лингвистике*, I [Москва, 1960], стр. 53 и след.), см. В. В. Иванов, "О построении информационного языка для текстов по дескриптивной лингвистике", *Доклады на конференции по обработке информации, машинному переводу и автоматическому чтению текста*, вып. 7 (Москва, 1961), стр. 3. О категории невидимого в архаических культурных традициях ср. Л. Леви-Брюль, *Первобытное мышление* (Москва, 1930), стр. 36-37 и 191; L. Lévy-Bruhl, *Les fonctions mentales dans les sociétés inférieures* (Paris, 1910), p. 336.
Для общей семиотики может представлять интерес сопоставление общей категории невидимого в языке и других системах знаков с более частной грамматической категорией заочности, относящейся к такому действию, свидетелем которого не был говорящий, как в болгарских и македонских формах непрямого повествования ("evidential", см. R. Jakobson. "Shifters, verbal categories and the Russian verb", *Selected Writings*, vol. II; *Word and Language*, [The Hague-Paris, 1971] стр. 135) и в сходных по функциям формах латышского пересказочного наклонения и третьей версии грузинского глагола.
[23] Относительно функции выплевывания пищи в этом мифе в свете концепции Леви-Стросса, ср. В. В. Иванов, "Заметки о типологическом и сравнительно-историческом исследовании римской и индоевропейской мифологии", *Труды*

для охотника и может стать для него дичью. Выплевывание дичи означает переход от состояния "освоенности" богом охоты к дикому состоянию, но при этом дичь из категории "невидимой" перешла в категорию "видимой": "Только такая дичь, съеденная и воскрешенная Ажвейпшем, попадается на глаза охотнику, только такую дичь может он бить. Иных животных охотник даже и не увидит."[24] Ср. разительную аналогию (возможно не чисто типологическую, так как она относится к тому же культурному ареалу) в хеттском переводе хурритского мифа об охотнике Кесси: DINGIR^{MEŠ} = eš=kan ^{I}Ki=eš=ši=ịa iš=pa=an=du=uz=zi še=ir kar=tim=mi=ịa=u=ụa=an=te=eš nu=uš=ši ḫu=u=i=tar ḫu=u=ma=an pí=ra=an ar=ḫa mu=un=na=a=ir 'Боги же были рассержены на Кесси из-за недостаточности жертвоприношений, и они для него сделали невидимым (скрыли от него) весь животный мир' (КИВ XXXIII 121 II 12-14).[25]

В свете указанных выше выводов Потебни и Проппа о связи бабы яги (и/или ее мужского соответствия, подобного Вию) со слепотой и невидимостью существенное значение имеет то, что в таких сказках, как NN 198 и 199 из собрания Афанасьева, Баба Яга указывает источник, возвращающий зрение слепому богатырю:

Согласились богатыри попытать еще раз, и привела их баба-яга к другому колодезю. Дядька Катома отломил от дерева сухой сучок и бросил в колодезь: не успел тот сучок до воды долететь, как уж ростки пустил, зазеленел и расцвел. "Ну, это вода хорошая! - сказал Катома. Слепой помочил ею свои глаза - и вмиг прозрел ...[26]

Баба-яга согласилась и привела их к двум родникам: "Вот вам целющая, а вот и живущая вода!" ... помазал он глазные ямки целющей водой – появились у него очи, совсем – таки невредимые, только ничего не видят; помазал их живущей водой – и стал видеть лучше прежнего.[27]

Вероятный архаизм этого мотива в русских сказках был замечен В. Н. Топоровым, который в связи со сделанным им сближением жрицы "Старой Женщины" (^{SAL}ŠU.GI) хеттских ритуалов и сла-

---
по знаковым системам, IV (= *Ученые записки Тартуского государственного университета*, вып. 236) (Тарту, 1969), стр. 65, примеч. 76.

[24] *Абхазские сказки*, сост. Х. С. Бгажба (Сухуми, 1965), стр. 27 и 38-39; И. С. Джанашиа, *Статьи по этнографии Абхазии* (Сухуми, 1960), стр. 54; Г. Ф. Чурсия, *Материалы по этнографии Абхазии* (Сухуми, 1957), стр. 77-80.

[25] Цитируется по изданию: J. Friedrich, *Hethitisches Keilschrift-Lesebuch*, Т. 1: "Lesestücke" (Heidelberg, 1960), S. 54 (текст 17a).

[26] *Народные русские сказки* Афанасьева, т. 2 (Москва, 1957), стр. 78.

[27] Там же, стр. 86.

вянской бабы-яги сопоставляет эти места сказок с ролью источника в обряде очищения у хеттов.[28] Это сопоставление можно развить в свете этимологии хеттского названия источника, к которому идет жрица в ритуале: ša-ku-ni-a pa-iz-zi 'по направлению к источнику идет'.[29] Это название родственно хет. šakuṷa 'глаза' (и глаголу šakuṷai 'видеть', родственного гот. saíƕan 'видеть', нем. sehen, англ. to see), чему можно указать целый ряд типологических параллелей в таких языках, как южноамериканские индейские, где соединяются значения 'глаз' и 'источник' = 'глаз воды'.[30] Вместе с тем, учитывая то, что хет. šakuṷa= относится к индоевропейскому *ok^w = 'глаз', как обычное слово с подвижным s=(*s=ok^w= > хет. šakuṷ=), для этого последнего слова можно было бы предположить достаточно раннее аналогичное словоупотребление, так как оно засвидетельствовано ст.-польск. okno 'ключ, родник', сербо-хорв. дко 'глаз; глубокое место в воде, где на дне имеется родник', ср. многочисленные родственные слова и фразеологические сочетания других славянских языков, удостоверяющие значение 'глаз = источник' (или 'открытая поверхность воды') для этой основы в праславянском,[31] а также лит. akìs 'окно в болоте', vandeñs akìs 'источник'[32] (буквально 'глаз воды'), латыш. acs (иногда в сочетаниях со значением 'чортов глаз', ve̦lna acs).

Древность мифологического образа, лежащего в основе этих взаимосвязанных представлений, подтверждается древнеисландскими данными. Согласно "Прорицанию Вельвы" в *Эдде* глаз Одина спрятан под мировым деревом:

---

[28] В. Н. Топоров, "О некоторых особенностях хеттских ритуалов с участием ᔕᎪᏞŠU.GI в связи с параллелями из других традиций, *Труды по востоковедению*, I (= *Ученые записки Тартуского государственного университета*, вып. 201) (Тарту, 1968), стр. 293.
[29] Там же, стр. 286. См. строки I, 33-34 в издании A. Goetze, E. Sturtevent, *The Hittite Ritual of Tunnawi* (New York, 1938).
[30] C. Lévi-Strauss, *L'anthropologie structurale* (Paris, 1958), p. 210; В. В. Иванов, *Общеиндоевропейская, праславянская и анатолийская языковые системы* (Москва, 1965), стр. 45, примеч. 8 (там же см. о šakui= 'источник' по Мериджи).
[31] F. Bezlaj, "Sinonima za pojem 'locus fluminis profundior'", *Slavistična revija*, V-VIII (1954), стр. 140-141; А. В. Исаченко, "Morské oko - 'небольшое горное озеро'", *Езиковедске изследвания в чест на академик Стефан Младенов* (София, 1957), стр. 313-315; Н. И. Толстой, *Славянская географическая терминология* (Москва, 1969), стр. 207-210. Славянская форма *oknь < *ok^w-ni-, представленная в том же значении, точно соответствует (при указанном расхождении в анлауте, вызванном подвижным *s-/ хет. šakuni- < *s-ok^w-ni-.
[32] K. Būga, *Rinktiniai raštai*, t. II (Vilnius, 1959), стр. 507.

Veitk Heimadallar hljoþ of folgit
und heiþrvuǫnum helgum baþmi;
á śek ausask aurgum forsi
af veþi Valfǫþrs: vituþ enn eþa hvat?
Ein satk úti, es enn aldni kvam
yggjungr ása ok í augu leit:
'hvers fregniþ mik, hví freistiþ mín?
allt veitk, Óþinn! hvar auga falt'.
Veit ek Óþins auga folgit
í enom mǽra Mímis brunni;
drekkr mjǫþþ Mimir morgin hverjan
af veþi Valfǫþrs: vituþ enn eþa hvat?
Valþi Herfǫþr hringa ok men;
fekk spjǫll spraklig ok spǫ́ ganda.
. . . .
sák vitt ok vítt of verǫld hverja
  ("Vǫluspǫ́", 27-28)[33]

(Знает она,
что Хеймделла слух
спрятан под древом,
до неба встающим;
видит, что мутный
течет Водопад
с золота Владыки, –
довольно ли вам этого?

Она колдовала
тайно однажды,
когда князь асов
в глаза посмотрел ей:
"Что меня вопрошать?
Зачем испытывать?
Знаю я, Один,
Где глаз твой спрятан:
скрыт он в источнике
славном Мимира!"

Каждое утро
Мимир пьет мед
с залога Владыки –
довольно ли вам этого?

Один ей дал
Ожерелья и кольца,
взамен получил
с волшбой прорицанья, –

---

[33] *Die Lieder der älteren Edda*, hrsg. von K. Holdebrand (Paderborn, 1904), Ss. 9-10. О связи источника, глаза и мудрости в этих строфах см. A. G. van Kamel, "Völuspá", 27-29, *Arkiv för nordisk filologi*, 41 (1925), стр. 293-305.

сквозь все миры
взор ее проникал).³⁴

Находящийся в корнях священного ясеня Иггдрасиль источник, в "Прорицании Вельвы" выступающий под двумя названиями ("Mimirsbrunnr" и "Urðarbrunnr"),³⁵ находит соответствие в иранской традиции³⁶ в "Бундахишне" (18,1 и 18,11), где говорится о праисточнике всякой воды – "сокровище воды", помещающемся под деревом "Gaokard". Архаичность этого древнеисландского представления подтверждается и типологическим сопоставлением с молочным озером у подножья гигантской лиственницы в якутской космологии.³⁷ Но при этом особенно важно то, что этот источник находится под деревом там же, где и глаз бога Одина, о котором говорится, что он висел на дереве. Мотив глаза бога в связи с человеком на мировом дереве оказывается универсальным: древнемексиканское мировое дерево, на котором изображен человек, снабжено глазом бога, приуроченным к его вершине.³⁸ Отношение верха и низе здесь оказывается перевернутым: в *Эдде* глаз бога Одина находится под деревом, а в древней Мексике – на вершине. Соответствующие мифы и ритуалы представлены и в других архаичных традициях, в частности, в египетской, где мотив глаза бога в цикле мифов о Горе представлен дважды – в рассказе о том, как Гор дал глаз Осирису, чтобы его воскресить,³⁹ и в рассказе об ослеплении

---

³⁴ Перевод дан по изд.: *Старшая Эдда*, пер. А. И. Корсуня, под ред. М. И. Стеблина-Каменского (Москва-Ленинград, 1963) стр. 38 и след.
³⁵ J. Simpson, "Mimir: two myths or one?", *Saga-Book of the Viking Society*, vol. 16, 1, (1962), стр. 41-53; Å. V. Ström, "Scandinavian belief in fate. A comparison between pre-Christian and post-Christian times", *Fatalistic beliefs in religion, folklore and literature* (= *Scripti instituti Donveriani Aboensis*, 2) (Uppsala, 1967), p. 70.
³⁶ Å. V. Ström, "Indogermanisches in der Völuspa", *Numen*, vol. XIV, но. 3 (1967), S. 187.
³⁷ Е. М. Мелетинский, "*Эдда* и ранние формы эпоса" (Москва, 1968), стр. 234-235, 85 и 100.
³⁸ T. W. Danzel, *Mexiko*, I (Hagen i.W. - Darmstadt, 1922), Tafel 26 (сверху). Как уже отмечалось в предшествующей заметке (В. В. Иванов, "Об одной параллели к гоголевскому Вию", стр. 136-137, примеч. 18) для исследования мифологических параллелей к гоголевской повести значительный интерес представляют данные о Боге (или духе) глаз. В этой связи можно заметить, что в связи с этим богом нередко выступают те же символы (как лев), которые встретились и в упомянутых сказках, ср. о льве: M. Riemschneider, *Augengott und heilige Hochzeit* (Leipzig, 1953), S. 228 и др.
³⁹ Ср. перевод "Воскресения Осириса": М. Э. Матье, *Египетские мифы* (Москва-Ленинград, 1956), стр. 114 (речь идет о глазе Гора и о глазе, отнятом Гором у Сета для Осириса).

Гора Сетом и исцелении его Хатор.⁴⁰ Сходный мотив отражен и в хеттском (возможно по происхождению хаттском) мифе о боге грозы, у которого были отняты глаза (šakuụa, ср. выше об этом слове) и сердце демоном – змеем; для возвращения глаз и сердца бог грозы родит сына-человека, женящегося на дочери змея и выпрашивающего у змея и его дочери сердца и глаза (КВо Ш 7 Ш 9-19). Этим мифам соответствует в Египте и в странах индийского ареала ритуал, осуществляющийся посредством церемонии вставления глаза в статую бога, помазания драгоценного камня, изображающего глаз, и т. п.⁴¹ С технологической точки зрения этих обрядов касается Эйзенштейн в своих еще не опубликованных записях об эволюции зрения. Согласно Эйзенштейну, благодаря тому, что "статуям делали ониксовые глаза, при нагревании солнцем повышалась их излучающая способность: 'взгляд бога' действовал физически реальным излучением".⁴² Воздействие такого излучения Эйзенштейн связывал с сохранением в нашем теле чувствительности к лучам разного рода (ультрафиолетовым, космическим и т. п.), продолжающей "полисветочувствительность *всей* поверхности тела – гелиотропизм растения".⁴³ В этом Эйзенштейн видел отражение следов того периода, "когда нет еще 'глаза'", когда глаз еще многоместно расположенные сверхчувствительные пятна, не стянувшиеся в системе хрусталиковой линзы и пр ⟨очих⟩ "технических усовершенствований".⁴⁴ Мысль Эйзенштейна о том,

---

⁴⁰ См. перевод там же, стр. 108. Роль Хатор в этом мифе можно сравнить с ролью бабы-яги в двух упомянутых сказках, где она указывает колодец или источник, возвращающий зрение.

⁴¹ М. Э. Матье, "Древнеегипетский обряд отверзания уст и очей", *Вопросы истории религии и атеизма*, 5 (Москва, 1958), стр. 344-362; И. А. Лапис и М. Э. Матье, *Древнеегипетская скульптура в собрании Государственного Эрмитажа* (Москва, 1969) стр. 26-27 и 137. Ср. об индийских и других параллелях A. M. Hocart, *Kings and Councillors* (Cairo, 1969), стр. 237-238; Е. С. Семека, *История буддизма на Цейлоне* (Москва, 1969), стр. 174-175; ср. там же, стр. 121, примеч. 40, о соответствующих символах в буддийском искусстве (глаза на хармиках буддийских непальских ступ, функционально близких к мировому дереву). Типология изображения "глаза бога" ("великого глаза" у русских иконописцев), привлекавшая внимание П. А. Флоренского, рассмотрена в трудах: Б. А. Успенский, *Поэтика композиции* (Москва, 1970), стр. 180-181 и примеч. 17; Б. А. Успенский, "О семиотике иконы" *Труды по знаковым системам*, V (Тарту, 1971), стр. 200, примеч. 67 и 68.

⁴² С. М. Эйзенштейн, "Запись к книге *Grundproblem*", датированная 28 июня 1947 г. (архив П. М. Аташевой).

⁴³ Там же.

⁴⁴ Там же. К характеристике "когда нет еще 'глаза'" ср. строку "Зренья нет – ты зришь в последний раз" в стихотворении Мандельштама "Ламарк", посвященном (как и прозаические заметки Мандельштама о Ламарке) той же

что "есть период, когда еще нет глаз, и они вырабатываются в процессе дифференциации осязания как частный случай осязания"[45] согласуется с выводами многих исследователей, подытоженными П. А. Флоренским:

> Мысль о зрении, как осязании высказывалась неоднократно и, в частности, поддерживается сравнительно анатомически и эмбриологически; глаз вместе с другими органами восприятия происходит из того же зародышевого листка, что и кожа, орган осязания; в этом отношении глаз и кожа представляются попавшими на поверхность тела органами нервной системы. Несколько огрубляя дело, можно сказать, что организм одет в один сплошной нерв, облечен в орган восприятия, т. е. в животную душу. Глаз есть тогда некий узел утончения, особенно чувствительное место кожи с частной, но особенно тонко решаемой задачей.[46]

В соответствии со своей гипотезой об отражении древнейших архетипов в мифологии параллель ранним эволюционным этапам становления зрения Эйзенштейн находил в "мифологическом многоглазом Аргусе древности и соответствующем китайско-японском чудище с глаза[ми], рассыпанными по всей его поверхности".[47] Последний образ, соответствующий "зрячей плоти" ранних китайских мифов,[48] находит точное соответствие в рукописи "Вия", где говорится: "В стороне стояло тонкое и длинное, как палка, состоявшее из одних только глаз с ресницами."[49] Мотив невидения в "Вие", как и в мифологии, оказывается связанным с мотивом существа, целиком состоящего из глаз. По отношению к древнегреческой мифологии это раскрыто Я. Э. Голосовкером в исследовании "Логика античного мифа", где подробно исследуются трансформации друг в друга мифов о зрении и слепоте и показывается, как миф об избытке способности зрения (как у Аргуса) связан с мифами о слепоте.[50]

теме регресса в эволюционном ряду, которая составляла главный предмет занятий Эйзенштейна в период писания *Grundproblem* и еще раньше во время составления на основе курса лекций трактата "Режиссура", ср. приводимую ниже цитату из этого трактата.

[45] С. М. Эйзенштейн, *Избранные произведения*, т. 4 (Москва, 1966), стр. 178.
[46] П. А. Флоренский, "Анализ пространственности в художественно-изобразительных произведениях", § 32 (архив П. А. Флоренского).
[47] С. М. Эйзенштейн, "Запись к книге *Grundproblem*", датированная 28 июня 1947 г.
[48] Юань Кэ, *Мифы древнего Китая* (Москва, 1965).
[49] Н. В. Гоголь, *Полное собрание сочинений*, т. 2, стр. 583. К интерпретации этого места ср. предшествующую заметку автора: Вяч. В. Иванов, "Об одной параллели к гоголевскому Вию", стр. 138.
[50] Я. Э. Голосовкер, "Логика античного мифа" (архив Я. Э. Голосовкера).

Из образов античной мифологии, близких к гоголевскому Вию и его фольклорным прототипам, следует особенно отметить Горгону, первоначально представлявшую собой, видимо, тотемический символ, что доказывается, в частности, сопоставлением ее архаического сакрального наименования: Γόργω βλοσυρῶπις 'Горгона коршуновзорая' (где βλοσυρός < *gʷl̥turos родственно лат. vulturus 'коршун')[51] с изображением хищной птицы на критском щите 8 в. до н. э. и гомеровским описанием щита с изображением на нем коршуновзорой Горгоны.[52] Функции щита с изображением на нем Горгоны, приносящей смерть, по-видимому, аналогичны искаженным боевым гримасам, деформирующим лицо и, в частности, глаза, у северно-американских индейцев и кельтов, что уже было сопоставлено с Вием в предшествующей работе.[53] Горгону можно сравнить с образом яги-хозяйки мира мертвых, являющейся в зооморфном облике в виде птицы.[54]

В свете указанных выше сопоставлений женского мифологического образа слепой Бабы яги, связанной с миром мертвых, и хеттской жрицы ^{SAL}ŠU.GI (Старая женщина) следует отметить то, что последняя участвует в обрядах избавления от дурного глаза (сглаза), ср. ритуальный текст: arḫa-ma-at-ši-kan dahhun ^{SAL}ŠU.GI na-at-ši-kan arha anšun KUR-eandaš tarkuu̯anda IGI$^{\text{ḪI.A}}$-u̯a LUGAL SAL.LUGAL URU-aš É addaš annaš LU^{MEŠ} *RABUTIM* ^{LÚ}*HAZZII̯ANNI* ^{LÚ}manii̯aḫḫii̯aš EN-aš $^{\text{LÚ MEŠ}}$ DUMU-É.GAL tarkuu̯anda IGI$^{\text{ḪI.A}}$-u̯a daḫḫun pa(n)gau̯aš maninkuu̯anda tarkuu̯anda IGI$^{\text{ḪI.A}}$ *ŠA* É-*TI* SAG.DÌM.ÌR^{MEŠ} tarkuu̯anda IGI$^{\text{ḪI.A}}$-u̯a daḫḫun 'я взяла это прочь от него. Я, старая женщина, стерла это с него: страны гневный взгляд (буквально: свирепо вращающиеся глаза), царя и царицы, города, родительского дома, знатных людей, главного в городе, правителя области, сынов дворца гневный взгляд я взяла, собрания (панкуса)[55] пристальный гневный взгляд,

Метод, примененный в этом месте исследования Я. Э. Голосовкера, во многом обнаруживает сходство с методами исследования трансформации группы мифов в *Mythologiques* Леви-Стросса.

51 M. Leumann, "Homerische Wörter", *Schweiz. Beitr. z. Altertumswiss.*, Heft 3 (Zürich, 1950), S. 141; M. Leumann, *Kleine Schriften* (Zürich-Stuttgart, 1959), S. 189.

52 T. B. L. Webster, *From Mycenae to Homer* (London, 1958), p. 213 и табл. 37.

53 Вяч. В. Иванов, "Об одной параллели к гоголевскому Вию", стр. 135; ср. об американских индейских параллелях к "гримасе героя" Кухулина: G. Dumézil, *Heur et malheur des guerriers* (Paris, 1969), p. 146. На роль образа Горгоны на щите в данной связи внимание автора обратил Д. М. Сегал.

54 В. Я. Пропп, ук. соч., стр. 57-65.

55 О переводе этого места см. В. В. Иванов, "Происхождение и история хетт-

слуг (челяди) дома гневный взгляд я взяла' (КИВ XXIV 13 Ш 18-23); в тексте везде буквально не 'взгляд', а 'глаза' – šakuu̯a, ср. выше об этом слове.

В работе, специально посвященной сопоставлению хеттской жрицы Старой Женщины с бабой-ягой, В. Н. Топоров отмечал сходство того, что в хеттских обрядах эта жрица связывается с обрядом трупосожжения, и связи бабы-яги с печью, которую, согласно Проппу, можно было бы объяснить как пережитки обряда инициации.[56] Однако связь ритуала трупосожжения (у хеттов – царского ритуала) со следами инициации легче всего понять, если исходить из гипотезы Хокарта об общем происхождении обряда коронации священного царя, включающего в качестве первого этапа обряд похорон царя,[57] и обряда инициации.[58] Связь с царским ритуалом напрашивается не только потому, что хеттская Старая Женщина участвует в обряде погребения царя, но и из-за этимологии ее хеттского титула ḫašau̯a=, родственного не только по корню, но и по суффиксу (=u=/=au=) хет. ḫaššu=, 'царь' < *Hn̥su=, индо-иранск. *asura= 'правитель', общегерм. *ansuz 'бог' (откуда и имя асов, упоминаемых в связи с глазом Одина в приведенном отрывке из *Эдды*), от корня, представленного в хет. ḫaš= 'рождать', ḫaššatar, ḫanšatar 'род', ḫašša (< *Hn̥s) ḫanzašša (*Hons=) 'внуки и правнуки'. Эта гипотеза согласуется и с тем, что мужской эквивалент бабы-яги, выступающий в рассматриваемых сказках, постоянно связывается с царским достоинством.

Отмеченное В. Н. Топоровым сходство орудий, применявшихся в хеттских заупокойных ритуалах, с лопатой бабы-яги,[59] особенно важно ввиду роли орудия (вил) в рассматриваемом мотиве, где можно было бы видеть след древнего обряда перехода в иной мир (открывание и закрытие глаз с помощью особого орудия).[60] Самое имя Вия могло бы этимологизироваться как связанное с тем же корнем 'вить' (рус. *вить*, укр. *вити*, индоевропейское *u̯ei=/*u̯oi=,

---

ского термина panku = 'собрание'", *Вестник древней истории*, № 1, 1958, стр. 10. Там же см. о других случаях употребления сочетания 'дурной глаз' в хеттских ритуальных текстах.

[56] В. Н. Топоров, "Хеттская ᴿᴬᴸŠU.GI и славянская баба-яга", *Краткие сообщения Института славяноведения АН СССР*, 38 (Москва, 1963), стр. 34; ср. В. Я. Пропп, ук. соч., стр. 83 и след.

[57] A. M. Hocart, *Kingship*, 2nd ed. (London, 1969), p. 70 и след.

[58] Там же, pp. 134-161.

[59] В. Н. Топоров, "Хеттская ᴿᴬᴸŠU.GI и славянская баба-яга", стр. 34.

[60] В. В. Иванов, "Об одной параллели к гоголевскому Вию", стр. 136-137, примеч. 18.

дринд. vayati 'плетет, ткет'), что и название вил (в том числе и как мифологического персонажа) в славянских языках.[61]

Мотив железа, для которого в предшествующей заметке были указаны параллели в других фольклорных традициях,[62] не только объединяет железные вилы, выступающие в обеих сказках из собрания Афанасьева, и железные атрибуты Вия, но и является сквозным для обеих сказок. В начале сказки о Василии-царевиче тот, чтобы освободить льва, змея и ворона, железным ломом разбивает каменную башню. Железная палка, а после нее огромный камень, выступает и в начале сказки об Иване Быковиче, когда с помощью этой палки он обнаруживает свою силу в состязании с обоими братьями. Но хотя в гоголевской повести с Вием связываются железные атрибуты, в ней не упоминаются железные вилы, выступающие в обеих сказках. Как и по отношению к рассмотренному выше мотиву слепоты-невидимости, атрибуты железных орудий обнаруживают тесную связь всего рассматриваемого круга восточнославянских сказок и мифов с образом Бабы Яги, роль железа для которой была раскрыта еще Потебней. Именно то, что некоторые атрибуты, важные для восстановления ритуальных истоков мотива поднимания век вилами, в сказках сохранены лучше, чем в повести Гоголя, делает несомненным фольклорное происхождение образа Вия.

В рассмотренных выше восточнославянских источниках этого образа можно видеть фольклорное отражение мифологических универсалий. В пользу этого нагляднее всего говорит совпадение отмеченных выше восточнославянских мотивов с мифами Нового Света. Согласно мифу оджибва, одно из шести сверхъестественных антропоморфных существ, вышедших из моря, чтобы смешаться с людьми, было с завязанными глазами, и не смело смотреть на ин-

---

[61] Ср. об этимологии этого слова: М. Фасмер, *Этимологический словарь русского языка*, т. 1 (Москва, 1964), стр. 314; а также О. Н. Трубачев, *Ремесленная терминология в славянских языках* (Москва, 1966), стр. 110-111, где убедительно показана связь с обозначениями деревьев, в особенности ив, или веток, образованными от того же корня, типа праслав. *věja, позднейшие отражения которого в данной связи разобраны в предшествующей заметке автора. Для общеиндоевропейского восстанавливается широкий круг значений, относящихся к изогнутым предметам, прежде всего деревянным (P. Friedrich, *Proto-Indo-European Trees* [Chicago, 1970], p. 56). На значение этимологии названия вил для рассматриваемой проблемы внимание автора обратил В. Н. Топоров. Пользуюсь случаем принести благодарность Д. М. Сегалу и В. Н. Топорову за сделанные ими замечания по поводу первой статьи автора о "Вие", помогшие в развитии некоторых дальнейших соображений в настоящей заметке.

[62] См. об иранском: В. В. Иванов, "Об одной этимологии...", стр. 134.

дейцев, хотя ему очень хотелось это сделать. Будучи не в силах с собой справиться, он наконец снял свою повязку и его взгляд упал на человека, который немедленно умер, как пораженный молнией. Потому что, хотя намерения гостя были дружественны, его взгляд был слишком сильным. Его товарищи заставили его вернуться в глубину моря.[63] Как поясняет этот миф Леви-Стросс, "индеец умирает не потому только, что на него посмотрели, но и из-за необычного поведения одного из сверхъестественных существ, отличавшегося от других, действовавших сообща и с бóльшей осторожностью".[64] Несомненно сходство основного эпизода этого мифа с изученной Потебней (в его цитированной выше работе) украинской игрой, где виден след мифологического воплощения смерти с завязанными глазами. Смертоносный взгляд женского персонажа, подобно Горгоне, связываемого с хищной птицей, выступает в мифе комоксов, где женщина-дочь Орлов, ушедшая от мужа, который следует за ней по пятам, оборачивается и испепеляет его взором.[65]

Мифологический мотив смертоносного взгляда теснейшим образом связан с представлением о благе, которое несет закрывание глаз. У тех индейских племен Северной Америки, в мифах которых обнаружены наиболее архаические черты, связанные с ролью слепоты, Леви-Стросс отмечает ритуальную роль закрывания глаз: у индейцев Томпсон требовалось, чтобы глаза держались закрытыми во время обрядов посвящения первых плодов, съедобных корней и лососей и во время ежедневных молитв.[66] У чехали (сцели) в Британской Колумбии отмечен в той же связи обычай, представляющий исключительный интерес для выявления обрядовых истоков того мифа, к которому восходит и образ Вия:

у сэлишского племени основным правилом ритуала было требование держать глаза закрытыми во время совершения заклятий и магических обрядов. Того, кто не следовал этому правилу неукоснительно, ждала неудача. Имелись также особые "смотрители за глазами", вооруженные длинными прутьями, которыми они ударяли каждого, кто поднимал веки

---

[63] W. Warren, "History of the Ojibways", *Minnesota Historical Collections*, vol. 5 (Saint-Paul, 1885), pp. 43-44.
[64] C. Lévi-Strauss, *Le totémisme aujourd'hui*, p. 27.
[65] C. Hill-Tout, "Report on the ethnology of the Siciatl of British Columbia", *Journal of the Royal Anthropological Institute of Great Britain and Ireland*, vol. 34 (1904), pp. 54-57. Миф M713a согласно: C. Lévi-Strauss, *L'homme nu*, p. 402.
[66] C. Lévi-Strauss, *L'homme nu*, p. 357. Относительно мотива слепоты см. всю эту главу (2-ю V части) цитируемой книги, а также индекс (s.v. cecité).

во время обрядов, совершавшихся в честь первого выловленного лосося.[67]

Палки или прутья, выступающие в таких обрядах для поддержания век молящихся закрытыми, по своей функции противоположны тому ритуальному средству (чаще всего вилам), которое применялось для поднятия век мифологического персонажа – Вия и его фольклорных соответствий. Иначе говоря, можно предположить существование в глубинной структуре мифа и ритуала соответствий:

(1) мифологическое существо – устройство для открывания век;
(2) мифологический человек – устройство для поддержания век закрытыми.

То, что именно по признаку закрывания и открывания глаз мифологический персонаж может отличаться от людей, подтверждается мифом индейцев кликитат, где выступает чудовище-людоед, наяву (как Вий) держащее глаза закрытыми, а открывающее их во сне.[68] Как и по отношению к Вию и его соответствию в украинской игре в жмурки, открывание глаз здесь можно связать со сном как аналогом смерти. Этот великан-людоед отличается от людей, которым он, как и Вий, грозит смертью, своими размерами; некоторые из упомянутых восточнославянских сказок и гоголевское их соответствие характеризуются аномальным, но не увеличенным, а уменьшенным размером чудовища-гнома: Идол Идолыч вятской сказки ростом невелик – 3 аршина. Существенна при этом противопоставленность людям как по размеру тела, так и по открыванию – закрыванию глаз. Смертность взгляда оказывается выводимой из того же соотношения:

(3) открывание глаз – смерть (или сон);
(4) закрывание глаз – жизнь.

Как установил Леви-Стросс,[69] великану упомянутого мифа индейцев кликитат в версиях того же мифа у индейцев калапуйя соответствуют духи тьмы, которые тоже бодрствуют с закрытыми глазами, а спят – с открытыми.[70] В одном из вариантов того же

---

[67] C. Hill-Tout, "Ethnological report on the Steélis and Sk.-aúlits tribes of the Halōkmēlem Division of the Salish of British Columbia", *Journal of the Royal Anthropological Institute of Great Britain and Ireland*, vol. 34 (1904), p. 330; C. Hill-Tout, *The Natives of British North America* (London, 1907), pp. 169-170.

[68] M. Jacobs, "Northwest Sahaptin texts", I, *University of Washington Publications in Anthropology*, 2, 6 (Seattle, 1929), pp. 192-196, 219-223. Миф M644a согласно: C. Lévi-Strauss, *L'homme nu*, p. 267.

[69] *L'homme nu*, p. 274 (миф M647).

[70] M. Jakobs, "Kalapuya texts", *University of Washington Publications in Anthropology*, 11 (Seattle, 1945), pp. 244-251.

мифа у индейцев кликитат (М$_{644b}$ по классификации Леви-Стросса) тьма расступается после исчезновения великана-людоеда.[71] Типологическое сравнение с этими американскими индейскими мифами подтверждает правильность приведенной выше мысли Потебни о том, что мифологический образ, отображенный в жмурках, следует понимать как воплощение мрака – смерти (ср. диалектное русск. *жмурýк* 'умерший').

Типологическое сопоставление с тем же кругом американских индейских мифов, недавно проанализированных Леви-Строссом (не всегда, впрочем, занимавшимся именно этими мотивами), доказывает и глубокую проницательность Проппа, развившего намеченную Потебней тему слепоты в мифе. Приведенное выше замечание Проппа о взаимной слепоте живых относительно мертвых и обратно и о слепоте героя, попавшего в мир мертвых, находит блистательное подтверждение в мифологии сэлишских племен, по поверьям которых "дочь Рябчика крива (одноглаза). Когда она говорит с духами, она смотрит своим слепым глазом. Индейцы никогда не едят голову рябчика, потому что она наполовину мертвая. Когда же она смотрит с правой стороны, она говорит с живыми. Голова – это подобие призрака."[72] В этих поверьях отчетливо обнаруживается двоичная символическая классификация того типа, который можно считать почти универсальным:

жизнь – смерть

зрячий глаз – слепой глаз

правая сторона – левая сторона

Из многочисленных типологических параллелей, подробно рассмотренных в других публикациях,[73] особый интерес представляют изученные Дж. Нидхемом ритуалы меру, у которых левая рука

---

[71] M. Jakobs, "Northwest Sahaptin texts", I, p. 222.

[72] A. C. Ballard, "Mythology of Southern Puget Sound", *University of Washington Publications in Anthropology*, 3, 2 (Seattle, 1929), p. 133. Как отражение тех же архетипических представлений можно рассматривать такие мотивы в позднейшей мифологизирующей литературе, как строки П. Валери в "Jeune Parque": "j'étais à demi-morte et peut-être à demi Immortelle…"

[73] В. В. Иванов, "Двоичная символическая классификация в африканских и азиатских традициях", *Народы Азии и Африки*, № 3, 1968; В. В. Иванов, "Об одном типе архаических знаков искусства и пиктографии", сб. *Ранние формы искусства* (Москва: "Искусство", 1972) (с дальнейшей литературой вопроса, в частности, с указанием многочисленных публикаций на эту тему Нидхема и других представителей структурной антропологии). Там же см. о признаке "невидимый".

шамана считалась священной и поэтому никто ее не должен был видеть, следовательно двоичные классификационные признаки "левый" и "невидимый" тоже находились в одном классификационном ряду. Леви-Стросс отметил, что в том же круге сэлишских мифов с подобными птицами из семейства куриных связывается предание о путешествии такой птицы в мир мертвых, откуда ей удалось привести лишь одного из своих детей. Этим мифом объясняется обычай убивать одного из близнецов, потому что "за один раз не нужно иметь больше чем одного ребенка".[74] Леви-Стросс в связи с этим говорит о нарушении представлений о биологической периодичности или ритмах,[75] но более существенной является другая сторона этого мифа и обряда: близнечный миф закономерно соотносится с двоичной символической классификацией.[76] Поэтому представление об убийстве одного из двух близнецов или о том, что один из них остался в царстве мертвых, означает разнесение близнецов (как и половин головы их матери-птицы) по двум рядам бинарных оппозиций. Как верно отметил Леви-Стросс, аналогичное представление у индейцев вичита относится к курице прерий Tympanuchus, которая, по их поверьям, приняв человеческий образ одинаково хорошо стреляет и правой и левой рукой.[77] Леви-Стросс обоснованно видит в этих руках близнечные символы.[78]

Подтверждаемая материалом этих мифов мысль Проппа о слепоте как двуместном отношении невидимости ("быть невидимым" с двумя местами при нем, соответствующими тому, кто невидим, и тому, кто его не видит) может быть проиллюстрирована также и мифом понка и омаха,[79] по которому для Громов-людоедов герой стал невидимым, сделав их слепыми по отношению к самому себе.[79] В этом случае, как в мифе об одноглазом Полифеме, ослепление смертоносного существа обезвреживает его (что является естественным следствием приведенных соотношений).

[74] A. C. Ballard, ук. соч., p. 131.
[75] C. Lévi-Strauss, *L'homme nu*, p. 485.
[76] В. В. Иванов, "Дуальная организация первобытных народов и происхождение дуалистических космогоний (Рецензия на кн.: А. М. Золотарев, *Родовой строй и первобытная мифология*)", *Советская археология*, № 4, 1968.
[77] Миф M_{370} по классификации Леви-Стросса: C. Lévi-Strauss, *Mythologiques*, III: *L'origine des manières de table* (Paris, 1968), p. 45.
[78] C. Lévi-Strauss, *L'homme nu*, p. 486.
[79] C. Lévi-Strauss, *L'origine des manières de table* (миф M_{468c}); его же, *L'homme nu*, p. 466 (миф M_{770}); J. O. Dorsey, "The Eegiha language", *Contributions to North American Ethnology*, 6 (Washington, D. C., 1890), pp. 185-188, 201-206.

В случае, если мифологическое существо является не смертоносным, а благодетельным, для него или того, кто к нему обращается, зажмуривание глаз (закрывание век) оказывается способом осуществлять благодеяние. В рассматриваемом ниже цикле северно-американских индейских мифов, где выступает мотив глаза-источника, два источника, представляемые в виде двух жен зооморфного персонажа, доставляет горячую пищу тому, кто попросив их об этом, ждет, зажмурившись.[80] В свете приведенных выше соображений об игре в жмурки представляет интерес изучение того, в какой мере со сходным архетипом может быть связано поведение ребенка, зажмуривающегося в ожидании подарка. Чудо, выгодное для него самого, но не для героя мифа, совершает Койот в одном из вариантов (M_{664a})[81] того исключительно архаичного мифа о разорителе орлиных гнезд, который, как показал Леви-Стросс,[82] восходит ко времени первоначального заселения Америки, что можно подтвердить и наличием разительных соответствий в мифологии таких сибирских народов, как кеты, обитающие достаточно далеко от Дальнего Востока, чем исключается позднейшая диффузия мифа через Берингов пролив или по другим позднейшим каналам связи Северной Америки с Северо-Восточной Азией.[83] Вырастание дерева[84] до неба, весьма существенное для мифа, так

---

[80] M. Jacobs, "Northwest Sahaptin texts", *Columbia University Contributions to Anthropology*, 19, 1-2 (New York, 1934), pp. 113-121; миф M_{645a} согласно: C. Lévi-Strauss, *L'homme nu*, p. 271; см. о супругах-источниках там же, pp. 276-278.

[81] C. Lévi-Strauss, *L'homme nu*, p. 324.

[82] Там же, *passim*.

[83] Кетский миф о разорителе орлиных гнезд, основными своими частями и функцией (миф о добывании огня, орудия для получения которого в кетском мифе получает разоритель орлиных гнезд, достающий в обмен на это "иглу" – "коготь" орлицы – кет. (?)in), совпадающий как с поверхностной структурой общеамериканского мифа (в том его варианте, который представлен у сэлишей, где герой мифа не является обычным сыном, а изготовляется, в частности, из глины, и усыновляется отцом, с которым потом разъединяется, поднимаясь по дереву к гнезду орла), так и с его глубинной структурой, восстановленной Леви-Строссом. Именно одновременное совпадение обеих структур мифов в их соотношении друг с другом делает несомненным их общее происхождение, подтверждаемое и множеством совпадающих частных деталей. Кетский миф в двух вариантах напечатан в сб.: А. П. Дульзон, *Сказки народов сибирского Севера* (Томск, 1962), стр. 40-41 и 115-116 (сказка № 113); А. П. Дульзон, "Кетские сказки", *Кетский сборник. Мифология. Этнография. Тексты* (Москва, 1969), стр. 182 и сл. (сказка № 57).

[84] В обоих указанных кетских вариантах мифа дерево обозначается сложным словом eś-oks 'небо, бог + дерево' = 'небесное (божественное дерево)', где первый компонент обозначает также и 'небесный огонь, гром, молнию, бога-громавержца', поэтому допустим и перевод 'Дерево Небесного огня'. Централь-

как только благодаря этому герой, забравшийся на дерево, чтобы разорить гнездо орла, может попасть на небо (и получить небесный огонь в том прамифе, который восстанавливается для общеамериканского и прасибирского), в упомянутом американском предании происходит потому, что Койот, который послал своего сына на дерево разорить гнездо орлят, сжав веки и призвав на помощь свои магические силы, заставил дерево расти.[85] С этим следует прямо связать слепоту Койота в мифе, где он лишается глаз из-за того, что он (как и зооморфные персонажи кетского мифа, постоянно выменивающие одну часть тела на другую) выступает, по словам Леви-Стросса, "как настоящий маньяк по части обменов".[86]

Выменивание глаз в мифах о Койоте можно сравнить с тем, что говорилось о потере глаз мифологическим существом (например, в хеттском мифе), поэтому 'неотчуждаемость' глаз, о которой говорит в связи с анализом других американских мифов Леви-Стросс,[87] не должна пониматься слишком буквально. Во многих американских индейских мифах глаза выступают в качестве наиболее отмеченной части тела, как в мифе яна о происхождении огня, где глаза Черного Медведя, горя в огне, лопаются, и брызги летят во все четыре стороны света.[88]

Отсутствие глаз или слепота мифологического существа, подобного Койоту, могут способствовать его безопасности. В качестве наиболее наглядного примера из мифологии Старого Света можно привести миф, относящийся к той же хурритской традиции в хеттском переложении, о которой шла речь выше по поводу охотника Кесси. В той же культурной традиции неспособность видеть выступает в качестве такого свойства мифологического существа, которое

ная для мифа фраза в обоих вариантах кетского мифа гласит toj kas'eng daʌ -aj eś-oks-ta 'Там наверху орлиное гнездо на Небесном Дереве (на Дереве Небесного огня)', где daʌ -aj (как и eś-oks) – архаическое сложное слово, на древность которого указывает чередование по отношению к diʔ 'орел' (слово выступает в одном из вариантов мифа как обозначение орла, поднимающего героя на небо после того, как он добыл от существ нижнего мира, в частности, с помощью te:l' 'мамонта' – рыбы 'коготь' – 'иглу' для орлицы – da:). Дерево в кетском мифе является шаманским, что видно из предшествующего сложного слова kaneng-oks 'шаманский посох (буквально: шаманское дерево) с бусами', обозначающего посох с люлькой, забравшись в которую (то есть вторично родившись) и покачав которую герой и попадает на небо.

[85] G. A. Reichard, "An analysis of Cœur d'Alêne Indian Myths", *Memoirs of the American Folklore Society*, 41 (1947), pp. 77-80.

[86] C. Lévi-Strauss, *L'homme nu*, p. 251; ср. там же, p. 355.

[87] Там же, p. 154, ср. p. 97.

[88] Там же, p. 130. Ср. также индекс к книге (s.v. œuil).

охраняет его от опасностей. В хеттском переводе хурритской поэмы "Песнь об Улликумми"[89] в применении к растущему Каменному Убийце – мифологическому существу Улликумми дважды повторяется формула:

ḫaršani-ma-ši-kan
kui̯s NA₄-aš u̯alḫiškattari
naš šakuu̯aš u̯aššii̯attaru

(Но тот камень, что в голову брошен ему,
Пусть глаза одевает его.)

В эпизоде поэмы, где богиня Иштар пытается обольстить Улликумми пением и игрой на лютне, Большая Волна, встающая из моря, объясняет ей, почему ее старания тщетны:

šakuu̯a-ma-u̯ar-aš dašu̯anza
nu-u̯a natta aušzi
nu-u̯a-ši karii̯ašḫaš natta ešzi

(Человек этот слеп,
Ничего он не видит.
Милосердия нет у него.)

Слепота Каменного Убийцы, защищенного камнем от вида опасных для него богов (как Иштар), может быть объяснена понятием "обоюдной невидимости", введенным в цитированной работе Проппа. В работе *Логика античного мифа*, во многом предвосхищавшей анализ трансформаций мифа у Леви-Стросса (в частности, применительно к мифам о слепоте и ви́дении), Я. Э. Голосовкер писал:

На ком шлем-невидимка Аида, тот становится невидимым, как только повернет на голове шлем (Аид означает 'невидимый': народная этимология. По существу он смерть. Смерть приходит невидимкой). Объяснение, каким образом предмет становится невидимкой, миф не дает. Акт перехода образа из зримого в незримый (например, когда образ Персея подступает к Медузе в шлеме-невидимке) представим, но причинно не обусловлен и непонятен. Не забудем, что Горгоны – божественные существа: две из них бессмертны и все же для них, бессмертных, Персей становится невидимым...[90]

В свете указанных типологических параллелей, подобных слепоте Койота или его магической силе, связанной с зажмуриванием век,

---

[89] Цитируется в слитной транслитерации по изданию: H. G. Güterbock, "The song of Ullikummi", *Journal of Cuneiform Studies*, vol. V-VI (New Haven, 1951-1952).
[90] Я. Э. Голосовкер, ук. соч.

проясняются и такие титулы богов, как египетское прозвание бога "тот, у кого нет глаз" в Летополисе. Указанная выше параллель между египетской Хатор, исцеляющей ослепленного Сетом Гора, и ролью бабы-яги в сказках, указывающей колодец или источник, возвращающий зрение, также может быть подкреплена сопоставлением с американской индейской мифологией. В эскимосском мифе (M_{580a} по Леви-Строссу)[91] герою, ослепленному бабкой, зрение возвращается потому, что он окунается в воду озера. Отчасти сходный мотив представлен в мифе племени клакамас (чинук) M_{598a},[92] согласно которому родные героя *слепнут* от плача, после чего их исцеляют волшебной водой.[93]

Мотив плача (и/или слепоты) и источника постоянно повторяется во всем цикле мифов, разобранных в последнем труде Леви-Стросса (хотя сам он не касается совсем этого мотива, как и некоторых других, рассмотренных выше на основании материалов, им классифицированных). Форму, промежуточную между только что приведенными и теми, где источник сам возникает из слез, представляет миф M_{670a},[94] в котором герой, до этого сделавшийся видимым для старух, которые не могли его видеть, хотя они и не были слепыми, позднее заставляет течь *источник*, чтобы омыть свое лицо и лицо своей жены от *слез*.[95] Возможно, что наиболее архаичными из всех указанных мифов этого цикла являются те, где источник течет из-за того, что лились слезы. В мифе племени модок M_{543}[96] сестра ищет воду в источнике, слышит голос: "Ты пьешь мои слезы". Она видит скелет, на котором только глаза живы еще.[97] В мифе яна M_{546}[98] человек, почти скелет, все время плачет и овцы приходят пить воду, текущую из его глаз. Потом он уже не плакал, но соленый источник был там, где он столько плакал.[99] Мотив соленой воды в связи со слезами представляется

---

[91] R. F. Spencer and W. K. Carter, "The blind man and the loon: Barrow Eskimo Variants", *Journal of American Folklore*, 67 (1954), pp. 65-68.
[92] C. Lévi-Strauss, *L'homme nu*, p. 209.
[93] M. Jacobs, "Clakamas Chinook Texts", parts 1-2, *International Journal of American Linguistics*, II (1959), pp. 388-409.
[94] C. Lévi-Strauss, *L'homme nu*, pp. 335-336.
[95] C. Hill-Tout, "Notes on the N'tlakápamuQ of British Columbia, a Branch of the Great Salish stock of North America", *Reports of the British Association for the Advancement of Science*, 69 (1899), pp. 551-561.
[96] C. Lévi-Strauss, *L'homme nu*, pp. 70-71.
[97] J. Curtin, *Myths of the Modocs* (Boston, 1912), pp. 27-28.
[98] C. Lévi-Strauss, *L'homme nu*, pp. 81, 83.
[99] J. Curtin, *Creation Myths of Primitive America* (London, 1899), pp. 407-421.

архаичным. В подобных американских индейских мифологических текстах достаточно ясно видно соотношение:
(5) соленая вода (источник) = слеза (вода глаза), выводимое из рассмотренного выше.
(6) источник = глаз (воды).

Последнее равенство, как уже говорилось выше, засвидетельствованы как на американском индейском материале (в Южной Америке), так и в многочисленных индоевропейских примерах типа литовск. vandeñs akis 'источник = глаз воды' латыш. velna acis (буквально 'чортов глаз'). Особый интерес представляют в этом отношении факты семитских языков, где аккадское 'inu(m) означало одновременно 'глаз, источник' (форма Dualis i-na-an могла относиться к тому и другому значению одновременно).[100] В этом случае, как и в других разобранных выше, глубокое сходство мифологических образов Старого и Нового Света позволяет думать об отражении в них достаточно ранних архетипических представлений.

Наряду с чисто типологическим рассмотрением мотива ви́дения-неви́дения в указанных выше традициях следует учитывать и потенциальную возможность генетических связей между ними. Это относится, в частности, к тем шаманистским представлениям о мифологическом воплощении царства мертвых, к которому восходит, с одной стороны, восточнославянский прообраз Вия, с другой стороны, соответствующий персонаж в приведенном выше северо-американском индейском предании и родственных ему ритуалах. Соединительное звено здесь, как и в некоторых других случаях при изучении возможных связей евразийских и американских мифологических и ритуальных традиций, оказывается возможным найти в палеосибирской кетской мифологии. В архаической кетской сказке "Kaskēt aj Totabol' askət" [Сказка про Каскета и Тотаболя] отражены оба мотива ви́дения – неви́дения в связи с кетской Бабой-Ягой-Dootam. В эпизоде, где она пытается поймать Каскета, забравшегося на верх дерева, тот убеждает ее: "hul'tadə oks'ta diɣa tal'gut i kō abyl'as' setonto haj dēstaŋ abyl'aŋgas' sētanto". ('Ты сначала (теперь) у комеля дерева ложись и рот палочкой расширяй, и глаза палочками расширяй!'). Каскету удается перехитрить бабу-ягу: "ty ʔs'ta kōnte by dobal'da karmandiŋa, dootam des'taŋ-

---

[100] "Beide ênu, Auge und Quelle, sind im Grunde Ein Wort, das Auge heisst ênu als 'fliessendes, thränendes'. Die assyr. Gelehrten sprechen von den beiden Wörtern înu als i-na-an (Dualform)" (F. Delitzsch, *Assyrischer Wörterbuch* [1896], SS. 49-50).

diŋga datpijak." ('Мелкие крошки он в карман клал: он ими глаза бабы-яги засыпал') (А. П. Дульзон, *Кетские сказки* [Томск, 1966], 5, стр. 24 и 27). Благодаря этому ему удается убить бабу-ягу. Мотив ее слепоты, реконструированный для славянской бабы-яги в цитированной статье Потебни, оказывается связанным с темой ее убийства (ср. гибель ведьмы в начале повести Гоголя). Но введению этой темы предшествует тема Вия: Баба-яга должна держать свои глаза раскрытыми с помощью палочек (кетск. *abyl'aŋgas'*), как индейцы во время описанных выше церемоний. Учитывая такие несомненные кетско-американско-индейские мифологические сходства, как совпадение основного американского индейского мифа, реконструированного Леви-Строссом в его *Mythologiques* (I-IV) в качестве наиболее архаического и восходящего к эпохе первоначального заселения Америки, с аналогичным кетским мифом о разорителе орлиных гнезд, записанным в двух вариантах (А. П. Дульзон, "Кетские сказки", *Кетский сборник. Мифология, Этнография, Тексты* [Москва, 1969], 57, стр. 182-186; А. П. Дульзон, *Сказки народов сибирского Севера*, I [Томск, 1972], 113, стр. 40-41 и 115-116), можно считать возможным, что и в данном случае в кетской мифологии сохраняется след реальных связей между комплексами евразийских и северно-американских индейских шаманистских представлений о видимом-невидимом в соотношении со смертью. Если же более вероятной окажется чисто типологическая интерпретация сходства мотива орудий (палочек или вилок), служащих для раскрытия глаз в евразийских и американских шаманистских мифах и ритуалах, то и здесь кетские параллели окажутся существенными свидетельствами распространенности этого мотива.

ЛИРИКА С КОММУНИКАТИВНОЙ ТОЧКИ ЗРЕНИЯ

Ю. И. ЛЕВИН

1. Любой текст, устный или письменный, является элементом некоторого – реального или потенциального, единичного или множественного – коммуникативного акта и характеризуется некоторым коммуникативным статусом, зависящим как от внутренних особенностей этого текста, так и от характера его внешнего функционирования. Говоря о коммуникативном статусе текста, мы имеем в виду систему взаимоотношений "действующих лиц" ("персонажей"), связанных с этим текстом. Мы будем рассматривать тексты с трех точек зрения:

а) внутренней: о чем явно говорится в тексте; связанные с этим – внутритекстовым – аспектом персонажи – это лица, эксплицированные в тексте (например, герои романа, или *я* и *ты* в письме);

б) внешней: кем создан и как функционирует текст; связанные с этим аспектом персонажи – это реальный автор текста и реальное лицо, *hic et nunc* воспринимающее этот текст[1];

в) промежуточной между ними – интенциональной: "для чего" создан текст и кто "подразумевается" в качестве его читателя; с этим аспектом связаны такие персонажи, как "имплицитный автор", т. е. тот образ автора, который предполагается данным текстом, выступает из характера этого текста, и "имплицитный читатель" – потенциальный, предполагаемый данным текстом.

Заметим, что первый аспект относится к сфере семантики; второй – к сфере прагматики, причем предполагает подход к тексту как единому сигналу[2]; третий – к области "глубинной" (интенциональной) семантики.

---

[1] Сюда же относятся и такие персонажи, как чтец, произносящий данный текст перед аудиторией; переводчик текста; исследователь текста.
[2] См. А. М. Пятигорский, "Некоторые общие замечания относительно рассмотрения текста как разновидности сигнала", в сб.: *Структурно-типологические исследования* (Москва, 1962).

Существуют тексты, коммуникативный статус которых ясен и прост: реплика в бытовом диалоге; письмо Ивана Ивановича к Марье Петровне; запись для себя в памятной книжке (заметим, что во всех этих случаях имплицитные и реальные – а также, может быть, и эксплицитные – персонажи склеиваются). Однако статус текстуально той же реплики, но включенной в роман или пьесу, того же письма, но читаемого третьим лицом, той же записи, но опубликованной в собрании сочинений или зачитываемой на суде, изменяется и усложняется: утрачивается прозрачность отношений между адресантом и адресатом, прежде склеенные персонажи разделяются, в игру вступает целая система действующих лиц.

Любой художественный текст обладает некоторым внутренне присущим ему коммуникативным статусом. Например, жанр фантастики, согласно Ц. Тодорову,[3] предполагает интеграцию имплицитного читателя с миром эксплицированных в тексте персонажей, причем "восприятие имплицитного читателя записано в тексте с той же точностью, что и действия персонажей", и любой другой характер чтения такого текста реальным читателем будет неадекватным.

2. Интересующая нас тема – коммуникативный статус лирического стихотворения.[4]

Стихотворение, будучи сообщением (текстом), тем самым является элементом некоторого (потенциального) коммуникативного акта (оно кем-то создано и для кого-то предназначено). Поэтому оно обязательно предполагает наличие двух персонажей: имплицитного автора и имплицитного адресата. Стихотворение, далее, обычно построено как монолог, и потому – во всяком случае, при отсутствии эксплицитного адресата *(ты)* – его можно рассматривать и как обращенное к самому себе (т. е. имеет место автокоммуникация); в результате возникает следующая коммуникативная схема:

---

[3] Tz. Todorov, *Introduction à la littérature fantastique* (Paris, 1970).
[4] Тема эта обширна, и настоящая работа не претендует на бо́льшее, чем "постановка вопроса". Оговоримся также, что материалом нам послужила русская поэзия XIX и начала XX века, именно, лирика Пушкина (П.), Баратынского (Б.), Тютчева (Т.), Фета (Ф.), Анненского (Ан.), Блока (Бл.), Ахматовой (Ах.), Пастернака (Пас.), Мандельштама (М.), Цветаевой (Ц.), Есенина (Е.), и мы не претендуем на экстраполяцию результатов, полученных на этом ограниченном круге текстов.

ЛИРИКА С КОММУНИКАТИВНОЙ ТОЧКИ ЗРЕНИЯ 179

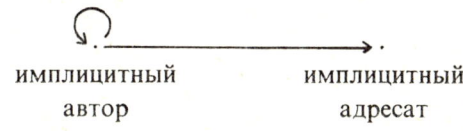

имплицитный автор   имплицитный адресат

(заметим, что, например, эпические жанры не предполагают автокоммуникативности).

Далее, в стихотворении очень часто имеется эксплицитное *я*[5] и – чуть реже – эксплицитное *ты*. Последний персонаж – чаще всего близкое к *я* лицо, но это может быть и неодушевленный предмет, абстракция, любой человек или человечество в целом, наконец, собственно читатель ("Читатель и друг..." Бл.). В роли же эксплицитного *я* может выступать как собственно лирическое *я* (лицо, почти или полностью совпадающее с реальным автором, или же сконструированный образ "лирического героя"), так и лицо, заведомо отличное от реального автора (например, женщина, когда автор – мужчина), а также неодушевленный объект и т. д.

В результате может возникать сложная система взаимоотношений между эксплицитными и имплицитными персонажами (между теми и другими и среди тех и других), которая еще более осложняется их соотношением с персонажами реальными (например, сходством/различием "лирического героя" и реального автора), в частности, тем или иным характером прочтения текста реальным читателем (например, он может отождествлять себя с эксплицитным *я* или с эксплицитным *ты*, или, с другой стороны, отождествлять эксплицитное *я* с реальным автором текста и т. д.), не говоря уже о случаях наличия "посредников" типа актера или переводчика.

Далее, лирика предполагает установление коммуникативной связи особого характера ("контакта", "сопереживания") между реальным читателем и имплицитным автором (роману, например, такая связь – в качестве обязательной – не присуща: имплицитный автор затушеван). "Вырожденный случай" этого явления – стремление к контакту и с реальным автором; отсюда общераспространенный интерес к личности поэта, его биографии, его любовным романам; отсюда же – интерес публики к поэтической эстраде[6] (например, в 10-е и 50-е годы нашего века в России).

---

[5] Напомним слова М. Цветаевой о выступлении на вечере поэтесс в Москве в 1921 году: "Это было очевидное безумие...: семь стихотворений женщины без слова 'любовь' и местоимения 'я' ..." Однако поэты в этом отношении мало отличаются от поэтесс.

[6] Стремление к контакту, конечно, не единственная причина этого **интереса**.

Заметим, что этот интерес к реальному автору со строго академической точки зрения представляет собой некоторое "извращение": реальный автор, вроде бы, должен быть для читателя так же безразличен, как наборщик, набиравший текст; "живой автор" не должен быть обязательным приложением к поэтическому тексту. Однако, видимо, этот интерес не случаен и связан с самой сущностью лирики.

Другая важная черта, внутренне присущая лирике, состоит в том, что лирика предполагает возникновение автокоммуникации у читателя. Автокоммуникативный акт, сопутствующий созданию стихотворения (разговор поэта с собой), как бы проецируется в акт восприятия стихотворения, делая этот акт разговором читателя с собой. Предельный случай – "девичье чтение", когда читатель(ница) "прилагает к себе" все содержание текста ("... себе присвоя Чужой восторг, чужую грусть..." П.).

С названными особенностями коммуникативного статуса лирики связана такая характерная черта ее внешнего функционирования, как потребность в многократном перечитывании и запоминании наизусть (подобная потребности в периодическом или постоянном общении с близким человеком), отсутствующая – по крайней мере, в такой степени – для других видов сообщений. Следует, впрочем, оговориться, что эта потребность связана и с другими особенностями лирики, в частности, с ее фасцинативной функцией: именно для "высоко фасцинативных" видов искусства (особенно для музыки) потребность в повторении особенно характерна.

Тот контакт читателя с автором, о котором шла речь выше, связан, быть может, и с тем, что поэзия вообще, и лирическая в особенности, представляет собой, несмотря на ее многотысячелетнюю социальную санкционированность, "странную" речь – необычную и отличающуюся от всех других речевых жанров буквально во всех аспектах – прежде всего, фоническом, графическом и семантическом:[7] лирическое стихотворение говорит о том и так, о чем и как обычно говорить не принято. Эта необычность, естественно, заставляет читателя (слушателя) обращать внимание не только на "содержание" сообщения, и не только на его "форму", но и на его автора, – как любое необычное поведение обращает внимание окружающих на субъект этого поведения.

[7] Можно добавить сюда и необычный способ произнесения (декламация).

3. Сложной системе внетекстовых коммуникативных связей, присущих лирике, отвечает ее повышенная внутритекстовая коммуникативность. К проявлениям этой особенности лирики относятся:

(1) исключительно частое использование 1-го лица (ср. относительно более редкое в романе), причем это 1-ое лицо обычно может быть (в той или иной степени) отождествлено с реальным автором текста (тогда как в романе преобладает "чужое я"); в частности, нередко "обобщенное" *мы*, что позволяет сопоставить такие лирические тексты с научными и философскими;

(2) частое использование 2-го лица, чему нет аналогий в других художественных жанрах, кроме драмы и эпистолярного романа (исключения – вроде *Изменения* М. Бютора – скорее подтверждают правило), и что позволяет сопоставить лирику с бытовой или ораторской речью, письмом, молитвой, заговором;

(3) в частности, использование обращения к заведомо "некоммуникабельным" объектам (например, неодушевленным; подробнее см. ниже, п. 13);

(4) фабульно немотивированное введение периферийных персонажей – как будто только для того, чтобы было к кому обратиться ("С своей пылающей душой... О *жены севера*, меж вами Она является порой" П.) – см. ниже, п. 6;

(5) использование – также фабульно немотивированных – речевых коммуникативных элементов: восклицаний, вопросов и т. д. (без определенного адресата) – см., например, "Цветок" или "Пир Петра Первого" П., целиком построенные на ненаправленных вопросах.

Последние три случая родственны – в них проявляется то, что можно назвать "фиктивной коммуникативностью"; именно здесь особенно ярко видно стремление к "коммуникативности во что бы то ни стало", ради нее самой.[8]

Отметим попутно, что коммуникация (человека с человеком, человека с природой и т. д.) является одной из наиболее распространенных явных тем лирики – достаточно напомнить о лирике Фета, Пастернака или, особенно, Ахматовой.

4. Говоря о коммуникативном аспекте лирики, необходимо коснуться – хотя бы крайне бегло – вопроса о соотношении этого

---

[8] Все это не исключает, разумеется, существования стихотворений, полностью лишенных каких-либо элементов внутренней коммуникативности (напр., "Есть в осени первоначальной" Т.).

аспекта с когнитивным. Основная тема лирики – существование человека в мире. Но ту же тему разрабатывают, скажем, эпические жанры или, во внехудожественной сфере, философия. В чем же особенности именно лирического подхода к этой теме? В отличие от эпоса, лирика одномоментна (ее не интересует последовательность событий, она занимается отдельными моментами человеческого существования), и, что еще более важно для нас, лирика обладает сильной моделирующей способностью, подавая личное, частное, особенное – как общее, общезначимое и общеинтересное. Лирическое стихотворение самим фактом своего написания имплицитно предполагает, что зафиксированный момент имеет всеобщее значение, что в этом моменте заключен, как в монаде, весь мир. Стихотворение поэтому, как правило, самодовлеюще и самодостаточно. Оно именно моделирует (и тем самым фиксирует и увековечивает) момент, а не просто воспроизводит и описывает его. Тем самым оно как бы претендует на вечное существование и функционирование (и стихотворная форма – ср. ее мнемоническую функцию – является заявкой на это вечное существование). Лирика, таким образом, парадоксально сочетает интимно личное с предельно обобщенным; в личном характере – ее отличие от философии, в обобщенности (и одномоментности) – от эпоса. Эпос связан с объективацией, гипостазированием событий жизни человека и человечества – и сохраняет в то же время конкретный характер ("здесь и теперь"), формула же лирики противоположна: она подает субъективное как общее.[9] Эта формула многое объясняет в коммуникативном статусе лирики. Субъективность, интимный характер лирики способствует установлению непосредственной коммуникации читателя с (имплицитным) автором; те же факторы, наряду с обобщенностью, облегчают возможность самоотождествления читателя с автором (или "лирическим героем"), обусловливают "применимость" лирики, возможность проецирования ситуации стихотворения в личный опыт читателя.

5. Перейдем к более конкретному анализу коммуникативного статуса лирики.

В качестве исходного пункта мы выберем внутритекстовый коммуникативный аспект стихотворения, т. е. будем исходить из эксплицированных в тексте персонажей ("я" и/или "ты").

---

[9] Эта особенность лирики хорошо отражена в заглавии стихотворения Пастернака: "Гроза, моментальная навек".

Будем называть текст *эготивным* (текст типа I), если он написан от 1-го лица (формальные показатели: местоимения *я, мы* и соответствующие формы глаголов); текст назовем *апеллятивным* (текст типа II), если он организован как единое обращение к тому или иному эксплицированному адресату (формальные показатели: местоимения *ты, вы*, соответствующие формы глаголов, императивы, обращения). Текст, конечно, может быть одновременно эготивным и апеллятивным, или ни тем, ни другим.

Однако такая классификация слишком суммарна. Для ее уточнения придется – хотя бы в минимальной степени – обратиться и к внетекстовым соображениям.

1-ое лицо может быть представлено как:

а) *собственное* (I соб.) – когда эксплицитное *я* может быть отождествлено с реальным автором, или *мы* – с "малой группой", включающей реального автора: "Я научилась просто, мудро жить" Ах.; "После чаю мы вышли в огромный коричневый сад" М.;

б) *чужое* (I чуж.) – когда *я*[10] не может быть отождествлено с реальным автором: "Бабочка" Ф.; "Я на дне" Ан. (я = обломок статуи);

в) *обобщенное* (I об.) – когда *мы*[11] относится к человеку вообще, или к человечеству, или к той или иной "большой группе": "О, как убийственно мы любим" Т.; "Наш век на земле быстротечен" Ах.; "Это все, что зовем мы родиной" Е.

Отметим нечеткость граней в этой классификации и возможность неопределенного статуса 1-го лица. Так, часто неясно, значит ли *мы* "мы с тобой", или "мы, люди", или "мы, определенная группа людей":" Нам свежесть слов и чувства простоту Терять не то ль, что живописцу зренье" или "Мы на сто лет состарились." Ах.; "Когда на площадях и в тишине келейной Мы сходим медленно с ума..." М. Особенно часто балансирование между I соб. и I чуж.: "Лучше б мне частушки задорно выкликать" Ах.; "Не отстать тебе: я острожник..." Ц.; "Я изучил науку расставанья..." и "По улицам меня везут без шапки..." М. Возможно даже склеивание I соб., I чуж. и I об. (например, в "Пророке" П.).

2-ое лицо может быть представлено как:

а) *собственное* (II соб.) – могущее быть отождествленным с определенным – единичным или коллективным – реальным адресатом

---

[10] Чужое *мы* нехарактерно для лирики (ср. "Мы на го́ре всем буржуям..." Бл.).
[11] Обобщенное *я* возможно, но почти неотличимо от собственного; напр., "Не так ли я, сосуд скудельный, Дерзаю на запретный путь..." Ф. ("Ласточки").

(собеседником, аудиторией): "Пускай ты выпита другим" Е.; "О чем шумите вы, народные витии?" П.;

б) *несобственное* (II несоб.) – когда имеется конкретный адресат обращения, но он заведомо не может воспринять это обращение:[12] "Кобылица молодая... Что ты мчишься, удалая..." П.; "Жизнь, зачем ты мне дана?" П.; "О где же вы, святые острова..." М.; "Мир, мир тебе, о тень поэта..." Т.; "Лишь ты одна, царица роза, Благоуханна и пышна." Ф.;

в) *обобщенное* (II об.) – когда *ты* или *вы* – человек вообще, или человечество, или некоторая категория людей: "Не то, что мните вы, природа..." Т.; "Не рассуждай, не хлопочи..." Т.; "Когда б вы знали, из какого сора Растут стихи..." Ах.; "О женщина, твой вид и взгляд..." Пас.; "Но пораженья от победы Ты сам не должен отличать..." Пас.; "Тщетно меж бурною жизнью и хладною смертью, философ, Хочешь ты пристань найти..." Б.; "Не спи, не спи, художник..." Пас.;

г) *автокоммуникативное* (II авт.) – когда *ты = я* (обращение к себе): "Живи еще хоть четверть века..." Бл.; "Не говори никому, Все, что ты видел, забудь..." М.; "Ты выводы копишь полвека..." Пас.

Отмеченная выше применительно к 1-ому лицу неопределенность характерна и для 2-го лица. Так, неясно, имеем ли мы дело с II соб. или с II несоб. в "Ничего, голубка Эвридика, Что у нас студеная зима" М.; II авт. или II об. в "В каждом маленьком духане Ты товарища найдешь..." М.; II соб., об. или авт. в "Но не пытайся для себя хранить Тебе дарованное небесами" Ах. Возможен и случай полной неопределенности эксплицитного адресата: "Эта ночь непоправима, а у вас еще светло..." М.

Мы можем теперь охарактеризовать каждое стихотворение его внутритекстовой коммуникативной схемой. Например:

I соб. – II соб. ("Не пой, красавица..." П.),
I соб. – II несоб. ("Тени сизые смесились" Т.),
I чуж. – II соб. ("Бабочка" Ф.),
△[13] – II соб. ("Свеча нагорела..." Ф.),

---

[12] Иногда отличить II несоб. от II соб. можно лишь на внетекстовом уровне: напр., отнесение к одному из этих классов стихотворения Ах. "О как пряно дыханье гвоздики", с посвящением "Осипу Мандельштаму", зависит от датировки этого стихотворения.

[13] △ – "пустой" член коммуникации.

△	– II несоб.	("О чем ты воешь, ветр ночной" Т.),
△	– II об.	("Русской женщине" Т.),
I соб.	– △	("Воспоминание" П.),
I об.	– △	("Бессонница" Т.).
△	– △	("Святая ночь на небосклон взошла" Т.) и т. д.

Заметим, что для различных поэтов (или для разных периодов творчества одного поэта), как правило, характерно предпочтение определенных коммуникативных схем. Например, для ранней Ахматовой наиболее часты I соб. – II соб. и I соб. – △; для Фета и Есенина – I соб. – II соб. и I соб. – II несоб.; для Баратынского – △ – △ и △ – II несоб.

6. До сих пор рассматривались лишь "глобальные" персонажи внутритекстовой коммуникации – "герои" стихотворения; однако часто в лирике встречаются и периферийные персонажи – появляющиеся лишь на момент (скажем, в одной строке); обычно они же являются и *формальными* персонажами, не играющими никакой содержательной роли и лишь вводящими некоторый новый коммуникативный элемент. Например, периферийное 2-ое лицо появляется в "*Ты* знаешь, я томлюсь в неволе" Ах. (больше *ты* нет;[14] однако это единственное обращение сообщает всему стихотворению оттенок апеллятивности) или в "Портрете" П. ("С своей пылающей душой... О *жены Севера*, меж вами Она является порой"). Чаще встречается периферийное 1-ое лицо, например, в "Н. Ф. Щербине" ("Вполне понятно *мне* значенье...") или в "Декабрьском утре" Т. (последняя строка: "Вдруг *нас* охватит мир дневной"), в "Когда, Соломинка..." (последняя строка: "*Я* научился вам, блаженные слова") или "На каменных отрогах Пиэрии" М. ("Чтобы... лирники слепые *Нам* подарили ионийский мед"), в "Что за звуки..." Б. ("...*слышу* чувство В сильной песни...").

Введение периферийных или формальных персонажей – яркое проявление той "коммуникативности во что бы то ни стало",

---

[14] Глобальность или периферийность персонажа, конечно, зависит не только от числа строк, ему отведенных. Так, у Ахматовой нередко в самом конце стихотворения появляется *ты*, радикально меняющее весь смысл предшествующего текста; такое *ты*, бесспорно, глобально. Самый яркий пример: "Небывалая осень построила купол высокий" с последней строкой – после того, как была развернута грандиозная (и без тени личного) картина природы – "Вот когда подошел ты, спокойный, к крыльцу моему". Другие примеры: "Я научилась просто, мудро жить" (последние строки: "И если в дверь мою ты постучишь, Мне кажется, я даже не услышу"), "Есть в близости людей заветная черта" ("... Теперь ты понял, отчего мое Не бьется сердце под твоей рукой").

о которой говорилось выше. Так, введение формальных *я* и *ты* в "Ее глаза" П. ("Она мила – *скажу меж нами...* Но, *сам признайся*, то ли дело Глаза Олениной *моей*"), ничего не добавляя к "содержанию" текста, придает ему совершенно иной коммуникативный статус.

Другое проявление того же стремления к повышенной коммуникативности – введение в текст нескольких различных персонажей 1-го и/или 2-го лица. Например, у Т. в "Последней любви", наряду с I об. ("...Нежней мы любим..."), введены четыре различных II несоб. ("Сияй, сияй, прощальный свет Любви последней...", "Помедли, помедли, вечерний день, Продлись, продлись, очарованье!", "О ты, последняя любовь!"), в "Над этой темною толпой" происходит переход от "Взойдешь ли ты когда, свобода..." к "Ты, риза чистая Христа", а "В часы, когда бывает" все построено на I об. ("Мы так удручены", "В окно на нас пахнёт", "Но силу их мы чуем" и т. д.), но в последней строфе появляются I соб. и II соб. ("...Душе моей стократно Любовь твоя была"). Другой пример сложной системы персонажей – "Золотистого меда струя" М., где автокоммуникативное *ты* ("Идешь, никого не заметишь...") сменяется последовательно собственным *мы* ("После чаю мы вышли..."), собственным *я* ("Я сказал..."), II соб. неопределенной направленности ("Помнишь, в греческом доме...") и II несоб. ("...где же ты, золотое руно?").[15]

7. Перейдем к рассмотрению соотношений между внутритекстовой коммуникативной структурой стихотворения и другими (вне- и субтекстовыми) структурами.

Начнем со схемы △ – △, где в тексте не выражена ни эготивность, ни апеллятивность. Эта невыраженность предполагает максимальную обобщенность как отправителя, так и получателя сообщения, что позволяет соотнести такие тексты с научными и философскими (а также с жанром афоризма). Фигура реального автора – ввиду отсутствия эксплицитного *я* – малозначима. Имплицитный автор выступает как обобщенный представитель человечества;

---

[15] Заметим, что множественность и – в еще большей степени – неопределенность статуса персонажей, видимо, коррелирует с трудностью восприятия поэтического текста. Мы хотим сказать, что трудность ("непонятность") того или иного стихотворения (или целой поэтической системы) часто бывает связана со сложностью и неопределенностью его внутритекстовой коммуникативной структуры (ср., например, с этой точки зрения раннюю и позднюю лирику Ахматовой).

таким же – максимально обобщенным и неопределенным – является и имплицитный читатель. Реальный читатель, реализуя имплицитного, также выступает прежде всего как "человек вообще".

Отсутствие эксплицитного адресата, далее, предполагает автокоммуникативность текста: стихотворение выступает как размышление, разговор с собой, памятная запись.

Наиболее характерные представители структуры △ – △ – философская и описательная (особенно пейзажная) лирика (что соответствует "теоретической" и "описательной" науке). Имплицитный автор выступает, соответственно, как мыслитель (оракул, глашатай вечных истин) или как наблюдатель. Тематика соответственно меняется от чисто концептуальной (констатация "извечного положения вещей") до описания конкретной картины, ср. у Т.: "Любовь, любовь – гласит преданье" и "Чародейкою-зимою…". Градация между этими полюсами непрерывна (яркий пример совмещения и равновесия "философской" и "наблюдательской" позиций – "Только в мире и есть…" Ф.; возможна и принципиально иная промежуточная позиция "визионера", например, в "Когда Психея-жизнь" М., где формально конкретная картина выступает как миф, как созерцаемая сущность).

При движении от одного полюса к другому характер имплицитного автора и читателя может меняться. Если в концептуальной лирике оба персонажа – максимально обобщенные, то конкретное описание связано с более или менее определенной пространственно-временно́й локализацией наблюдателя – и имплицитный автор выступает уже не как "человек вообще", а более конкретен: это лицо, находящееся в данное время в данном месте; конкретизируется и имплицитный читатель – хотя бы потому, что от него ожидается некоторое знание описываемых реалий, а не только "идей", – например, знание того, что такое и как выглядит "русская зима", для названного стихотворения Т. Словом, если в философской лирике коммуникация имеет максимально обобщенный характер: человечество как бы разговаривает с самим собой, – то в описательной лирике такая глобальность уже не имеет места.

8. Рассмотрим теперь схему I соб. – △. Текст эготивен, но не апеллятивен, что позволяет соотнести его с текстами типа исповеди или дневниковой записи (а также с внутренней речью).

Отсутствие эксплицитного адресата предполагает автокоммуникативность, еще более значимую (благодаря наличию эксплицитного *я*), чем в случае △ – △. Имплицитный автор здесь склеивается с эксплицитным *я* и может поэтому не рассматриваться. Может предполагаться, далее, совпадение *я* с реальным автором (но этот сложный вопрос, предполагающий, в частности, обсуждение проблемы "лирического героя", здесь не рассматривается). Крайне неопределенным является здесь положение имплицитного адресата, который должен совмещать в себе по меньшей мере три ипостаси:

а) "человека вообще" – в той мере, в какой содержание текста общезначимо – как в типе △ – △;

б) близкого к *я* человека (конфидента, исповедника) – в той мере, в какой содержание текста является личным (исповедью, рассказом о себе);

в) "нулевого лица" – в той мере, в какой текст автокоммуникативен (близок дневнику или внутренней речи).[16]

Отсюда проистекает сложность коммуникативной позиции реального читателя. С одной стороны, он находится в трудном и "неловком" положении – грубо говоря, в ситуации, когда незнакомый человек рассказывает ему о своих личных делах, откровенничает и т. д. С другой стороны, положение его легче, чем в случае △ – △, ибо здесь он вступает в непосредственный контакт с собеседником *(я)*, а не с безличным создателем текста.

Следует отметить важный, хотя и факультативный вариант взаимоотношений реального читателя с эксплицитным *я* – возможность самоотождествления читателя с *я*.

Если в случае △ – △ поэт сосредоточен на Мире, то в рассматриваемом случае – в типичных стихах такой структуры – на своем Я. Поэтому наиболее характерным тематическим наполнением здесь является интроспекция. Интроспективность часто сочетается с концептуальностью, но, в отличие от △ – △, здесь это не просто "концепция", но "*моя* концепция", переживаемая *мною* (например, "О знал бы я..." или "Во всем мне хочется дойти" Пас.; "Бывает так: какая-то истома" Ах.).

Другой вариант тематического наполнения – описание собственной "внешней" жизни, точнее, внешнее описание, включающее Я в качестве действующего лица ("Ты и вы" П.; "Еще шумел ве-

---

[16] Стихи этой структуры могут имплицитно предполагать наличие более или менее определенного адресата – "исповедника" ("Когда б не смутное влеченье" или "Я думал, сердце позабыло" П.; "Мне осталась одна забава" Е.); другой полюс – почти чистая автокоммуникативность, разговор с собой ("Воспоминание" П.).

селый день" Т.; "Я живу на важных огородах" М.; особенно характерен этот тип для ранней Ахматовой: "Перо задело...", "Звенела музыка в саду...", "Проводила друга до передней" и мн. др.). "Я" может быть и активным действующим лицом, "героем" (как в приведенных выше примерах); может сочетать в себе действующее лицо и наблюдателя ("Я очи знал..." Т.; "Исполню дымчатый обряд" М.; "Холодным утром солнце в дымке" и "Годами когда-нибудь в зале концертной"[17] Пас.); может, наконец, быть почти исключительно наблюдателем ("Обвеян вещею дремотой" и "Она сидела на полу" Т.).

9. Случай I соб. – II соб. Текст эготивен и апеллятивен, причем явный адресат *(ты)* фиксирован и представляет собой конкретное лицо, может быть, неизвестное читателю, но известное (и, как правило, близкое) эксплицитному *я*.

Соотношение эксплицитного, имплицитного и реального *я* здесь то же, что в предыдущем случае.

Очевидная внутритекстовая коммуникативная связь – между эксплицитными *я* и *ты*. Степени выявления этой связи (т. е. апеллятивности) очень многообразны – от крайне резко выраженной, как формально, так и содержательно (например, "Признание" П.), до очень слабой ("Не пой, красавица", "...Я вас любил", "Няне", "Зимняя дорога", "Художнику" П.). В обратном отношении к степени выявления апеллятивности находится автокоммуникативность (так, сильно автокоммуникативны из названных такие стихи, как "Няне" – по существу, воспоминания, обращенные более всего к себе; как "Зимняя дорога" – практически, внутренний монолог; автокоммуникативность "Не пой, красавица" усугубляется, если принять во внимание, что адресат, возможно, не понимает по-русски). Впрочем, встречается и сочетание сильной апеллятивности с сильной автокоммуникативностью (например, "Простишь ли мне ревнивые мечты" – одновременно и обращение к *ты*, и разговор с собой).

Имплицитный адресат сочетает в себе те же черты, что в предыдущем случае, но прибавляется еще одна его ипостась: лицо, тождественное с эксплицитным адресатом, – в той мере, в какой текст апеллятивен.

---

[17] Здесь *я* выступает и в роли вспоминающего, и в роли одного из участников тех событий, о которых вспоминается.

Отсюда, как и в п. 8, проистекает сложность коммуникативной позиции реального читателя, выступающего в неловкой роли "третьего лишнего" (подслушивающего непредназначенный для него разговор или читающего чужое письмо). Эта неловкость, однако, смягчается (если не снимается) тем, что сам факт опубликованности (вообще – хождения среди "третьих лиц") интимного текста предполагает в реальном читателе доверенное лицо *я* (ср. ипостась б в п. 8). Одновременно возможно и самоотождествление реального читателя с *я* (или – редко – с *ты*).

Заметим, что *ты* можно формально разделить на два класса: "заменимое ты" (переводимое в 3-е лицо; например, в "Я помню чудное мгновенье" П. или во "Все мы бражники здесь, блудницы" Ах.) – и "незаменимое" (замена 3-ьим лицом невозможна при наличии обращений, императивов, направленных вопросов). Однако более содержательны другие классификации (близкие названной): "ты обращения" и "ты описания", или же "ты hic et nunc" ("Дорогая, сядем рядом" Е.; "...Хочешь – примус туго накачай..." М.) и "ты отъединенное" ("Я живу с твоей карточкой..." Пас.; "Я вспомнил тебя, дорогую, Моя одряхлевшая мать" Е.).

Внутренняя коммуникативная ситуация стихотворения рассматриваемого типа соотносится с ситуацией бытовой речи (обращение к собеседнику), письма или внутреннего монолога (с обращением к внутреннему образу *ты*). Наиболее обычно в русской лирике обращение неопределенного типа, как бы промежуточное между указанными тремя ситуациями. Таковы, например, у П.: "Предчувствие", "Кокетке", "Простишь ли мне...", "Я вас любил" и т. д. В других случаях может наблюдаться тяготение к той или иной из ситуаций. К ситуации письма ближе всего, естественно, жанр стихотворного послания (где могут появляться и формальные элементы эпистолярного жанра); однако тип письма можно наблюдать не только в явно выраженных посланиях – например, "Признание" П. Другие стихи тяготеют скорее к непосредственному обращению; это характерно, например, для лирики Фета и Есенина ("Сядем здесь, у этой ивы" или "Следить твои шаги..." Ф.; "Ну целуй меня, целуй" Е.). Наконец, часто наблюдается тяготение к внутреннему монологу – это характерно, в частности, для лирики Ахматовой.

Заметим, что – поскольку правомерно говорить о "героях" лирического стихотворения – наиболее часто для этой схемы случай, когда в стихотворении два "героя" – *я* и *ты* ("Кокетке", "Я вас любил", "Признание" П.), реже три – *я*, *ты* и *он (она)* – третье лицо

("Не пой, красавица" П.), редко – только *ты* ("Няне" П.), только *я* ("Предчувствие" П.) или только *он (она)* ("Стансы" П.)

10. Схема I об. – △. Ее коммуникативный статус легче всего выявляется путем простого эксперимента – замены обобщенного *мы* на *я*, с одной стороны, и на *они* (люди), с другой. Например, в "Молятся звезды..." Ф.: "Видны им наши томленья и горе" → "Видно мое им томленье и горе" или "Видят людские томленья и горе"; или у Т.: "Увы, что нашего незнанья И беспомощней и грустней" → "...моего..." или "...человеческого..." (еще более красноречив подобный эксперимент, проделанный, например, над "Бессонницей" Т.). Замена *мы* → *я* снимает общечеловеческую значимость сказанного, замена *мы* → *они* уничтожает интимность. Использование же обобщенного *мы* парадоксальным образом сочетает в себе общезначимость и интимность. *Мы* означает здесь и "я", и "ты", и "все" (каждый); в результате возникает коммуникация интегрального характера, и реальный читатель подключается к этому *мы*, вовлекаясь во внутритекстовую коммуникативную ситуацию, принимая участие в том разговоре человечества с самим собой, который дан в тексте. Более, чем в какой бы то ни было другой структуре, здесь достигается ощущение интимного единства человечества. Именно в этой структуре достигается максимально возможная степень склеивания различных персонажей – участников коммуникации, связанной со стихотворением, и апеллятивность текста становится в результате неотделимой от автокоммуникативности, а последняя приобретает глобальный характер: см. такие образцы, как "Благословен святое возвестивший" Б.; "Сумерки свободы" М.; "Двадцать четвертую драму Шекспира" Ах.; и особенно "Бессонница", "Сны", "Поэзия", "В часы, когда бывает" Т.[18]

11. Рассмотрим теперь тексты, включающие II об. Они четко делятся на две группы с совершенно различным коммуникативным статусом. Одна обычно связана с местоимением *вы* и полностью лишена автокоммуникативности ("вы", исключающее "я"). Типичные примеры: "Не то, что мните вы, природа",[19] "Весна" Т.

[18] Хорошо выявляются особенности этой структуры в "То было на Валлен-Коски" Ан., где *мы* собственное (= мы с тобой: "мы с ночи холодной зевали..." и т. д.) сменяется в конце *мы* обобщенным ("Как листья тогда мы чутки...").
[19] Здесь отчужденность *вы* от *я* особенно подчеркивается переходом от *вы* первых строф к *они* ("... Они не видят и не слышат...").

("... игра и жертва жизни частной! Приди ж, отвергни чувств обман..."); "Мне ни к чему одические рати" Ах. ("... Когда б вы знали, из какого сора Растут стихи..."); "Ева" Пас. ("... О женщина, твой вид и взгляд Ничуть меня в тупик не ставят..."); "Поэты" Бл. ("... Так жили поэты. Читатель и друг! Ты думаешь...").[20] Это – чисто апеллятивные тексты. Положение имплицитного читателя здесь неопределенное – колеблющееся между ориентированностью на адресата и на адресанта обращения; реальный читатель скорее отождествляет себя с адресантом[21] (особенно при наличии эксплицитного *я*).

Вторая группа обычно связана с местоимением *ты* и отличается сильной автокоммуникативностью (по существу, это случай, промежуточный между II об. и II авт.). Это *ты*, отчасти совпадающее с *я* (или включающее его). Типичные примеры: "Поэту" П.; "Ахилл" Б. ("... И одной пятой своею Невредим ты, если ею На живую веру стал!"); "Silentium", "Не рассуждай, не хлопочи" Т.; "Учись у них – у дуба, у березы" Ф.; "Ночь" Пас. ("Не спи, не спи, работай, Не прерывай труда..."). Коммуникативный статус этой группы очень близок к статусу I об.[22] (см. выше), отличаясь, быть может, еще большей степенью интимности – при сохранении не меньшей степени общезначимости.

12. Перейдем к стихам, включающим I чуж. Они разбиваются на 2 группы с различным коммуникативным статусом: (1) *я* – объект, не являющийся человеком; (2) *я* – человек, не могущий быть отождествленным с реальным автором.

Случай 1. Цель такой структуры – достижение максимального контакта с объектом через авторское самоотождествление с ним. Типичные примеры: "Бабочка" Ф. ("... воздушным очертаньем Я так мила..."); "Листья" Т. ("... Мы ж легкое племя, Цветем и блестим..."); "Я на дне, я печальный обломок..." Ан. Это редкий и

---

[20] Здесь происходит склеивание эксплицитного и имплицитного (и, может быть, реального) адресата.
[21] Что является любопытным феноменом, особенно ярко – в силу наличия явного обращения в "вы", которое читатель, по видимости, должен относить к себе, – иллюстрирующим специфическую для прагматического статуса лирики тенденцию к самоотождествлению реального читателя с (имплицитным) автором.
[22] При этом использование 2-го лица дает более широкие чисто языковые выразительные возможности – такие, как обращение и императив. Напр., "Silentium" Т. вполне представимо в 1-ом лице, но по языковым причинам не переводимо в него.

рискованный прием, легко возбуждающий непредусмотренный автором комический эффект – при сопоставлении реального облика автора с эксплицитным *я* (бородатый Аф. Аф. Фет = бабочка).[23] Прием этот, кроме того, вряд ли достигает своей цели, поскольку из-за крайней несхожести образ имплицитного автора не накладывается на эксплицитное *я*, – и самоотождествление реального читателя с эксплицитным *я* почти невозможно.

Случай 2 относится, прежде всего, к переводам,[24] переложениям, подражаниям и стилизациям ("Подражание арабскому" или "От меня вечор Леила" П., "Александрийские песни" Кузмина, или, в другом роде, "Веселие на Руси" – "... Д'накачался Я, Д'наплясался Я..." – А. Белого). Имплицитное *я* здесь комплексное, сочетающее в себе как черты эксплицитного *я*, так и черты реального автора[25] (девушка из Александрии – и М. А. Кузмин); соответственно сложна и позиция реального читателя, который может либо раздваивать свое самоотождествление, либо концентрировать его на одной из ипостасей имплицитного *я*.

Аналогичная ситуация и в стихах, лишенных элемента стилизации, как например, в стихах женщины-поэта от лица мужчины ("Подошла. Я волненья не выдал" Ах., многие стихи З. Гиппиус) или в стихах, где эксплицитное *я* колеблется между I соб. и I чуж. (как "Я изучил науку расставанья" М., написанное в какой-то мере от лица Овидия).[26] Ограничимся этими краткими замечаниями, хотя тема "чужого голоса" в лирике, конечно, заслуживает более подробного рассмотрения.

13. Если использование I чуж. для лирики не специфично (скорее – для романа) и встречается достаточно редко, то наличие II несоб. (т. е. апеллятивности, направленной на некоммуникабельный объект), напротив, в высшей степени характерно для лирики, и позволяет соотнести соответствующие поэтические тексты с текстами заговоров и заклинаний, действительно, внутренне близкими лирике.

---

[23] Ср. "обнажение приема" в стихах Милна-Заходера из "Винни-Пуха": "Я тучка, тучка, тучка, А вовсе не медведь...".
[24] В тех случаях, когда индивидуальность переводчика достаточно сильна, чтобы его *я* стало по меньшей мере вровень с авторским *я* (напр., пушкинская анакреонтика).
[25] В случае перевода – и автора оригинала, и переводчика.
[26] Аналогичный случай – в "Стихах из романа" Пас., где "чужие" стихи (к тому же соотносящиеся с фактами биографии героя романа) одновременно могут рассматриваться как личные высказывания реального автора. Происходит раздвоение имплицитного автора (а за ним – и эксплицитного *я*).

Функция соответствующего приема очевидна – достижение интимного контакта с объектом; для того, чтобы в этом убедиться, достаточно преобразовать 2-ое лицо в 3-ье: например, "Слезы людские, о слезы людские, Льетесь вы ранней и поздней порой..." Т. → "... льются и ранней и поздней порой", – ощущение тесного контакта и сопричастности объекту ослабляется или вовсе утрачивается.

Та же функция присуща использованию I чуж.; но такое использование сопряжено, как мы видели, с некоторой неловкостью и издержками, не возникающими при II несоб. (ср. такое – да простит нас Бог – преобразование тютчевского текста: "Слезы людские мы, слезы людские, льемся мы ранней и поздней порой...").

II несоб. почти всегда встречается в сочетании с I соб. Благодаря самоотождествлению реального читателя с эксплицитным *я*, внутритекстовая коммуникация эксплицитного *я* с объектом индуцирует коммуникацию реального читателя с этим объектом.

Заметим, что стихи со схемой I соб. – II несоб. почти всегда обладают сильной автокоммуникативностью – благодаря тому, что внутритекстовая коммуникация является фиктивной (с точки зрения здравого смысла). Таким образом, стихи этого типа органически сочетают в себе два важных свойства лирики – апеллятивность и автокоммуникативность, что, может быть, объясняет широкую распространенность этой схемы.

Объекты обращения здесь крайне разнообразны. Это и явления и объекты природы ("Туча" П.; "Конь морской" [волна], "О чем ты воешь, ветер ночной", "Тени сизые сместились" [сумрак], "Ты волна моя морская", "Как хорошо ты, о море ночное" Т.; "Как нежишь ты, серебряная ночь", "Горная высь" Ф.), в том числе животные и растения ("Кобылица молодая..." П.; "Ропот" [муха] Б.; "Что ты клонишь над водами, Ива, макушку свою", "Лебедь" Т.; "Первый ландыш", "Вольный сокол", "Осенняя роза" Ф.), и предметы человеческого обихода ("Бокал" Б.; "Сожженная тетрадь" Ах.; "Стол" Ц.); и умершие люди – великие или близкие ("Заклинание", "Для берегов..." П.; "На древе человечества..." [Гёте], "Наполеон", "Вот бреду я вдоль большой дороги" [Денисьева] Т.; "О как пряно дыханье гвоздики" [Мандельштам] Ах.); и идеальные (в том числе "внутренние") объекты разной природы ("Рифма – звучная подруга", "Дар напрасный..." [жизнь] П.; "На что вы, дни" Б.; "О вещая душа моя" Т.; "Тяжела ты, любовная память" Ах.).

14. Отметим в заключение, что коммуникативный статус стихотворения изменяется и усложняется, если его восприятие связано с наличием посредника – третьего лица, стоящего между автором и читателем. О таком посреднике, как переводчик, упоминалось выше.[27] Другой тип посредника – чтец, причем для коммуникативной ситуации, сопутствующей восприятию стихотворения, существенно, с одной стороны, в публичной[28] или же в интимной обстановке происходит чтение, и, с другой, является ли чтец посторонним или же близким слушателю лицом. Для каждого из этих случаев (и, разумеется, в зависимости от внутренней структуры стихотворения) возникает своя коммуникативная ситуация и своя система персонажей и их отношений. Особо интересны предельные случаи: а) когда посредник тождествен автору (авторское чтение); б) когда посредник тождествен слушателю (восприятие стихов исполнителем перед аудиторией; возможно, эта ситуация особенно способствует самоотождествлению адресата с автором).

---

[27] Заметим попутно, что одна из "опасностей" поэтического перевода заключается в том, что перевод нарушает предполагавшиеся автором (и имплицитно заложенные в тексте) коммуникативные связи, заменяя их другими.
[28] При этом существенна также структура аудитории – напр., ощущает ли она себя единым "мы".

AN ANALYSIS OF SOME VISUAL SIGNS; SUGGESTIONS FOR DISCUSSION

M. R. MAYENOWA

We cannot, for the time being, carry an analysis of signs, and especially of visual iconic signs, to the point at which we could describe in a uniform language both poetic sign constructions and the sign structures involving, at least in part, elements of a non-linguistic character. Nonetheless, provisional attempts at describing some sign complexes (some would be willing to use the term "text" here) may be helpful in bringing out the nature of the semiotic operations in poetry. In order to achieve this, and to arrive at some, at least, of the questions concerning the informational capacities of non-linguistic elements, we will attempt to describe a few semiotically diverse sign complexes.

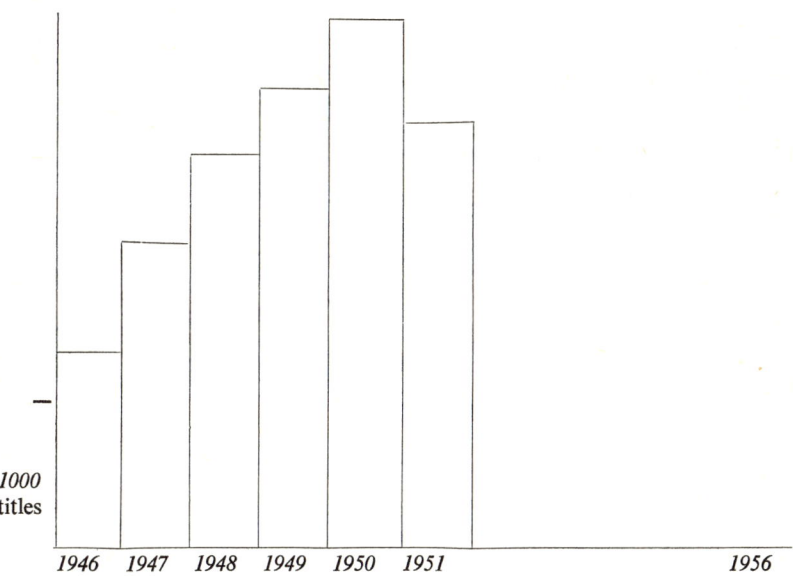

Literary publication in Poland from 1946 to 1956

I owe essential corrections of this text to A. Bogusławski.

There seem to be several ways of arriving at a sufficiently rigorous account.

Suppose we have before us the reproduction of an object without any caption. If a member of our cultural community judges its fittingness as parts of a message called a diagram, then a basic condition for recognizing diagrams, or non-linguistic parts of them, must have been fulfilled. Knowledge of a certain convention makes it possible to identify an object as a diagram depicting some ratio of magnitudes, that is to say, something measurable — whether it be the same quality or thing at different points in time, or different things at the same point in time. Looking at the object, we can say that the ratio between its angles is the same (not similar, but the same!) as the quantitative relations obtaining in that something (exactly what we do not yet know) in relation to which this object functions as a diagram. Knowledge of the convention functioning in our culture is thus essential in this case, even though we are dealing with a sign or an object whose informational part (i.e. the part referring to quantitative relations) is a true model of the structure of reality. Only when we introduce a linguistic text, like a title or an explanation, can we find out what things or qualities stand in a numerical relation to one another as portrayed by our drawing.

The informational possibilities of this kind of sign-diagram or object-diagram are thus wholly dependent. Without the addition of symbolic signs, a diagram cannot function, even if we are somehow able, by virtue of our membership in a particular culture-group to recognize a particular drawing as a diagram.

The nature of the measurable ratio represented in our drawing can only be clarified by reading the caption, both words and figures. This determines the variants in the interpretations of sign structure of our message. It should be noted that the caption is a two-grade one. The caption beneath the diagram reads: "Literary publication in Poland 1946-1956". In addition we have figures under each of the rectangles described; these, in connection with the legend and the customs known to us, we identify as a series of years. On the vertical side of the first rectangle we identify the signs of some scale, each unit of which is a sign representing a thousand book titles.

(1) We read our message as follows: in 1946 there were 1300 items of belles lettres published in Poland, in 1947 there were 2000, in 1948 there were 2670, etc. Thus each rectangular area stands for a certain number of items published in that year. As to the number of items published, it

follows from the vertical scale: there were as many thousands of them as there are units of length on the vertical side of our rectangle. The years are written horizontally in signs easily translatable into human language.

Our message might be extended to give information about years not covered by the diagram. We know how to construct rectangles conveying units of such information. Both planes of expression and content are discrete. It is a difficult problem, however, to determine the level of such elementary units as our rectangles in terms of the description of a natural language. Each rectangle might be considered an elementary message, i.e. a sentence, but one might also think of it as a name. It is only in this message that the rectangle functions as a sign of the numbers of books published; otherwise it does not function as a sign at all. In other words, these rectangles are elements of a sign system built up *ad hoc* for the sake of the message, though according to a pattern recurrent in our culture. Linguistically speaking, we have operated with one derivational rule to form signs (rectangles) of the number of items produced and one syntactic rule to combine the elementary sentences (or names). Our units of information are never used in isolation.

Now such an account raises many problems: it seems purely arbitrary whether we treat our rectangles as sentences or as names. Without resorting to natural language signs, we could only speak of some drawings which portray sizes or numbers of things. Therefore the following account may be more correct:

(2) A drawing, consisting of a row of rectangles and a caption, is not in itself a sign. It is rather the model of a certain quantitative ratio of a certain reality. The message is composed not alone of signs (natural language signs) but also of an object modelling certain features of reality. As a whole, it invites the following reading: the quantitative ratio of book production in Poland between the years from 1946 to 1956 is like the ratio of heights in the sequence of rectangles in the drawing (model). This type of message, made up of language signs and objects functioning as models, has the merit of quickly furnishing various pieces of information to be derived from the model.

As a conclusion to our twofold analytic suggestion, we could remark that whichever interpretation of the diagrammatic message we prefer we must recognize the variety of its permitted partial decipherments. If the sequence models successive periods in time, it must obviously be read in a particular order. If not, however, it would be a matter of indifference in what order we were to read it and from which point onwards.

Let us now consider another type of iconic diagram: the map. By way of example, let us take a map of Europe showing Europe's place on the globe, the contours of the coastline and inland relief, river courses, lake and sea depths, and so on. There is practically no beginning or end to reading a map, no more than there is to a picture or certain circular diagrams. A map can be "read" from any point onwards. How are we to describe the more complicated code involved here?

A map presents, according to a given scale, the same distances between particular objects as exist in reality. And in this sense it also functions as a model.

It has, to begin with, a number of quite special, conventional signs, which cover the surface of the map with a network of longitudinal and latitudinal lines. These lines do not model any features of the terrain. They serve, rather, to facilitate the proper deployment of other signs which do perform this function. They are not iconic in character: the longitudinal lines all point to the earth's poles, while one of them, marked with the appropriate figure, passes through Greenwich. In the complicated system of the map they seem to perform the function of indexes, i.e. the same type of signs as the demonstrative pronouns in a natural language.

The main "vocabulary" of the map is composed of a linguistic sign (a proper name: the Vistula, the Baltic, Mount Babia....) and of another kind of sign, indicating the nature of the object (being a river, a sea, a mountain, etc.). It seems worth noting that the categorial element of content (the quality of being a river, a lake, a plain, etc.) is conveyed by the non-linguistic part of the sign, while the linguistic part is a proper name.

Let us consider each type of sign separately. A number of curves of varying thickness and shape, along with the accompanying proper names, indicate the course of rivers and the width of their beds. Each of these lines is an iconic sign, individual and unique, representing just one designate. We thus have as many different signs on our map as we have rivers. But these curved lines only denote the rivers in question if they are placed on a certain part of the map. Thus the shape and thickness of the line and its location all model properties of particular rivers. Not all its properties are modelled, however. The course of the river is modelled by inherent features of the curved line; but its width is shown by the thickness of that line in relation to others representing the width of other rivers, or of that same river at some other point. All we can read from the map is that its bed is, for example, wider here and narrower there. Its position, on the other hand, is a property describable only in relation to something else.

There are no other similarities between the sign for a river and the river itself.

The blue shading of varying intensity represents the depth of the water in lakes and seas or oceans. The shape and position of these fragments of shading makes them, too, unique signs of unique designates. They model with precision the size, shape, and position attributed to real expanses of water (obviously we are not taking considerations of scale into account in this description).

The blue shading as a sign of water is contrasted with all other colors used on the map, all of which denote land. Each of these colors – green, yellow, browns of varying intensity – denotes some topographical features: plains, plateaus, mountain chains, etc. And again, as in the case of water, the shape and size of patches of uniform coloring represent individual signs in the vocabulary. The signs of that vocabulary are, as we said earlier, discrete.

What is the relation of these colors to the meanings they convey? Water is usually not blue, plains need not be green, nor plateaus yellow and mountains brown, And yet we feel that these colors have not been chosen for their respective purposes completely arbitrarily. The selection has had some measure of motivation. Perhaps standard conceits like "blue waters" and "verdant plains" supplied the motivation initially, and were later (being insufficient in themselves) strengthened by convention, a convention less than ancient, by the way, since to the best of my knowledge, the canon hardened only in the second half of the nineteenth century.

Degrees of intensity of color in different fragments of the map form dual signs. The legend attributes different meanings to the different colors used, and in this sense, color is an inherent sign in relation to a given space. At the same time, the existence of an established convention permits one, with the aid of the legend, to interpret a patch of more intensive green as being lower in altitude than a patch of less intensive green. In this sense, degrees of intensity within a given map are relational signs.

Thus our code has a very rich vocabulary. The meaning of each expression in that language may be characterized by using four values: the size or length of the stretch of terrain or the river, the height above sea-level, the position in relation to any chosen point or to the network of latitudinal and longitudinal lines, and the topography. From the point of view of three of these features, all expressions in the vocabulary are unique signs with only one possible designate. If the position of the fragments of the map singled out is a feature of a sign-expression, the map cannot have any rules of syntax. The values of its vocabulary exclude any grammatical rules. Thus maps, though commonly regarded as diagrams, are in fact sign structures quite different in character from the classical diagram. For they model not only (and not even primarily) relations but also inherent properties. Their code consists exclusively of their vocabulary; that vocabulary contains signs of two different types, signs of latitude and longitude which we interpret as indexes, on the one hand, and all remaining signs, on the other.

Like our diagram, the map cannot function without a legend, i.e. without verbal explanations. Nonetheless, anyone who has seen a map of Europe once is likely to recognize another (along with many, but not all, of its signs), and that precisely because of the uniqueness of so many of its signs. Anyone who has seen a map once is likely to recognize rivers, lakes, seas, mountains, and so on.

Let us now proceed to that type of iconic sign which Peirce has called metaphors and which, in many of the more recent accounts of Peirce's typology, is simply omitted. Suppose we have a drawing before us in which we recognize a female figure with bound eyes and a pair of scales in her hand. That figure is, of course, a symbol of justice: an iconic, metaphorical sign.

In order to examine the relations existing within this type of signs more closely, let us refer to the sixteenth-century *Iconologia* of Cesare Ripa. Ripa's collection is composed of a series of schematic drawings with one- or two-word titles and explanatory texts accompanying each. Let us consider one of the first of them, "Academia".

The accompanying descriptive text reads:

A woman of mature years with a golden crown on her head holds a blade in her right hand, on which is a ribbon with the words "Detrahit atque polit", whilst in her left hand she has a garland....

The recognition of a seated human figure, which, judging by its skirt, is a woman, and of the trees and other objects depicted, takes place thanks to the perception of a certain similarity, despite the fact that neither human figures nor trees are flat or composed of dark lines on grayish paper. The resemblance consists rather in the broad, overall relations between what we identify as the head, neck, shoulders, etc. In addition to this, our knowledge of iconic representation and drawing tells us not to expect illusions of mass in Ripa's works. We accept the idea that the spherical shape of a head can be modelled by a flat, almost circular figure.

Let us repeat the point again: whether or not the members of a particular culture expect a measure of verisimilitude from an iconic sign depends on the category of signs to which they attribute the sign in question. Ripa's sketches do not have to create a consistent illusion of mass, whereas Rubens' paintings, on the other hand, are identified on that basis (among others).

There are objects in Ripa's drawing which must be regarded as ambiguous. Thus, though the wreath is clearly enough composed of some kind of herbs, the round objects in it could only be interpreted as fruit with the aid of a specialist's knowledge of the prevailing conventions. General knowledge of the world would not be sufficient. To reach the conclusion that they are pomegranates, however, even a specialist's knowledge would be inadequate; only reference to the accompanying text will enlighten us. Thus, in this drawing, which borders on the iconic-diagrammatic, we find intermingled elements of *signifiant-signifié* resemblance and prevailing conventions. Our knowledge of those conventions permits us to concentrate on certain features of the drawing and ignore the rest.

The accompanying text explains all the relevant properties of the drawing, fixing the relationship between them and those of "Academia". In addition, it directs attention to a whole literature justifying the choice of particular elements of the drawing. Thus the blade in the woman's hand is justified by quotations from Quintilian, Horace, Petrarch, and the Adages, where the word *blade* is used as a metaphorical term for carefully polished speech.

The motivations given for different elements of the drawing are various. The descriptive text explains that the woman's multicolored dress represents the multiplicity of the sciences pursued in Academia. Thus the verbal description speaks about features of the objects depicted which are in fact only postulated. The drawing is in black-and-white, and the colors of the dress would be accordingly difficult to infer from it alone. And many other things could not be recognized in the attached iconic representation, including elements of the picture which are semantically relevant. The drawing is, in effect, like a schematic proposition or a set of instructions for a painter, who could fill it out with numerous details which might or might not be relevant from the point of view of the message. The role of literary, mythological, and even purely linguistic elements in determining this iconic vocabulary is enormous. The basic, primary *signifiés* of our vocabulary cannot do without a verbal element, since not all elements are meant to be unequivocally recognized as purely iconic. But secondary meanings of an allegorical character are attached to our iconic signs only by means of language. The allegorical or perhaps metaphorical nature of the whole vocabulary can only be rendered so by attributing linguistically-formulated values to particular elements of the picture. These formulations are not the individual discovery of the compiler of the lexicon. Various cultural traditions contribute towards motivating the second-level meanings adhering to elementary iconic signs.

It is very difficult to say what the proportion is in these pictures of pure iconicism, i.e. of the resemblance between what we see in the drawing and our knowledge of methods of drawing. The principles governing this similarity are saturated with conventional rules about presenting people and objects. Without going into this question any more deeply, let us proceed to an analysis of the classical iconic picture-sign.

I shall, for the purpose, make reference to Poussin's familiar landscape showing a man killed by a snake (in my analysis of which I shall be borrowing freely from Marin).[1] This painting is probably not a presentation of any known literary or mythological anecdote. Inasmuch as it is not accompanied by any verbal inscription, we are dealing with a pure form of an iconic sign. We recognize immediately certain elements of a summer landscape simply on the basis of resemblance: trees, shrubs, a stream of water descending from some rocks, an architectural outline on the horizon, a river, bathers, some people in a boat, one of them leaning over the edge and trailing a fishing line, etc. In the center of the painting there is a seated female figure with arms extended in such a way that one of them directs attention toward the group of bathers and the other toward the group in the boat. Her face is directed in obvious fear toward the bottom right-hand section of the painting, where we see a male figure looking in turn toward the lower left-hand part. His face, too, expresses fear, and his attitude suggests movement forward abruptly checked or an about-turn caught at the moment of execution. In the lower left-hand section we see a male figure ensnared in the coils of an enormous snake. One arm and one leg are in the water.

This painting has been the subject of numerous readings. Marin seeks to make comparison of these more manageable by indicating which elements in the painting cannot be interpreted unambiguously: thus the prostrate figure trapped by the snake may have been killed by the snake, or seized by it when already a corpse; the second man is sometimes interpreted as having halted in fright while approaching, at other times as fleeing back in horror, or as fleeing with his hair standing on end from horror; the woman is sometimes held to be unable to see the figure in the coils of the serpent because of the lay of the land, at other times to be amazed and frightened by the fleeing figure, and at still others to be shrieking from terror.

The point is that if one is to describe what is taking place in the foreground of the picture, one must go beyond the events depicted and postulate certain temporal and causative links which are not and cannot be shown in the painting itself. A picture making use of purely iconic signs cannot contain narration. "In effect, a picture can present only one event seized at some indivisible moment of time."

The various descriptions which Marin juxtaposes proceed from different starting points. The painting itself, of course, contains no instructions as

[1] See L. Marin, "La description de l'image", *Communications* 15 (1970).

to where to start or in what direction to proceed. This again would appear to be a result of the atemporality of pictures.

Some medieval paintings, it may be remembered, represented the passage of time. Thus in an icon described by Uspenskij,[2] we see a figure with sword in hand striking a gesture which is meant to inform us that one moment hence the sword will descend on the neck of the man standing alongside. The man about to lose his head is John the Baptist. Beside him in turn is his own severed head. Obviously a correct interpretation of this simultaneous presentation of a figure before and after decapitation can only be made if one is aware of a certain conventional link between the two fixed by the culture of the period.

What we have said so far does not, of course, exhaust the subject. We have not advanced beyond what Panofskij calls "the iconographic level" of comprehension; that is to say, we have merely recognized some objects depicted and have excluded certain interpretations of them as impossible.

More must be done to complete our analysis of the iconic message. If we were to limit ourselves to identification at the iconographic level, we would be unable to make any sense of certain iconographic elements in the painting. Some kind of verbal narration has to be introduced. Further progress in interpretation is dependent on one particularly important operation.

At the iconographic level, the elementary sign is the fragment depicting one object. But from the semantic point of view, this manner of segmenting the painting is not the only one possible. Our knowledge of the cultural tradition to which the painting belongs suggests one other approach to the problem. If we divide the painting into an upper and lower half, we notice that the upper section is made up primarily of landscape elements, while the lower one is given over to the depiction of human affairs; in other words, we get a contrasting of landscape (nature) and "history".

The part devoted to landscape forms in fact a single compound sign: the sign of idyllic landscape. It can be recognized as a transformation of the *locus amoenus* with its characteristic sunlight, fresh spring, or summer greenery and lustrous water. This sign undoubtedly derives ultimately from literature, but it had also had a long tradition within painting itself, and anyone familiar with that tradition could recognize it without difficulty. Obviously the analysis of idyllic landscape contrasted with

---

[2] See B. Uspenskij, *Poètika kompozicii* (Moskva, 1971).

human drama takes place at another level than that of iconographic analysis.

Further analysis raises new and difficult problems, problems deriving from the triangular composition of the dramatic narration suggested by the three figures. The three people in the boat present another such triangular arrangement, as do the three people playing in the other upper corner. The woman's arms, forming the apex of the dramatic triangle, direct attention toward the other triangular compositions in the upper part of the painting. These further triangles, whose detection calls for effort and sensitivity on the part of the interpreter, lead to further contrasts (merrymaking and death, for example). These triangles belong to the formal plane, to what we call the expression plane, to the structure of the *signifiant*, and they lead to certain interpretations in the content plane. We are confronted here with the phenomenon of secondary signs being created within the iconic structure. The similarity or parallelism of form stimulates comparison of content. This is an expression of man's general attitude toward sign structures. The juxtaposition of merrymaking and death mentioned above belongs to this secondary network of meanings. The force of this juxtaposition is not a constant element; it depends as much on the sensitivity and culture of the addressee as on the elements of the painting itself.

Non-iconographic interpretation of a painting consists in introducing blank spots, as it were, into the surface of the painting in order to connect up a network of relations between certain other points and elide elements of no immediate relevance from that perspective. A painting is an uninterrupted surface whose semantic articulation beyond the iconographic level consists essentially in the elimination of those fragments of the surface which do not belong to the network of relations on which attention is being focused. It must not be thought that this is an arbitrary procedure. On the contrary, I would maintain that it can be done well or badly, i.e. in a manner justified by the painting or not justified by the painting. Articulation may result in focusing attention on either more or fewer relations, on either the important or the trivial. It may interrelate them accurately, erroneously, or not at all. In any case, the iconographic level never constitutes the exclusive basis for articulation.

Our analysis of the oppositions and juxtapositions in Poussin's painting could, of course, be carried further; we shall content ourselves, however, with merely pointing to certain other semiotically relevant relations.

Poussin's painting acquired (half-way through the nineteenth century) the title "Landscape with a Man Killed by a Snake". This title (which we might ignore if we chose) has the virtue at least of placing the painting in a particular class and sub-class: the class of landscapes, and the sub-class of landscapes depicting a "history". To decipher the meaning of the painting, one must look at it as a member of a group, in special relations (opposition or similarity) with other members of that group. And as a member of a sub-group, it participates in certain relations with other sub-groups functioning alongside it.

The semantic values which can be constructed from juxtapositions of this type are all extremely important in interpreting the meaning of an iconic sign like Poussin's painting. The multiple layers of organization of meaning which occur here were not encountered in the case of either the diagram or the map.

An understanding of the structure and means of analyzing visual iconic signs seems important, among other reasons, because iconic signs do occur in literature and, though non-visual, retain there certain other iconic characteristics. And from the point of view of our interest in literature as a mechanism for conveying information, it seems important that we should be aware of all the specific communicational possibilities inherent in iconic or symbolic signs.

We are speaking here of primary meanings, of those meanings which belong to the iconographic level. The purely iconic message would seem unable to formulate metalinguistic utterances. In the language of iconic signs, one cannot convey messages of the type "it is true that—" or "It is not true that...". Iconic "language" cannot form structures containing any implicit or explicit metalinguistic expressions. And as Peirce suggests, iconic expressions, being recognized on the basis of past experience, are in a sense, true — hence the special function of visual iconic signs in propaganda. Iconic "texts" have a kind of psychological authenticity. In translation into the symbolic signs of language, they cannot by equated with isolated words but only with sentences, i.e. with a structure which from the semantic point of view contains a judgment about the existence of something. Of their very nature, iconic signs do not lend themselves to the construction of messages expressing doubts. Nor do they permit the creation of structures conveying internal discussion in any sense of the word. Quasi-indirect speech is an impossibility in iconic signs.

LITERATURE AS INFORMATION
SOME NOTES ON LOTMAN'S BOOK:
STRUKTURA XUDOŽESTVENNOGO TEKSTA

JAN M. MEIJER

The group that has formed around Ju. M. Lotman in Tartu has built up a lively reputation in the relatively short time of its existence. This is due to a large extent to the series *Semeiotikè*, with five volumes published to date. It is not necessary to agree with the propositions advanced in these volumes in order to be stimulated by the studies in literature and culture contained in this series. It is particularly in the study of culture that the semiotic approach seems to be fruitful. The most comprehensive contribution in the field of literature is Ju. M. Lotman's monograph on the structure of the artistic text.[1] Our notes will concern this book, and will only occasionally touch upon Lotman's articles in the series mentioned above. Some of these are closely connected with the theme of the book and have evidently been used in its preparation.

It has its attractions to apply the information theory to literature. If successful, this will bring the science of literature considerably closer to formalisation. While this may be a mixed blessing in itself it is at the same time a necessary stage: a discipline that cannot stand such a trial does not deserve its name. This science is not a "purified" literary criticism. There will always be a difference of approach between the literary critic and the student of literature. Total separation or total identification of these categories would be equally regrettable. One thing the science of literature can do for both categories is to reduce the amount of woolly thinking.

While it is attractive to approach the artistic text as information, there are obvious difficulties in the way of such an undertaking. In the first place, information is always in-terms-of. Thus the step from literature

---

[1] Ju. M. Lotman, *Struktura xudožestvennogo teksta* (M.: "Iskusstvo", 1970), 384 pp. The book consists of nine chapters and a conclusion. The titles of the chapters give some indication of the approach: art as language; the problem of meaning in the artistic text; the concept text; text and system; constructive principles of a text; paradigmatic elements and levels of a text; the syntagmatic structural axis; the composition of an artistic work; textual and extratextual artistic structures.

to culture becomes extremely easy. This carries the risk that literature will be studied as a branch of culture – which it also is – rather than for its own sake, for what it is and means for human beings. While this sentence will not pass muster from the point of view of the theory in question, it does indicate a possible shift of accent that is inherent in the approach. Connected with this is the risk that the study is directed at art in general rather than at the individual work of art. Lastly there is the question of what the information content of art is: what is its "message". On the face of it there is a risk of relapsing into the naive view that art brings a message that could as well be sent in another way but that is packaged pleasantly for easier use.

The author faces these issues clearly, in particular the second and third. His main answer to the third set of problems is that in art the structure itself is a source of information, and not its carrier. This approach seems at first sight to present a solution for the problem of entropy, but that problem may reappear in the question: what is the channel of communication of the work of art, or rather of its information? The problem of noise in the channel of communication is specifically gone into. The second question is answered in terms of language and speech.[2] The individual work of art is speech in the language of art. These two notions lead us directly to the problem of the structure of the work of art. The problem of culture, finally, comes up continually, but the reader is left with the feeling that the delimitation of art and culture has not been sufficiently elaborated.

The book as a whole fails to convert one to its propositions. Perhaps the time is not yet ripe for such a comprehensive effort. On the other hand, there is no fixed and certain road that leads the careful analyst gradually and naturally to a general theory. Occasional overreaching is by no means a bad way of proceeding; it is perhaps even a very economical way to find out where we stand. This is the more so as this book is far from idle theorising. It is not the work of a theorist straying into the field of literature, but the research of a student of literature who wants to know where his discipline stands. The notes that follow are an initial assessment.

[2] P. 11: "But if art is a special means of communication, a language organised in a special way ..., then it is possible to consider works of art – i.e. communications in that language – as texts". ("No esli iskusstvo – osoboe sredstvo kommunikacii, osobym obrazom organizovannyj jazyk ..., to proizvedenija iskusstva – to est' soobščenija na ètom jazyke – možno rassmatryvat' v kačestve tekstov".) Cf. p. 9: "Art is a magnificently organised generator of languages of a special type". ("Iskusstvo javljaetsja velikolepno organizovannym generatorom jazykov osobogo tipa...").

At first sight the case for applying the information theory to the work of art seems unanswerable. It cannot be denied that the work of art, in particular of verbal art, contains information. Yet some doubts arise. One wonders whether art is not a special kind of information. However, the theory does not allow for different kinds of information, but only for different codes. It is therefore in this direction that the specific character of art is sought. Art, verbal art, it is shown, has its own ways of storing and conveying information. This approach excludes the possibility that the specific character of art be found outside the field of information. This is in fact hard to imagine. Is not everything we analyse made to render the information it contains? But we risk a *jeu de mots* here. We can analyse the work of art from any point of view, and the result is information. Or we can act upon the assumption that art is made for information and that, by applying to it the theory of information we can arrive at an objective and adequate structure of that object. It is easy to confuse the two approaches, and one wonders whether this pitfall has always been avoided, notably in the statement that "beauty is information" (p. 178). Is the description of the structure of the artistic text adequate to the extent that the section on "the specific features of the artistic world" names only specifics, and all of them?

The question is comprehensive. When we start the analysis of the text, we leave it unanswered. It necessitates an initial question: how is it that we turn at all to a work of art? A work of art does not furnish answers to specific questions, as does, for example, a learned article, or a handbook of electronics. If turning to a work of art can at all be formulated in terms of questions, they are at any rate quite unspecific and bring no ready frame of reference.

Part of the answer might be found in the conception that art gives a model of the world. Art, for Lotman, is a modelling system. Each communicative system has a modelling function (p. 22). So has a natural language. Art is a secondary modelling system because it is based, or superimposed, on natural language (p. 16). A little later Lotman weakens this position by the statement that secondary modelling systems are built "*like a language*" ("*po tipu jazyka*", ibid., his italics). He thus introduces a risk of metaphor instead of terminology, and it is not quite clear which properties of a language apply to art and which do not. In particular it is not clear whether art models through the signs, or through the text as a whole (p. 22, cf. p. 302). The language of art, as language, has to exist before the text is created (p. 23). But how can art be a language and at the same time a generator of languages (p. 9)? And is not the language of romanticism, for example, created by and through the romantic texts? We will return to this question, and will only note here that the modelling function of art is not specific to it. The answer to our question cannot reside here. Culture also is a secondary modelling system, but our problem is not inherent in it. We cannot get out of culture as we can get outside art. Although the problem of the necessity of art does not concern Lotman in this book (p. 8: "vopros o neobxodimosti iskusstva ne sostavljaet predmeta nastojaščej knigi"), it has a direct bearing on his approach. Man turns to art and it assaults him, that is, it gives him information he did not ask for and did not know he wanted and yet it does not, like subliminal advertising, create needs. The problem can only be left out if it has no bearing on the structure of the text. Lotman implicitly acknowledges that it may have (*ibid.*), but the extent to which he goes into it is too limited, as will be argued below.

An artistic text, according to Lotman, is "a complex concept" ("složno postroennyj smysl", p. 19). The whole book can be considered as an effort to decipher its meaning. It amounts to a semasiologisation of all the elements of the work of art. This approach makes the question we formulated above more pertinent. Why do we turn at all to this information that is so intricately built and stored while we do not know even the questions it will answer? Cannot we say with equal right that the work of art is an intricately built *form*? We think, in fact, that the reduction of all aspects of the work of art, *in casu* verbal art, to the semantic level leaves our question unexplained, we think that it is the form of the work of art that makes us turn to it (or more precisely, that it is the work of art as form that makes us turn to it and that makes it independent of larger frames of reference). It is as little possible to reduce form entirely to meaning as the other way round. This does not condemn efforts to find meaning in elements of structure, but asks for a complementary inquiry into the formal aspects of the formulated meaning.

Perhaps sounds in verbal art can be compared to the tones in music and the colours in painting. Sounds can, we think, as little have meaning by themselves as tones or colours can. This is in line with Lotman's position that meaning is a matter of relationships within a system or in intersecting systems. Sounds function in the system of a natural language. But that does not mean that the sounds themselves have meaning: they may add to, or detract from, other meanings by their configurations. What is meaningful is these configurations, not the sounds. What is meaningful in sound repetitions is the repetition rather than the sounds. It is this that creates possibilities of equality between unequal entities. It is not that "sounds can carry meaning",[3] but repetitions. Such repetitions and other configurations are means for setting the work apart, for making it independent of its milieu, for strengthening the interior relationships of its elements at the expense of outside structural ties. The sense of the formal aspects of all the aspects of meaning is just to be there. The carrier of the meaning cannot hand it over to us and then go back to carrying other meanings. The carrier cannot be pried loose from the meaning it carries, and this applies both ways. Repetition has sense, but no meaning.

The stress on meaning in Lotman's book may be connected with his orientation on the reader. It is written from the point of view of a reader who is already "hooked" by the given work of art and to whom, consequently, our above question does not present itself. This reader-orientedness is proper to the book, but not essential to his conception. In some articles he is directly concerned with the aspect of writing the work of art. Most clearly this is in his introduction to a publication of some Pasternak drafts.[4] His comparisons of Pasternak's method of writing poems with those of Puškin and the acmeists are very instructive. He insists that we are talking of a logical model of an intuitive process and of the relationship between rules and their realisation", and adds: "Failing to distinguish between the 'generation of a text' and the individual creative text can only add to the confusion", although his method does allow him to come closer to "understanding the essence of the movement of a poetical text".[5] The point is well taken.

In this article he uses the term: *tekst – intencija*, which is "a kind of ideal model that enters into conflict with a variant consigned to paper and that determines the author's rejection of the latter. At the moment when the *tekst–intencija* and the real one coincide, the movement stops and the final variant appears (*o.c.*, p. 208: "Tekst–intencija – èto nekotoraja ideal'naja model', kotoraja, vstupaja v protivorečie s zakre-

[3] P. 155: "zvuki značimy". Cf. p. 176: In poems: "The phonemes of which the word consists acquire the semantics of this word." ("Fonemy, sostavljajuščie slovo, priobretajut semantiku ètogo slova.")

[4] "Stixotvorenija rannego Pasternaka i nekotorye voprosy strukturnogo izučenija teksta", in: *Semeiotikè*, vol. IV, pp. 206-238. Cf. also the section "Ritmičeskie povtory" in the book, pp. 142-149.

[5] *O.c.*, pp. 207, 211: "reč' idet o logičeskoj modeli intuitivnogo processa i ob otnošenii pravil k ix realizacii". "Smešenie 'poroždenija teksta' s individual'nym tvorčeskim tekstom sposobno liš' umnožit' putanicu," "...my značitel'no prodvinemsja k ponimaniju suščnosti dviženija poètičeskogo teksta.")

plennym na bumage variantom, opredeljaet otkaz ot nego pisatelja. V moment, kogda tekst – intencija sovpadaet s real'nym, dviženie prekraščaetsja, voznikaet okončatel'nyj variant".) While the quote itself might suggest that this intentional text is the final one *avant la lettre*, so to speak, the rest of the passage from which we quoted makes it clear that we have to do with a model and not (necessarily) with an actual non-final draft. This use of the word text introduces an element of uncertainty into terminology. The intentional text does not answer the description of text that is given on pp. 67-69 of the book, namely, that a text is expressed, limited, and structured. The helpfulness of the concept tekst – *intencija* is questionable and it is not used in the book. But there is a comparable problem. Perhaps one can say of an intentional text that limits and restrictions are imposed on it, but it hardly makes sense to say this of a text as defined by Lotman. Yet we read on p. 38 that "Poetical speech imposes on the text a number of restrictions in the form of an arranged rhythm, rhyme, lexical and stylistic norms" ("Poètičeskaja reč' nakladyvaet na tekst rjad ograničenij v vide zadannogo ritma, rifmy, leksičeskix i stilističeskix norm".) The imposition of limits or restrictions on a given text can only mean that the given text is changed into another one. One can say that a given text has been subject to certain influences and processes, as is evidenced by a later text, but then such a later variant must be produced. The intermediate stages between a conception and its final realisation are not necessarily texts, nor are they a matter of restrictions only in regard to a preceding stage. This notion might even have the undesired consequence of leading to a revival of the notion that the author knows what he wants to say beforehand, could do this in the ordinary way, and imposes restrictions on himself for beauty's sake. For it is almost unavoidable that "restrictions imposed on a *text*" are understood as restrictions imposed on the semantic side of that text. And lastly, speaking of restrictions suggests that something is taken away, while in actual fact something is added. Is it not more truthful to suppose that the intermediate stages between conception and realisation are a give and take between opposing forces?

In Lotman's analysis the notion of system plays an important part. The theory cannot do without it and it is essentially fruitful. If the notion is accepted that a work of verbal art is in part also a play on expectations, the notion of system is already implied. But once again it would seem that the term is used in two different ways. It is possible to speak of the system of rhyme, the system of metre, etc. There is no objection to speaking of the system of romanticism. But these systems are different in character. While it is at work in every rhyming poem the system of rhyme can never fully realise itself in the sense that it can never impose itself fully on its "matter", while on the other hand it can only operate as a system: an accidental rhyme in prose does not work, or works in a negative way. If a poet uses rhyme, he does so in a more or less systematic way. But the system of romanticism realises itself only gradually, in time. And once it is fully realised it no longer works. Once the system of romanticism, or of any other -ism, is realised, this means that every move has become foreseeable, that there can only be more of the same, and that romanticism has come to an end. It follows that the system of an -ism can only be adequately analysed and formulated *ex post facto*, whereas a handbook on the question of rhyme or metre in no way precludes the further use of these systems.

This difference is essential. Each work of art realises itself completely and is at the same time a stage in the realisation of another structure, or system. It owes its life and existence to the not-yet-realisedness of the larger structure to which it belongs. Perhaps any form of self-expression implies two kinds of system, one time-less and one historic. But be this as it may, the problem can perhaps be further clarified if we state it in terms of language. If art is a language and the work of art is a communication in that language (p. 11), it would follow that romanticism is a kind of language, and not speech. But this would then be a language created by speech. Romanticism looks like a language only *ex post facto*. And *ex post facto* the not-yet-realisedness of the system that is essential for the creation disappears from sight. If the language of romanticism were known before the "speech" of the individual work, then the latter would not be written.

In a different way the not-yet-realisedness is important for the individual work of verbal art also. The natural language used imposes its laws on the writer, each infringement of it has to be justified in the work itself. These infringements as a rule are conditioned by other systems, e.g. rhyme, that have their own rules and inertia. The writer uses a number of systems for a communication that can only be understood at the end. A non-artistic communication has a high factor of redundancy, it can be restarted, elements can be exchanged for others, corrections can be made if the communication appears unclear after it is made or inadequate to the purpose for which it was made. In a non-artistic communication this purpose is outside it. In an artistic utterance this is different. The movement towards the end of the work implies tension. Art has this in common with life that there would be no tension if there were no end. In an artistic utterance the end is both more important and less specific than in a non-artistic communication. The latter calls forth reactions that are much more circumscribed than those to a work of art. Semiotic analysis tends to overlook this fact. It is connected more with completed communications than with the genesis of texts, and does not seem to differentiate between the dynamics of artistic and non-artistic texts, except in the number of languages involved:

> whereas in an ordinary non-artistic text we are concerned with the dynamics of a communication within the limits of one language, in an artistic text we are spoken to in several languages of which now one will be dominant and then another. And the succession and interrelationship of these languages will form the single system of the artistic information carried by the text (p. 336).

It would appear from this and from the rest of the passage from which we quoted that dynamics in verbal art is a matter of the number of systems involved and of the number and variety of their intersections. But the intersections occur throughout the work and these do not make clear why they stop working at a given moment. Dynamics presuppose a "drop" towards an end. In a non-artistic communication this end is conditioned by the outside purpose for which it was made. In an artistic text this end is conditioned by an inside purpose. It is quite possible that the fact of intersecting itself is closely linked to the dynamics of the work of art. But this element of the structure of the artistic text will have to be further elucidated. The reader is left with the feeling that there is a certain dichotomy in the analysis: the inner structure of the text, which presupposes its end, is elucidated; so is the role of the text in "its" culture, its extratextual links; but the connection between the two, the role of the end, is not quite clear, at least to the present reader.

The work of art, according to Lotman, is a very complex system for storing information. He advises engineers to have a look at it and possibly to emulate the storage system of the work of art (p. 33, and in *Semeiotikè*, vol. III, p. 145). It is made up of a number of sub-systems. Several of these have been traditionally the object of study and a high degree of clarity has been attained in these fields, e.g. rhyme and metre. It is one of the attractions of the semiotic approach that it might provide a framework in which each system can attain the same degree of clarity. To this end it is necessary to analyse the artistic text into different levels, or systems. In Lotman's analysis the different levels play an important part. He insists that there exists a hierarchy between them. While at some points he gives the impression that hierarchy means that the levels never cross, he states at other points that an element of a work of art has the ability of entering into more than one structure (p. 79). It is not quite clear whether level, structure, and system are entirely separate entities or are to some extent interchangeable terms. As to the statement itself, the question arises whether the ability to enter into more than one structure is essential to a work of art, so that no work of art is possible without this occurring. (In our view this is essential: there is no element in a work of art that does not enter into at least two structures.) This question is connected with the problem of entropy. "Art has the ability of transforming noise in the channel of communication into information", Lotman states (p. 99). This statement is not quite exact. Every system has its inertia, every information its entropy, and every channel has its noise. This law is not undone by art, but its action is counteracted by the intersection of systems. The intersecting system adds new energy to the intersected one, and vice versa: a rhyme never only rhymes, it also means; a meaning, in a poem, never only means, but it rhymes, or it "meters", etc.

As we have stated we consider such intersections as essential to the work of art. In connection with this we view the operation of the different structural levels somewhat differently. According to Lotman some structural principles and, in particular, repetitions (of sounds, in the metre, etc.) create equivalences between unequal entities, and these, in turn, create additional semantic elements. The arguments for this[6] have failed to convince us, for one thing because the field of operation is not so strict and circumscribed as to warrant such a conclusion. We have already spoken of this when discussing the statement that sounds are able to carry meaning. If a poet succeeds in suggesting to us that this is so, he has reached his objective. But that does not make this feeling into an objective fact. It is our view that each level represents a structural principle, for which the other levels are "material"; at least it tries to reduce its milieu to matter. (In making a principle the subject of an action we do not endorse the poet's action to disembodied entities, but merely want to indicate that the selection by the poet or writer of a given device entails certain consequences.) In that sense the operation of a structural principle creates a negative equality: for the operation of rhyme one meaning is as good as another, from the point of view of meaning one kind of rhyme is not preferable to any other, etc. According

---

[6] See chapter 6, in particular p. 149: "all kinds of secondary equivalences generate the formation of additional semantic units in the text" ("vse tipy vtoričnyx èkvivalentnostej vyzyvajut v tekste obrazovanie dobavočnyx semantičeskix edinic").

to Lotman "a statue thrown into the grass may create a new artistic effect because a relationship is established between the grass and the statue" (p. 99). This is questionable. In the first place, why is the effect artistic and what exactly is the work of art now? If it is the combination, we have a kind of sentimentalistic vignette, but then the image is the work of art, and not the statue. If the work of art is the statue, and if the effect mentioned is artistic, then we have artistic effects not proper to works of art. We find, however, no support for this conclusion in the book. The modern works known as "readymades" present similar problems, but their solution, it seems to us, lies in a different direction. Here, too, a relationship is presented as artistic. But for this relationship to aspire to artistic effect there must be a framework within which it can operate, and this must be much smaller than the culture in whose context the readymade is presented: the object that goes into the readymade is, as a rule, taken from within that culture. The act itself of presenting, say, a fragment of a telephone book as poetic, its inclusion in a collection of poems, already furnishes this framework. The throwing of the statue into the grass, to return to Lotman's example, is not sufficient. The result must be set apart in some way or other.

This brings us to the problem of the specific features of art. There is a section in the book "on the specific features of the artistic world" ("o specifike xudožestvennogo mira", pp. 296-304). We find the following statement there (p. 296):

the specific feature of the artistic *sjužet* – repeating on a different level that of the metaphor – consists in the presence of several meanings at the same time for every one of its elements, without any of these meanings destroying another even if they are opposites. But as such a co-presence arises only at a given level (on other levels it separates into different systems with only one meaning or it is "neutralised" in an abstract unity on a higher level), we may conclude that the "artisticity" of a text comes into being on a definite level – the level of the authorial text.

We have some difficulty in understanding this and may therefore go wrong in our interpretation. Meaning, according to Lotman, presupposes a system. So the first part of the quoted statement amounts to saying that each element of the artistic *sjužet* enters into more than one system. Restated in this form the statement is unobjectionable. But while each of these systems functions, i.e. has sense, it does not follow that each system has meaning, i.e. that it can be completely semasiologised. Further, if such systems operate in the work they must be inherent in the conception of the work, or else, where does the intersecting and counteracting of systems start? Is there any level at which an artistic text is not an authorial text? The second sentence of the quote confirms that there is. We find this difficult to imagine. If we leave out the intermediate clause with the gerunds, there remains: "But as such a co-presence arises only at a given level ... we may conclude that the 'artisticity' of a text comes into being on a definite level – the level of the authorial text". This looks like a tautology. It is not necessarily that, but the concept of authorial level is not clarified enough for us to understand this statement. As it is the author who conceives a work, it cannot be seen at which of the intermediate stages between conception and final work we are off the authorial level. If level means 'level of analysis', the problem becomes more difficult: analytically the different levels can always be distinguished.

On p. 202 we read that "an essential property of an artistic text is that it shows a double resemblance: it resembles a given part of life that it represents – a part of the universe – and it resembles this universe as a whole". A resemblance to another object is here presented as an essential property of a given object, and not the structure of that object. This strikes one as odd in a work concerned with the structure of the artistic text; it may however be a less happy formula of what elsewhere is described as double modelling: "Every individual text models at the same time both an individual and a universal object" (p. 258). Thus Anna Karenina, being the story of an individual woman, can at the same time be seen as depicting the fate of any woman of a given period and social circle, of any woman, of any human being (*ibid.*). In this form the statement brings us closer to structure: it leads to a discussion of the list of the picture, i.e. of the function of beginning and end of a text. But the concept of modelling does lead more easily to a discussion of results of the structure than to this structure itself.

It is not an easy task to build an aesthetic on the concept that "beauty is information" ("krasota est' informacija", p. 178). The concept is true to the extent that there is no disembodied beauty, that it has a medium and that it somehow makes sense, means something to us. But is not information rather the result of beauty? Beauty, in our view, both precedes and follows the information gained from the beautiful object and the amount of information can hardly serve as a criterion of beauty. It is perhaps unjust to expect an aesthetic from a study on the structure of the artistic text. Lotman indicates (p. 346) that the question which texts are artistic and which are not falls outside the scope of his book. The distinction, he adds, presupposes a culture and a code in which the opposition of artistic and non-artistic structures finds a place. The adjective in the title of the book requires not necessarily a description of the opposition artistic – non-artistic, but a description of the specifics of artistic structures. Now a structure is artistic, according to Lotman, if it is susceptible of multiple interior decoding. Strictly speaking this ranges the pun under the artistic texts. If a culture does oppose artistic and non-artistic, there are four possibilities of the functioning of texts: it can be both made and received either as work of art, or as a non-artistic text, it can be made as a work of art and not read as such, and vice versa (p. 348). But this introduces the will of author and reader into the equation. A *kitsch* text may be both produced and received as an artistic text. Does that make *kitsch* into art? If the artistic character is in the structure, that means that these structures are artistic independently of the will of author and reader. But *Kunstwollen* does not produce art. If it does, then the artistic character is not in the structure. As an example of texts that are not produced as artistic texts but are received as such Lotman adduces the contemporary perception of sacred and historical texts of ancient and medieval literatures (p. 347; see also his article: "K probleme tipologii kul'tury", in: *Semeiotikè*, vol. III, p. 33). But how do we know whether or not the medieval author wrote his piece as a work of art? Were not such works opposed, for example, to utilitarian texts? It would seem that the search for the artistic or non-artistic intentions of a medieval author would be both fruitless and irrelevant, if the structure itself of the work can be said to be artistic. And if this is not possible the very use of the word literature becomes problematical. When we speak of literature we imply a literary tradition that somehow continued from then until now.[7]

One important aspect of an artistic text is, evidently, that it "dis-automatises" speech (cf. pp. 123, 209). This by now familiar concept has done much to further the analysis of poetic speech. But one wonders how useful it is today and whether it has a place in Lotman's system. How automatic is our use of language? Lotman holds the opinion that our consciousness is language-consciousness ("soznanie čeloveka est' soznanie jazykovoe", p. 16). This is an open question. We can say one thing and think another. Human consciousness is available for language,

---

[7] Cf. *Semeiotikè*, vol. III, p. 139, where Lotman speaks of "artistic behaviour" ("xudožestvennoe povedenie") and explores its links with play. He exemplifies this behaviour with Puškin's line: "nad vymyslom slezami obol'jus'." But the poet here refers to past and future; but in the act of writing the consciousness that "it is only play" is absent. *Ibid.*, p. 141 he calls *Slovo o zakone i blagodati* a work of art. His arguments for this are mainly of a structural character.

but cannot be equated with it. The difficulties of realising our consciousness in speech appear all the time. How often do we not have to grope for the right word. If we accept the principle of automation of speech it is clear that it can be disautomatised at any moment. This applies to poetic and to non-poetic speech alike. Precisely in the most unreflected speech, in the market place, we find the completely automatic crying out of the wares' virtues side by side with flowery exhortations to buy, in which the sap of language flows. Reflection does not necessarily lead to dis-automatisation. *Ecriture automatique*, on the other hand, has been regarded as conducive to the production of verbal art. Automatisation is a possibility in any of the uses to which language is put, art not excluded. In any of these uses it has to be counteracted from time to time by dis-automatisation. Automatisation thus is very close to entropy. It is an open question whether Lotman's theory is in need of both entropy and automatisation.

As is to be expected in a book like this, the concept of sign is used very often. As there is a variety of codes at work in the artistic text, there is a variety of signs. Thus it is possible to consider the artistic text at the same time as one sign and as a concatenation of signs, namely words of the natural language.[8] These different signs refer to different codes. The work of art is a sign of life, as it were, and the word is the sign of a separate notion. In view of the number of codes that may be involved in the work of art the word sign should not be used without indicating the code in which it operates. This distinction is both facilitated and complicated by a concept that is essential for Lotman's theory, namely the iconic character of signs in art, also in verbal art. It seems that this iconic character appears only at the level of the total work of art, and not at intermediate levels. The term iconic implies that the arbitrariness of the relationship between *signifiant* and *signifié*, which is proper to language, disappears, so that their relationship becomes fixed and necessary. As a result, "the separate study of the plane of content and the plane of expression is impossible in art".[9] This in turn

---

[8] P. 32. Cf. p. 208: "The entire work becomes the sign of a unified content" ("vse proizvedenie stanovitsja znakom edinogo soderžanija"). The notion has a further drawback: the entire work considered as a sign easily becomes a shibboleth. Reread or remembered the work becomes a signal; the signalling function gradually replaces the information of the "content". This applies in a wider sense to works and currents that are no longer read.

[9] Lotman, "Lekcii po struktural'noj poètike", *Semeiotikè*, vol. I (Tartu, 1964); reprint (Providence, 1968), p. 43. In *Struktura xudožestvennogo teksta*, p. 31, he expressly refers to this section of the earlier book.

is connected with the modelling function of art. On the other hand Lotman states that the concept of sign in art is strictly functional, to be defined, not as a material datum, but as a cluster of functions ("Lekcii...", pp. 42-43). Now if the iconic character does not appear at the intermediate levels, this would mean that on these levels the connection between sign and denotatum *is* arbitrary. In that case the two planes of which he speaks can be studied separately on these levels. However, the section of the book that deals with repetition on the phonological level (pp. 135-142) raises doubt, e.g. in a passage like the following: "Thus the phonological structure which in a natural language belongs to the plane of expression in poetry passes into the structure of the content, forming semantic positions that are inseparable from the given text" (p. 140). Does this imply or exclude the presence of iconic signs? We are not quite sure. If iconic signs were present at the phonological level, this would mean that words would be iconic signs. But this, surely, can only be said by way of metaphor. And is it, in the end, more than a metaphor to speak of the iconic character of the work of art as a sign (cf. pp. 32, 302)? Evidently the iconic character of the work of art is closely connected with the modelling function of art. Sometimes the insistence on this function looks oddly like a reversal to the ideological school against which already the formalists were up in arms. While it is not to be doubted that a thoroughly organised utterance is somehow expressive of its author's world view, one may well wonder whether this expression is what the work of art is about. Such an utterance is expressive as well of its author's psyche. Does this make art into psychological, sociological, etc., material?

But the insistence on the modelling function is no reversal to earlier critical positions. It occupies its own place in Lotman's views. The concept of modelling functions as something that gives the work of art its unity of different systems. The concept of *model' mira* is needed as a frame of reference in terms of which combinations of elements and structures can be explained. The metaphor: every work of art creates its own world, is here realised, as it were. (Lotman speaks of *universum* and once even of *mirovoj universum*.) The natural language has a modelling function. The modelling of the world in a work of art is superimposed on this. It must be assumed that the difference in modelling between these two is more than one of degree. But what is the difference in the model of the world presented by two different poems of the same period of one poet? (And what, by the way, is the criterion for a model of the world?) Chances are that the difference will be too small to observe.

Therefore we wonder whether the concept of *model' mira* is always able to render justice to the individual poem. The model, further, is on the semantic level. On this level it is susceptible of elaboration, the final form of which is a philosophical system. It is imaginable that in the process of analysing a number of works by one author, such a system will begin to serve as a background against which those works will be placed, or as a yardstick of their judgement. The concept of modelling of the world, while essential to Lotman's views, should therefore be used sparingly.

The above notes do not pretend to give a systematic treatment of Lotman's theory, but they do indicate that it is as yet not specific enough on what distinguished artistic and non-artistic texts. On a number of points it will have to be clarified, on other points revision will be necessary. But it has the great merit of formulating some fundamental questions afresh, and of bringing to the fore a number of others. Among the latter is the problem of what the consequences of this theory are for the ontological status of art. Another question that will have to be discussed further is the relation between the intellectual and the intuitive approach to art. And there is the relationship between the hierarchy of the different levels that he distinguishes in the work of art and their intersection. It might be fruitful in particular to develop the notion of conflicting structural principles as a specific property of art. Lotman discusses this more or less in passing. In our view, it operates on every level of the work of art and is fundamental to it.

О СТРУКТУРЕ РОМАНА ДОСТОЕВСКОГО В СВЯЗИ С АРХАИЧНЫМИ СХЕМАМИ МИФОЛОГИЧЕСКОГО МЫШЛЕНИЯ

(Преступление и наказание)

В. Н. ТОПОРОВ

Посвящается М. М. Бахтину

В этой работе речь пойдет о ряде особенностей в структуре произведений Достоевского, которые играют исключительную роль в построении художественных текстов, во-первых, и находят наиболее точное соответствие в текстах и схемах мифопоэтической традиции, во-вторых. Естественно, что придется ограничиться изложением *части* общих соображений в краткой форме. Предпочтение отдано *Преступлению и наказанию (ПН)*[1] ввиду того, что последующие романы обнаруживают сильное усложнение тех структур, которые выступают в *ПН* в более чистом виде, выведение ряда схем из подсознания и дальнейшую их трансформацию. Такие же произведения, как *Белые ночи, Двойник, Хозяйка, Записки из подполья, Вечный муж* и др. дают меньшие возможности для заключений хотя бы ввиду своего объема.

Далее основное внимание будет обращено на то, каким образом в тексте романа возникает некий *общий смысл* (хотя бы на ранних стадиях его формирования), рождающийся из факта *семантической связности* отдельных элементов текста. При том, что этими элементами могут быть разные единицы текста (в языковом воплощении - звуки, морфемы, слова, элементарные синтаксические конструкции, фразы), в этой работе основное внимание уделено уровню *слов*, отмеченных семантически и образующих локально организованные куски текста. Поскольку сама процедура формирования *целого* текста обеспечивает множественность приписываемых ему смыслов

---

[1] Ф. М. Достоевский, *Преступление и наказание* (Москва, 1970) (*Литературные памятники*, далее – *ПН*). Нередко текст цитируется лишь с целью указания на соответствующее место *ПН* и идентификации с ним. Используются сокращения: Р. = Раскольников, Св. = Свидригайлов, П. = Порфирий Петрович, К.И. = Катерина Ивановна, Раз. = Разумихин. Отсылки к исследованиям о Достоевском по необходимости минимальны.

(а теоретически – их несчетность), выбор некоего определенного смысла при интерпретации зависит от выбора наиболее простым образом общих семантических элементов в рассматриваемых словах (точнее – наибольшего количества общих семантических составляющих в наибольшем количестве привлеченных к анализу слов). Высказывания Достоевского вне романа по поводу ключевых понятий, выступающих в тексте *ПН*, всегда являются важным указанием для интерпретации (хотя сами эти высказывания чаще всего остаются за пределами этой работы).

Несмотря на все это, нельзя забывать о потенциальной несчетности смыслов, многие из которых, в частности, актуализируются с изменением временно́й перспективы. В произведениях со столь сложно организованным текстом *случайное* образует лишь один из нижних уровней, доступных для относительного несложного анализатора. Для существенно более высоких уровней случайное обретает свою систему связей. Именно в силу этого было признано целесообразным обращение к другим текстам русской (а иногда и западной) литературы. Подобно тому, как в тексте романа Достоевского мы "вычитываем" (= формируем) некие новые тексты (или подтексты), точно так же можно ставить перед собой аналогичную задачу на всей совокупности текстов русской литературы. Формируемые таким образом тексты обладают всеми теми специфическими особенностями, которые свойственны текстам вообще и – прежде всего – семантической связностью. В этом смысле кросс-жанровость, кросс-темпоральность, даже кросс-персональность (в отношении авторства) не мешают признать некий текст в принимаемом здесь толковании *единым*. Текст един и связан, хотя он писался (и будет писаться) многими авторами, потому что он возник где-то на полпути между объектом и всеми теми авторами, которые в данном случае характеризуются наличием некоторых общих принципов отбора и синтезирования материалов.[2] Именно этими соображениями объясняется обращение, – разумеется, сугубо предварительное и заведомо неполное, – к *Пиковой даме* и отрывку "У граф. В… был музыкальный вечер", к петербургским повестям Гоголя и *Петербургу* Белого в связи с выяснением ряда структурных особенностей текста романа Достоевского. Это лишь начальный подступ[3] к теме "петербургского текста в русской литературе",

---

[2] Естественно, что приходится считаться и с установлением определенной традиции.
[3] В частности, здесь не рассматриваются совпадения в мотивах между *ПН*

которая принципиально отлична от обычной темы типа "Петербург в русской литературе".

Универсальные мифопоэтические схемы реализуются полнее всего в архаических текстах космологического содержания, описывающих решение некоей *основной* задачи (сверхзадачи), от которого зависит все остальное. Необходимость решения этой задачи возникает в кризисной ситуации, когда организованному, предсказуемому ("видимому") космическому началу угрожает превращение в деструктивное, непредсказуемое ("невидимое"), хаотическое состояние. Решение задачи мыслится как *испытание* – *поединок* двух противоборствующих сил, как *нахождение* ответа на основной вопрос существования. Напряжение борьбы таково, что любой член бинарных оппозиций, определяющих семантику данного универсума, становится двусмысленным, амбивалентным; его по замыслу окончательная ("последняя") интерпретация может определиться лишь в зависимости от той *точки зрения*, которая понимается как окончательная. В условиях предельной драматизации конфликта выкристаллизовывается *функция* (или функции) как таковая. Она становится самодовлеющей и определяющей. Все, что попадает в ее поле, утрачивает свою субстанциальную природу, лишается прежних оценочных критериев и перестраивается изнутри таким образом, чтобы соответствовать данной функции. В этих условиях границы между членами противопоставлений, между героем и его антагонистом, означаемым и означающим, именем собственным и именем нарицательным, могут становиться призрачными. Непрерывность и гомогенность пространства и времени уничтожаются, они становятся дискретными, и разным их отрезкам приписывается различная ценность. Решение задачи может происходить лишь в сакральном *центре* пространства (оно максимально семиотично; "вдруг стало видимо далеко во все концы света", говорится о нем), противостоящем профаническому пространству, и в сакральной *временнóй* точке, на рубеже двух разных состояний, когда профаническая длительность снимается и время останавливается. То же происходит и в языке. Появляются слова и высказывания, претендующие на то, чтобы быть последней инстанцией, определять все остальное, подчиняя его себе. Слово в этих условиях выходит за пределы языка, сли-

---

и другими произведениями Достоевского (этой теме будет посвящена следующая часть работы).

вается с мыслью и действием, актуализирует свои внеязыковые потенции.

Схемы такого рода отражаются и в архаичных космологических текстах и в карнавале, и в ряде произведений художественной литературы, включая и романы Достоевского, о чем писал в своей основоположной книге М. М. Бахтин.[4] Здесь нет возможности говорить в деталях о том, почему эти схемы всплыли в творчестве Достоевского и каким образом он применил архаические ходы мифопоэтического мышления для решения новых задач. Важно подчеркнуть лишь то, что использование подобных схем позволило автору кратчайшим образом записать весь огромный объем плана содержания (аспект экономии),[5] во-первых, и предельна *расширить* романное пространство, увеличив его *мерность* и возможности сочетания элементов внутри этого пространства (теоретико-информационный аспект), во-вторых. Такой выигрыш не мог быть получен без существенной перестройки самой структуры романного пространства, причем эти изменения с точки зрения авторов и читателей классического романа неполифонического типа рассматривались как жертва, как потеря чего-то весьма существенного из уже завоеванного русским романом (ср. оценку Достоевского в критической литературе прошлого века). Борьба за расширение художественного пространства в истории европейского искусства знает и другие типологически близкие примеры, в некоторой степени могущие прояснить суть преобразований в области романа, осуществленных Достоевским.[6] М. М. Бахтин проницательно указал,

---

[4] См. М. М. Бахтин, *Проблемы поэтики Достоевского* (Москва, 1963); 1-е издание (Ленинград, 1929).

[5] Ср. об этом же аспекте, но в другой связи: "Метафоризм – естественное следствие недолговечности человека и надолго задуманной огромности его задач. При этом несоответствии он вынужден смотреть на вещи по-орлиному зорко и объясняться мгновенными и сразу понятными озарениями. Это и есть поэзия. Метафоризм – стенография большой личности, скоропись ее духа ... Стихи были наиболее быстрой и непосредственной формой выражения Шекспира. Он к ним прибегал как к средству наискорейшей записи мыслей. Это доходило до того, что во многих его стихотворных эпизодах мерещатся сделанные в стихах черновые наброски к прозе" (Б. Л. Пастернак, "Заметки к переводам шекспировских трагедий"). Организация художественного текста, основанная на вызывании архетипических образов (или "primordial images"), рассматриваемых как "psychic residua of numberless experiences of the same types", и установлении дополнительных связей, преследует, между прочим, те же цели экономии. Ср.: C. G. Jung, "On the Relation of Analytical Psychology to Poetic Art", *Contributions to Analytical Psychology*, transl. by H. C. & C. F. Baynes (1928); M. Bodkin, *Archetypal Patterns in Poetry* (New York, 1958), и др.

[6] Достаточно указать на ту страницу истории раннеевропейской живописи,

почему Достоевский обратился к авантюрному сюжету и какими сторонами герой Достоевского связан с этим сюжетом. Действительно, в классическом романе XIX века герой и сюжет на некотором уровне сводимы один к другому. Между ними та же взаимозависимость и несвобода как между любой совокупностью элементов, образующих парадигму, и синтагматической цепью этих же элементов в тексте. Достоевский сумел найти в авантюрном романе такую структуру, которая была предельно независимой от героя и, следовательно, открывала массу дополнительных возможностей для столкновения героя с элементами сюжета (вплоть до решения сознательно-экспериментальных задач).[7] Впро-

---

где начинает обнаруживаться разрыв со старой иконописью. В этом отношении особого внимания заслуживает Джотто. Он, в частности, одним из первых попытался представить набор евангельских эпизодов как строго последовательную серию циклов, соотнесенную с временнóй осью, разворачивающейся по *горизонтали* (в отличие от вневременнóй вертикальной композиции средневековой иконописи), ср. фрески в Капелле Скровеньи в Падуе, изображающие историю Марии и Христа. Попытке представить евангельский рассказ как сообщение *исторического* плана, соотносимое с хронологией во *всем*, кроме сакрально отмеченных моментов (ср. особое, вневременнóе место сцены "Благовещения"), соответствует стремление разрушить изображение как моленный образ, предполагающий связь со зрителем-адептом, за счет профильной ориентации изображаемых лиц и установления связей между ними (обычно – "диалог"). Приобретая независимый сюжет, картина как бы теряет свое ритуальное значение и меняет свой семиотический топос. Другой пример – сознательное использование "Paralleltechnik" и особенно "Spiegelungstechnik" в прозе Гете как некая попытка введения принципа дополнительности в описание явлений, которые не могут быть удовлетворительно изображены с одной точки зрения. В этом стремлении к преобразованию поэтического пространства Гете следовал как общефилософским предпосылкам ("Jedes Existierende ist ein Analogon alles Existierenden; daher erscheint uns das Dasein immer zu gleicher Zeit gesondert und verknupft..." *Goethes Werke*, hrsg. von E. Trunz, Hamburg, Bd. XII, S. 368), так и собственным научным идеям (ср. статью "Entopische Farben", 1820). См. подробнее: F. Gundolf, *Goethe* (Berlin, 1920); L. Dieckmann, "Repeated Mirror Reflexions: The Technique of Goethe's Novels", *Studies in Romantism*, Vol. 1 (1962); K. P. Hinze, "Zu Goethes Spiegelungstechnik im Bereich seiner Erzählungen", *Orbis Litterarum*, Vol. 25 (1970), и др.

[7] Ср. *Кроткая* (От автора). Впрочем, аналогичный подход разделяли и некоторые другие авторы, в том или ином отношении влиявшие на Достоевского. Ср.: "В этом произведении была сделана попытка соединить черты средневекового и современного романов. В средневековом романе все было фантастичным и неправдоподобным. Современный же роман всегда имеет своей целью верное воспроизведение Природы... Автор... счел возможным примирить названные два вида романа. *Не желая стеснять силу воображения и препятствовать его свободным блужданиям* в необъятном царстве вымысла..., автор вместе с тем хотел изобразить действующих в его трагической истории смертных *согласно с законами правдоподобия*..." (Г. Уолпол, *Замок Отранто*, Предисловие ко 2-му изд. [Ленинград, 1967], стр. 11-12).

чем, и с авантюрным сюжетом соотносим не каждый герой. Для того, чтобы соответствовать такому сюжету, герой (при всей его сложности, не сопоставимой со сложностью героя авантюрного романа) должен быть дан незавершенным, недовоплощенным, не выводимым из сюжета полностью, способным, как и слово, к новым продолжениям (т. е. "открытым"). Не случайно, что герои Достоевского чаще всего находятся на полпути между добром и злом; обычно они доведены лишь до уровня слабо детерминированной модели, поведение которой в местах перекрещения с новым сюжетным ходом с трудом поддается предсказанию (да и то – вероятностному: *"Все, что хочешь, может случиться..."*). Такой тип героя не только соответствовал представлениям Достоевского о свободе воли, о роли выбора своей судьбы, но и служил для расширения романного пространства. Той же цели служат отношения, в которые ставит Достоевский своих героев. Полифоничность его романов делает их героев носителями самостоятельных, неслиянных голосов. И все-таки у них есть некое *объединяющее* их ядро. Если в романах Толстого автор находится *над* героями, скрепляет их своей последней и всеведущей волей, то в романах Достоевского автор *внутри* героев в том смысле, что разные герои решают (положительно, отрицательно или каким бы то ни было другим способом) *одну и ту же задачу,* все они намагничены в *одну* сторону, взяты в ракурсе истории *единой* души, во-первых, и в прагматической связи с автором, интериоризирующим себя в текст, во-вторых.[8] Именно

---

[8] Проблема двойничества у Достоевского лишь частный случай расщепления героя, так или иначе связанного с автором. Герой часто не кончается там, где перестает употребляться его обозначение. То, что мы выделяем Раскольникова и Свидригайлова, Ставрогина и его двойников, Голядкина 1-го и Голядкина 2-го, строго говоря, дань привычке (в частности, к ипостасности). Древнеиндийский философ, несомненно, провел бы границы иначе; они, конечно, определялись бы областью распространения неких общих признаков с заданными функциями. Герои Достоевского таким образом располагаются в некоем признаковом пространстве, что два соседних обладают рядом общих признаков; принцип же расположения зависит от функциональной установки. Любым двум героям может быть сопоставлено сходное описание, если их функции в данном узле схемы совпадают. Так, напр., объясняются совпадения в характеристиках Раскольникова, даваемых ему не только Свидригайловым, но и Разумихиным, Порфирием Петровичем и др. Расщепление *das Selbst* на части с целью дальнейшего синтеза в плане нравственной регенерации сопоставимо в ряде отношений с общей схемой любого жертвоприношения с той же прагматикой. Психотерапевтическая сторона в обращении к такой схеме настолько очевидна, что ею можно (хотя бы отчасти) объяснить возможность восприятия романов Достоевского как *сценария,* который может "проигрываться" читателем, бродящим по местам, где развертывается действие романов. То, что они

поэтому герой (герои) романа Достоевского сопоставлен *целому*,[9] а целое, роман предельно *ипостасен*. Следуя сказанному, можно предположить, что в каких бы отношениях между собой ни были герои романов Достоевского (вплоть до контрапунктических), для приведения героя и сюжета в соответствие необходимы некоторые дополнительные условия.[10]

в этом отношении уникальны в русской литературе (ср. Н. П. Анциферов), бесспорно. И дело, конечно, не только в их "топографичности". Достоевский так организовал романное пространство, что сделал возможным вовлечение читателя в действие, лежащее уже за пределами художественной литературы.

[9] Ср. ценные свидетельства в письме к А. Н. Майкову (31 декабря 1867 г.): "... и всегда в голове и в душе у меня мелькает и дает себя чувствовать много зачатий художественных мыслей. Но ведь только мелькает, а нужно полное воплощение, которое *всегда происходит нечаянно и вдруг*, но рассчитывать нельзя, когда именно оно произойдет; за тем уже, получив в сердце полный образ, можно приступать к художественному выполнению. Тут уже можно даже и рассчитывать без ошибки ... в общем план создался. Мелькают в дальнейшем детали, которые очень соблазняют меня и во мне жар поддерживают. Но *целое*? Но *герой*? Потому что *целое* у меня выходит в виде *героя*. Так поставилось. Я обязан поставить образ..."

[10] Любопытно сравнение двух противоположных оценок возможностей романа, сделанных лет за шестьдесят до *ПН* и примерно через столько же после него. *Первая* из них принадлежит Новалису *(Fragmente)*. Для него ясно, что роман должен быть сплошной поэзией ("Ein Roman muß durch und durch Poesie sein"), т. е. образцом высшей действительности, естественности; что роман – это история в свободной форме, как бы мифология-история; что роман – это жизнь, принявшая форму книги; что мы сами живем в огромном романе (и в смысле целого и в смысле частностей). И далее: "...Всякий автор романа пишет в своем роде *boutsrimés*, данное ему множество случайностей и ситуаций он располагает в стройную закономерную последовательность; он целесообразно заставляет *единого героя* пройти через все случайности к *единой цели*. Его герой должен быть достаточно своеобразной индивидуальностью, чтобы *определить* собою встречающиеся *обстоятельства* и самому *определяться* ими. Это взаимодействие или изменение индивидуального героя, проведенное с последовательностью, и составляет весь интерес содержания романа. Автор романа может поступить различным образом. Например, он может сначала измыслить множество эпизодов, а героя сочинить позднее – для осмысления их... Или же он может сделать обратное: сперва прочно обдумать индивидуального героя и лишь затем подобрать к нему соответствующие происшествия." Далее следует исчисление видов связи, определяющих отношения между героем и событиями, до сих пор остающееся одним из самых существенных вкладов в анализ романной структуры. Новалис не только обобщил опыт романа XVIII в., но и сумел предвосхитить многие черты классического европейского романа XIX в. *Другая* оценка возможностей романа принадлежит Мандельштаму: "Страшно подумать, что наша жизнь – это повесть без *фабулы и героя*, сделанная из пустоты и стекла, из горячего лепета одних отступлений, из петербургского инфлуэнцного бреда" *(Египетская марка)*; "Ныне европейцы выброшены из своих биографий, как шары из биллиардных луз ... Человек без биографии не может быть тематическим стержнем романа, и роман, с другой стороны, немыслим без интереса к отдельной человеческой судьбе, – фабуле и всему, что ей сопут-

Одно из них – выбор такого ракурса в изображении героя, который обеспечивает его максимальную мобильность в случае новых сюжетных ходов. Герой берется в таком состоянии, которое оправдывает заранее его вхождение в любые конфигурации сюжета. Не случайно, что герои многих произведений Достоевского описываются как люди не вполне здоровые, часто теряющие память и неспособные к контактам. Ср. в *ПН*: "но с некоторого времени он был в раздражительном и напряженном состоянии, похожем на ипохондрию. Он до того углубился в себя и уединился от всех..., 7; он не знал куда деться от тоски своей. Он шел ... как пьяный, не замечая прохожих ... и опомнился уже в следующей улице, 12; шел, не замечая дороги, шепча про себя и даже говоря вслух с собою... Многие принимали его за пьяного, 36; Давным-давно как зародилась в нем вся эта теперяшняя тоска, нарастала, накоплялась..., 39; он поминутно впадал в задумчивость. Когда же опять, вздрагивая, поднимал голову..., то тотчас же забывал, о чем сейчас думал и даже где проходил, 46; Где и как шел обратно – ничего он этого не помнил... он лег на диван ... и тотчас забылся, 92; Он, однакож, не то чтоб уж был совсем в беспамятстве во все время болезни: это было лихорадочное состояние, с бредом и полусознанием ... Но об *том*, – об *том* он совершенно забыл; зато ежеминутно помнил, что о чем-то забыл чего нельзя забывать... и он опять впадал в бессилие и беспамятство, 93-94; Он ни о чем не думал. Так, были какие-то мысли или обрывки мыслей, какие-то представления, без порядка и связи..., 212; Он забылся; странным показалось ему, что он не помнит, как мог он очутиться на улице, 215; почувствовал в себе внезапное обессиление и страх, 314; Для Р. наступило странное время: точно туман упал вдруг перед ним и заключил его в безвыходное и тяжелое уединение ... он догадывался, что сознание его иногда как бы тускнело ... одно событие он смешивал, например, с другим ... Порой овладевала им болезненно-мучительная тревога ... дни, полные апатии..., 339; По обыкновению своему, он ... впал в глубокую задумчивость, 376" и т. д.[11]

ствует. Кроме того, интерес к психологической мотивировке ... в корне подорван и дискредитирован. Современный роман сразу лишился и фабулы, то есть действующей в принадлежащем ей времени личности, и психологии, так как она не обосновывает уже никаких действий" ("Конец романа") и под. Ср. также интереснейшие рассуждения М. М. Бахтина в его статье "Эпос и роман". Указанные выше пределы полезно иметь в виду, анализируя романы Достоевского.

[11] Ср. обморочное (или близкое к нему) состояние Раскольникова в конторе

Эти постоянные упоминания о болезни все время перебиваются указаниями на резкий переход к противоположному состоянию, ср.: "он глядел уже весело, как будто внезапно освободясь от какого-то ужасного бремени..., 12; Но теперь его вдруг что-то потянуло к людям. Что-то совершилось в нем как бы новое..., 13; но ему вдруг стало дышать как бы легче. Он почувствовал, что уже сбросил с себя это страшное бремя... и на душе его стало вдруг легко и мирно ... он тихо и спокойно смотрел на Неву ... он даже не ощущал в себе усталости ... Свобода, свобода, 51; Опять сильная, едва выносимая радость ... овладела им на мгновение, 87; он вдруг стал совершенно спокоен... Это была первая минута какого-то странного внезапного спокойствия ... сильнейшее душевное напряжение ... придавало ему силы и самоуверенности ... какая-то дикая энергия заблистала вдруг в его воспаленных глазах..., 121-122; Неподвижное и серьезное лицо Р. преобразилось в одно мгновение..., 127; 'Довольно!' произнес он решительно и торжественно, – 'прочь миражи, прочь напускные страхи, прочь привидения! ... Есть жизнь! Разве я сейчас не жил? Не умерла еще моя жизнь ... Царство рассудка и света теперь! И ... и воли, и силы ...', 148; Вдруг в сердце своем он ощутил почти радость..., 276; Как бы за все это ужасное время разом размягчилось его сердце..., 398" и др. Сходные описания болезненного состояния героя легко найти и в других произведениях Достоевского.[12]

Другое условие, необходимое для приведения в соответствие героя и сюжета, – исключительно сильная дискретизация романного пространства. Все оно как бы состоит из большого количества корпускул или их конфигураций (это относится к локальному, временнóму, причинно-следственному, оценочному, поведенческому и другим планам), переход между которыми характеризуется максимальным возрастанием энтропии. В этих условиях затруднены какие-либо предсказания. Неожиданность не просто возможна; как правило, эта возможность всегда реализуется. Контраст между двумя синтагматически смежными участками тем более резок, что у Достоевского есть тенденция к минимализации времени перехода (*В это мгновение..., внезапно..., вдруг..., неожиданно...* и т. д.); время получает необыкновенную скорость, счет идет только на мгно-

---

(дважды), у Порфирия Петровича; высказывания Свидригайлова, Порфирия Петровича, Разумихина о его болезни. Ср. употребление в *ПН* слов *мономан, ипохондрик, лихорадка, жар, дрожь, машинально, механически* и под. в связи с Раскольниковым.

[12] См. Приложение 1.

вения, чтобы потом исчезнуть вовсе, отложившись в структурных признаках пространства-сцены. Отсюда – впечатление судорожности, неравномерности, издерганности основных элементов романной структуры, заставляющее вспомнить ранние кинематографические опыты. Употребление слова *вдруг* в *ПН* имеет самое непосредственное отношение к тому, о чем сейчас идет речь. *Вдруг* на 417 страницах *ПН* употребляется около 560 раз. Если вычесть довольно значительные по объему отрывки, где оно употребляется очень редко или вовсе не употребляется (1-й приход Раскольникова, 1-я половина рассказа Мармеладова – предыстория, письмо матери, встреча с матерью и сестрой, приготовление Разумихина к встрече с ними, 1-я встреча с Порфирием Петровичем, 2-я половина 1-й встречи с Свидригайловым, сцена в нумерах Бакалеева после ухода Лужина, размышления Лужина, финал поминок, сцена с участием Катерины Ивановны на набережной, последний разговор с Порфирием Петровичем, последняя встреча с Свидригайловым, его встреча с Дуней, вечер до прихода в гостиницу, выход из гостиницы, эпилог), то удельный вес *вдруг* возрастет еще больше. При этом максимальная частота употребления приходится на сюжетные шаги, совпадающие с *переходами*, и на описание смены душевных состояний. В русской литературе нет примера текстов (исключая другие тексты Достоевского), которые, хотя бы отдаленно, приближались к *ПН* по насыщенности их этим словом.[13] В *ПН* неоднократно встречаются отрывки (прежде всего – отмеченные содержательно) длиной в несколько страниц, где *вдруг* выступает с обязательностью некоего классификатора ситуации, что можно сравнить с принудительным употреблением некоторых грамматических элементов (типа артикля). Характерно также и то, что одиночное употребление *вдруг* – явление довольно редкое; *вдруг* организует не отдельные фразы, а целые совокупности их, образующие содер-

---

[13] В других произведениях Достоевского *вдруг* употребляется также весьма часто, но нигде не достигая показателей *ПН*. О *вдруг* у Достоевского см.: В. В. Виноградов, "Стиль петербургской поэмы 'Двойник'", *Ф. М. Достоевский. Статьи и материалы* (Петербург, 1922), стр. 220; П. Бицилли, "К вопросу о внутренней форме романа Достоевского", *Годишн. на Соф. Ун-т. Ист.-филол. ф-т*, Т. XIII (1945-1946), стр. 9; Г. Я. Симина, "Из наблюдений над языком и стилем романа Ф. М. Достоевского *Преступление и наказание*", *Изучение языка писателя* (Ленинград, 1957), стр. 148-150. Ср. старую работу М. Слонимского, отчасти: N. Å. Nilsson, "Dostoevskij and the Language of Suspense", *Scando-Slavica*, t. 16 (1970), стр. 35-45 и др. Однако в указанных работах приводятся лишь отдельные (часто не наиболее интересные) примеры, а вопрос о функциях остается обычно в стороне.

жательные единства. Следует также заметить, что в *ПН* наблюдается тенденция предельно сближать друг с другом *вдруг* (в пределах одной или двух смежных фраз), несмотря на кажущуюся избыточность такого употребления.[14] Несколько примеров более обширных последовательностей, организованных с помощью *вдруг*: "вскричал он *вдруг* ... и *вдруг* он залился опять ... хохотом ... а ему *вдруг* захотелось закричать им ... как будто *вдруг* пораженный мыслью ... Р. стал *вдруг* задумчив ... и *вдруг* ... все припомнил..., 127; *вдруг* останавливаясь перед ней ... сказал он *вдруг* ... как будто ее *вдруг* ножом ранили ... Лицо Сони *вдруг* страшно изменилось ... *вдруг* горько-горько зарыдала ... Вдруг он весь быстро наклонился ... сжало *вдруг* ей сердце..., 248-249; ему стало *вдруг* тяжело ... и *вдруг* теперь ... он *вдруг* почувствовал ... *вдруг* неожиданно спросила она, точно *вдруг* вспомнила, 326; шум *вдруг* быстро увеличился ... и *вдруг* осекся ... потом *вдруг* ... оттолкнул ... *вдруг* стал на колени ... *вдруг* произнес Николай ... прибавил он *вдруг*... но *вдруг* опять вспорхнулся ... но *вдруг* остановился ... и *вдруг* ... набросился на Николая ... теперь он *вдруг* опомнился ... проговорил *вдруг* ... *вдруг* услышал за собой опять голос ... но *вдруг* опять оборачиваясь..., 272-274; Он *вдруг* очнулся ... *вдруг* как громом в него ударило ... вскричал он *вдруг* ... *вдруг* припомнилось ему ... Вдруг он вздрогнул ... теперь явилась *вдруг* не мечтой ... и он *вдруг* сам сознал это ... Ему *вдруг* захотелось..., 39-40; *вдруг* голова его как бы закружилась ... и *вдруг* вся осела к полу... Ему *вдруг* опять

[14] Ср.: "но всем существом своим *вдруг* почувствовал, что нет у него более ... и что все *вдруг* решено окончательно, 53; Вдруг он ясно услышал... Он ... *вдруг* вскочил..., 57; до того *вдруг* опустело его сердце. Мрачное ощущение ... *вдруг* ..., 89; он *вдруг* ... посмотрел на Дунечку. – Странно, проговорил он..., как бы *вдруг* пораженный..., 182; он *вдруг* увидал, что это приниженное существо до того уже принижено, что ему *вдруг* стало жалко, 184; проговорила *вдруг* в ответ Сонечка..., *вдруг* опять сильно потупившись, 186; ему *вдруг* вообразилось, что какая-нибудь вещь ... могла как-нибудь тогда проскользнуть..., а потом *вдруг* выступить..., 211; Ноги его ужасно *вдруг* ослабели ... и сердце ... потом *вдруг* застукало..., 212; Вдруг он остановился и увидел, что ... стоит человек ... но *вдруг* этот человек повернулся ... Не доходя шагов десяти, он *вдруг* узнал его..., 215; Вдруг послышался ... треск ... и все опять замерло. Проснувшаяся муха *вдруг* ..., 215; Каким-то холодом охватило *вдруг* Р.... Св. *вдруг* расхохотался..., 224; – Понимаешь теперь!? Сказал *вдруг* Р. ... – Воротись, ступай к ним, прибавил он *вдруг*..., 243; и *вдруг* сам захотал ... Р. встал с дивана, *вдруг* резко прекратив... смех, 264; Вдруг губы его задрожали ... – Не позволю-с! крикнул он *вдруг*..., 266; но *вдруг* остановился ... и *вдруг*, как бы увлеченный..., 273; воскликнула она, *вдруг* вскочив..., и глаза ее ... *вдруг* засверкали, 325; он вспоминал *вдруг* о Св.: ему *вдруг* слишком ясно..., 339; он *вдруг* стал опять беспокоен; точно угрызение совести *вдруг* начало его мучить, 341" и т. п.

захотелось ... как *вдруг* другая тревожная мысль ударила ему в голову. Ему *вдруг* почудилось ... *Вдруг* он заметил ... *вдруг* он припомнил ... и *вдруг* он опомнился ... *Вдруг* послышалось ... *Вдруг* явственно послышался легкий крик ... но *вдруг* вскочил..., 63-65; ему *вдруг* стало самому решительно все равно ... если бы *вдруг* комната наполнилась ... до того *вдруг* опустело его сердце ... *вдруг* ... сказалось душе его ... повернули *вдруг* так ему сердце..., 83; но в толпе *вдруг* столкнулся ... ощущения *вдруг* прихлынувшей ... жизни ... которому *вдруг* и неожиданно объявляют прощение ... услышал *вдруг* поспешные шаги ... стала *вдруг* серьезное ... *Вдруг* ... руки ее обхватили его ... когда захотят *вдруг* ... и *вдруг* опять засмеялась..., 146-148; *вдруг* выскочила Пульхерия Александровна ... *вдруг* встрепенулся он ... Как-то *вдруг* потерял терпение ... *вдруг* с ней удар! ... проговорил *вдруг* Р ... он *вдруг* смутился ... *вдруг* стало совершенно ясно ... вскрикнул он *вдруг* ... и *вдруг* засмеялся ... заговорил *вдруг* Р... и *вдруг* ... рассмеялся ... опять *вдруг* задумываясь ... сказала *вдруг* Пульхерия Александровна ... прибавил он *вдруг*..., 177-180; и *вдруг* сам смутился ... и *вдруг* она входит сама ... он *вдруг* увидал ... ему *вдруг* стало жалко ... *вдруг* опять встала ... сказал он *вдруг* ... и *вдруг* потупилась..., 184-185; И он *вдруг* ощутил ... *вдруг* сам останавливаясь ... задумавшись *вдруг* о чем-то ... *вдруг* вскинув глаза ... спросил он *вдруг* ... и потом *вдруг* огорошить ... и он *вдруг* залился ... смехом ... отвращение Р. *вдруг* перешло..., 258-259; если бы *вдруг* ... на ваше решение отдали ... и *вдруг* горько заплакала ... Он *вдруг* переменился ... Даже голос *вдруг* ослабел ... И *вдруг* странное ... ощущение ... прошло по его сердцу ... он *вдруг* поднял голову ... *Вдруг* он побледнел ... прибавил он *вдруг* ... он *вдруг* отчего-то улыбнулся ... Она *вдруг* задрожала ... *вдруг* опомнившись ... оледенило *вдруг* его душу ... и *вдруг* ... как бы увидел ... *вдруг* начинают ... Ужас ее *вдруг* сообщился и ему ... ей *вдруг* и показалось... *Вдруг* ... она вздрогнула ... и *вдруг* заплакала ... *вдруг* передернуло ... ей *вдруг* послышался ... но *вдруг* вскричала ... вскрикнула она *вдруг* ... и *вдруг* ... усмехнулся ... сказал он *вдруг*..., 315-320; и *вдруг* ... спросил ... прибавил он *вдруг* ... Он *вдруг* посторонился ... подумалось *вдруг* ... *вдруг* взяла его за обе руки ... *вдруг* стал опять беспокоен ... *вдруг* начало его мучить ... навела на него *вдруг*..., 340-341; и *вдруг* ... захохотал ... *вдруг* произошло одно движение... Он *вдруг* вспомнил слова Сони ... оно к нему *вдруг* подступило ... и *вдруг* ... охватило всего..., 406" и др.[15]

[15] См. Приложение 2.

Сходные функции в оценочном плане выполняет слово *странный* (часто – *странно*, *странное дело*, около 150 раз); в общих чертах распределение его в тексте совпадает с тем, что говорилось о *вдруг*. Введением этого слова создается атмосфера неожиданности, обманутого ожидания, неопределенности в отношении развития элементов романной структуры на следующем шагу.[16] И здесь, как и в случае с *вдруг*, наблюдается тенденция к концентрации *странный/странно*, хотя, разумеется, в меньшей степени. Ср.: "видеть некоторую как бы *странность* ... *Странная* мысль наклевывалась в его голове ... показалось ... как-то *странным* ... Из *странности* ... Как это было *странно*..., 53-55; но *странное* дело ... не испытал подобного *странного* и ужасного ощущения ... *Странная* мысль пришла ему вдруг..., 83-84; *Странное* дело: казалось... Это была первая минута какого-то *странного* внезапного спокойствия ... испуганный ... *странным* видом Р., 121-122; Вот *странно*! ... какой вы *странный* ... – А я вам *странным* кажусь ... – Фу, какой *странный*! ... Так я *странен*? ... *Страннее* всего показалось..., 125-127; *Странно*, проговорил он ... сохраняя вид какого-то *странного* удивления..., 182; *Странно*, однако ж ... *странным* показалось ему..., 214-215; Как-то *странно* посмотрел на него ... скривя рот в какую-то *странную* улыбку..., 221; я слышала какую-то очень *странную* историю... так *странно* умершая..., 231; как-то *странно* предположить... он мне очень *странным* показался..., 239; как-то *странно* проговорил он ... как-то *странно* спросила Дуня... Что-то *странное* как будто прошло между ними..., 242-243; Р. *странно* посмотрел на нее ... С новым *странным* ... чувством всматривался он ... и все это казалось ему более и более *странным* ... *Странно*! подумал он ... Все у Сони становилось для него как-то *страннее* и чудеснее, выслушав *странное* желание ... *странно* звучали для него эти книжные слова..., 249-252; Но *странно* случилось с ним ... остановился он ... с *странным* вопросом ... Вопрос был *странный* ... И вдруг *странное*, неожиданное ощущение..., 314-316; *странно* смотря на нее ... И *странно* он так говорил ... И все такие у меня были сны, *странные*, разные сны..., 322-323; и *странно*, ему стало вдруг ... Да, это было *странное* и ужасное ощущение..., 326; и *странно* улыбнулся. Это была *странная* мысль..., 328; как-то *странно* осматривался ... даже *странно* было..., 340-341; *Странная* сцена произошла ... происходила тоже *странная* сцена ..., 347; как-то *странно* улыбаясь... Вы

---

[16] Не удивительно, что *вдруг* и *странно* обладают высоким коэффициентом совместной встречаемости (при этом не только у Достоевского).

человек *странный* ... *Странное* дело..., 356-357; Но *странный* ... шопот ... обратил ... его внимание ... и вдруг опять усмехнулся на одну *странную* мысль ... *Странно* и смешно..., 389-391; заметив какое-то *странное* выражение ... Это был портрет ... той самой *странной* девушки..., 401; Болезнь ... была какая-то *странная*, нервная ... Стали бояться этого *странного* молчания ... Фантазии ее были иногда очень *странны* ... он *странно* улыбался..., 413-415" и другие.[17]

Еще одна сфера, в которой сюжетные ходы скрещиваются с героем романа, – отмеченные точки пространственно-временно́го континуума. Как и в космологической схеме мифопоэтических традиций, пространство и время не просто рамка (или пассивный фон), внутри которой развертывается действие; они активны (и, следовательно, определяют поведение героя) и в этом смысле сопоставимы в известной степени с сюжетом. Среди этих пространственно-временны́х элементов особое место у Достоевского занимают час *заката* солнца (то же, как известно, характерно и для мифопоэтической традиции, где *ежесуточный* закат солнца соотносится с *ежегодным* его уходом; конец дня и лета [года], малого и большого цикла, граница ночи и зимы – вот та временна́я точка, где силы хаоса, неопределенности, непредсказуемости начинают получать преобладание).[18] Закат у Достоевского – не только знак рокового часа, когда совершаются или замышляются решающие действия,[19] но и стихия, влияющая на героя: "Он бродил без цели.

[17] Характерно, что со словами *странно*, *странный* очень часто сочетаются классификаторы неопределенности – *как-то, что-то, какой-то* и под., которые, впрочем, исключительно широко употребляются у Достоевского и в других случаях. О слове *странный* см. еще Приложение 3.
[18] Ср.: "я мало-по-малу и постепенно, с самого наступления *сумерек*, стал впадать в то состояние души ... которое я называю *мистическим ужасом*. Это – самая тяжелая, мучительная боязнь чего-то, чего я сам определить не могу, чего-то недостигаемого и несуществующего в порядке вещей, но что непременно, может быть, сию же минуту, осуществится, как бы в насмешку всем доводам разума, придет ко мне и станет передо мною как неотразимый факт, ужасный, безобразный и неумолимый..." (*Униж. и оскорбл.*, 1, X); "Сумерки сгущались; а вместе с ними росла и тоска моя" (*Неточка Незванова*); "Батюшки, голубчик, не знаю, что делать с собой. Как *сумерки*, так я и не выношу; как *сумерки*, так и перестаю выносить, так меня и потянет на улицу, в мрак. И тянет, главное, мечтание ..." (*Подросток*) и др.
[19] На *закате* умирают (Нелли, Лиза) и получают освобождение: "Но странно, когда он приник на ее могилку и поцеловал ее, ему вдруг *стало легче*. Был ясный вечер, *солнце закатывалось*; кругом, около могил, росла сочная, зеленая трава; недалеко в шиповнике жужжала пчела... Какая-то даже *надежда* в *первый раз* после долгого времени *освежила* ему *сердце*" (*Вечн. муж;* по свидетельству

Солнце заходило. Какая-то особенная тоска начала сказываться ему в последнее время ... от нее веяло чем-то постоянным, вечным, предчувствовались безысходные годы этой холодной, мертвящей тоски, предчувствовалась какая-то вечность на 'аршине пространства'. В *вечерний час* это ощущение обыкновенно еще сильней начало его мучить. – Вот с этакими-то глупейшими, чисто физическими немощами, *зависящими от какого-нибудь заката солнца*, и удержись сделать глупость!" 330.

Ср. еще в *ПН*: "Небольшая комната... была в эту минуту ярко освещена *заходящим солнцем*. '*И тогда*, стало быть, так же будет солнце светить!' " 10 (ср.: "Неужели уж столько может для них значить *один какой-нибудь луч солнца*...", 419, или: "Я заметил, что подобные сомнения ... приходили ему все чаще в *сумерки*... В *сумерки* ... старик становился как-то особенно нервен, впечатлителен и мнителен" [*Униж. и оскорбл.*, 1, V]); "он тихо и спокойно смотрел на Неву, на яркий *закат* яркого, красного *солнца* ... Свобода, свобода!" 51 (шанс на спасение, на решительный поворот к лучшему); "Было часов восемь, *солнце заходило*, 122; машинально смотрел он на *последний* розовый отблеск *заката*, на ряд домов, темневших в сгущавшихся *сумерках*, на одно отдаленное окошко, где-то в мансарде... блиставшее точно в пламени от *последнего*[20] *солнечного луча*, ударившего в него на мгновение...", 133 (возможно, Сонино окно; "окно, горящее не от одной зари", ср. тот же мотив в воспоминании Неточки); "Было еще светло, но уже *вечерело*. В комнате была совершенная тишина ... Только *жужжала* и *билась* какая-то большая *муха*...", 216;[21] ему хотелось все до

А. Г. Достоевской, подобное ощущение испытал Ф. М., когда в 1868 г. пришел в первый раз после похорон своей дочери Сони на ее могилку: " 'Соня послала мне это спокойствие', – сказал он мне"). На *закате* происходят роковые встречи (Ордынов и Катерина, Иван Петрович и старик Смит и др.) и приходят к решениям, от которых зависит всё. Ср. еще: "Какой вы час во дню больше любите? спросил он ... – Час? Не знаю. Я *закат* не люблю ... *Закат* солнца (почему Крафт удивился, что я не люблю *заката*?) навел на меня какие-то новые и неожиданные ощущения ..." (*Подросток*). Ср. запись о картине Эмса перед *закатом* солнца (*Неизданный Достоевский*, Москва, 1971, стр. 553).

[20] О слове *последний* у Достоевского см. в другом месте. Из характерных употреблений ср.: "Я помню его *последний* на меня взгляд" (*Подросток*).

[21] Ср. аналогичный мотив в "Исповеди Ставрогина": "... солнце ужасно ярко *светило* ...; надо мной *жужжала муха* ... и я мог слышать *писк* каждой *мушки* ... сидел у окна и смотрел на красного *паучка*"; в *Идиоте* – рассказ генерала о самом плохом поступке: "Прихожу к старухе ... в углу толчно от *солнца* забилась ... *мухи жужжат, солнце закатывается*..."; в *Вечном муже*: "... солнце закатывалось ... жужжала пчела" и т. п. Ср. у Гоголя: "... все ему

заката солнца..., 399; *Солнце* между тем уже *закатывалось...*", 403; ср. также "*луч солнца*, 71; *солнце* ярко блеснуло ему в глаза..., 76; *солнце* всегда длиною полосой ... 94; *Солнце* ярко освещало комнату..., 340; Станьте *солнцем*, все все увидят. *Солнцу* прежде всего надо быть *солнцем*", 356 (ср. "Но я тебе за *солнце* считал, Лиза; Я вас ждал, как *солнца*, которое всё у меня *осветит*" [Подросток], а также известные слова А. Г. Достоевской о Достоевском как солнце ее жизни).[22] В этом смысле вечерний закатный час вечен, вневременен; он не членим, как не членим сакральный центр среди профанического пространства; он и есть та чистая схема мифомышления, которая постоянно воспроизводится в художественном и религиозном сознании как некий образец.[23]

гадко, однако же он не отходит от *окна*. Стоит ... позабываясь ... и душит с досады какую-нибудь *муху*, которая в это время жужжит и бьется об стекло под его пальцами" *(Мертвые души)* или у Пушкина: "... В окно смотрел и *мух* давил" *(Евгений Онегин*, II*)*. Интересно, что в непосредственном соседстве дается сцена встречи Чичиковым похоронной процессии, с чем отчетливо сопоставим эпизод встречи Вельчаниновым похоронной процессии в *Вечном муже*. Ср дальнейшее развитие мотива у сартра в Les chemins de la liberté, II (Paris, 1945), p. 107.

[22] Из более ранних аналогий ср.: "... und konnte mich an der *untergehenden Sonne*, gegen welche die *Fenster* gerade gerichtet waren, nicht satt genug sehen ... so erregte dies Frühzeit in mir ein Gefühl der *Einsamkeit* und einer daraus entspringenden *Sehnsucht*... Die alte, *winkelhafte*, an vielen düstere Beschaffenheit des Hauses war übrigens geeignet, *Schauer* und Furcht in kindlichen Gemütern zu erwecken" в начале *Dichtung und Wahrheit*, подобно тому, как с заключительным мотивом этой книги перекликается другая тема русской литературы – *Свеча горела на столе*; *Свеча горела*. О значении образов Гете для Достоевского см. А. Бем, "'Фауст' в творчестве Достоевского", *Записки Научно-исследовательского объединения*, т. V (Прага, 1937).

[23] Подробнее и в ином плане о символическом значении заката см.: С. Н. Дурылин, "Об одном символе у Достоевского", *Достоевский* (Москва, 1928), стр. 163-198. Ср. приписку А. Г. Достоевской к фразе "Люблю закат его, длинные косые лучи его ..." – "Длинные косые лучи заходящего солнца" часто встречаются в произведениях Ф. М., как наиболее любимые им часы дня, – с чем можно сравнить отрывок из *Белых ночей*: "... есть, друг мой Настенька, в моем дне один час, который я чрезвычайно люблю... Но странное чувство удовольствия играет на его бледном ... лице. Неравнодушно смотрит он на вечернюю зарю, которая медленно гаснет на холодном петербургском небе ... Он теперь уже богат *своею особенною* жизнью; он как-то вдруг стал богатым, и прощальный луч потухающего солнца не напрасно так весело сверкнул перед ним и вызвал из согретого сердца целый рой впечатлений." Тема заката стала одной из основных временны́х и символических доминант у Белого. Ср. в *Петербурге*: "Вдохновение овладевало душою ... там, оттуда – в ясные дни, издалека-далека, сверкали слепительно: золотая игла, облака, *луч багровый заката*; там, оттуда – в туманные дни, – ничего, никого" (дважды – в начале и в конце романа); или: "встав на дыбы, ты на долгие годы, Россия, задумалась перед грозной судьбой, сюда тебя бросившей, – среди этого мрачного севера, где и самый *закат* много-

Другой источник, создающий атмосферу неопределенности, непредсказуемости, фантастичности, – *Петербург* Достоевского, в котором, как в России и в русском языке "все возможно".[24] Здесь не удастся говорить об этом образе, но достаточно напомнить – в общем плане – его *фантасмагоричность*,[25] а в более частном – его влияние на героя: "я убежден, что в Петербурге много народу, ходя, говорят сами с собой. Этот город полусумасшедших ... Редко где найдется столько мрачных, резких и странных влияний на душу человека, как в Петербурге ...", 360.

Пространство Петербурга организуется основной оппозицией *срединный* (внутренний) и *периферийный* (внешний), с одной стороны, и серией градуальных оппозиций, характеризующих путь между местами наиболее полной реализации признаков *срединный*

часен... Да не будет!"; "А над этою зеленоватою синью *немилосердный закат* и туда и сюда посылал свои отблески: и багрился Троицкий мост; багрился Дворец; там, на выступе в светлобагровом *ударе последних лучей*... *Немилосердный закат* посылал удар за ударом от самого горизонта... *Заката* не будет!" Эта же тема в новом ракурсе (провиденциальность) постоянно появляется в поэзии Блока и Ахматовой.

[24] "*И чего-чего в ефтом Питере нет!*" 135. Ср. в *Шинели*: "... *и все, что ни есть в Петербурге*"; и косвенно в *Петербурге*: "*Весь Петербург – бесконечность проспекта ... За Петербургом – ничего нет.*"

[25] Ср.: "имеющего сугубое несчастье обитать в Петербурге, самом *отвлеченном и умышленном* городе на всем земном шаре" (*Зап. из подп.*, 1, II); "Есть в Петербурге довольно странные уголки ... В этих углах... выживается как будто совсем другая жизнь ... такая, которая может быть в *тридесятом неведомом царстве*, *а не у нас* ... Вот эта-то жизнь и есть смесь чего-то чисто *фантастического*, горячо-идеального и вместе с тем ... тускло прозаичного и обыкновенного, чтоб не сказать: до невероятности пошлого..." (*Бел. ночи* [Ночь вторая]); "Но, мимоходом, однако, замечу, что считаю петербургское утро, казалось бы самое прозаическое на всем земном шаре, – чуть ли не самым *фантастическим* в мире ... Мне сто раз, среди этого тумана, задавалась странная, но навязчивая греза: 'А что, как разлетится этот туман и уйдет кверху, не уйдет ли с ним вместе и весь этот гнилой, склизлый город, *подымется с туманом и исчезнет как дым*' ..." (*Подрост.*); казалось, наконец, что весь этот мир ... в этот *сумеречный* час походит на *фантастическую*, волшебную грезу, на *сон*, который в свою очередь тотчас *исчезнет* и *искурится паром* к темно-синему небу..." (*Слабое сердце*) и др. *Фантастический* (и однокоренные слова) встречается в *ПН* около 30 раз. Наиболее характерные употребления – в применении к Р.: "как он *фантастичен*..., 168; сердце имеет: *фантаст*, 351; Мне понравились вы *фантастичностью*..., 362; дело покончить иначе, *фантастическим* каким образом..., 357; Статья ваша нелепа и *фантастична*..., 349; Тут дело *фантастическое*..., 352; Дело *фантастическое*...", 374; ср. также: "Русские люди вообще широкие люди ... и чрезвычайно склонны к *фантастическому*, к беспорядочному..., 380; *фантастическая* наклонность, 391; лицо *фантастическое*, 371; люди *фантастические*, 352; *фантастическое* душегубство, 230; *фантастический* вопрос, 40; *фантастическое* происшествие", 279 и т. д. См. Приложение 5.

– *периферийный*, с другой. Актуализация этих оппозиций достигается *пространственными передвижениями* героя. Следует, впрочем, заметить, что этим передвижениям обычно сопоставляются перемены в нравственном состоянии героя (ср. то же в мифопоэтических текстах): моменты просветления, надежды, освобождения наступают *по выходе из дома*.[26] Противопоставление *срединный – периферийный* (в нравственном плане: максимальная несвобода – максимальная свобода) четче всего реализуется в образах *места* в городе, где живет Раскольников (переулки около Сенной и канавы, см. Приложение 6), его *до́ма, каморки, дивана* (концентрическая структура с возрастанием отрицательного значения по мере приближения к центру), с одной стороны, и широких городских пространств (панорама Невы, иногда – сады, площади) и островов (загородные места),[27] с другой стороны.

ПН начинается с описания этой *середины*, которое воспроизводится неоднократно в весьма сходных, а часто и совершенно тождественных выражениях. Именно здесь созрели планы Раскольникова, и он сам, Свидригайлов, Порфирий Петрович (может быть, и мать)[28] так или иначе отмечают зависимость этих планов от кон-

[26] Ср.: из дома старухи (1-е посещение); после сна на Петровском острове; при выходе со двора, где были спрятаны вещи, на улицу в направлении к площади; при выходе из дома после визита Лужина; после смерти Мармеладова; после 2-й встречи с Порфирием Петровичем. Наконец, действительное возрождение произошло в предельном удалении от дома. И, наоборот, страдания достигают своего предела, как правило, при нахождении *внутри дома*.
[27] Ср. роль этих мест в снятии душевного напряжения, депрессии, несвободы в других произведениях Достоевского: "Как я благодарна вам за вчерашнюю прогулку на острова, Макар Алексеевич! Как там свежо, хорошо, какая там зелень! ... мне было очень хорошо, легко..." *(Бедн. люди)*, ср. дачу Погорельцевых в *Вечном муже* или мотив дачи и островов в начале *Белых ночей* и др. Нева, вид на нее, соотносятся с видениями, открывающими новые пути, ср. "Видение на Неве" в "Петербургских сновидениях" (1861). См. об этом: В. Комарович, "Ненаписанная поэма Достоевского", *Ф. М. Достоевский. Статьи и материалы*, стр. 179 и след.; А. Бем, "Первые шаги Достоевского (Генезис романа *Бедные люди*)", *Slavia*, 12, 1933, стр. 134 и след.; и – отчасти – его же, *Достоевский. Психоаналитические этюды* (Прага-Берлин, 1938) ("Снотворчество"). Ср. значение для Блока прогулок на острова, в Удельную, Шувалово, Озерки, Сосновку (стихи, дневниковые записи, письма, свидетельства современников). О структуре пространства в *Петербурге* Белого см. Приложение 10.
[28] Ср.: "– Какая у тебя дурная квартира, Родя, точно *гроб*... – Я уверена, что ты наполовину от квартиры стал такой меланхолик. – Квартира? ... Да, квартира много способствовала ... я об этом тоже думал ...", 180. Ср.: "Но это *гроб*, совершенный *гроб*! Действительно, было некоторое сходство с внутренностью *гроба* (о комнате); ... Ввиду этакого *гроба*...; ... мы сидели с вами у меня в *гробе*" *(Подросток)*.

кретного образа *середины*.²⁹ *Вне* дома *середина* характеризуется жарой, пылью, вонью, духотой, шумом, скученностью. Примеры обильны и, как во многих других случаях у Достоевского, предельно стандартизованы; речь идет о заготовленных клише, переходящих со страницы на страницу. Ср. такие типичные ситуации, как: "в чрезвычайно жаркое время... На улице жара стояла страшная, к тому же духота, толкотня, всюду известка, леса, кирпич, пыль и та особенная летняя вонь, столь известная каждому петербужцу, не имеющему возможности нанять дачу..., 7-8; Зелень и свежесть понравились сначала его усталым глазам, привыкшим к городской пыли, к известке и к громадным, теснящим и давящим домам. Тут не было ни духоты, ни вони..., 46; на грязных и вонючих домах ... толпилось..., 52; как-то особенно наклонен жить и селиться именно в таких частях города, где нет ни садов, ни фонтанов, где грязь и вонь, и всякая гадость, 61; На улице опять жара стояла

---

²⁹ К языковому кодированию образа ср.: "Близость Сенной,... население, скученное в этих *серединных* петербургских улицах и переулках...", 8. Пребывание в *середине* комнаты отмечено и чаще всего связано с пассивным восприятием (слушать, смотреть), непроизвольным появлением недобрых мыслей или вообще со сферой отрицательного. Ср.: "В раздумье стал он *среди* комнаты. Мучительная темная мысль поднималась в нем, 67; стоя *среди* комнаты..., стал опять высматривать кругом ... стоял *среди* комнаты..., 73-74; Он стоял *среди* комнаты и в мучительном недоумении осматривался кругом..., 101; вошел в свою каморку и стал *посреди* ее ... Он оглядел..., 328; оставшись один *среди* комнаты, любопытно прислушивался и соображал..., 11; он остановился *посреди* улицы и стал осматриваться...", 358; ср. также моменты забытья, депрессии в связи с *серединой* моста (90, 133); критические моменты (*середина* комнаты – Соня, 318, 405; Лизавета, 65 и т. п.). Напротив, *хождение* по комнате (напр., от двери или печи до окна или из угла в угол) чаще всего связано с активным началом – мысли, эмоции (особенно – волнение) и т. п., предполагающие последующее действие, ср. о Раскольникове, 248, 249; о Дуне, 159, 160, 167; о Катерине Ивановне, 19, 24, 139, 318; о Порфирии Петровиче, 258, 260, 262, 264, 277 (он обычно *бегает, кружит* и даже – в передаче мещанина – *сигает*, то же о Стебелькове в *Подростке*; ср. о Голядкине – *летает, прыгает, скачет, мелькает* и под.); о Лебезятникове, 291; об Амалии Ивановне, 302 и т. д. Ср.: "Я же, когда обдумывал свои будущие повести, всегда любил *ходить взад и вперед* по комнате..." (*Униж. и оскорбл.*) с комментарием А. Г. Достоевской: "Всегдашняя привычка Ф. М., когда он обдумывал свои произведения" (ср. в *Неточке Незвановой*: "... *ходя взад и вперед* по комнате..."); в *Подростке*: "*шагал* он по кабинету...; я все *ходил большими шагами* по моей маленькой комнате..." и т. д. Ср. у Белого: "... и снова *забегал по диагонали*" (от угла к углу). Это схождение с тем, как описывает Достоевский движения Порфирия Петровича, особенно показательно ввиду других реминисценций именно этого образа в *Петербурге*. Ср.: "... усмешечка прошлась по губам: – 'Как в кого? В Вас, Ваше Превосходительство, в Вас!'; 'Я себе говорю... да, батенька мой, – так себе...'; 'да что вы дрожите? Ишь вспыхнули, занялись – молодая девица!'; 'А плечико? Как передернулось?!' ... 'Передернулось – отчего?'" (Ср. тут же: *психологический метод, сцена смеха*) и т. д.

невыносимая... Опять пыль, кирпич и известка, опять вонь ... пьяные, 76; духота стояла прежняя ... дохнул он этого вонючего, пыльного, зараженного городом воздуха, 122" и т. д.[30]

Шум и *хохот* (нередко – *пенье*) подчеркиваются особенно часто (гораздо более сотни раз), причем они обычно нарочиты, бесстыдны, провоцирующи, зловещи, часто связаны с толпой или с тем, что есть в человеке от толпы.[31] Толпа же (*публика, кучки, гурьба, группа, народ* и т. д.)[32] и заполняет это срединное пространство *вне дома*,

---

[30] Ср. в *Вечном муже*: "Пыль, духота, белые петербургские ночи, раздражающие нервы ... Ипохондрия его росла с каждым днем ...; Здесь так пыльно и душно, в этом доме так все запачкано ... столько самой мышиной суеты, столько самой толкучей заботы... Духота и жар стояли нестерпимые..." К физиологии "срединного" Петербурга ср. также: В. В. Данилов, "К вопросу о композиционных приемах в *Преступлении и наказании*", *Известия Академии наук*, № 3, серия VII (1933), стр. 249-263.

[31] Лишь несколько примеров – ср. 1-й сон Раскольникова, 47-50: "Там всегда была такая толпа, так *орали, хохотали, ругались*, так безобразно и сипло *пели* и так часто *дрались* ...; становится очень *шумно*: ... выходят с *криками, с песнями* ...; *хохочут* в толпе ...; Все лезут в Миколкину телегу с *хохотом* и *остротами* ...; в толпе тоже *смеются*, да и впрямь, как не *смеяться* ...; *Смех* в телеге и в толпе удвоивается...; Вдруг *хохот* раздается *залпом* ...; Песню, братцы! *кричит* кто-то... Раздается разгульная *песня* ... *кричит* ...; *кричит* кругом ...; *кричит* Миколка...; *кричит* голоса из толпы ...; *кричат* кругом ...; *кричит* из толпы ...; *кричит* третий... неистово *вскрикивает* Миколка...; *кричит* Миколка...; *кричат* в толпе ..., *кричит* Миколка...; *кричат* из толпы уже многие голоса...; С *криком* пробивается он сквозь толпу ...; *криками* вырываются ..." Ср. также: "*визжат, дерутся* и *хохочут*, оба *хохочут* взапуски ... валяются на дороге, *хохочут*..., 111; что-то *галдели* ..., сбиваясь кучками...; они толпились на тротуаре группами ..., шел *стук* и *гам* ... *тренькала* гитара, *пели песни* ... *ругался* ...; *пение* и весь этот *стук* и *гам*, там внизу ... среди *хохота* и *взвизгов* ...; Хохочут ..., 123-124"; в сцене поминок (295 и след.): "с самым неприличным и *громким хохотом*...; многие *хихикали* ...; ужасно *расхохоталась* ...; кто-то *фыркнул*...; при *громком хохоте* всех жильцов ...", 295 и сл.; ср. еще: "а ему вдруг захотелось *закричать* им, *ругаться* с ними, ... *дразнить* их, *смеяться, хохотать, хохотать*! 127; Р... *расхохотался*..., 236; Св. вдруг *расхохотался*, 218, 224; Св. громко *расхохотался*", 359 и др. То же и в других произведениях. Ср. частые сочетания слов *толпа* и *тесниться* (см. ниже): "*теснимый толпой*; люди входили *толпами* и *теснились*; ужасно стеснились в дверях... валила ... толпа" (*Вечн. муж*); "*толпа теснилась*" (*Двойник*) и т. п. Ср. также: "*Шум, говор* и *крик* людей, *теснившихся* у стола, были ужасны ... они *грозили* ему руками и о чем-то изо всех сил *кричали* ..." (*Вечн. муж*). См. выше у Лермонтова: "*шум* и *хохот*" или у Гоголя: "Всё это: *шум, говор* и *толпа* людей ..." (*Шинель*); "Невнятный *говор* и *шум* пробежал по всей *толпе*" (*Портрет*); "такая сделалась *толпа* и *давка*" (*Нос*); "*толпа* его *притиснула*" (*Невский проспект*) и под.

[32] Еще более многообразны обозначения толпы в *Петербурге* Белого: *толпа, куча, рой, токи, стаи, масса, гуща, тело, туловище, груда, гурьба, кишащее людом, многоножка*. И в этом отношении Белый, несомненно, продолжает Достоевского, еще более обезличивая толпу и ставя ее поведение в зависимость от геометрии пространства, образующего Петербург.

а иногда – окружает площадку-сцену *внутри* дома (разные обозначения ее встречаются в *ПН* более сотни раз). И в ней главное – не только количество и форма организации (хаотичность), но и ее оценка в нравственном отношении. *Толпа* у Достоевского часто обозначает не множество, а *состояние*. Когда речь идет о *середине внутри* дома, на первое место выступают указания на ограниченность пространства, его неправильную форму, убожество, некоторые цветовые характеристики и под. Ср. о *комнате Раскольникова*: "с ненавистью посмотрел он на свою каморку. Это была крошечная клетушка ..., имевшая самый жалкий вид со своими *желтенькими*, пыльными и всюду отставшими от стены обоями, и до того низкая, что чуть-чуть высокому человеку становилось в ней жутко..., 26; в этой же *желтой* каморке, похожей на шкаф или на сундук..., 35; где на грязных *желтых* обоях..., 106; Он оглядел эти *желтоватые*, обшарканые обои ...", 328 и др. (ср. выше: комната – гроб): о *комнате Свидригайлова в гостинице*: "Это была клетушка до того маленькая, что даже почти не под рост Св.; постель очень грязная, простой крашеный стол и стул занимали почти все пространство. Стены имели вид как бы сколоченных из досок с обшарканными обоями, до того уже пыльными и изодранными, что цвет их *(желтый)* угадать еще можно было, но ... Одна часть стены и потолка была срезана на-кось, как обыкновенно в мансардах, но тут над этим косяком шла лестница ... блеснула щелочка...", 389; о *комнате Сони*: "Это была большая комната, но чрезвычайно низкая ... Сонина комната походила как будто на сарай, имела вид весьма неправильного четырехугольника, и это придавало ей что-то уродливое. Стена ... перерезала комнату как-то вкось, отчего один угол, ужасно острый, убегал куда-то вглубь,... другой же угол был уже слишком безобразно тупой ... *Желтоватые*, обшмыганные и истасканные обои почернели... здесь бывало сыро и угарно... Бедность была видимая...", 244 и т. п. Некоторые из этих характеристик имеют и более широкое распространение.[33]

---

[33] Ср., например, *желтый* цвет обоев у старухи (как и *желтая* мебель, *желтые* рамки), 10, 135, 215; *желтая* мебель у Порфирия Петровича, 329; *желтая* вода в *желтом* стакане в конторе, 84; бледно-*желтое* лицо у Раскольникова и Катерины Ивановны. Те же характеристики, но в гораздо менее концентрированном виде отмечаются и в других произведениях. Среди других примеров ср.: "а меня красят в *желтую* краску!... и мой приятель *пожелтел* ... [о доме] ... У меня чуть не разлилась *желчь*" (*Бел. ночи*); "Серые, *желтые* и грязно-зеленые цвета их [домов] потеряют на миг свою угрюмость" (*Униж. и оскорбл.*). Ср. *желто-канареечный* цвет залы в доме, где вырос Достоевский. См.: *Воспоминания Андрея Михайловича Достоевского* (Ленинград, 1930), стр. 23. Существенно иное

Но самая главная черта *середины внутри* дома, бесспорно, ее спертость, скученность, обуженность. В этом локусе эта черта выражена предельно ярко. Она трактуется как *духота* и как *теснота-узость*. Душно всюду: у Раскольникова, старухи, в нумере гостиницы, в конторе в распивочной, в трактире, где встретились Свидригайлов и Раскольников.[34] Указание на *тесноту-узость* идут бок о бок с указаниями на *духоту* и *тоску*. Ср.: "Лестница была темная и *узкая*..., 9; Лестница была *узенькая*, крутая и в помоях, 76; гость полез через *узкое* пространство...", 114 (о комнате Раскольникова); "и на такой *узенькой* площадке..., 125; На *узенькой* и крутой лестнице было очень темно, 134; вход на *узкую* и темную лестницу..., 243; все будет около меня же круги делать, все *суживая*, да *суживая* радиус..., 264; Он долго ходил по всему длинному и *узкому* коридору...", 398 (примеры такого рода обильны и в других произведениях Достоевского). Еще чаще (около 50 раз) говорится о *тесноте*

отнесение см.: "Графиня сидела вся *желтая*" (здесь же: *Желтое* платье ...) *(Пиковая дама)*; "... все люди мне кажутся *желтыми*...; Он похудел и *пожелтел* ужасно" ("У граф. В... был музыкальный вечер"). Но наиболее интересная картина – в *Петербурге*. Наряду с продолжением словоупотреблений Достоевского: цвет *желтых* обоев, темно-*желтые* обои – 5 раз; *желтые* стенки, *желтый* дом [цвет] – 7 раз; включая символический *Желтый* Дом, *желтое* здание – дважды; ср. *желтый* при словах: особа, лицо, личико, цвет лица, рожи, губы, ножки, пята, рука, локоть, горб, пальто, пара, ботинки, лоскутья, старичок, кирасир, мотылек, семга, куколка, рояль, краска, костяшки, полчища, дымы, клубы, туман, россыпи, круг, пирамида, луна, отсветы, пространство. У Белого *желтый* (как и *зеленый*, и то и другое слово употребляются приблизительно по 70 раз) выступает как основной цветовой фон и символ; отсюда – исключительная насыщенность текста этим словом, уникальная в русской литературе, несмотря на известное пристрастие к этому цвету в поэзии начала века (Блок, Анненский, Ахматова, отчасти и Мандельштам). Ср. уже у Достоевского: "Нынче идет *снег*, почти мокрый, *желтый*, мутный" *(Записки из подполья)*; при "*Желтый* пар петербургской *зимы* ; *Желтый снег*, облипающий плиты..." у Анненского; или: "Ведь и держусь я одним Петербургом – ... *желтым*, зловещим, нахохленным, *зимним*..." у Мандельштама. Ср.: "*декабрьский* денек, ; Где к *зловещему* дегтю подмешан *желток*"; "Рыбий жир-смесь пожаров, *желтых* зимних утр и ворвани..." *(Египетская марка)* и т. п.

[34] Ср.: Было *душно*, 14; В комнате *душно*, 24; ему стало *душно* и *тесно*..., 35; Все окна были заперты, несмотря на *духоту*..., 63; ему *дышать* было *тяжело*..., 57; была страшная *духота*... здесь тоже *духота* была чрезвычайная ... здесь воздуху нет ... – *духота*..., 76-77; было *душно*..., 150; ужас у него *душно* ... а где тут воздухом-то *дышать*..., 187; *спертый воздух*, куча людей ..., 209; *духоты* тоже иной раз в комнатах бывает ..., 265; У П. начал он *задыхаться* без выхода, в *тесноте*, 345; Ему сделалось тяжело и *душно*..., 364; нумер, *душный* и *тесный*..., 389, У нас здесь такой *спертый дух*..., 410; или в несколько иной форме: *Воздуху* пропустить свежего, 266; *воздуху* надо больше, *воздуху*..., 343; Вам ... *воздух* переменить надо ... Вам теперь только *воздуху* надо, *воздуху*, *воздуху*! ... а вам прежде всего надо ... *воздуху*...", 355-356 (ср. чистый *воздух* на Неве, 91) и т. д.

(ср. *стесненный, протесниться, тесный* и под.): "А знаешь ли, Соня, что ... *тесные* комнаты душу и ум *теснят*, 323;³⁵ вырываются из его *стесненной* груди ... но грудь ему *теснит и теснит*..., 50; озирал он *тесную* ... 'морскую каюту' Р...., 112; там *тесно* ... посторонись ... не *стесняйтесь*..., 114; Кругом *теснилось* множество народу... Р. *протеснился* ..., 137-138; *протеснившихся* ... в ее комнату ... *теснились* в дверях ... *протеснились* ..., 141; В сенях же все плотнее и плотнее *стеснялись* зрители ... сквозь толпу ... *протеснилась* ... *протеснилась* девушка ..., 144; сердце его *стеснилось*..., 216; Все *затеснились*..., 309; и *теснились* около Лужина ... не *теснитесь*, дайте пройти!... он *протеснился* ... чувство беспомощности и обиды мучительно *стеснило* его сердце ... *протеснилась* сквозь беспорядочную и пьяную толпу..., 312-313; все *затеснились* кругом... разгонял он *теснившихся* ... толкнулся в угол, в другой, как бы забыв о *тесноте* своей конуры ... начал он задыхаться в *тесноте*...", 345 и т. п.³⁶ Уже из этих примеров с очевидностью восстанавливается этимологическая связь *тесноты* с *тоской*³⁷ (не редко встречаются по соседству друг с другом), ср. в этой же связи мотив *тошноты*, 76, 123, 221, 244 и др. Подобно указанному отношению, в тексте *ПН* проясняется и другая этимологическая связь: *узкий* (см. выше) и *ужас*³⁸ (и в этом смысле *ПН* сближается

---

³⁵ Ср.: "Я заметил, что в тесной квартире даже мыслям *тесно*" (*Униж. и оскорбл.*, 1, I), или: "Покажи мне свою комнату, и я узнаю твой характер ... Знакомы мне эти *узкие* ... комнатки..." (*Подросток*). Ср. комментарий А. Г. Достоевской к этой фразе: "Ф. М. был убежден, что 'в тесной квартире даже и мыслить тесно', поэтому он готов был отказывать себе во всем лишь бы иметь в своей квартире хоть просторные комнаты".

³⁶ Ср. у Блока: "Жить все-таки скучно..., так *узко* как-то и *тесно*" (*Записные книжки*, стр. 305), и особенно у Платонова: "Нет там ничего особого: так, что-нибудь *тесное*" (о смерти); ср. тут же: "пожить в смерти; это просто *теснота* внутри его матери ... ему *душно* в каком-то *узком* месте ... пусть он меня *зажмет* ... Просуньте меня поглубже в трубу", (об умирании, смерть = лоно; примеры из повести *Происхождение мастера*). Ср. еще: "Это у нас народ такой охальник и ослушник! Ему кто ты што – он все человобитые пишет до жалобы егозит... Вот, погоди, я их умещу в *тесное* место!" (*Епифанские шлюзы*).

³⁷ Ср.: "не знал, куда деться от *тоски*..., 12; Он так устал от ... этой сосредоточенной *тоски*..., 13; Давным-давно как зародилась в нем вся эта теперешняя *тоска*..., 39; бродил в *тоске* и тревоге..., 86; Соня стояла... в страшной *тоске*, 248; Какая-то особенная *тоска*..., 330; страшная *тоска* сжала его сердце, 396; задавила его безвыходная *тоска*..., 406; но какая-то *тоска* волновала его и мучила...", 422 и др. Другой интересный случай притяжения у Достоевского: *тесный – стена* (как то, что ограничивает, *стесняет*, обуживает пространство). Ср. использование этой же анаграммы у Вячеслава Иванова: *И модные меж старых стен теснины* (*Римские сонеты*, IV).

³⁸ *Ужас, ужасный, -о* и под. отмечены в *ПН* около полутораста раз.

с мифопоэтическими текстами, изобилующими этимологической игрой); к *узкой лестнице* ср. "*ужасная лестница*, 172; вход на *узкую* лестницу ... один *угол, ужасно* острый, убегал ..., 243-244; с отвращением и *ужасом* ... Лестница была *узенькая*..., 75-76; На *узенькой* ... лестнице ...[39] почему-то *ужасно* не понравилось...", 134-135 и др.[40] *Угол* (в *ПН* около сотни раз) также входит в игру, что нетрудно было бы показать на примерах. Если вспомнить, что все эти слова восходят в конечном счете к тому же и.-евр. корню, который отразился в вед. *aṁhas*, обозначающем остаток хаотической узости, тупика, отсутствия благ и в структуре макрокосма и в душе человека и противопоставленном *uru loka* – широкому миру, торжеству космического над хаотическим, – то окажется, что указанные фрагменты *ПН* в силу своей архетипичности могут трактоваться как отдаленное продолжение индоевропейской мифопоэтической традиции. Главный ведийский ритуал (как, впрочем, и в других традициях) и состоял в инсценировке того, как главный актер-герой своими деяниями – жертвой делал возможным этот переход от *aṁhas* к *uru loka*. Типологически то же делает и герой *ПН*. См. также Приложение 7.

Образу косной, хаосу причастной *середины* соответствует целый ряд диагностически безошибочных особенностей языка описания этой середины. Не имея возможности говорить здесь об этом подробнее, достаточно указать лишь некоторые ключевые характеристики – резкое сужение словаря, сводимого к чисто локальному; синтагматическое сближение семантически близких слов, кардинальные изменения в статистическом распределении слов, приводящие к увеличению "напряженности" слова (актуализация соотношения означающего и означаемого; создание условий, облегчающих процесс символизации; частичное стирание границ между именем собственным и нарицательным; тенденция к этимологизации и признанию обусловленности значения внутренней формой слова и его звуковой структурой и т. п.); стандартизация метаязыковых описаний и т. д. Тем самым язык описания *середины* как бы получает структуру, соотносимую по своему устройству со структурой всего

---

[39] Ср. в *Пиковой даме*: "... и тут же *узенькая витая лестница*; ...увидел *узкую витую лестницу*... Но он воротился и вошел в *темный* кабинет"; в *Невском проспекте*: "Она взбежала по *узенькой темной лестнице*" или: "... поворотя от нее направо, есть переулок, *узкий* и *темный*" (*Униж. и оскорбл.*).

[40] Ср.: "таинственного *ужаса* ... *узкий*, длинный переулок... *узкие* ворота ... о своем ... *угле* ... потрясенного *ужасом* ..." (*Хоз.*, 1, I) и др. Ср. сходную игру словами того же корня *(eng-Angst)* у Рильке.

романного пространства. Действительно, в обстановке обуженности, спертости, духоты (например, в каморке) слова предельно скучены, косноязычны, лишены перспективы; естественные связи между ними затруднены, зато им навязывается логика дурной смежности, случайности, избыточной повторяемости, всего того, что определяет поведение косной массы. В этих условиях получает преобладание оттенок некоей на недоброе ориентированной и суетной косвенности (подмигивающая интонация,[41] поддразнивание,[42] подсматривание, подозрение,[43] подслушивание, ср. значение *под-* во всех этих случаях). Существенно, что в *ПН* подслушивание (слушание, слышание) как нечто более косвенное и косное преобладает над *подсматриванием* (смотрением). Не случайно, что все основное именно *услышано* (непосредственно или через молву, слухи),[44] а не *увидено*. Не случайно, что обычно герои *ПН* слушают *что*, а смотрят *как* (об этом см. ниже).[45] Из глаголов говорения в этом оценочно-смысловом поле выделяется *шептать* (около 60 раз).[46]

[41] Ср. помимо общей стихии: "...продолжал он, *подмигивая* Заметову..., 126; и как бы ему *подмигнув* ... побожился бы, что он ему *подмигнул*, чорт знает для чего", 195 (употребление *как бы*, косвенных наклонений, разных способов запинания, кажимости, ухода от ясности и т. п. в этом смысле весьма симптоматично); "обратился... с *нахально вызывающей усмешкой*..., 197; *Подмигнул* мне давеча П., аль нет? 198; Он проговорил это с видом какого-то *подмигивающего* веселого плутовства..., 337; Ему вдруг показалось, что ... ресницы ее *как будто ... мигают, как бы* приподнимаются, и из-под них выглядывает лукавый, острый, *какой-то* недетски – *подмигивающий* глазок...", 394. Ср.: "... *подмигнул* он. Но в этом *подмигивании* было уж что-то столь нахальное, даже насмешливое, низкое!" *(Подросток)*.

[42] Ср.: "несмотря на все *поддразнивающие* монологи..., 9; Так мучил он себя и *поддразнивал* этими вопросами...", 39; ср. 101, 127, 223, 369, 375.

[43] Ср.: "я стал *подозревать*, что ... я стал *подозревать*..., 310; Св. стал ему очень *подозрителен*..., 373; Он ... что-то *подозревает*, 376; вы очень боитесь меня и *подозреваете*..., 377; Я ... стала *подозревать*, на что ты способен..., 383; в испуге и в каком-то тяжелом *подозрении*, 387; А вы и не *подозревали*? 409; она гораздо более *подозревала* в ужасной судьбе сына, 446; стал замечать, чего прежде и не *подозревал*, 419; *подозрительно*, что...", 107 и др.

[44] Ср. хотя бы такие важные моменты, как то, что Раскольников услышал разговор офицера со студентом о старухе, разговор Лизаветы с мещанами, что Свидригайлов подслушивал разговор Раскольникова с Соней (и даже – происходящее в соседнем номере) и т. п. Кстати, глаголы *слушать, слышать* и под. употребляются в *ПН* гораздо более 200 раз.

[45] К образу *низа* ср. любопытную деталь: герой *ПН* часто описывается как прислушивающийся *вниз*, на лестницу, во двор и т. п. (ср. 57) и глядящий в *землю, вниз* (ср. 56 и др.); то же и в ряде других произведений.

[46] Ср. хотя бы: "шел, незамечая дороги, *шепча* про себя и даже говоря вслух с собою..., 36; Вдруг он весь вздрогнул от ужаса: – 'Боже мой', *шептал* он в от-

Как только герой Достоевского покидает эту дурную *середину* и устремляется *во-вне* (на периферию), описанные выше особенности языка исчезают. Между прочим, меняется характер клише и их частота.[47] Сама *периферия* снабжена признаками, противоположными тем, которые описывают *середину*.[48] Здесь достаточно указать только на один из таких признаков – *простор*, *широту*. Именно в этих условиях и приходит освобождение: "День опять был *ясный* и *теплый*... стал глядеть на *широкую* и *пустынную* реку. С высокого берега открывалась *широкая* окрестность... Там, в облитой *солнцем необразимой степи* ... Там была *свобода* и жили другие *люди*, *совсем непохожие на здешних* ... мысль его переходила в *грезы*, в *созерцание* ... подле него очутилась Соня ... *Слезы* стояли в их глазах ... уже *сияла заря обновленного будущего*, полного *воскресения в новую жизнь*. Их *воскресила любовь*, сердце одного заключало *бесконечные* источники *жизни* для сердца другого..., 422; (исполнилось то, что раньше казалось неосуществимым: Взор и мысли просили

чаянии..., 73; говоря опять *шопотом*, так что тот даже вздрогнул..., 129; *шептала* она ... чуть не в отчаянии ... *прошептал*, из себя выходя. Раз ... продолжал он *полушопотом*..., 154-155; скорым *шопотом*, вдруг опять сильно *потупившись*, 186; дверь из спальни чуть-чуть приотворилась и ... как будто засмеялись и *шепчутся*. Бешенство одолело его ... смех и *шопот* ... раздавались все сильнее и слышнее; а старушонка так вся и колыхалась от хохота, 216; ужасное задумал! проговорила она почти *шопотом*..., 240; машинально повторил... но тоже вдруг совершенным *шопотом*... – Батюшка ... *шептал* он..., 266; Слышите! Слышите! ... Ведь услышат! ... Я не шучу-с! проговорил он *шопотом* ... послушался ... *зашептал* он вдруг по-давешнему..., 270; обращалась ... и *полушопотом* спешила излить ... накопившиеся ... чувства..., 296; Она вдруг задрожала ... *прошептала* она ... как будто вдруг опомнившись..., 317; я ведь и сам знаю, что меня чорт тащил ... Все это я уже передумал и *перешептал* себе, когда лежал ... переспорил до последней малейшей черты..., 324; *шопотом*, совершенно убежденным голосом ... некому больше-с ... убежденно *прошептал* ... *шепчем*..., 352-353; с отвращением *прошептал*..., 355; мамаша ... *полушопотом* ... разрешила..., 388; *шопот* ... подымавшийся ... в ... клетушке... Этот *шопот* ... как он вошел, 389; *прошептала* она нерешительно... *прошептала* ... смутившись и *потупившись*, 245; *прошептала* ... *потупившись*...", 251 и т. п. Следует обратить внимание как на контексты, в которых употребляется *шептать (шопот)*, так и на звуковую игру в связи с этим словом вплоть до анаграмм (*шопот – потупившись* и под.) и повторений, ср.: "Зашептал князь ... торопливым *шопотом*" (*Идиот*).

[47] Тем не менее, сам выход *вовне* из *середины* принадлежит к частым у Достоевского композиционным клише (ср. *ПН*, *Бел. ночи*, *Вечн. муж* и т. п.), монтируемым с помощью фрагментов, где повторяются лишь ключевые элементы (зелень, река, прохлада, теплота, воздух, ветерок, солнце, свет, цветы, простор и т. д.), окруженные сферой довольно сильного варьирования.

[48] Впрочем, есть и другая *середина*, место покаяния и исповеди. Ср.: "дошел до *средины площади*... Он вдруг вспомнил слова Сони: 'Пойди на *перекресток*, поклонись народу, поцелуй землю...' Он стал на колени *среди площади*...", 406.

простору", 35).⁴⁹ Как было сказано выше, середина и периферия соединяются *путем*, который проделывает герой. В *ПН* этот путь сугубо семиотичен, он задан почти с такой же обязательностью, как путь героя в сказке ("отлучка") или предписание в заговоре, не говоря о текстах, посвященных "перегринациям". В *ПН* этот путь (на острова) проделывается, как и в мифопоэтических схемах, *трижды*⁵⁰ – два раза Раскольниковым, 1 – Свидригайловым (заменившим в этом случае Раскольникова, для которого почти до конца сохранялась возможность *третьего* и последнего путешествия)⁵¹ и каждый раз в надежде на спасение (ср. *три прихода* Раскольникова к старухе). Для Свидригайлова это путь на тот свет, в чужое царство, в *Америку*.⁵² Путь из дома описывается по тому же прин-

---

⁴⁹ Видимо, не случайно подчеркнуто, что комната Сони *большая* ("это была *большая* комната... затерявшийся в *пустоте*...", 244); ср. о жилище Свидригайлова: "две ... довольно *просторные* комнаты ... как-то между двумя почти *необитаемыми* квартирами ... комнаты почти *пустые*...", 377 (ср.: "*распространить* Летний сад на все Марсово поле ... прекраснейшая и полезнейшая ... вещь", 61; или: "комната моя становилась как будто *просторнее*, как будто она все более и более *расширялась*" (*Униж. и оскорб.*, 1, X). Характерно, что слово *простор* также восходит к архаичным способам выражения члена оппозиции, противоположного *узость* *(pro-)-ster-/stor-: *eng'h-/*ong'h-.
⁵⁰ Ср. о Соне: "Ей *три дороги*, думал он...", 250.
⁵¹ Ср. и дальнейшую игру параллелизма: *кусты*, под которыми спал на Петровском острове Раскольников и видел сон, приоткрывший ему надежду на спасение; *куст* (там же), под которым Свидригайлов собирался найти спасение в смерти (и в этом случае надежда была обманута). Низкий вариант спасения промелькнул в мыслях Раскольникова о сокрытии вещей под *кустом* на Островах (также несостоявшийся замысел). Ср. в эпилоге (в продолжение мотива обусловленности поведения, о нем см. выше): "Неужели уж столько может для них значить один какой-нибудь луч солнца ... зеленую травку кругом ... поющую птицу в *кусте*?" Другой пример параллелизма (и тоже неполного, скорее мнимого): сцена Раскольникова с Поленькой ("он увидел приближающееся к нему личико девочки и пухленькие губки, наивно протянувшиеся поцеловать его ... Вдруг тоненькие, как спички, руки ее обхватили его крепко-крепко, голова склонилась к его плечу..." и т. д., 147) и сцена во сне Свидригайлова с девочкой ("Алые губы точно горят ... длинные черные ресницы ее как будто вздрагивают ... из-под них выглядывает лукавый ... глазок ... ее губки раздвигаются в улыбку... оба глаза: они обводят его огненным и бесстыдным взглядом, они зовут его ... Но вот она уже совсем поворачивается к нему всем пылающим личиком, простирает руки...", 394). Ср. другие известные параллели.
⁵² И здесь Раскольников предвосхищает Свидригайлова: ("Лучше совсем бежать... далеко ... в *Америку*...", 101), который использует слово "Америка" сначала для обозначения заграницы (217, 375), а потом того света, смерти (386, 387, 395), двух вариантов ложного спасения. Ср.: "После бурного предложения Вельчанинова бежать в Париж или в *Америку*, он уехал один в Петербург, 'без сомнения, на одну только минутку'..." (*Вечн. муж*); "все ли еще он держит намерение бежать в *Америку*? – Может, и подожду еще, ответил он с легким смехом ...; ... а самому скрыться в *Северо-Американские Штаты* (Там же); К себе!

ципу, что и в заговорах (из избы дверьми, со двора воротами, в чистое поле, к синему морю ... или из дверей в двери, из ворот в ворота и т. д. вплоть до описания сакрального места, где красно солнце, млад месяц, часты звезды, а иногда и разные варианты мирового дерева): дверь – площадка – лестница (этажи) – двор – ворота – переулок – улица (– площадь – Нева – острова),[53] если говорить о полном варианте схемы. Достаточно полные описания выхода или входа приводятся в *ПН* около 20 раз, причем несколько раз эти описания исключительно подробны, несмотря на предельную их стандартизацию (ср. 1-й выход Раскольникова, приход к старухе, выход на убийство, 2-й приход к старухе, выход от старухи, приход в контору, последний приход в дом старухи, приход домой перед встречей с Свидригайловым). Все эти участки пути (особенно в пределах дома и двора) воспроизводятся многократно, причем легко заметить, что с наибольшей детализацией описываются решающие выходы героя из дома, те приходы, которые не могут принести спасения (к старухе, в контору)[54] и первый приход к Соне. Потребность в фиксации пространственных границ, *начала* и *конца* Достоевский также разделяет с архаическими текстами. При этом он нигде не позволяет этим мотивам превратиться в исключительно композиционный или орнаментальный прием. Особенно существенно, что Достоевский всегда старается указывать, *открыта* (отворена, отперта) или *закрыта* (затворена, заперта) дверь (более полутораста раз при том, что слово *дверь* упоминается около

к себе! Всё порвать и уйти к себе! – В *Америку*? – В *Америку*! К себе, одному себе! Вот в чем вся 'моя идея' ...; ... что у нас об одной *Америке* рассказывают, так это – страсть..."; ср.: "... а для меня-то первое бревно того корабля, на котором Колумб поехал открывать *Америку*; Если б Колумб перед открытием *Америки*..." (*Подросток*).

[53] В схеме обратного пути (или входа) постоянно фигурируют *звонок, замок, запор, крючок, ключ, щель*, а иногда и последовательность помещений по ту сторону двери – *прихожая* или *сени, коридор, комната*, последняя из которых описывается как особенно *тесная* (ср. квартиру старухи, контору, номер Свидригайлова в гостинице); ср. также постоянные мотивы *перегородки* (занавески, ширмы), *стены, угла* и под. и *окна* (около 60 раз).

[54] Это ложные выходы, не приводящие к *периферии*, блуждание в середине, в кривом пространстве. Ср. о Раскольникове: "одумался, вспомнив, что *идти больше некуда*", 11, в связи со словами Мармеладова: "И вот, зная вперед, что не даст, вы все-таки *отправляетесь в путь* и ... – Для чего же ходить? ... – А коли *не к кому*, коли *идти больше некуда*..., 16, понимаете ли вы ... что значит, когда уже *некуда больше идти*?" 18. Строго говоря, отсутствие выхода есть структурная особенность самой *середины* и преодолеть ее в одиночку человек не может. Истинный выход (распрямление) указан лишь в эпилоге: См.: M. Willet, "The Ending of 'Crime and Punishment'", *Orbis Litterarum*, vol. 25 (1970).

200 раз). Характерно и стремление Достоевского к совмещению указания границ дома и начала или конца действия с границами глав.⁵⁵ Ср.: "*вышел* из своей *каморки* ... (1-я фраза *ПН*); *вышел* ... *Путь* же взял ... *шел* ... (конец 1, III); *вошел* к себе ... (в конце 1, V); послышалось, что снимают *запор* (последняя фраза 1, IV); *Войдя* к себе ... (в конце 1, VII); по *выходе* его ... (в конце 2, I); *Дверь отворилась* ... (в конце 2, III); *отворилась дверь* ... (последняя фраза 2, IV); взялся за *дверь* и *отворил* ее *настежь, отворил* и стал как на *пороге* ... (в конце 2, VII); *выход* из дома (конец 3, II); В эту минуту *дверь* тихо *отворилась* и в комнату ... (1-я фраза 3, IV); Тот уже *входил* в комнаты (1-я фраза 3, V); Оба *вышли* ... (предпоследняя фраза 3, V); Вдруг он *переступил* ... через *порог* (в конце 3, VI); *Выходя* ... столкнулся в *дверях* ... (последняя фраза 4, I); *вышел*, спускаясь с лестницы ... (две последние фразы 4, II); *пошел* из *дому* ... (в конце 4, III); А. Р. *пошел* прямо ... (1-я фраза 4, IV); Когда Р. *вышел* ... (в конце 4, IV); Когда ... Р. *вошел* в дом ... (1-я фраза 4, IV); у самых *дверей* послышался как бы шум (в конце 4, V); *дверь* немного *приотворилась* ... (в начале 4, VI); *сходя* с лестницы (предпоследняя фраза 4, VI); В эту минуту *отворилась дверь*, и на *пороге* комнаты ... (в конце 5, II); И он *отправился* на квартиру Сони (последняя фраза 5, III); он быстро *отворил дверь* и с *порога* ... (в начале 5, IV); Соня *бросилась к дверям* ... (предпоследняя фраза 5, IV); Но только что он *отворил дверь* в сени... (в конце 6, I); Затем поспешно *вышел* и сам из комнаты (последняя фраза 6, II); Он *спешил* к ... (1-я фраза 6, III); И он *пошел* направо к Сенной (последняя фраза 6, IV); Р. *пошел* вслед ... (1-я фраза 6, V); и *вышел* (последнее слово 6, V); *подходил* к квартире ... *Вход* ... (начало 6, VII); но все-таки *шел* (последние слова 6, VII); Когда он *вошел*... (1-я фраза 6, VIII)". Такие указания могут рассматриваться как "пограничные сигналы", задающие принципы членения текста и всего романного пространства. В наиболее чистом виде понятие *границы* кодируется словами *порог* (около 30 раз, ср. также *черта, переступить*, ср. *Преступление* в названии романа, *перешагнуть, перейти*) и *последний* (более 100 раз).

При всей несравненной сложности романов Достоевского оказы-

---

⁵⁵ См. Г. Волошин, "Пространство и время у Достоевского", *Slavia*, 12, 1933 (со ссылкой на то, что Достоевский всегда стремился к точному указанию *начала*). Ср. также: "... Через минуту я посмотрел на часы и заметил, *как можно точнее, время*. Для чего мне нужна была точность времени, не знаю, но я в силах был это сделать и вообще в эту минуту я все хотел замечать" (Исповедь Ставрогина).

вается, что в них легко выделяются некоторые заведомо общие схемы (от которых автор, в отличие от большинства его современников, не хотел отказываться), наборы элементарных предикатов, локально-топографических и временны́х классификаторов, которые могут быть заданы списком, набор метаязыковых операторов и, наконец, огромное число семантически (часто – символически) отмеченных кусков текста, которые могут появляться в разных частях одного или нескольких произведений (повторения, удвоения, "рифмы ситуаций", параллельные ходы и т. п.). В этом смысле романы Достоевского аналогичны мифопоэтическим текстам. Если роман Достоевского записать таким образом, что все эквивалентные (или повторяющиеся) мотивы будут расположены в вертикальной колонке (сверху вниз), а мотивы, образующие синтагматическую цепь, – в ряд (слева направо), – то, как и в случае с мифом (или ритуалом), чтение по ряду соответствовало бы *рассказыванию* романа, а чтение по колонке – его *пониманию*. С этим связано стремление Достоевского к обеспечению такого расслоения романной структуры, чтобы облегчить синтезирование ее элементов как в диахроническом, так и в синхроническом аспектах. Отсюда – многочисленные приемы драматургической техники, помогающие четко отделить сцену от не-сцены (обилие режиссерских, по существу, ремарок, пропуск глаголов говорения, введение масок, марионеток,[56] изображение описываемого действия как театрального, ср. постоянное употребление в этих случаях таких слов, как *театр, сцена, кулисы, декорации, антракт, публика, роль* и т. д.). Не останавливаясь здесь на этом вопросе, все-таки стоит указать на два рода фактов, на которые не обращалось достаточного внимания: во-первых, на распределение романного времени с явной тенденцией синхронизировать романное и действительное время для ключевых сцен и, во-вторых, на стремление ввести в ремарки значительную часть неметаязыкового содержания (при значительной стандартизации самих ремарок).[57]

Одна из существенных особенностей мифопоэтических текстов состоит в возможности изменения границ между именем собственным и нарицательным вплоть до перехода одного в другое. Структура подобных текстов такова, что допускает в синхронической

---

[56] Ср.: "Кто-то гримасничал передо мною, спрятавшись за всю эту фантастическую толпу и *передергивал* какие-то *нитки, пружинки,* и *куколки* эти двигались, а он хохотал и все хохотал..." (*Петерб. сновид.*).
[57] См. Приложение 8.

плоскости конфигурации, которые обычно возникают лишь в диахроническом ряду. Причина этому (если говорить в самом общем виде) – в негомогенности текстового пространства и подчеркнутой функциональности. Романы Достоевского представляют в этом отношении особый интерес. Границы между сферами имени собственного и апеллятива ослабляются: ср., с одной стороны, необычный факт аппелятивизации собственного имени известного лишь из *данного* текста и, строго говоря, введенного до данного момента повествования лишь косвенно – рассказ Мармеладова, письмо матери – (*Сонечка ... вечная Сонечка...; Эй вы, Свидригайлов!; Тяжелы Свидригайловы...* и др.), и, с другой стороны, фактическое превращение (окказиональное) в имя собственное таких ключевых слов как *диван, каморка, дверь, порог, лестница, двор, ворота, улица, острова* и под. (ср. их участие в процессе симеозиса, символизм и мифологизм, статистическую отмеченность и под.). В этих условиях имена собственные приобретают многообразные мотивировки – *автобиографические* (*Чебаров < Бочаров, Душкин < Пушкин, Вахрушин < Бахрушин, Ресслих < Рейслер, Шиль*), выводящие читателя или самого автора за пределы романа (прагматический аспект, имеющий целью проверку связи с внетекстовой реальностью); *культурно-исторические* (*Капернаумов,*[58] *Митрей и Миколай,*[59] *Пульхерия Александровна,*[60] *Лизавета Ивановна*[61] и др.); *символические* (ср. *Миколка* во сне и *Миколка* – добровольная жертва); *семантические* и *фонетические* и под.

Несколько примеров мотивировок последних двух видов. Внутренняя форма фамилии Разумихин (кстати, он, конечно, соотнесен и с фамилией Раскольников)[62] подчеркивается постоянно и многообразно: Лужин, ошибаясь, называет Разумихина *Рассудкиным*, 234. Свидригайлов говорит: "Я слышал что-то о каком-то господине *Разумихине*. Он малый, говорят, *рассудительный* (что и фамилия

[58] Помимо библейских ассоциаций ср. *Капернаум* у Бальзака.
[59] Ср. *дядю Митяя* и *дядю Миняя* у Гоголя.
[60] Ср. *Пульхерию Ивановну* у Гоголя. Вообще в *ПН* достаточно большое количество указаний на Гоголя, хотя они лучше завуалированы, чем в ранних повестях. См. Приложение 9.
[61] Ср. *Лизавету Ивановну* в *Пиковой Даме*. Указывалось уже, что предпочтение имени *Лиза* у Достоевского *(Слабое сердце, Записки из подполья, Идиот, Бесы, Подросток, Вечный муж)* так или иначе связано с образом пушкинской Лизы и далее с карамзинской бедной Лизой. См. А. Бем, "Личные имена у Достоевского", *Сборник в честь на Л. Милетич* (София, 1933), стр. 425.
[62] См. об этой фамилии М. С. Альтман, "Имена и прототипы литературных героев Достоевского", *Уч. Зап. Тульск. пед. и-та*, Вып. 8, 1958, стр. 134 и след.

его показывает ...)", 367;⁶³ ср. еще в связи с именем *Разумихин*: *мысль ... залетела ... замечательно*, 44; *замечателен, разу*меется, 45; *умн*ее ... *разумеется*, 89; *без ума*, 126; *умный*, 132; *разум*, 157; *разу*меется, 159; *раздумьи. – Разумеется*, 161; *недоумений*, 163; *безумен*; *да, безумен, без головы, сошел с ума*, 169; *ум за разум*, 172; *с недоумением*, 179; *разумеется*, 209; *сумасшедший ... помешанный*, 242; *разумеет*", 343 и др.⁶⁴

Еще более четко актуализируется внутренняя форма и семантика фамилии *Заметов*: "*заметил*, 150; *заметливы ... заметил ... видел*, 197; *заметил ... заметил*, 349-350",⁶⁵ ср. многие другие примеры, где *Заметов видел, смотрел, наблюдал* и даже *знал*, не говоря о более внешних мотивировках: "*Заметова? ... Зачем?*, 100; *А зачем Заметов...*, 134; *Зачем ... Зачем ... Заметов? Зачем...*, 409; *Заметов ... замешательством... Заметова...*, 194; *Заметова ... Экзамен...*, 409; *Заметов ... газет ... газеты ... Заметову...*", 125; Наконец, следует подчеркнуть возрастание *з* (иногда весьма резкое) в поле имени *Заметов*. Как и в мифологических текстах, во многих местах *ПН* имена (в частности, Разумихина и особенно Заметова) оказываются настолько мотивированными,⁶⁶ что при передаче

---

⁶³ О *нерассудочной разумности* в связи с Разумихиным см. В. Комарович, "Ненаписанная поэма Достоевского", *Ф. М. Достоевский. Статьи и материалы*‛ стр. 178.

⁶⁴ Ср. и более внешние мотивировки – как анаграмматические (*сморозил*, 197; *с омерзением*, 353; *разом*, 199, 267; *размозжу*, 193), так и менее глубокие фонетические (тяготение фамилии *Разумихин* к комплексам *раз-, роз-, зам-* и под.). К объяснению и соотношению *ума* и *рассудка* ср.: "... вы, батюшка, ... человек еще молодой-с, так сказать, первой молодости, а потому выше всего *ум* человеческий цените... Игривая *острота ума* и *отвлеченные доводы рассудка* вас соблазняют-с ...*, 264; Человек он *умный*, но чтобы *умно* поступать – *одного ума* мало ...", 183 и др.

⁶⁵ Не менее интересны случаи, когда фамилия отсутствует, но глагол остается: "– Да вы писать не можете, у вас перо из рук валится, *заметил* письмоводитель, с любопытством *вглядываясь* в Р. 83; Дом – Ноев ковчег, *заметил* письмоводитель, *прислушивавшийся* со своего места... – Они и как подписывались, так едва пером водили, *заметил* письмоводитель", 84; Существенно, что в *ПН* глагол *заметить* часто относится к той же сфере, что *подслушивать* и под.; обычно одни *замечают* то, чего другие *боятся* и *скрывают* (ср.: "он *заметил*, что Настасья ... пристально следит за ним, 399; Р. вздрогнул... так что П. слишком ясно *заметил* это", 345 и под.). Не случайно Раскольников все время старается быть *неприметнее*, ср., напр., 85.

⁶⁶ Разумеется, подобные примеры встречаются и при других именах. Ср.: "*Раскольников ... из раскольников*, 351; *Родион ... Родименький... раз Раскольников*, 266; *резко ... Раскольников*, 267; *Родион ... родиться*, 367; *Родя ... рыдая*", 398 и др. В связи с интересом Достоевского к раскольничеству см. некоторые его высказывания: "... А. Н. Майков написал драматическую сцену... Это произведение можно назвать без всякого колебания *chef d'œuvre*'ом из всего

на другой язык подлежат переводу. При всем этом структура имени у Достоевского лишь самым внешним образом может быть сопоставлена с именами в традиции классицизма.⁶⁷ Несомненно, что операции проделываемые Достоевским с именами, принадлежат к наиболее ярким свидетельствам мифопоэтической и карнавальной техники *bricolage*'а в индивидуальном художественном творчестве.⁶⁸

того, что он написал. Оно называется *Странник*. Три лица, все трое *раскольники бегуны*. Еще в первый раз в нашей поэзии берется тема из *раскольничьего* быта ..." (Из письма к неизвестному, 16 ноября 1866 г., т. е. год появления *ПН* в печати); "... как бы хорошо могло бы быть, если б вот этакая "Софья Алексеевна" очутилась эпизодом в целой поэме из того времени, т. е. поэме *раскольничьей*" (А. Н. Майкову, 18 февраля 1868 г.). По свидетельству А. Г. Достоевской, у Достоевского "... много было серьезных произведений по отделам истории и *старообрядчества*, которым Ф. М. *очень интересовался*" (ср. счета книгопродавца Базунова). См. Л. П. Гроссман, *Семинарий по Достоевскому. Материалы, библиография и комментарии* [Москва-Петербург, 1923] (*Библиотека Достоевского*), стр. 9 и 118. Другие примеры отмечены в более широких контекстах как средство фонетической организации целых последовательностей: "Одежда Свидригайлова была щегольская, летняя, легкая, в особенности щеголял бельем. На пальце был...", 361 и многие другие.

⁶⁷ Ср. еще одну особенность имен у Достоевского: их некоторую умышленность, произвольность, эфемерность, расплывчатость их границ. Ср. "*Иван Петрович* и *Петр Иванович*, *Родион Романович Раскольников*; *Амалия Ивановна*, она же *Людвиговна* и *Федоровна*, *Настасья Никифоровна*... – А ведь я *Петрова*, а не *Никифорова*", 98 (кстати, *Петр* – один из наиболее употребительных компонентов имен Достоевского: *Петр Петрович*, *Порфирий Петрович*, *Марфа Петровна*, *Илья Петрович*, *Петр Верховенский*, *Петр Миусов* и под., что четко осознавалось и вполне определенным образом – с отрицательным оттенком – интерпретировалось Достоевским; см.: М. С. Альтман, указ. соч., стр. 145 и след.). *Соню* (Софью Семеновну) и Лужин и Разумихин по разу называют *Софьей Ивановной*, в связи с чем ср. *Софью Ивановну* в *Братьях Карамазовых* и проницательный анализ И. Ф. Анненского мыслимой судьбы Сони во *Второй книге отражений* (Санкт Петербург, 1909): "После смерти Раскольникова Соня досталась Федору Павловичу Карамазову. В родах третьих и побитая, – она, говорят, умерла. А этот третий сын и есть Алеша Карамазов. Он немногое сумеет объяснить, но у него осталась Лизаветина книга, ресурс его матери." Ср. еще *Лавиза Ивановна* и *Луиза Ивановна* и др.

⁶⁸ Сходные обыгрывания фамилии *Штосс* можно обнаружить и в лермонтовском отрывке "У граф. В... был музыкальный вечер". При первом упоминании этой "миражной" фамилии, внушаемой Лугину неким голосом, автор окружает ее звуковым полем, в котором сгущены *ш*, *т* и *с*: "– Право? – Кроме *шуток*. – Вам это можно *сказать* ... Вот уже *несколько* дней, как я *слышу* голос. *Кто-то* мне *твердит* на ухо *с утра* до вечера – и как вы думаете *что*? – адрес: вот и *теперь слышу*: в *Столярном* переулке, у Кокушкина *моста*, дом *титюлярного советника Штосса*, квартира номер 27. – И *так шибко*, *шибко*, – точно торопится... Несносно! ..." (Лермонтову шел 27-й год, когда был написан этот отрывок). При последнем упоминании фамилии *Штосс* автор прибегает к каламбурной мотивировке в два приема: "– Не угодно ли я вам промечу *штосс*? –

То же относится и к использованию чисел у Достоевского. Прежде всего их в романе огромное количество (около двух тысяч употреблений, включая и местоименно-артиклевые случаи); резко преобладает *один-первый* (более 700 раз), далее *два* – более 330, *три* – около 200, *пять* и *десять* – по 70 раз, *четыре* – около 50 раз, *шесть, семь* и *восемь* – примерно по 30-35 раз, *девять* – около 10 раз (данные, касающиеся других чисел, менее интересны). Общее количество употреблений столь велико (во всяком случае в русском классическом романе нет ничего, сколько-нибудь напоминающего эту картину), что нередко возникает впечатление о принудительном характере употребления числовых показателей в целом ряде случаев. Иногда густота чисел столь велика, что текст выглядит как какой-нибудь документ или пародия на него, часто на страницу приходится по 10 и более чисел, а иногда и 15-20 (ср. 1-й разговор со старухой, размышления после получения письма, 1-й разговор с Разумихиным, рассказ о покупках, версия убийства в рассказе Разумихина, планы издательской деятельности, обвинения Сони и т. д.). Разнообразие в использовании чисел очень велико; подчеркивается их случайный, меркантильно-профанический, неэстетический аспект (дроби), сугубая "количественность" и т. д. В этом смысле Достоевский десакрализует, дегармонизирует архаичные представления об элементах числового ряда таким же образом, как это делал Рабле (см. об этом у М. М. Бахтина). Различия, однако, в том, что Рабле профанирует число, доведя его до абсурдной точности и связывая его с низкой темой (260 418 человек, потонувших в моче), а Достоевский достигает сходных целей безразлично-равнодушным, часто монотонным употреблением чисел; ср. 1 - 9 раз (106-107), 18 раз (118-121), 17 раз (347-349), 13 раз (367-368) и т. д.; интереснее (хотя и короче) последовательности с числом 2: "в *двух* шагах ... по *двум* ступенькам ... *двумя* поленами ... *обе* руки, 60; Через *две* минуты ... *две* ложки, *две* тарелки ... бутылочки *две* ... *две* бутылки..., 96; о *двух* концах ... *второй*-то конец ... *во-вторых*, ... *во-вторых*... *Второе* дело..., 353-354; *оба* знали ...

сказал *старичок* (... *Старика* эта *шутка* нимало не *сконфузила* ...)," далее следует игра, – на первом шаге и: "– *Что-с?* – проговорил неизвестный, насмешливо улыбаясь. – *Штос?* – это? – У Лугина руки опустились: он испугался," – с полной девалоризацией фамилии, превращением ее в языковую ошибку (типа *Киже*) – на втором шаге. Кстати, в связи с *Штосс* приходит на память фамилия владельца дома, в который переехал Ордынов – *Шпис*. Ср. у Белого: "И вот темная пара сказала. – '*Абл*...' Прошла: – В *Аблеухова*?! Пара докончила где-то вдали ... – '*Абл*. ... *ейка* меня кк ... исла... тою ... попробуй ... "И пара икала ..."

два месяца ... У них *обоих* ... *оба* ... *двух* малюток. *Оба* ... *двух* спасенных ... *две* недели...", 115-116; ср.: "в *двух* шагах ... *второй* дом ... при *втором* повороте ... в *двух* шагах ... *две* улицы ... *второго* этажа ... *двое* работников ... *оба* молодые парни...", 133-135 и др.[69] Реже игра идет на числе *три*: "да в *третий* ... *три* раза ... *три* раза ... крикнул *третий* ... через *три* дома ... шагах в *тридцати*...", 138-139. Из других случаев ср.: "*второй* этаж... *оба* видят ... на *двадцати* ... столиках ... в *двадцать* глотков ... *два-три* дня ... *Два* раза ... С *двадцати* шагов ... *два* раза ... *Второе*...", 358-362 и нередкие последовательности неопределенно больших (но "круглых") чисел: 1000, 100, 1000, 100, 1000, 10, 1000, 100 (55); 1000, 10000, 100000, 1000000, 1000000000, 1000 (205); 10000, 10000, 10000, 1000000, 10000, 10000 (225-226); 10000, 10000, 10, 3000, 3000, 1000, 1000, 1000, 100, 500 (239-241); 10, 10, 100, 10, 10, 10, 100, 10, 10 (304-305); 100, 10, 100, 10, 100, 100, 100, 100 (308-310) и др. Вместе с тем в ряде случаев ярко обнаруживаются и мифопоэтические концепции числа (с подчеркиванием его "качественных" свойств, символизмом, обыгрыванием плана выражения и т. п.).

Прежде всего речь идет о *семи*. Сам роман *семичленен* (6 частей и эпилог), первые две части состоят из *семи* глав каждая. Роковое событие, отнесенное ко времени после *семи* часов, было предопределено и пережито еще накануне, когда последним, все решившим импульсом было услышанное и отозвавшееся всюду, где возможно, *семь*: "– Приходите-то завтра, часу в *семом-с*... Посмотрю я на вас, совсем-то ... *мой совет* ... и сестрица *сами* ... – В *семом* часу ... *самолично* ... – И *самоварчик* поставим ... С места ... незаметно ... сменилось ужасом ... ровно в *семь* часов ... ровно в *семь* часов ... как приговоренный к *смерти* ... всем существом ...", 52-53, ср. "*семой* час давно", 58, как напоминание. Тема *семи* подчеркнута в эпилоге, особенно в самом конце его, но уже не как предвестье гибели, а как указание пути к спасению: "Им оставалось еще *семь* лет, а до тех пор столько нестерпимой муки и столько бесконечного счастья! ... *Семь* лет, *только семь* лет! В начале своего счастья, в иные мгновения, они оба готовы были смотреть на эти *семь* лет, как на *семь* дней...", 422-423. И эти "*семь* лет, словно *семь* ослепительных дней", непохожи до полной противоположности на *семь* лет, прожитых Свидригайловым с Марфой Петровной, о чем *семь*

---

[69] Иной случай: "вас *обоих* ... *оба* вы меланхолики, *оба* угрюмые... *оба* высокомерные и *оба* великодушные", 187.

раз упоминает Свидригайлов.⁷⁰ Значимость *семи* обнаруживается еще не раз в *ПН*. "– Недели [= *семь*] через *три* на *седьмую* версту, милости *просим*! Я, кажется, *сам* там буду...", 251, думает Раскольников о предстоящем. Это расстояние перекликается с другим – он даже знал, сколько шагов от ворот его дома: "ровно *семьсот тридцать*", 9 (700 + 30),⁷¹ – хотя оба пути разнонаправлены.⁷²

Числа, составляющие *семь* в архаичных схемах (*три* и *четыре*),⁷³ отмечены и у Достоевского. О роли *трех* отчасти говорилось – особенно очевидна она в *ПН* во всем том, что связано с повторяемостью сюжетных ходов. Максимальная сакральность *четырех* обнаруживается в ритуальном клише: "стань на перекрестке, поклонись, поцелуй сначала землю... поклонись всему свету на все *четыре* стороны и скажи всем...", 325 (ср. 257), а также в сцене чтения притчи о Лазаре, сыгравшей столь важную роль в будущем возрождении Раскольникова: "– Не там смотрите ... в *четвертом* Евангелии (251)... 'Господи! уже смердит, ибо *четыре* дни, как он во гробе'. Она энергично ударила на слово *четыре*" (254).⁷⁴

---

⁷⁰ Ср.: "целые *семь* лет... *семь* лет крепился...", 177; во все наши *семь* лет..., 219; *Семь* лет из деревни не выезжал..., 220; все *семь* лет, каждую неделю [= *семь*] *сам* заводил, 222; *семь* лет прожил в деревне, 364; после *семи*-то лет так и набросился, 372; Да ведь и: ... *Варенц семь лет с мужем прожила, двух детей бросила, разом отрезала*... '*я сознала, что с вами не могу быть счастлива*", 284.
⁷¹ Ср. гоголевский прием в *Носе*: "Когда же штаб-офицерша объявила ему напрямик, что она хочет выдать ее за него, он потихоньку отчалил с своими комплиментами, сказавши, что еще молод, что нужно ему прослужить лет пяток, чтобы уже ровно было сорок два года" (следовательно, Ковалеву *тридцать семь лет*, 42 — 5 = 37). Столько лет было и Гоголю, когда был напечатан *Нос*. Ср. у Пушкина: "*Дожив без цели, без трудов* ; *До двадцати шести годов...*" (*Евгений Онегин*); "Перед камином сидел молодой человек *лет 26-ти*" ("На углу маленькой площади") притом, что Адольфу в романе Б. Констана также *26 лет*: "Она десятью годами вас старее. Вам 26 лет" (Зинаида в повести Пушкина также гораздо старше героя). Эти совпадения тем более значительны, что в повести использована сюжетная схема "Адольфа" (Адольф-Элленора; Валериан-Зинаида), см. А. А. Ахматова, "'Адольф' Бенжамена Констана в творчестве Пушкина", в кн.: Анна Ахматова, *Сочинения*, Т. 2 (1968), стр. 240; ср. там же о перекличках с "Адольфом" в *Евгении Онегине*.
⁷² Ср. из других случаев: "Приснилось ему его детство... Он лет *семи*, 47; *семь* детей 'библейского' Капернаумова, 245; *семилетний* голосок, 20, там *семилетний* развратен, 255 [о детях]; и даже по *семи* берет, 54 [процентов]; *седьмую* сотню сосчитал, 128 [о деньгах]; а *сама* в *семь* часов поднялась... Поднялись они часов с *семи*, 166; часу в *седьмом* ... подходил, 395; часов этак в *семь*, 290; дней шесть-*семь* назад убивалась", 397 [о времени] и т. п.
⁷³ Ср. *три-четыре* как способ обозначения малой приблизительности: 9, 57, 90, 173, 293, 414; ср. в *Подростке*: "Она прежде встречалась мне раза *три-четыре* в моей московской жизни"; или: "Всего было ... *три* комнаты. Во всех *четырех* окнах были опущены шторы ... В комнате ... было человек *семь*" (там же).
⁷⁴ Тело Сониного отца было перенесено в часовню, так как жильцы жаловались

Поразительно устойчив образ *четырехэтажных* домов и *четвертого* этажа; ср. дом старухи, 9, 62, 67, 70, 134 – дважды, 208;[75] дом Козеля, 23; дом Раскольникова, 172; дом, во дворе которого были спрятаны вещи, 86, – кстати, *четыре* футляра; дом, где помещалась контора, в *четверти* версты от Раскольникова, 76 – трижды, ср. *четвертую* по порядку комнату, куда пришел Раскольников, 77 [ср.: *а в глубине четвертого двора...*], и разговор о *четырех*-месячной неуплате долга, ср. 82 и 28.[76] Эта *четырех*членная вертикальная структура семантически приурочена к мотивам узости, ужаса, насилия, нищеты[77] и тем самым противопоставлена *четырех*членной горизонтальной структуре (на все *четыре* стороны), связываемой с идеей простора, доброй воли, спасения.[78] Этот второй, сакральный аспект чисел, противопоставленных профаническим числам, годным лишь для "низкой жизни", снова воз-

---

на исходящий от него смрад. Судя по всему, оно оставалось непогребенным *четыре* дня. Ср. в *Шинели*: "да так уж он умер, *четвертого* дня похоронили"; ср. еще: "Вот, однажды, в *четверг* ... Подымаясь к нему в *четвертый* этаж..." *(Подросток).*

[75] Раскольников просит у старухи *четыре* рубля, 11.

[76] Ср. неправильный *четырех*угольник Сониной комнаты, 244 (около Сони *четверо* маленьких детей Капернаумова, 386).

[77] Этот *четвертый* этаж (как и *четвертая* комната) оказывается роковым для Раскольникова, подобно тому, как *четвертый* этаж башни, где живет Ора дома *(Ora e shpisë)*, для героя албанских сказок (чтобы до нее добраться, нужно убить по *семь* сторожей на каждом этаже; ср. *Кали-югу*, четвертый и самый ужасный из мировых веков).

[78] Тема *четвертого* этажа навязчиво повторяется и во многих других произведениях Достоевского. Ср., например: "... он находится не в три-десятом царстве каком-нибудь, а в городке Петербурге, в столице, в Шестилавочной улице, в *четвертом* этаже..., в собственной квартире своей; ... добежать ... в свой *четвертый* этаж; ... направо, на лестницу, в *четвертый* этаж" *(Двойник)*; "Лестница прямо от моей квартиры... до *четвертого*, шла винтом; с *четвертого* же начиналась прямая... Ощупью сойдя в *четвертый* этаж, я остановился, и вдруг...; Она жила тогда на Фонтанке... в грязном ... доме ... в *четвертом* этаже" *(Униж. и оскорбл.)*; "... упиравшийся в огромную, почерневшую стену *четырехэтажного ...* дома" *(Хозяйка)*; Под одной кровлей, ... в одном *четвертом* этаже, жили *два* сослуживца..." *(Слабое сердце)* и т. д. Большое количество аналогий обнаруживается и в петербургских повестях Гоголя. Ср.: "Он даже не заметил, как вдруг возвысился перед ним *четырехэтажный* дом, все *четыре* ряда окон, светившиеся огнем, глянули на него разом ...; В темной вышине *четвертого* этажа незнакомка постучала в дверь; Ведь вы изволили проводить ... к дому, что в Литейной, в комнату *четвертого* этажа; все это он никак не мог согласить с комнатою в *четвертом* этаже" *(Невский проспект)*; "кто ... идет, просто, ... в *четвертый* или третий этаж; ...жившему где-то в *четвертом* этаже по черной лестнице" *(Шинель*, ср. там же: "ветер ... дул на него со всех *четырех* сторон") и т. д. Ср. в *Ночи перед Рождеством*: "... громоздятся *четырехэтажные* стены... отзывались громом и отдавались с *четырех* сторон".

вращает нас к архаическим схемам мифомышления и, в частности, к практике ритуальных *измерений* основных параметров мира. И у Достоевского число введено в мир и определяет не только размеры, но и высшую суть его. Для приближения к ней, проникновения в нее необходима *полнота жизни*.[79] Образ этой жизненной полноты человеку, охваченному отчаянием, является через *воспоминание, память*, которые противостоят темной и косной стихии забвения.[80] Жизнь и память, так понимаемые, составляют высшие ценности и для Достоевского и для мифологического сознания.

[79] Ср.: "*полный* одного, нового, *необъятного* ощущения вдруг прихлынувшей *полной* и могучей *жизни*, 146; Эй, *жизнью* не брезгайте! ... Много ее впереди еще будет ... отдайтесь *жизни* прямо, не рассуждая", 354 и др. Кстати, фразеология, связанная со словом жизнь, весьма показательна и в ряде случаев обнаруживает схождения с мифопоэтическими клише, ср.: "Есть *жизнь*! Разве я сейчас не *жил*? *Не умерла еще моя жизнь*, 148; *Живите и много живите*", 387 и др. (ср. 40, 315, 325, 349, 355-356, 423 и др.); ср. также *жизнь выживается* или такие словоупотребления, как: "в эти пять минут он *проживет* столько *жизни*" (*Идиот*, о последних минутах приговоренного к казни); "*живите больше!*" (*Бесы, Подросток*, там же "живая жизнь"; по свидетельству А. Г. Достоевской, это народное пожелание, поразившее его, Достоевский услышал на каторге); "... и за то тебе *жизнь* отдать хочется на твою любовь, добрую волюшку... да *жизнь*-то моя не моя, а чужая и волюшка связана!" (*Хозяйка*) и т. д. Ср. еще: "И так хочется *жить*, так просится *жить* весь ваш состав, и, воспламеняясь самой горячей, самой слепой надеждой, сердце как будто вызывает будущее, со всей его тайной, со всей неизвестностью, хотя бы с бурями, с грозами, но только бы с *жизнью* ..." (*Неточка Незванова*); "Мне хоть три *жизни* дайте, - мне и тех будет мало. - Живите больше" (*Подросток*). Ср. у Платонова: "... ты сирота, тебе *жизнь* досталась задаром. Не жалей ее, *живи главной жизнью*" (*Происхождение мастера*).

[80] Тема *воспоминания* (детства) с повторением сходных мотивов выступает в *ПН* трижды, играя весьма важную роль в романе, - в *письме матери* (1-я в *ПН* косвенная встреча с матерью и через нее - с детством: "*Вспомни*, милый, как еще в *детстве* своем, при *жизни* твоего *отца*, ты лепетал *молитвы* свои ... и как мы были *счастливы!*" 35), в 1-м сне ("Приснилось ему его *детство* ... гуляет ... со своим *отцом*... религиозно и почтительно *крестился* над *могилкой*, кланялся ей и целовал ее...", 55) и в *последнем разговоре с матерью* ("Родя, вот ты теперь *такой же*, как был *маленький*, так же приходил ... еще когда мы с отцом жили ... сколько раз мы, обнявшись с тобой вот *так, как теперь*, на *могилке* его *плакали*", 398; характерны отождествления – *теперь, как тогда*). Эти *три* сна - три знака основных ходов романа. Ср. их симметричность, а также то, что в сцене сна ощущение облегчения вынесено за его пределы ("и на душе стало легко и мирно"); ср., наконец, то, что одинаковые воспоминания производят разный эффект. И в других случаях *воспоминания* (обычно после забытья) определяют поступки Раскольникова: "вдруг *припомнился* ему вчерашний вопрос Мармеладова, - ибо надо, чтобы всякому человеку..., 40; даже не *помня*, где он находится ... Он вдруг *вспомнил* слова Сони", 406 и др. (ср. последующие действия); сам Достоевский сохранил воспоминание (как одно из самых ранних и самых светлых) о том, как мать причащала его, двухлетнего, в деревянной церкви и как голубок пролетел через церковь из одного окна

ПРИЛОЖЕНИЕ 1

К описанию душевного состояния героя

Из наиболее характерных описаний такого состояния героя ср. об *Ордынове*: "какая-то бессознательная грусть надрывала его сердце. В глазах его был огонь; он чувствовал лихорадку, озноб и жар попеременно ... он одичал совершенно. Он одичал, не замечая того...; Ему стало тоскливо и грустно... его принимали за сумасшедшего...; В припадке глубоко волнующей тоски и какого-то подавленного чувства ... забылся на мгновение. Он очнулся ...; усталый и не в состоянии связать двух идей, добрел он уже поздно до квартиры своей и с изумлением спохватился, что прошел было, не замечая того, мимо дома ...; Долго и бессознательно бродил он по улицам ..., он очнулся...; Одиночеством ли развивалась эта крайняя впечатлительность ..., приготовлялась ли в томительном, душном и безвыходном безмолвии долгих бессонных ночей...; дух замирал в тоске и смятении; Идя наудачу, не видя дороги, он все старался ... сосредоточиться духом, свести свои разбитые мысли ... Но усилие только повергало его в страдание, в пытку. Озноб и жар овладевали им попеременно ...; По временам приходил он в себя и догадывался, что сон его был не сон, а какое-то мучительное, болезненное забытье; какая-то неведомая сила опять поражала его, и он слышал, чувствовал ясно, как он снова теряет память... Порой больной забывал, что с ним было...; вдруг стал понимать, что он одинок и чужд всему миру, один в чужом углу ... Он впадал в смятение, в тревогу... Его начинало мучить подозрение ... и опять ужас нападал на него; Он закрыл глаза и забылся; Но грусть тяжелая ... все более и более давила его сердце; но чувствовал, что сон его был сном болезненным... Голова его болела и кружилась ... Вместе с сознанием воротилась и память; ... Часто по целым часам, забыв себя и всю обыденную жизнь свою, забыв все на свете, просиживал он на одном месте, одинокий, унылый... Какая-то безобразная мысль стала все более и более мучить его ..." и т. п. *(Хозяйка)*.

О *Вельчанинове*: "Ипохондрия его росла с каждым днем. Особенно проявлялась эта грусть, когда он оставался один; начинал стыдиться

в другое (этот же мотив – в *Подростке*). Ср. сходную роль *детских* образов. Характерна соотнесенность мотивировок, приведших к преступлению, и мотивировок нравственного возрождения. См. M. Beebe, "The Three Motives of Raskolnikov: A Reinterpretation of *Crime and Punishment*", *College English*, vol. 17 (1955), стр. 151-158.

своих мыслей и чувств, пережитых в ночную бессоницу! ... Давно уже он заметил, что становится чрезвычайно мнителен во всем ... иногда по ночам, его мысли и ощущения почти совсем переменялись, в сравнении с всегдашними ...; жаловался на потерю памяти: он забывал лица знакомых людей" и т. д. *(Вечн. муж)*.

Об *Иване Петровиче*: "Я заметил, что в тесной квартире даже и мыслям тесно; Еще с утра я чувствовал себя нездоровым, а к закату солнца мне стало даже и очень не хорошо; начиналось что-то в роде лихорадки ...; припоминая то странное, болезненное ощущение... К чему это фантастическое настроение духа?; болезнь одолевала меня все более и более; от расстройства ли нервов..., от недавней ли хандры, но я ... с самого наступления сумерек, стал впадать в то состояние души, которое так часто приходит ко мне теперь, в моей болезни, по ночам, и которое я называю *мистическим ужасом*. Это – самая тяжелая, мучительная боязнь чего-то... Его [ум] не слушаются, он становится бесполезным, и это раздвоение еще более усиливает пугливую тоску ожидания... Но в моей тоске неопределенность опасности еще более усиливает мучения ..." и т. д. *(Униж. и оскорбл.)*.

О *Мечтателе*: "С самого утра меня стала мучить какая-то удивительная тоска. Мне вдруг показалось, что меня, одинокого, все покидают, и что от меня отступаются...; Мне страшно стало оставаться одному, и целых три дня я бродил по городу в глубокой тоске, решительно не понимая, что со мной делается; Меня теснят такие странные мысли, такие темные ощущения..."; ср. более пространное изложение в главе "Ночь вторая" ("Услышите вы, Настенька..." [*Белые ночи*]) и т. п., не говоря уж о *Голядкине* ("тоска его давила и мучила. Порой он совершенно лишался и смысла, и памяти ...") или *парадоксалисте* из *Записок из подполья*. Следует подчеркнуть, что в описаниях болезни в разных произведениях Достоевского наблюдается поразительное единообразие (вплоть до перенесения из текста в текст целых блоков), о чем можно судить по приведенным отрывкам. В частности, существенно, что *Хозяйка* и *Униженные и оскорбленные* начинаются именно с того, что герои этих произведений (Ордынов и Иван Петрович) ищут новую квартиру, поскольку свое плохое физическое и душевное состояние связывают с жизнью в *плохой*, угнетающей их, комнате. Ср. неоднократные высказывания такого рода Раскольникова, которому лишь крайняя нужда не позволяет думать о перемене жилья.

В связи с этой темой заслуживают особого внимания свидетельства самого Достоевского и близких ему людей. Ср., например, письма Достоевского, в которых постоянно возникает эта тема ("Уж когда здесь припадки, что же там? Решительно *теряются* умственные способности, *память* например." Письмо А. Н. Майкову 20.III-2.IV 1868; кстати, Достоевский забыл сообщить Майкову, что тот крестный отец Сони; забыл имя Олонкина и т. д.), или примечание А. Г. Достоевской к отрывку из *Вечного мужа* ("Вельчанинов жаловался ... на *потерю памяти*"): "Все это случалось с Ф. М.... Его *беспамятство* создало ему много врагов..."

Вместе с тем можно напомнить целый ряд произведений в русской литературе 30-х–40-х годов прошлого века, в которых изображаются подобные или более или менее близкие состояния (ср. *Записки сумасшедшего*, *Невский проспект*, *Портрет*). Оставляя в стороне те произведения, которые в этом отношении достаточно верно следуют образцам Гофмана, французской "неистовой" словесности и т. п., следует особо выделить лермонтовский отрывок "У граф. В... был музыкальный вечер", датируемый весной 1841 г. и впервые опубликованный в сборнике *Вчера и сегодня*, кн. 1, в 1845 г. Этот отрывок, позволяющий кратчайшим образом установить связь между такими пушкинскими отрывками из великосветской жизни, как "Гости съезжались на дачу", "Мы проводили вечер на даче" и др. (ср. помимо целой совокупности сходных деталей, *Минская* в отрывке у Лермонтова и *Минский* в отрывке "Гости съезжались на дачу" у Пушкина; ср. также *Минского* в *Станционном смотрителе*), и *Преступлением и наказанием* (ср. *Лугин* у Лермонтова, *Лужин* у Достоевского), во многих отношениях предвосхищает роман Достоевского (о чем см. в другом месте). В связи с темой особого душевного состояния героя ср.: "С *некоторого времени* его преследовала постоянная идея, мучительная и несносная... Непостижимая лень овладела всеми чувствами его ... голова болела, звенело в ушах ... ему стало ужасно грустно. Он начал ходить по комнате; небывалое беспокойство им овладело; ему хотелось плакать ... он бросился на постель и заплакал ..." (ср. еще: "... признаки постоянного и тайного недуга ... от *ипохондрии* ... какое-то неясное, но тяжелое чувство ..."). "У граф. В... был музыкальный вечер" при сходных описаниях у Достоевского, ср. хотя бы: "С *некоторого времени* он был в раздражительном и напряженном состоянии, похожем на *ипохондрию* ..." (*ПН*, 7 и др).

ПРИЛОЖЕНИЕ 2

О вдруг *у Достоевского и Белого*

Ряд других текстов Достоевского (прежде всего ранних) в отношении употребления *вдруг* приближается к картине, наблюдаемой в *ПН* или даже превосходит ее, хотя в целом распределение *вдруг* по разным произведениям дает весьма различные результаты. На одном полюсе – *Бедные люди*, где в условиях диалогического обмена письмами *вдруг* встречается весьма нечасто. На другом полюсе – такие произведения, как *Вечный муж* (1870) с более чем 180 случаями употребления *вдруг* (в сопоставимых размерах насыщенность этим словом текста *Вечного мужа* более чем в полтора раза превышает данные, относящиеся к *ПН*). По насыщенности словом *вдруг* к разбираемому роману приближаются *Хозяйка* (около 55) и отчасти *Неточка Незванова*, *Униженные и оскорбленные*. Явно уступают *Двойник* (около 80 случаев), *Белые ночи* (более 30) и некоторые другие произведения того же периода.

Несколько особое положение в отношении *вдруг* занимает *Двойник*. Еще В. В. Виноградов указывал, что в *Двойнике* "весь композиционный план осуществляется при посредстве такой, как бы исчерпывающей рисовки движений, которые застывают 'на мгновение', чтоб потом сразу же резко смениться контрастной экспрессией".[81] Отсюда – обилие выражений типа: "на *мгновение* смутился, на *мгновение* выразительно замолчал, на *мгновение* будто прирос к своему креслу, покраснел на *мгновение*, закрыл глаза на *мгновение*, остолбенев на *мгновение*" и т. п.; расчлененность в изображении движения с помощью *вдруг* и *потом* ("Г. Голядкин ... покачнулся вперед, сперва один раз, *потом* другой, *потом* поднял ножку, *потом* как-то пришаркнул, *потом* как-то притопнул, *потом* споткнулся..."); ступенчатое расположение глагольных форм ("Так и вышло ... *запнулся* и *завяз* ... *завяз* и *покраснел* ... *покраснел* и *потерялся* ... *потерялся* и *поднял* глаза и *обвел* их кругом ... *обвел* их кругом и *обмер*"); широкий набор глагольных форм с однократно-моментальным значением (*выпрыгнул*, *юркнул*, *скользнул*, *ринулся*, *шаркнул*, *шмыгнул*, *дернул*, *захлопнул*, *сунул*, *топнул*, *мелькнул*, *встрепенулся* и т. п.). Эти способы дискретизации текста и фиксации движений оказались, видимо, не вполне удачными, поскольку они

---

[81] См. В. В. Виноградов, "К морфологии натурального стиля. Опыт лингвистического анализа Петербургской поэмы *Двойник*", указ. соч., стр. 224 и след.

вели к значительной растянутости текста и обилию повторений, во-первых, и к созданию пространства, в котором возможны лишь движения "марионеточного" типа, во-вторых. Ни то, ни другое не годилось для решения тех задач, которые должен был решить Достоевский в своем романе с героями не марионеточного, а скорее – трагического характера. Поэтому в *ПН* автору пришлось отказаться от бо́льшей части перечисленных выше средств, щедро используемых в *Двойнике*. Зато использование *вдруг* как кратчайшего способа энергичной дискретизации романного пространства и как наиболее нейтрального стилистически средства получило еще более широкое развитие, став, несомненно, одним из самых действенных приемов.

Интересно, что в *Двойнике* больших скоплений *вдруг* почти нет[82] в отличие, например, от *Неточки Незвановой* или *Вечного мужа*.[83]

[82] Из наиболее примечательных случаев ср.: "... как *вдруг* беспощадный оркестр ... грянул польку... Но *вдруг* все заволновались... *вдруг* перед нею очутился господин Голядкин; ... *вдруг* чья-то рука упала на его руку ... *вдруг* очутился на дворе ... Голядкин *вдруг* вспомнил все; ... несколько раз, *вдруг* ... останавливался ...; потом *вдруг* срывался ... *вдруг* ... потекла носом кровь" и под.

[83] Ср.: "*Вдруг* какое-то необыкновенное волнение обнаружилось в зале... как что-то *вдруг* сдавило мне сердце ... Порой я закрывала глаза и *вдруг* открывала их ... *Вдруг* раздался последний ... крик ... *Вдруг* увидела ... и *вдруг* мне показалось ...; но *вдруг* он тяжело поднялся с места... то *вдруг* не захочет обедать возле меня ... то *вдруг* уходит к матери ... то *вдруг* начнет смотреть на меня ... Наконец, *вдруг* в одно утро ... Какая-то гордость *вдруг* родилась во мне ... она *вдруг* ударилась в слезы ... *Вдруг* Катя подошла ко мне" и т. д. (*Неточка Незванова*); "*Вдруг*, например, 'ни с того, ни с сего' припомнилось ему ... но *вдруг* заплакал навзрыд... то ему *вдруг* показалось ... он стал *вдруг* воображать ... если б *вдруг* не представилось ему ...; ... он *вдруг* как бы убедился ... и *вдруг* весь вздрогнул ... он *вдруг* увидел ... и *вдруг*, стремглав ..., пробежал ... ему неотразимо захотелось *вдруг* снять крюк, *вдруг* отворить настежь дверь ... он *вдруг* снял крюк...; – Почему же такая *вдруг* гордость-с? Вельчанинов *вдруг* ... расхохотался ... насторожил *вдруг* уши ... ужасно *вдруг* опять рассердился ... опять *вдруг* как бы преобразилось ... *вдруг* схватился за лоб рукой ... И *вдруг* он схватил его руку ... вернулся *вдруг* опять ... закричал он *вдруг* ... предложил он *вдруг* ... Но *вдруг* он наклонился ... *вдруг* залился слезами ...; проговорил он *вдруг* ... *вдруг* откуда-то появившееся ... но какой-то шорох *вдруг* его разбудил ... спросил *вдруг* Вельчанинов ... раздавшийся *вдруг* в тишине ... что-то *вдруг* в нем как бы сорвалось ... *вдруг* обернулся к стене ... и *вдруг* ... раздался ... голос ... совсем *вдруг* так охмелел ... он *вдруг* вскочил и присел ...; ... заметила *вдруг* Надя ... *вдруг* конфиденциально шепнула *вдруг* ... явившаяся ... и *вдруг* вставлял свою ... голову ... сказал Вельчанинов *вдруг* ... он *вдруг* задумал... послышался *вдруг* громкий смех ...; как-то *вдруг* смутился ... Он *вдруг* поднял голову ... остановился *вдруг* Вельчанинов ... *вдруг* струсил ... как бы *вдруг* решившись ... *вдруг* затрясся ... вскричал он *вдруг* ... *вдруг* решительно произнес ... и *вдруг* опомнился ... исказилось *вдруг* ... *Вдруг* необыкновенный удар ..." и т. д. (*Вечн. муж*); "... и *вдруг* мои ноги

Отсутствие в *Двойнике* значительных сгущений *вдруг* компенсируется сгущением звуков, образующих консонантический остов слова, в непосредственном соседстве. Этот же прием, время от времени отмечаемый и в *ПН*, часто используется и в других произведениях Достоевского. Отсюда многочисленные случаи сочетаемости *вдруг* с *вздрогнул, дергал, друг, держал, раздражал* и т. д. Ср.: "*вдруг ... дернул; вдруг ... дернул; вдруг ... вздрогнул; Вдруг ... вдруг он вздрогнул; Вдруг ... вздрогнул; другой ... вдруг; Вдруг ... задрожал; вдруг ... дружеской вечеринке; вдруг ... друг; вдруг ... держал; вдруг ... вздрогнул; Вдруг ... вздрогнул; Вдруг он вздрогнул; Вдруг ... вздрогнул; Вдруг ... вздрогнул; Вдруг ... вздрогнул*" (*Двойник*); "*вдруг ... вздрогнул; вдруг ... вздрагивавшую; вдруг как бы дрогнуло; вдруг нервно и раздражительно; вдруг ... держа; вдруг ... тревожно; потревожил-с... вдруг; вдруг ... подружка; вдруг подбежал ... и дернул; подружки-с, бодро проговорил вдруг; вдруг ... раздраженному; вдруг он вздрагивал; закрывал ... вдруг... открывал*" (*Вечн. муж*); "*вдруг ... взгляд ее встретил... взгляд Ордынова. Он вздрогнул; вдруг ... сердце ... вскрикнул от восторга, когда взглянул*" (*Хозяйка*); "*вдруг ... вздрагивала; Я вдруг вздрогнула; Но вдруг я вздрогнула; Вдруг я вздрогнула от испуга...*" (*Неточка Незванова*); "*вдруг ... вздрогнешь ... взгляд; вдруг и вся задрожала; вдруг ... завидев его вдали ... вздрогнула, вскрикнула, вгляделась ... вдруг; вскричала она вдруг... задрожав*" и т. д. (*Униж. и оскорбл.*); "*... проговорил он вдруг ... мой друг ...; загородила нам вдруг дорогу ... фигура ...; задрожал вдруг мой голос ...; как дурак, сказал я вдруг; Друг мой, проговорил вдруг твердо Версилов; ... угадал ... вдруг так дернулась. Я угадал ...; проговорил я вдруг ... взглянув ... восторг ...; вдруг, заметив, что она вся вздрогнула; ... в мимолетном взгляде ее я увидел вдруг ... вскрикнул ...; вздрогнул я ... вдруг толкнула ...; вдруг ... взгляды встретились ...; вдруг громко заговорили ...*" и т. д. (*Подросток*) и др.

Нужно сказать, что употребление *вдруг* в таком звуковом окружении было известно и ранее. Особенно характерны примеры из пушкинской прозы, где *вдруг* употребляется, как правило, не часто и во всяком случае в десятки раз реже, чем у Достоевского. Ср.: "*Вдруг она вздрогнула; мадригал и вдруг ...; доигрывали ... игру*

ослабели ... он *вдруг* наклонился ... и *вдруг* вся истина открылась ... я *вдруг* закрыл лицо обеими руками ... сказался *вдруг* маленький ребенок ... Князь *вдруг* и совершенно поверил ... Я *вдруг* вскочил ... *вдруг* опять припомнились ..." (*Подросток*).

в экарте... *вдруг* ..." (*Гости съезжались на дачу*); "*Вдруг* ... задумалась и *грустно* поникла *дивною головою*; Вы думаете ... голосом, *вдруг* ... довольно гордости ..." (*Мы проводили вечер на даче*); "*Вдруг дверь* ... голова ... *вздрогнул*" (*Египетские ночи*) и под.[84] Не раз прибегал к *вдруг* в сходном употреблении и Гоголь. Ср.: "*вдруг* ... *вздрогнуть*" (*Невский проспект*); "*вдруг задрожал* ... глядело ... *судорожно*; *дрожа всем телом* ... *вдруг*" (*Портрет*) и под. У Гоголя же отмечены аналогичные сгущения *вдруг*. Хотя их цепочки обычно не превышают трех членов, однако нередко эти повторения следуют одно за другим с очень малыми интервалами. Ср.: "Затем ли пахнуло на меня *вдруг* это свежее дуновение молодости, чтобы потом *вдруг* и разом я погрузился еще в большую мертвящую остылость чувств, чтобы я *вдруг* стал ..." (*Ночи на вилле*); "выхватившись *вдруг*... *вдруг* ... набрасывая ... *Вдруг* почувствовал ..." (*Шинель*); "с меня *вдруг* будто какой-то камень свалился с плеч: *вдруг* почувствовал себя ..." (*Портрет*) и др.

Характерно, что *вдруг* у ряда писателей (Достоевский, несомненно, среди них) чаще всего появляется в петербургских циклах (а не сельских, провинциальных). В этом смысле *вдруг*, как и многие другие из рассмотренных здесь слов, тесно связаны с существеннейшими составляющими именно петербургской жизни (ср. в *Египетской марке*: "На побегушках у моего сознания два-три словечка 'и вот', 'уже', '*вдруг*' ...").

В отношении употребления *вдруг* в прозе после Достоевского выделяется Белый, особенно в *Петербурге* (подробнее см. ниже). Как правило, Белый избегает сгущений *вдруг* в тексте[85] и специального обыгрывания этого слова на звуковом уровне.[86] Зато

---

[84] Интересно, что в законченной прозе Пушкин обычно воздерживался от подобных приемов. В другом месте будет показано, что употребление *вдруг* у Достоевского ближе к тому, что наблюдается у Карамзина и Жуковского (даже в стихах), чем у Пушкина.

[85] Единственный пример – шестикратное употребление *вдруг* в начале главки "И притом лицо лоснилось" (см. далее). Ср., впрочем, ходы общие у Белого с Гоголем и Достоевским: "С той поры, как Николенька перестал *вдруг* бывать, этот ангел тайком от гостей упорхнул *вдруг* к спиритам." – Всего в романе более сотни *вдруг*.

[86] Впрочем, отдельные примеры известны (обычно при традиционных способах использования *вдруг*), ср.: "*Вдруг* он *вздрогнул*; Голова повара *вдруг* пропала; *вдруг* раздался стук в *дверь*; *Вдруг* он бросил взгляд; *вдруг дверь отворилась*; все предметы вокруг *вдруг* принизились; *Вдруг* раздался звонок; капризно *вдруг* вскинул свой взор; ... *вновь* строилися у колонн балюстрады, отметился *вдруг* искристый *рой*; потребность поговорить *вдруг* проснулась; *вдруг* вскочила, простерла в *дверь* руки; *вдруг* спрашивала задорно; здесь вспых-

бесспорно новым является использование *вдруг* для организации значительных по размеру отрывков текста (внутри которых *вдруг* – в отличие от Достоевского – уже не встречается). *Вдруг* выступает как знак начала такого отрывка (Grenzsignal). При этом предполагается, что этот отрывок *выделен*, по идее он, как картина, просматривается (прочитывается) разом, как бы единым духом. Этой цели служит и графическая выделенность отрывка, вводимого словом *вдруг* (использование особого шрифта, сдвиг текста вправо по сравнению с основным корпусом, выделение специально вводимыми знаками препинания[87] и т. п.). Если читатель хочет понять композицию романа в целом, он может пропускать эти отрывки, как сноски или примечания, зная, что в них не общее движение основных составляющих романа, а скорее, мгновенный снимок немой сцены или гримасы. Ср.:

Вдруг... –
  – лицо его сморщилось и передернулось тиком, судорожно закатились глаза, обведенные синевой; кисти рук подлетели на уровень груди. И корпус откинулся, а цилиндр стукнув в стенку, упал на колени ...;
Аполлон Аполлонович посмотрел *вдруг* за дверь: письменные столы, письменные столы! Кучи дел! И – склоненные головы! Какое кипучее и могучее бумажное производство!
Аполлон Аполлонович постоял: и *вдруг*: Аполлон Аполлонович – прошел;
Николай Аполлонович ощутил странный холод: *вдруг*: –
  – "А что такое?"
Николай Аполлонович поднял голову.
  – "Ничего особенного: вон подъехал ваш батюшка."
  . . . .;
... неожиданно сложится *вдруг* в отчетливую картину: креста, многогранника, лебедя, светом наполненной пирамиды. И – все разлетится;
... Лихутин, ушел по обычаю заведывать провиантом, – *вдруг*: к удивлению комната оказалась запертой от нее: подпоручик Лихутин – засел там;
Чуялось объяснение: чуялось – плод уж созрел: он сорвется: сорвался и ... – *вдруг*:
Аполлон Аполлонович уронил карандашик (у лестницы);
Николай Аполлонович, следуя навыку, бросился: поднимать;
  Аполлон Аполлонович бросился: упреждать; но споткнулся, упал, руками касаясь ступенек; его голова пролетела и вниз

нут *вдруг* ... *изумруды*; посмотрел *вдруг* за *дверь*; *Вдруг* – то увидел *в упор на себя устремленные глазки*; *Государственный человек из черного куба кареты вдруг*" и т. д.
[87] *Вдруг* часто сопровождается двоеточием, тире или многоточием.

и вперед, неожиданно оказавшиеся: под пальцами – руки сына; Николай Аполлонович увидел отца (сбоку билась артерия); теплая пульсация шеи его испугала; отдернул он руку; но – поздно отдернул: под прикосновением холодной руки голова сенатора – передернулась тиком; чуть дернулись уши; как вертлявый японец, учивший Джу-Джицу, отбросился в сторону, распрямлялся – на громко хрустящих коленках.
Все – длилось *мгновение*. Николай Аполлонович карандашичек подал отцу:
– "Вот!";
– "Не прошло еще часу, *вдруг*: слышу я иетта – звонятся ...";
Вдруг ... –
Бревно наградит тебя в нос.

Тем самым *вдруг* у Белого приобретает максимум самостоятельности и независимости. Оно может кончать фразу или целый отрывок и даже главу, оно может находиться в полном одиночестве, составляя фразу. В этих условиях нельзя да и нет смысла скрывать, что *вдруг* – прием и часто лишь прием, не один из элементов языка романа, а составная часть метаязыка, которым сам автор описывает язык своего романа. И в этих условиях *вдруг* нередко субстантивизируется и терминологизируется, становится знаком следующей за ним ситуации, которой, однако, может и не быть, функцией в чистом виде. Ср.:

– "Ну и что ж?"
– "Да что ж: ничаво!..."
Вдруг. ...
Но о *вдруг* мы – впоследствии;
От перекрестка до ресторанчика на Миллионной услужливо описали мы путь незнакомца до пресловутого слова "*вдруг*", которым все прервалось;
"*Вдруг*" знакомы тебе. Почему же, как страус, ты прячешься при приближении неотвратного "*вдруг*"?
"Оно" крадется за спиной; иногда же предшествует появлению в комнате ...
Смеются. Ты тоже смеешься: будто не было – "*вдруг*".
"Оно" кормится мозговою игрою...; "*вдруг*", откормленный, но невидимый пес, начинает предшествовать, вызывая у наблюдателя впечатление, будто ты занавешен от взора облаком: это – есть твое "*вдруг*".
. . . .
Мы оставили в ресторанчике незнакомца. *Вдруг* он обернулся: ему показалось ...;
Все окончится: как не пришло ему раньше; и – миссия начерталась.
Вдруг ... – [конец главы].

ПРИЛОЖЕНИЕ 3

Из аналогий к употреблению слова странный *у Достоевского*

Еще несколько примеров нагнетения *странный, странно* в других произведениях Достоевского: "... до невероятности *странный* ... человек ... он вдруг выказал себя с такой *странной* ... точки зрения... Я подробно слышал о некоторых его *странностях*; наконец, вдруг случилось одно очень *странное* ... обстоятельство ... и *странный* человек начинает ... – Странно ... – Гм! Странно ..." (Хозяйка); "Родились *странные* понятия ... что живу в *странном* семействе ... способствовал моему *странному* сближению ... среди таких *странных* людей ... я сама сделалась таким *странным* ... ребенком ... но как-то *странно* понятен был для меня; Сначала мне все казалось *странным* и чудным ... как на какого-то чудного и *странного* человека. Казалось, и он сам понимал, что он очень *странен* ... с какою-то *странною* недоверчивостью ..." (Неточка Незванова); "Доктор как-то *странно* и недоверчиво взглянул ... в нем произошла какая-то *странная* перемена. Серые глаза его как-то *странно* блеснули ... Тогда произошла довольно *странная* сцена ... необыкновенно *странным* образом разрешилось ..." (Двойник)[88] и т. п. Помимо частого соседства *странный, странно* с другими указаниями неопределенности (*какой-то, как-то, что-то ...*) и неожиданности (*вдруг*), исследователями отмечается совместная встречаемость этого слова со словами, подчеркивающими крайнюю степень признака (*крайний, неизъяснимый, необъяснимый, неистощимый, неописанный, величайший, необыкновенный* и под.) – вплоть до невозможности описать этот признак.

Из предшественников Достоевского ближе всего к нему в отношении употребления этого слова – Лермонтов и опять именно в указанном уже отрывке; ср.: (... в *странном* выражении глаз его ... Ему это показалось *странно* ... 'Странно!' – подумал Лугин ... имели какую-то несовременную наружность ... это конечно *странно*! ... Глаза *странного* гостя ... *странное* чувство волновало и грызло его душу ... *Странный* трепет пробежал по его жилам ...[89] Харак-

---

[88] Ряд примеров такого рода рассматривается В. В. Виноградовым (указ. соч., стр. 235-236).
[89] Поразительно другое совпадение из этой же области: "*И странная тоска теснит уж грудь мою*" (Лермонтов, "1-е Января") при том, что у Достоевского неоднократно встречаются сочетания этих трех ключевых слов: *странный, тоска, теснить*.

терный для Достоевского ход – *странное дело!* – отмечен в *Пиковой даме* ("*Странное дело!* В самый тот вечер, на бале, Томский ...": ср. также: "... волнуемый *странными* чувствованиями ..."), многими чертами отразившейся в произведениях Достоевского и – прежде всего – в *Преступлении и наказании*.[90] Показательные для Достоевского сгущения слова *странный* имеют аналог в петербургских повестях Гоголя. Ср., например: "'Как *странно*, как непостижимо играет нами судьба наша!... Как *странно* играет нами судьба наша!' Но *страннее* всего ..." (*Невский проспект*): "... увидя ... такую *странность*... '*Странным* случаем: его перехватили почти на дороге... И *странно* то, что я сам ...; И *странно* то, что главный участник в этом деле ...'" *(Нос)*; "... и сообщило ему *странную* живость... в сем ... портрете было что-то *странное* ... отчего же это *странно-непонятное* чувство? ... это была та *странная* живость ...; Но какими-то ... *странными* выкладками ... Но что *страннее* всего ... – это была *странная* судьба всех тех, которые ...; все это произвело на него *странное* впечатление ... в душе его возродилось такое *странное* отвращение ... они ему показались до того *странны* и страшны ... Все это казалось ему неизъяснимо-*странно* ..." (*Портрет*) и под. Вместе с тем, в отличие от Достоевского, у Гоголя наблюдаются два особых направления в употреблении этого слова: в сторону превращения его в универсальный модальный оператор или в клише романтической фразеологии (в значении 'чудный', 'таинственный', 'непостижимый'). Достоевский лишь изредка (да и то лишь в период полемики-переработки гоголевского влияния) отдавал дань подобным словоупотреблениям, стараясь сохранить в этом слове его богатую суггестивность, к которой можно было обращаться всякий раз, когда речь заходила о неопределенности, неожиданности. Эти нюансы сохраняются у слова *странный* даже тогда, когда с его помощью локально организуются значительные отрывки текста и, следовательно, когда *странный*, *странно* начинают выполнять чисто синтаксические и композиционные функции.

ПРИЛОЖЕНИЕ 4

К общим мотивам в Пиковой даме *и* ПН

Высказывания Достоевского о *Пиковой даме* и, в частности – о Германне (ср.: *Подросток*: "... дикая мечта какого-нибудь пушкин-

[90] См. Приложение 4.

ского Германна из *Пиковой дамы* [колоссальное лицо, необычайный совершенно петербургский тип – тип из петербургского периода] мне кажется, должна еще больше уцепиться..."), сами по себе достаточны, чтобы попытаться найти отражение тех или иных элементов пушкинской повести в собственном творчестве Достоевского. Особое внимание с этой точки зрения следует обратить на *ПН*. Помимо общей схемы – бедный герой и богатая старуха (: деньги), приход героя к старухе, убийство, невозможность воспользоваться результатами, *наказание* за *преступление* и т. п. – нельзя не отметить целого ряда существенных параллелей в мотивах, композиционных и языковых ходах и некоторых других деталях.

Ср., например, весьма значительное сходство (при заранее определенных кругом описываемых явлений различиях) в изображении комнаты Лизаветы Ивановны и комнаты Сони.[91] С одной стороны *(Пиковая дама)*: "... она уходила плакать в *бедной* своей комнате, где стояли *ширмы*, оклеенные *обоями*, *комод*, зеркальце и крашеная *кровать*, и где сальная *свеча темно горела* в *медном шандале*!" – и, с другой стороны *(ПН)*: "... на продавленном стуле, в искривленном *медном подсвечнике*, стояла *свеча* ... направо находилась *кровать* ... стоял небольшой простого дерева *комод* ... желтоватые ... *обои* ... даже у *кровати* не было *занавесок* ... Огарок уже давно погасал в кривом *подсвечнике*, *тускло* освещая в этой *нищенской комнате* убийцу и блудницу..."

Достойны внимания совпадения в описании второго сна Германна и второго сна Свидригайлова в последнюю его ночь. Оба сна начинаются с изображения пробуждения, незаметно переходящего в новый сон (ср. тот же прием в *Невском проспекте*, сон Пискарева,[92] сон художника, и, конечно, еще раньше в *Гробовщике*, сон Андриана Прохорова).

Пиковая дама	*Преступление и наказание*
Он *проснулся* уже ночью: луна *озаряла* его комнату.[93] Он взглянул на	Свидригайлов *очнулся*, встал с *постели* и шагнул к *окну*... отворил

[91] Следует помнить, что лаконичной пушкинской манере соотносятся описания Достоевского, даваемые всегда *in extenso*.
[92] Ср. там же: "Наконец, сновидения сделались его жизнью и с этого времени вся жизнь его приняла странный оборот: он, можно сказать, спал наяву и бодрствовал во сне ..."
[93] Ср. в *ПН*: "вся *комната* была *облита лунным светом*... медно-красный *месяц* глядел прямо в *окна*" (из сна Раскольникова). Весьма показательны

часы: было без четверти *три*. Сон у него прошел; он сел на *кровать* и *думал*... кто-то с улицы взглянул к нему в *окошко* ...

окно ... было *темно* как в погребе, так что едва-едва можно было различить только какие-то темные пятна ... *подумал* он ... "А который-то теперь *час*!" ... стенные *часы* пробили *три* ...

И в том и в другом отрывке далее следует описание сна, содержание которого воспринимается как реальность (из других характерных параллелей ср. мотив мышей в сне Свидригайлова и огромного паука в сне Германна).

Другой пример схождения – мотив неотвечанья старухи Германну и старухи Раскольникову в его сне. Ср.: "... она *села* у окна в вольтеровы кресла ... *комната* опять *осветилась одною лампадою*. Графиня *сидела*..., качаясь направо и налево ... *Старуха* молча смотрела на него и, казалось, его *не слыхала*. Германн вообразил, что она глуха, и, *наклонясь* над самым ее ухом, повторил ей то же самое. *Старуха* молчала попрежнему... Графиня молчала ... *Старуха* не отвечала ни слова. Германн *встал*. – Старая ведьма!⁹⁴ – сказал он, стиснув зубы, – так я ж заставлю тебя отвечать ... Она *закивала* головою и подняла руку, как бы заслоняясь от выстрела ...

сходные мотивы в сне Чарткова *(Портрет)*: "Он видел, уже пробудившись ... *Свет месяца озарял комнату* ..." Ср. далее: "Тут только заметил он, что не лежит в *постели*, а стоит на ногах прямо перед портретом ... он хотел отойти ... Перед ним ширмы: *свет месяца наполнял комнату* ... Он вскочил с постели ... он *подошел к окну и открыл форточку. Холодный* пахнувший ветер оживил его. *Лунное сияние* лежало все еще на крышах и белых стенах домов, хотя небольшие тучи стали чаще переходить по небу. Все было тихо: изредка долетало до слуха отдаленное *дребежанье* дрожек извозчика... Уже на небе рождались признаки приближающейся *зари* ... Проснулся он очень поздно ... *неприятное состояние* ... голова его неприятно *болела*. В комнате было *тускло*: неприятная *мокрота* сеялась в воздухе ..." Помимо приведенных выше мотивов из сна Свидригайлова, совпадающих с этим описанием, ср. еще: "... под окном был *ветер*. Он встал и уселся на краю *постели* ... От окна было, впрочем, *холодно* и *сыро* ... Холод ли, мрак ли, *сырость* ли, *ветер* ли, завывавший под окном... *отворил окно. Ветер* хлынул неистово в его тесную каморку и как бы морозным инеем *облепил ему лицо* ... Среди мрака и ночи *раздался* пушечный выстрел ... Он на той же *постели* ... свеча не зажжена, а уж в окнах белеет полный *день*... чувствуя, что весь *разбит*; кости его *болели*. На дворе совершенно густой туман и *ничего разглядеть нельзя* ... проспал! Он *встал* ... *мокрые* дорожки, *мокрая* трава, *мокрые* деревья и кусты ..."

94 Можно напомнить слова Коха в *ПН*: "Эй, Алена Ивановна, *старая ведьма*! Лизавета Ивановна, краса неописанная! Отворяйте!" Наконец, не лишне подчеркнуть тождество имен бедной воспитанницы, приживалки графини и бедной родственницы, приживалки старухи-процентщицы – *Лизавета Ивановна*, имя с богатой историей в русской литературе.

Потом покатилась навзничь ... и осталась недвижима" *(Пиковая дама)*, с чем перекликается ряд мотивов и образов сна Раскольникова: "вся *комната* была *ярко облита лунным светом* ... на *стуле* в уголку *сидит старушонка*, вся *скрючившись* и *наклонив* голову ... Он постоял над ней ... и ударил старуху по темени, раз и другой. Но странно: она даже и *не шевельнулась* ... Он испугался, *нагнулся* ближе и стал ее разглядывать; но и она еще ниже *нагнула* голову ... чтоб он ее *не услышал* ..." и т. д. *(ПН)*.

Эта последняя параллель приобретает еще бо́льшее значение в силу того, что один из существеннейших мотивов сна Раскольникова ("В самую эту минуту, в углу, между маленьким *шкафом* и *окном*, он разглядел как будто висящий на стене салоп ... Осторожно отвел он рукою салоп и увидал ..."), многократно повторенный в разных комбинациях (шкаф, печь, стена, окно) в русской литературе, о чем см. далее, по частям воспроизводится и в *Пиковой даме*: "Время шло медленно. Все было тихо ... и все умолкло опять. Германн стоял, прислонясь к холодной *печке*. Он был спокоен; сердце его билось ровно ... и далее: ... он сидел на *окошке*, сложа руки и грозно нахмурясь."

При дальнейшем анализе, видимо, следует обратить внимание на мотив случайного, не от своей воли зависящего, прихода Германна к дому графини в связи с аналогичным действием Раскольникова; на характер переживаний героя ("Не чувствуя раскаяния, он не мог однако совершенно заглушить голос совести, твердившей ему: *ты убийца старухи!*" – о Германне); на употребление отдельных образов ("*насмешливо* взглянула на него, *прищуривая* одним глазом", – о графине – и под.), слов; на числовую символику; на обыгрывание имени героя ("– Этот Ге*рманн* ... – лицо истинно *роман*тическое ...") и т. д.

ПРИЛОЖЕНИЕ 5

Фантастический *в понимании и словоупотреблении Достоевского*

Слова *фантастический, фантазия* (и *фантазирование*), реже – *фантасмагория* постоянно встречаются в Достоевского, особенно в ранних произведениях, притом в тех же значениях, что и в *ПН*. Ср. некоторые из характерных употреблений: "Вот эта-то жизнь и есть смесь чего-то чисто *фантастического*, горячо идеального и вместе с тем ... тускло-прозаичного и обыкновенного, чтобы не сказать:

до невероятности пошлого" (*Бел. ночи*, ср. там же: "*фантастические* годы, *фантастические* ночи, *фантастический* мир, *фантастический* свет"); "что-то *фантастическое, фантастическое* настроение духа, *фантастическая* картина" и т. п. (*Униж. и оскорбл.*); "*фантастическое* сходство, *фантастическое* желание (*Двойник*); "*фантастический* ребенок, *фантастическая* любовь" (ср. это же сочетание у Лермонтова – "У граф. В... был музыкальный вечер"), *фантастическая* голова, что-то *фантастическое*" и т. п. (*Неточка Незванова)*; "*фантастическая* тоска" *(Вечн. муж)*; "лицо *фантастическое*; считаю петербургское утро ... чуть ли не самым *фантастическим* в мире; *фантастический* и неожиданный колорит; *фантастичность* характера; всё это до того пошло, что граничит почти с *фантастическим*; что-то *фантастическое; фантастический* идеал; *фантастическая* кукла; *фантастические* мальчики; Девушка ... чрезвычайной красоты, а, вместе с тем, и *фантастичности* ..." и т. д. Ср. в письме к А. Е. Врангелю (31 марта 1865): "... несмотря на то, что мы были с ней положительно несчастны вместе (по ее *странному*, мнительному и болезненно-*фантастическому* характеру), – мы не могли перестать любить друг друга ..."; и особенно в письме к А. Н. Майкову (6 августа 1867): "У меня свой особенный взгляд на действительность (в искусстве), и то, что большинство называет почти *фантастическим* и исключительным, то для меня иногда составляет самую сущность действительного." В этом смысле Достоевский близко подходит к тому пониманию *фантастического*, которое позже было сформулировано В. Соловьевым.[95]

Из предшественников Достоевского ближе к такому пониманию фантастического подошел Гоголь, предпочтя *фантастическому* в духе Гофмана "необычайное в действительности" (начиная с *Невского проспекта*). В этом отношении Гоголь испытал несомненное влияние французской "неистовой школы" и прежде всего

---

[95] "Вот окончательный признак подлинно *фантастического*: оно никогда не является, так сказать, в обнаженном виде. Его явления никогда не должны вызывать принудительной веры в мистический смысл жизненных происшествий, а скорее должны указывать намеками на него. В подлинно *фантастическом* всегда остается формальная возможность объяснения из обыкновенной связи явлений, причем однако это объяснение окончательно лишается внутренней вероятности." (Вл. Соловьев, *Сочинения*, т. VIII, стр. 411). О фантастическом у Достоевского см. И. Лапшин, "Эстетика Достоевского", *Ф. М. Достоевский. Статьи и материалы*, под редакцией А. С. Долинина (Петербург, 1922), стр. 138 и след. Ср. еще: "*Реализм*, ограничивающийся кончиком своего носа, опаснее самой безумной *фантастичности*, потому что слеп" *(Подросток)*.

Ж. Жанена с его лозунгом "фантастического в действительности", о чем уже неоднократно писалось. В свою очередь и Гоголь и "неистовая школа" способствовали формированию концепции фантастического у Достоевского.[96] *Пиковая дама*, сюжет *Уединенного домика на Васильевском*",[97] как и внимание Пушкина к соответствующей литературе и некоторые данные, относящиеся к его биографии, могут дать основание для предположения, что Пушкин был ближе к тому пониманию *фантастического*, которое стало утверждаться в русской литературе 30-х-40-х годов, чем думали до сих пор.[98]

Из словоупотреблений Белого в *Петербурге* ср.: "... образуя справа и слева по *фантастическому* крылу; и действия его в темноте приняли *фантастический* отпечаток; ... в *фантастически* загнутой шляпе несется"; ср. также: "... он – обладатель эфемерного бытия и порождение *фантазии* автора: ненужная, праздная, мозговая игра; ... мы имеем – сплошную *фантастику*, от которой закружится голова" и т. д. Для Белого уже не "фантастическое в действительности", а "действительность – *фантастическое*, мозговая игра" (ср. "фантастический реализм").

ПРИЛОЖЕНИЕ 6

Образ середины

Изображение Сенной площади и ее окрестностей в русской литературе имеет свою историю, начавшуюся до *ПН* и до *Петербургских трущоб* В. В. Крестовского. С легкой руки Пушкина ("*Вот перешед чрез мост Кокушкин ...*") к этому району – и у́же к Кокушкину мосту, Столярному переулку и канаве в этом месте – не раз обраща-

---

[96] Сто́ит, однако, подчеркнуть, что само слово *фантастический* встречается у Гоголя не часто и существенно беднее смыслами, чем у Достоевского. Наиболее показательны, такие примеры как: "... и бедная история наша неожиданно принимает *фантастическое* окончание [ср. включение смысла 'неожиданный' в слово *фантастический* у Достоевского; наконец, ср. примечание редакции *Современника* к публикации *Носа*, написанное Пушкиным: "Н. В. Гоголь долго не соглашался на напечатание этой шутки, но мы нашли в ней так много *неожиданного*, *фантастического*, веселого, оригинального ..."]; ... едва ли не был причиною *фантастического* направления впрочем совершенно истинной истории" (*Шинель*).
[97] Ср. у Гоголя: "... в бедной *лачужке* на *уединенном Васильевском* Острову" (*Портрет*).
[98] О Дельвиге и *фантастическом* см. в особой статье.

ются писатели еще до Достоевского (К-н мост, С-й переулок, канава). Ср. у Лермонтова в отрывке "У граф. В ... был музыкальный вечер": "*Сырое* ноябрьское утро лежало над Петербургом. *Мокрый* снег падал хлопьями, *дома* казались *грязны* и *темны*, лица прохожих были *зелены*...; *туман* придавал отдаленным предметам *какой-то серолиловый цвет* ... иногда раздавался *шум и хохот* в подземной *полпивной* лавочке... Разумеется, эти картины встретили бы вы только в глухих частях города, как например ... у *Кокушкина моста*. Через этот мост шел человек среднего роста, ни худой ни толстый, не стройный, но с широкими плечами ...,[99] но он, казалось, об этом ни мало не заботился; засунув руки в карманы, *повеся голову*, он шел *неровными шагами* ... На мосту он *остановился*, поднял голову и осмотрелся[100] ... Следы *душевной усталости* виднелись на его *измятом* лице; в глазах горело тайное *беспокойство*. – Где *Столярный переулок*? – спросил он нерешительным голосом ... Уж полно, есть ли *Столярный переулок*? ... Дойдя до угла, он повернул направо и увидел небольшой *грязный переулок*, в котором с каждой стороны было не больше 10 *высоких домов*."[101]

Эти же места описывал Гоголь в *Записках сумасшедшего* (1835 г.): "Перешли в Гороховую, поворотили в Мещанскую, оттуда в *Столярную*, наконец, к *Кокушкину мосту* и *остановились* перед *большим домом* ... Это дом Зверкова. Эка машина! Какого в нем народа не живет: сколько кухарок, сколько *поляков*![102] а нашей братьи, чиновников, как собак, один на другом сидит ..." Этот дом на углу

---

[99] Ср. аналогичный прием описания у Гоголя. В отрывке у Лермонтова есть и другие явные реминисценции из Гоголя (ср. мотив оживающего портрета, фамилию купца *Кифейкин* при *Кифа Мокиевич* у Гоголя, ср. заметку под названием "Кифо-Мокиевщина" в *Дневнике писателя*, имя камердинера Лугина и слуги Чарткова – *Никита* и т. п.)
[100] Ср. стояние Раскольникова на соседнем В-ском (= Вознесенском) мосту. Другая параллель – встреча Лугина у Столярного переулка с лихим извозчиком и встреча там же Раскольникова с пьяным на несущейся телеге – "Эй ты, немецкий шляпник!" К последующим рассуждениям о *шляпе* (Шляпа эта была высокая, *круглая*, циммермановская ...): "Я так и знал! ... я так и думал! ... Вот эдакая какая-нибудь глупость ... весь замысел может испортить! Да слишком приметная шляпа ... Смешная, потому и приметная ... хотя бы старый блин какой-нибудь, а не этот урод ... заметят, запомнят... ан и улика"; ср. в *Вечном муже*: "– Это все эти шляпы! ... Единственно одна только эта проклятая *круглая* шляпа, с этим мерзким траурным крепом *всему* причиною!"
[101] Ср.: "*Прежде его было нанял какой-то барон из немцев*" – при том, что дом Раскольникова принадлежал немцу Толю, а сам Раскольников указывает в качестве своего жилья дом немца Шиля (где жил сам Достоевский).
[102] Ср. поляков в доме Козеля *(ПН)*.

Столярного переулка и канавы был хорошо известен Гоголю, который жил в нем некоторое время (с конца 1829 г.),[103] подобно тому, как тридцать с лишним лет спустя в этих же местах жил Достоевский (у Астафьевой, Евреинова, Олонкина – с 1861 г. до 1867 г.). Скорее всего именно в доме Зверкова провела свое раннее детство Неточка Незванова ("Из нашей квартиры было видно полгорода; мы жили под самой кровлей: в *шестиэтажном, огромнейшем* доме [этот дом в те годы был первым шестиэтажным и, следовательно, самым высоким домом в Петербурге; седьмой этаж был надстроен позже]; Мы сошли с лестницы; полусонный дворник отворил нам *ворота*... Мы прошли *нашу улицу* и вышли на *набережную канала*").[104] Ср. еще: "Я жил близ *Вознесенского* моста, в *огромном* доме, на дворе ..." (*Подросток*).

ПРИЛОЖЕНИЕ 7

Узость – ужас

Онда из устойчивых у Достоевского вариаций темы *узости* и *ужаса* воплощается в образе человека в *углу* между *шкафом* и *дверью* (стеной, окном). Наиболее известен пример из *Бесов* ("Вправо от *двери* стоял *шкап*. С правой стороны этого *шкапа*, в *углу*, образованном *стеною* и *шкапом*, стоял Кириллов, и стоял *ужасно* странно, – неподвижно, вытянувшись, протянув руки по швам ... и *плотно прижавшись к стене*, в самом *углу* ..."), для которого была указана параллель из Le dernier jour d'un condamné (см. В. В. Виноградов, указ. соч., стр. 143, 147): "... Arrivé près du *poêle*, je vis que l'*armoire* au linge était ouverte, et que la *porte* de cette armoire était tirée sur l'*angle* du mur, comme pour le *cacher*... Nous pensâmes qu'il y avait quelqu'un derrière la *porte*. Je portai la main à cette *porte* pour renfermer l'*armoire*; elle résista. Étonné, je tirai plus

---

[103] Ср. в письме от 12 ноября 1829 г.: "У Кокушкина моста, в доме Зверкова" (т. X, стр. 162). Об этом же доме пишет и А. А. Дельвиг в своих мемуарах (ошибочно называя его домом Зайцева): "Гоголь жил в верхнем этаже дома Зайцева, тогда самого высокого в Петербурге, близ Кокушкина моста." См. А. А. Дельвиг, *Мои воспоминания*, т. 1 (Москва, 1912), стр. 152; а также: Н. В. Анциферов, "Москва и Петербург в жизни и творчестве Гоголя", *Гоголь в школе. Сборник статей* (Москва, 1954), стр. 658 и след. Следует напомнить, что первая квартира Гоголя по приезде в Петербург – "дом Трута у Кокушкина моста" (на месте теперешнего дома № 74, напротив дома, связываемого с Соней Мармеладовой, № 73).

[104] Ср., между прочим, *Зверкова* из *Записок из подполья*.

fort, elle céda brusquement, et nous découvrit une petite vieille, les mains pendantes, les yeux fermés, immobile, debout, et comme *collée* dans l'*angle* du *mur*... Je demandai à la vieille... Elle ne répondit pas... Je lui demandai... Elle ne répondit pas, ne bougea pas et resta les yeux fermés... Je l'ai interrogé de nouveau; elle est demeurée sans voix, sans mouvement, sans regard. Un de nous l'a poussé à la terre, elle est tombée..." и т. д. (см. Приложение 4).

Однако та же ситуация неоднократно встречается и в ряде других произведений Достоевского. Ср.: "Вдруг он увидал ее в *углу*, между *шкапом* и *окном*. Она стояла там, как будто *спрятавшись*, ни жива, ни мертва... в *ужасном* смущении ..." (*Униж. и оскорбл.*, 1, XV); "Он, господа стоит в *уголку* ... потемнее, *закрывшись* отчасти огромным *шкафом* и старыми *ширмами*, между всяким *дрязгом*, *хламом* и *рухлядью*, скрываясь... выстаивая ... между *шкафом* и *ширмами*, всяким *хламом*, *дрязгом* и *рухлядью*; выстоял ... между *шкафом* и старыми *ширмами*, между всяким домашним и ненужным *дрязгом*, *хламом* и *рухлядью*" (*Двойник*); "отчасти – ... она сидит в сенцах одна-одинешенька, в *углу*, точно от солнца *забилась* ... сидит она, лицо на меня уставила, глаза выпучила, и ни слова в ответ, и странно, странно так смотрит, как бы *качается* ..." (*Идиот*); "... забиться куда-нибудь в *угол*, где неприметнее, стать за какую-нибудь *мебель*..." (*Неточка Незванова*); "... он у кровати, смотрю, в *углу*, у *двери*, как будто она сама и стоит. Я стою, молчу, гляжу на нее, а она из темноты, точно тоже глядит на меня не *шелохнется* ... Только зачем же, думаю, она на стул встала? ... а она у меня в руках *качается*, хватаю, а она *качается* ... Хочу цикнуть, а цику-то нет ..." (*Подросток*) и др. Несколько примеров отмечено и в *ПН*: "В самую эту минуту, в *углу*, между маленьким *шкафом* и *окном*, он разглядел как будто висящий на *стене* салоп ... а на стуле в *уголку* сидит старушонка, вся *скрючившись* и наклонив голову ... он *испугался*... Сердце его стеснилось ..., 215-216; ... как вдруг в темном *углу*, между старым *шкафом* и *дверью*, разглядел какой-то странный предмет ... Он *нагнулся* ... Девочка ... спряталась за *шкафом* и просидела здесь в *углу* всю ночь, дрожа от сырости, темноты и от *страха* ... 'Как! Пятилетняя!' прошептал в настоящем *ужасе* Св.", 393-394; ср. так же: "там-то в *углу*, в этом *ужасном шкафу* и созревало все *это*...", 46. Как известно, этот мотив стал отмеченным в русской литературе; ср.: "Наискось от свечи,[105] меж *оконной стеною* и *шкафчиком*, в теневой темной

[105] Ср. тему свечи у Гюго: "Mettez lui la *bougie* sous le menton! Je lui ai mis la

нише ..." (*Петербург*; ср. там же: "... пустота обозначилась меж *стенами* и *дверью* ...", или: "Любимая моя поза ... знаете, встать у *стены* да и *распластаться*... Вот в *распластанном* положении у *стены* ...") или же: "*Или вправду там кто-то снова; Между печкой и шкафом стоит?*" и др.

Другой пример из той же сферы – *духота* ограниченного пространства, вызывающая дурноту героя (трижды у Раскольникова), ср. Мальте (у Рильке), Иозеф К. (у Кафки) и др. Ср. также образ переполненного жильцами дома – *Ноев ковчег*: "— Да где ж тут увидеть? Дом – *Ноев ковчег* ...", *ПН*, 84; "Дом большой: мало ли людей ходит в такой *Ноев ковчег*? Всех не запомнишь" (*Униж. и оскорбл.*, 1, I); "Ну, в какую же я трущобу попал ... шум, крик, гвалт! ... Порядки не спрашивайте – *Ноев ковчег*" (*Бедн. люди*, 1-е письмо). Архетипический образ *скорлупы* не раз возникает на страницах *ПН*: "Он решительно ушел от всех, как черепаха в свою *скорлупу*, 26; лестница ... засыпанная яичными *скорлупами* ..., 212; те же *скорлупы* ... на лестнице ..., 407,[106] откуда он проник в целый ряд произведений последнего времени (ср. тот же образ в живописи от Босха до Миро). Наконец, особая тема, здесь не рассматриваемая, связана с мотивом насекомых, гадов и под. (Ср. в *ПН*: вошь, паук, муха, мышь, крыса и т. д.),[107] неоднократно воспроизводимым у Достоевского и у некоторых из его последователей.[108]

ПРИЛОЖЕНИЕ 8

К структуре ремарки

Структура ремарки у Достоевского заслуживает особого внимания. Можно утверждать, что в ней скрещиваются многие ведущие,

---

mèche enflammée sous le menton ... Encore la *bougie*!... Alors elle ... a soufflé la *bougie* avec un souffle glacé..." и в *Бесах*: "Петр Степанович провел *свечой* сверху вниз ... Тут пришла ему мысль поднести *огонь* прямо к лицу ... тот быстро нагнул голову и головой же выбил из рук его *свечку* ..."

[106] Ср.: "... по лестнице, облитой помоями и украшенной следами кошек и собак ..." (*Портрет*); "Лестница была черной, усеянной огуречными корками и ногой продавленным капустным листом" (*Петербург*) и т. п., ср. уход в свою "*скорлупу*" героя *Подростка*.

[107] См. R. E. Matlaw, "Recurrent Imagery in Dostoevsky", *Harvard Slavic Studies*, vol. 3 (1957), стр. 201-224.

[108] Ср. в *Петербурге*: насекомые, мухи, таракан, мокрицы, многоножка, тарантул (ср. этот же образ в *Идиоте* и в *Тружениках моря* Гюго) и многократно мыши (в перекличке с *ПН*).

составляющие поэтики Достоевского. В данной связи уместно указать лишь одну существенную деталь, а именно то, что автор сознательно вводит в ремарку описания душевного состояния героев, которые традиционно толковались как самостоятельные и самодовлеющие. Осуществляя эту операцию, Достоевский не только добивается огромной экономии, но и, перераспределяя элементы структуры по разным уровням, увеличивает число *рангов*, создает возможности для конструирования существенно более сложных конфигураций. Несколько примеров типа *смотреть (как)* (в *ПН* их, учитывая спорность некоторых случаев, более 600, причем некоторые из них могли бы рассматриваться как результат свертывания целых сцен): "Он беспрерывно взглядывал ... и потому еще, что и сам тот упорно смотрел на него, 12; Настасья молча и нахмурившись его рассматривала и долго так смотрела. Ему очень неприятно стало от этого рассматривания..., 116; ни на минуту не отрывал от него своего встревоженного взгляда, и теперь упорно продолжал глядеть на него, 98; Заметов смотрел на него прямо в упор, не шевелясь и не отодвигая своего лица, и ровно целую минуту они так друг на друга глядели, 127; Дворник с недоумением и нахмурившись разглядывал Р... Р. скосил на него глаза, посмотрел внимательно..., 136-137; посмотрев на нее чуть не с ненавистью и насмешливо улыбнувшись ... прямо и строго смотря на брата, 177-178; и опять робко, потерянно, поскорей взглянула на обеих дам и вдруг потупилась ... перед настойчивым и вызывающим взглядом Роди ... Дунечка серьезно, пристально уставилась прямо в лицо бедной девушке и с недоумением ее рассматривала. Соня ... подняла было глаза опять, но..., 185; уткнув глаза в землю... заглянул ему сбоку в лицо ... заметил его, быстро оглядел ... поднял глаза и зловещим, мрачным взглядом посмотрел на Р... и опять прямо глянул..., 211-212; Соня молча смотрела на своего гостя, так внимательно и бесцеремонно осматривавшего ее комнату, 244; Она так на меня посмотрела... и так это было жалко смотреть, 247; Он начал пристально всматриваться в нее... мельком вскинув на него вдруг засверкавшими глазами... строго и гневно смотря на него ... с жадным любопытством рассматривая ее. С новым, странным, почти болезненным чувством всматривался он ... в эти ... глаза, могущие сверкать таким огнем, таким..., 250-251; вдруг, вскинув глаза на Р... с серьезным, мыслящим и загадочным взглядом, который он устремил..., 258-259; прямо смотря в глаза Р... долго и ненавистно смотрел на П., не спуская с него глаз..., 259; ей вдруг показалось ужасно неприличным ... глядеть на чужие деньги. Она уставилась было взглядом на..., но вдруг и от него отвела глаза ... кончила тем, что уставилась прямо в глаза..., 289; и мельком, любопытно на него поглядела ... как-то избегала смотреть на него ... так и смотрела в лицо..., 297; Соня осмотрелась кругом. Все глядели на нее с такими ... лицами. Она взглянула на Р... огненным взглядом смотрел на нее..., 305; пристально поглядел на нее; но он встретил на себе беспокойный и до муки заботливый взгляд ее; тут была любовь..., 316; Он обернулся к ней и пристально-пристально посмотрел на нее ... неотступно продолжал смотреть в ее лицо, точно уже был не в силах отвести глаз ... Оба все глядели друг на друга ... он смотрел на нее, и вдруг, в ее лице, как бы увидел лицо Лизаветы, 317; стала опять неподвижно, точно приклеившись, смотреть в его лицо. Этим последним, отчаянным взглядом..., 318; она впилась взглядом в своего мучителя и зорко следила..., 382; смотрел на нее с дикой решимостью, воспаленно-страстным, тяжелым взглядом ... смотрела на него умоляющими глазами ... невыразимым взглядом глядел он ... не глядя и не оборачиваясь ... Он упорно смотрел в окно, 384; отчаянным взглядом смотрела ему в глаза ... заметил ... что пристально следит за ним и провожает его глазами... Ее взгляд, неподвижно-устремленный ... Он недоверчиво вскинул на нее глазами... опять недоверчиво взлядывая..., 399; нечаянно встретился взглядом с глазами Дуни, и столько ... муки за себя встретил он в этом взгляде...", 401 и др. Ср. и такие ходы, как: "он поглядел на ... Р., дико смотревшего на ... посмотрел на него, перевел тотчас же свой взгляд на..., потом опять на ... потом опять на...", 273 и др. Таким образом, анализ ремарок позволяет реконструировать многие важные координаты всего романного пространства.

ПРИЛОЖЕНИЕ 9

Реминисценции из Гоголя в ПН

Здесь достаточно привести лишь несколько "гоголевских" мест из *ПН*, отложив полное их перечисление и интерпретацию до следующей статьи. Выше уже говорилось о некоторых совпадениях (тема большого дома в районе Столярного переулка, Кокушкина моста и канавы; последняя ночь Свидригайлова, гостиница, сны; описания отдельных элементов петербургского пейзажа или внутренних частей дома; ряд важных словоупотреблений и т. п.). Интересно, что у Достоевского и Гоголя наряду с теми описаниями, которые так и называют "Петербург Достоевского", "Петербург Гоголя", есть и совсем иные картины. Их основная черта – некая надмирность, миражность Петербурга, всепроницаемость его пространства, космизация. Зрение, точнее – *ви́дение* (а не слух) становится главным в постижении этого Петербурга (ср. об этом свойстве безотносительно: "вдруг стало *видимо* далеко во *все* концы *света*" [*Страшная месть*]; "Всё было *светло* в вышине ... Всё было *видно*" [*Ночь перед Рождеством*], и даже – отдаленно – "*Всё* видно, *всё* светло" в *Ганце Кюхельгартене*), оно переходит в визионерство, открывающее субъекту состояние *всеве́дения, освобождения*. Ср. у Достоевского "Виде́ние на Неве" и вид, открывшийся Раскольникову с моста на Неву (по-видимому, Нева в этой ситуации необходимое условие всей картины); ср. также: "Были уже полные сумерки... Подойдя к Неве, он остановился на минуту и бросил пронзительный взгляд вдоль реки в дымную морозную мутную даль, вдруг *заалевшую последним пурпуром кровавой зари*, догоравшей в мгляном небосклоне. Ночь ложилась над городом, и вся необъятная, вспухшая от замерзшего снега поляна Невы, с *последним отблеском солнца*, осыпалась бесконечными мириадами искр иглистого инея ... Казалось, наконец, что весь этот мир ... в этот сумеречный час походит на *фантастическую, волшебную грезу, на сон ...*" *(Слабое сердце)*; "В комнате было ярко, светло от последних косых лучей заходящего солнца... Бывают такие минуты, когда все умственные и душевные силы, болезненно напрягаясь, как бы вдруг вспыхнут ярким пламенем сознания, и в это мгновение что-то *пророческое* снится потрясенной душе, как бы томящейся предчувствием *будущего*, предвкушающей его ..." *(Неточка Незванова)*. С этим можно сопоставить хотя бы панораму города, открывшуюся с берегов Невы и описанную Гоголем в *Петербургских записках* (1836 г.), см. отрывок, начинающийся словами: "Нева вскрылась рано ... Столица вдруг изменилась ... все получило картинный вид ..." и т. д. Впрочем, следует помнить и о других описаниях, отчасти сопоставимых с указанными, но данных в иной стилистической тональности: "... Дотащился он кое-как до Петербурга ... и очутился вдруг в столице, которой подобной, так сказать, нет в мире! Вдруг перед ним – *свет*, так сказать, некоторое *поле жизни, сказочная* Шехерезада. Вдруг какой-нибудь эдакой, можете представить себе, Невский проспект, или там, знаете, какая-нибудь

Гороховая, чорт возьми! или там эдакая какая-нибудь Литейная; там шпиц эдакой какой-нибудь в воздухе; мосты там висят эдаким чортом, можете представить себе, без всякого, то есть, прикосновения – словом Семирамида, сударь, да и полно! (в рассказе капитана Копейкина) или же: Боже мой! стук, гром, блеск, по обеим сторонам громоздятся четырехэтажные стены; стук копыт, звук колеса отзывались громом и отдавались с четырех сторон; домы росли, и будто подымались из земли, на каждом шагу; мосты дрожали; кареты летали; извозчики, форейторы кричали; снег свистел под тысячью летящих со всех сторон саней; ... и огромные *тени* их *мелькали* по *стенам*, досягая головою труб и крыш. С изумлением оглядывался кузнец на все стороны. Ему казалось, что все домы устремили на него свои бесконечные огненные очи и глядели... Боже ты мой ..." *(Ночь перед Рождеством)*. Вот еще несколько реминисценций.

Сообщение Настасьи Раскольникову о том, что хозяйка собирается жаловаться на него за неуплату в полицию, приход дворника с повесткой, приглашающей явиться в контору и, наконец, приход человека, принесшего денежный перевод, – все это в развернутом виде воспроизводит (с характерными текстуальными совпадениями) следующий отрывок из *Портрета*:

"Да вот еще, хозяин был", сказал Никита.
"Ну, приходил за деньгами? Знаю", сказал художник, махнув рукой.
"Да он не один приходил", сказал Никита.
"С кем же?"
"Не знаю с кем ... какой-то квартальный."
"А квартальный зачем?"
"Не знаю зачем; говорит за тем, что за квартиру не плачено."
"Ну что ж из того выйдет?"[109]
"Я не знаю, что выйдет; он говорил, коли не хочет, так пусть, говорит, съезжает с квартиры; хотели завтра еще прийти оба."
"Пусть их приходят", сказал с грустным равнодушием Чартков.

Далее сходная ситуация воспроизводится в разговоре Раскольникова в конторе о плате за комнату, перекликающемся со следующим диалогом в *Портрете*:

"Извольте сами глядеть, Варух Кузьмич", сказал хозяин, обращаясь к квартальному ...: "вот не платит за квартиру, не платит."

[109] Ср.: "– В полицию? Что ей надо?
– Денег не платишь и с фатеры не сходишь. Известно, что надо.
– Э, чорта этого еще недоставало..." (*ПН*, 27) и т. д.

"Что ж, если нет денег? Подождите я заплачу."

"Мне, батюшка, ждать нельзя", сказал хозяин... "У меня, сказать вам откровенно, нет такого заведения, чтобы не платить за квартиру. Извольте сейчас-же заплатить деньги, да и съезжать вон."

"Да уж если порядились, так извольте платить", сказал квартальный надзиратель ...

"Да чем платить? вопрос. У меня нет теперь ни гроша."

"В таком случае удовлетворите Ивана Ивановича издельями своей профессии", сказал квартальный ...[110]

В связи с перекличками, существующими между описанием последней ночи Свидригайлова и некоторыми мотивами у Гоголя, обращает на себя внимание еще одна параллель – ночной путь Свидригайлова по -ому проспекту Петербургской стороны к гостинице Адрианополь (*ровнехонько в полночь*, бесконечный проспект, темнота, обрываясь ... на деревянной мостовой,[111] дом с щелью света в окне – цель путешествия и т. д.) и ночной путь героя отрывка "Фонарь умирал": "Фонарь умирал на одной из *дальних* линий Васильевского Острова... *Деревянные* [домы] *чернели* и сливались с густою массою *мрака*, тяготевшего над ними. Как страшно, когда *каменный тротуар прерывается деревянным*, когда *деревянный* даже *пропадает*, когда все чувствуют *12 часов* ... Все казалось умерло, нигде *огня*. Ставни были *закрыты*. Наконец, подходя к *Большому проспекту*[112] ... Тонкая щель в ставне, *светившаяся* огненною чертою, невольно *привлекала* ..."

Попытка Ивана Яковлевича избавиться от носа, включая последний замысел: "Он решился итти к Исакиевскому мосту: не удастся ли как-нибудь швырнуть его в *Неву*?", имитируется в *ПН* в эпизоде, когда Раскольников пытается избавиться от вещей старухи: "Наконец, пришло ему в голову, что не лучше ли будет пойти куда-нибудь на *Неву*?" Ср. также: "*Отчаяние* овладело им, тем более что *народ* беспрестанно *умножался* на улице" *(Нос)*; "и везде *люди* так и *кишат*" *(ПН,* 86). Раскольников, пытавшийся сначала бросить вещи в воду, но не сделавший этого ("... несколько раз посматривал на сходы в канаву ... Но и подумать нельзя было исполнить намерение: или плоты стояли у самых сходов и на них прачки мыли белье, или лодки были причалены ... да отовсюду с набережных,

---

[110] Постоянно появляющийся диван Раскольникова в этом контексте соотносится с *оборванным диваном* Чарткова.
[111] Ср. на обратном пути: "Вот уже кончилась *деревянная* мостовая. Он уже поровнялся с большим *каменным* домом ..." *(ПН,* 395).
[112] -ой проспект в *ПН* = *Большой* проспект.

со всех сторон, можно видеть, заметить: подозрительно, что человек нарочно сошел, остановился и что-то в воду бросает. А ну как футляры не утонут, а поплывут? Да, и конечно так. Всякий увидит..."), как бы учитывает неудавшийся подобный опыт Ивана Яковлевича ("Он прежде всего нагнулся на перила будто бы посмотреть под мост: много ли рыбы бегает, и швырнул потихоньку тряпку с носом ... Он обмер; а между тем квартальный кивал ему пальцем и говорил: 'А подойди сюда, любезный!'").

В связи с мотивом *носа*, играющего такую исключительную роль в творчестве Гоголя, причем не только в одноименной повести,[113] уместно подчеркнуть, что этот мотив явно или скрытно постоянно обыгрывается и у Достоевского, становясь неким зашифрованным указанием на преемственность (–полемику) с этим мотивом у Гоголя. Ср. в *ПН*: "У одного *нос* шел *криво вправо*, а у другого *влево*,

---

[113] Оставляя в стороне примеры из *Носа*, уместно напомнить о некоторых других словоупотреблениях: "Шиллер сидел, выставив свой довольно толстый *нос*... а Гофман держал его за *нос* двумя пальцами и вертел лезвием ... *ножа на* самой его поверх*ности*... 'мне не нужен *нос*!'... 'У меня на один *нос* ... на один *нос* четырнадцать рублей... Я не хочу *носа*! Режь мой *нос*! Вот мой *нос* ...' Гофман отрезал бы ни за что, ни про что Шиллеру *нос*..." (*Невский проспект*); "... А у этого зачем так под *носом* черно, табаком *он* себе что-ли засыпал? ... '*Ну*, ее бы мож*но* куда-нибудь в другое место от*нести*, а под *носом* слишком видн*ое* место'" (*Портрет*); "... совал ему под *нос* бумаги, не сказав ...: 'вот интер*есное* ... дельце'; ... начинает он давать такие сильные и колючие щелчки без разбору по всем *носам* ... все замерз*нувшие* ... способ*ности* ... к долж*ност*ным отправлениям ... особен*но сильно* стало ... не*смотря* ...; снял крышку ... и натавши в *нос* табаку, ... нако*нец* сказал ...; ... освежить примороженный *нос* свой ... которого не мог вы*нести* ...; *с несколько* выгнутым ... *носиком* ... нежностями..." (*Шинель*, ср.: "здесь же в скрытом виде: ... квартальный надует, пообещается и станет *водить* [sc. за *нос*]); ... и чуть-чуть не расклеил *носа*; ... чуть не схватила меня зубами за *нос* ...; ... и оттого по всей земле *вонь* страшная, так что нужно затыкать *нос* ... и там теперь живут только одни *носы*. И потому-то самому мы не можем видеть *носов* своих ... и может *нас*евши размолоть в муку *носы наши* ..." (*Записки сумасшедшего*); "... женщины хватают *нас* за *нос*... *носы наши* ни на что более не годятся. И *несмотря*, что *нос* Ивана Никифоровича был *несколько* похож *на* сливу, однакож *она* схватила его этот *нос* и водила за собой, как собачку. У судьи губы находились под самым *носом* и оттого *нос* его мог нюхать верхнюю губу; ... *нос* его понюхал свою всегдашнюю табакерку; ... *нос* его потянул с верхней губы весь табак...; ... *нос* его невольно понюхал верхнюю губу ... Такое самоуправство *носа* ..." и т. п. (Ср. *Ноздрев*). См., наконец, отрывок из письма к Балабиной (1838): "Cosi a voi vi rapresenta forse il mio *naso* lungo e simile a quello degli ucelli (o, dolce speranza!). Ma lasciamo in pace i *nasi*; e questa una materia delicata e tratandosi di questa, si puo facilmente *restare con* un palmo di *naso*". Примеры такого рода из *Носа* и литературы того времени см. в статье: В. В. Виноградов, "Натуралистический гротеск. Сюжет и композиция повести Гоголя *Нос*", *Эволюция русского натурализма*, стр. 7 и след.: ср. его же, *Этюды о стиле Гоголя*, стр. 89 и след., 150 и след., 223.

385; все в руках человека, и все-то он мимо *носу* про*нос*ит" (в самом начале *ПН*!), ср. сходную игру в *Дядюшкином сне*: "– Да хоть *нос-то оставьте ... настоящий!* вскричал князь, ошеломленный такими откровенностями ..."[114] и в *Двойнике*, где "носологические" идиоматизмы (*нос задирает, совать свой нос, нос ударил по носу, сошелся нос к носу, опасность на носу, поднял нос, кончик носа, нос уколол, ворчать под нос, утирать нос* и т. п.)[115] часто получают отклик и на звуковом уровне, ср.: "... любовался фа*сон*ом, и что-то все шептал себе под *нос* ...; В весьма обыкновен*ном* смысле... *нос* задирает ... под*нес*ти коку с соком ... Что под*нес*ти?; ... с совершенным знанием мест*нос*ти... подол шинели *нез*накомца ударил его по *носу* ... Таинственный человек ...; опас*ность* была на *носу* ... опас*ность*-то?; ... сошел с лестницы ... высунул ... кончик *носа* ... высунул ... слов*но* кто ему булавкой *нос* уколол ..." и т. д.

Белый вполне осознал, что слово *нос*, учитывая контекст русской художественной литературы, может стать исключительно информативным в силу того, что оно кратчайшим образом соединяет в себе самые разнообразные функции – конативную, когнитивную, фатическую, метаязыковую, поэтическую. Этим объясняется обилие в *Петербурге* слова *нос* и с ним связанных образований (около полусотни), которые организуют – семантически и фонетически – более или менее значительные последовательности текста. Лишь несколько примеров: "... На спиритическом сеа*нсе* в квартире баро*нес*сы ... красное доми*но* и кос*нулося* ... кончика *носа* ... уже констатировал на *носу* ожог: кончик *носа* ... Наконец: ... Население слободы И. бежало при появлении красного доми*но*: составляется ряд протестов; вызва*на* сотня казаков... Кто, ... настав*ница* класса ...; ... стран*нос*ти ... *нос* ... сы*на* сенатора ... *нос*ящего ... Это вам разъяснит Безан*сон* ... просунула *носик* в Анри Безан*сон*, ощущая там запах самой баро*нес*сы...; Все прочее от*нос*илось ... красный *нос* ... *на* все красное ... Он был обладателем серенького *носика*...; оба были, конеч*но* же, крас*нонос*ы ... поповичей не выносить ...; ... в сквозняках ... *нос* ... с бородавкой у *носа* ... Вер*но*, с бала? ...; ... с бородавкой у *носа* ... ужас*ного* ...; 'Вы, милостивый государь, изволите водить меня за *нос*; вы, милостивый государь, мне не сын;

---

[114] Ср.: "*Корсет носила очень узкий* || *И русский Н как N французский* || *Произносить умела в нос*" (*Евгений Онегин*). Ср. у Гоголя: "Агафья Федосеевна *носила* ... три бородавки на *носу* ..."
[115] Подробнее см. А. Бем, "Гоголь и Пушкин в творчестве Достоевского", *Slavia*, 7, 1928, стр. 66 и сл., и особенно его же, "*Нос* и Двойник", *О Достоевском*, III (Прага, 1936).

вы – уж*ас*нейший негодяй!'" (к *Двойнику*); "Отовсюду выскакивал *нос. Нос*: ... кр*ас*ный ... оторвался от созерцанья *носов* ... гн*ус*но*е* шарлата*нс*тво ...; Бревно наградит тебе в *нос* ... пятна кальс*он* ... кальс*он* ... п*ес*ня ... ходил средь кальс*он* ... пр*ос*унул ..." и т. д.[116]

Об общем у Гоголя и Достоевского мотиве *четвертого* этажа и *четырехэтажного* дома см. выше.

ПРИЛОЖЕНИЕ 10

О структуре пространства в Петербурге *Белого*

В середине середины, в замкнутости, тесноте, узости и ужасе помещает автор Раскольникова в моменты его максимальной несвободы. Единственная надежда на спасение начинает брезжить тогда, когда он из кривого и замкнутого пространства – узости выходит *прямым* путем на *широкое, открытое* пространство, в частности, на Острова. Если сама структура пространства общезначима, то оценка его отдельных частей сугубо иднивидуальна. Тот же самый прямой путь, широкое пространство (площадь, вид с моста на Неву), Острова, открывшие Раскольникову надежду на *спасение*, привели Свидригайлова, которому, казалось, было хорошо и в замкнутом пространстве середины, к *гибели*.

Подобное понимание относительности в оценочном истолковании разных частей геометрического пространства Петербурга лежит и в основе романа Белого. Эта геометрия строится и воспринимается, как правило, Аполлоном Аполлоновичем Аблеуховым (и иногда его сыном), помещающим себя в центр. В *этом* отношении Аполлон Аполлонович связан с теми же локальными характеристиками, что и Раскольников бо́льшую часть романа. Но место мучений и тоски героя Достоевского теперь становится – именно в силу своей замкнутости и отгороженности – гарантией, если не свободы, то безопасности (пусть мнимой).

Аполлон Аполлонович геометризует хаотическую узость пространства Раскольникова, переводит ее непрерывность на язык дискретных геометрических элементов и тем самым достигает успокоения. При этом геометрические элементы размещаются в "правильном" ("успокаивающем") пространстве по наиболее

---

[116] Ср., наконец: "*Проходит* Нос – *по воле рока* || *Он, вы представьте, без Шенрока!*" (*Первое свидание*, Нос – прис. повер., 'посетитель концертов того времени').

простым и понятным законам (планиметрия, симметрия).[117] Ср. главу "Квадраты, параллелепипеды, кубы": "Более всего он любил *прямолинейный проспект*; этот *проспект* напоминал ему о течении времени между двух жизненных *точек*. Там дома сливались *кубами* в *планомерный*, пятиэтажный *ряд*; этот *ряд* отличался от *линии* жизненной: здесь *средина* жизненных странствий ...; государственный человек из черного *куба* кареты вдруг ... и ему захотелось, чтоб вперед пролетела карета, чтоб *проспекты* летели навстречу – за *проспектом проспект*, чтобы вся *сферическая поверхность* планеты оказалась охваченной ... черновато-серыми домовыми *кубами*; чтобы вся, *проспектами* притиснутая земля, в *линейном космическом* беге *пересекла* бы необъятность *прямолинейным законом*; чтобы *сеть параллельных проспектов*, пересеченная сетью *проспектов*, в мировые бы ширилась бездны *плоскостями квадратов и кубов*: по *квадрату* на обывателя, чтобы ... После *линии* более всех *симметричностей* успокаивала его фигура – *квадрат*. Он бывало подолгу предавался безумному содержанию *пирамид, треугольников, параллелепипедов, кубов, трапеций.* Аполлон Аполлонович наслаждался подолгу *четырехугольными стенками*, пребывая в *центре* черного *куба*.[118] Аполлон Аполлонович был рожден для одиночного заключения ..."

В этом отрывке дано общее описание геометрии центра, расширяющейся вовне и навязывающей себя тому, что лежит вне центра.

Вот несколько примеров из словаря "центра":

Центр, середина: "Как бы то ни было, Петербург не только нам кажется, но и оказывается – на картах; в виде двух друг в друге, сидящих *кружков* с черною *точкою* в *центре*; и из этой вот *математической точки*, не имеющей *измерения*, заявляет он энергично о том, что он – есть...; ... пребывая в *центре* ... *куба*; кучечка из *параллельно* положенных дел перемещалась в *центр* поля; *плоскость*, однако, порой раздвигаяся, пропускала в *центр* умственной жизни сюрприз; Здесь, в своей комнате, Николай Аполлонович воистину вырастал в предоставленный себе самому *центр* – в серию из *центра* истекающих логических предпосылок, предопределяющих мысль... он являлся здесь единственным *центром* вселенной как мыслимой, так и немыслимой. Этот *центр* умозаключал: Здесь в кабинете

---

[117] *Планомерность* и *симметрия* успокоили нервы сенатора... лишь любовь к государственной *планиметрии* облекала его в многогранность ответственного поста." Ср. *планомерность-планиметрия*.
[118] Ср.: "от уличной мрази его *отграничили четыре перпендикулярные стенки*".

высокого Учреждения Аполлон Аполлонович вырастал в некий *центр* государственных учреждений и зеленых столов. Здесь являлся он силовой излучающей *точкою, пересечением*, импульсом ...; ... когда красное домино, находясь в *центре* ... в *центре* цепи тогда обнаружилось красное домино...; То волнение ... проникало и в самые петербургские *центры*; ... глаза Аблеухова видели ... радужно-заплясавшие пятна крутящихся *центров*; ... получал впечатление, будто смотрит он не глазами, а *центром* самой головы...; Николай Аполлонович думал, что двухаршинное тельце родителя ... – *периферия* самосознающего *центра*: засело, там 'я'; но любая доска ... могла *центр* придавить...; голос же раздавался по *середине* ... *квадрата*,... самостоятельный, невидимый *центр*!; В этой комнате так недавно еще Николай Аполлонович вырастал в себе предоставленный *центр* – в серию из *центра* истекающих логических предпосылок... он являлся здесь единственным *центром* вселенной; сверкающий *центр* проколол мгновенно ... голову; Ровно высятся яблоки электрических светов *посередине*; ... *посередине* дверного порога ... Встал Медный Петр" и т. п.

Куб, квадрат, плоскость: помимо приведенных выше примеров ср.: "... свой собственный дом, для него состоявший из стен (образующих *квадраты* и *кубы*); *плоскость* ... пропускала ... сюрприз; ... а мозговая игра продолжала там строить туманные *плоскости*; мерцали беззвучно летящие *плоскости*; ... и зелено замерцали беззвучно летящие *плоскости*; Тут мозговая игра ему быстро воздвигла туманные *плоскости*; разорвались все *плоскости*; ... глотали гостиную *поверхность*; ... прилипал *поверхностями* к душе" и т. п.

Проспект, линия, стрела, перспектива – кроме указанного, ср. еще: "А там были – *линии*; Вдохновение овладевало душою сенатора, когда *линию* Невского разрезал ... куб ...; Приковать их железом огромного моста, проткнуть *проспектными стрелами* ...; Вы – *линии*! ... *Параллельные линии* некогда провел Петр ... *линия* Петра превратилась в *линию* позднейшей эпохи ... в *округленную* ... О *линии*! ...; Отяжелела и очертилася вереница *линий* и стен; ... и *линия* убегала – туда: в пустоту[119] [ср. в ином отнесении: "Аполлон Аполлонович вырисовывался сочетанием *линий*; сухо, четко и холодно выступали *линии* ... лика" и под.]; ... бросал ... взоры

---

[119] Нужно заметить, что в *Петербурге* линии *проспектов* семантически отличны от линий *Васильевского Острова*: последние связаны с Островами, с пустотой, мраком, хаотическим движением.

на *перспективу* из комнат ... обоим казалось томительным странствие в блещущих *перспективах*" и т. п.

Угол (прямой), *перекресток* и т. д.: "... *проспект пересекся проспектом* под *прямым, девяностоградусным углом* ...; ... утекал в совершенном смятении от того *перекрестка*" и т. д.

В этом пространстве центра осуществляются движения, обозначаемые через глаголы *пересекать, проницать, шириться (вырастать, раздвигаться), циркулировать*. Постоянно встречающееся *пересекать* задает ортогональную проекцию пространства; *шириться* и его варианты описывают движение из центра вовне, к периферии;[120] *циркулировать* – максимально регулярное движение по всем предусмотренным проекцией направлениям. Ср.: "*циркулировал* он в бесконечность проспектов ... в потоки таких же, как он ...; планеты *зациркулировали* свободно в пустотах телесных молекул; И Аполлон Аполлонович – *зациркулировал*;[121] Ну и что же... *циркулировало* среди обывателей?"; ср. также: "там виднелась домовая нумерация; и шла *циркуляция*; на Невском проспекте была *циркуляция*...[122] *Циркуляция* не нарушалась; Над Россией размножался параграф: ... заводилась параграфа *циркуляция*, которой заведывал Аполлон Аполлонович; Бумажная *циркуляция* уменьшалась" и т. д., – часто с оттенком механистичности, мелковатости, обездушенности.

С центром связывается в романе и *ви́дение* миражного Петербурга, картины которого скомпонованы из классических образцов описания города в XIX в. и обычно связаны с часом *заката*. Эти картины появляются в романе часто, но всегда в местах композиционных сужений (как бы в рамках или скобках), бегло, мнимо, с выходом не в экстатическое состояние эйфории (как у Достоевского), а в пророчество гибели, катастрофы. Ср. несколько примеров: "там, за окнами, виднелась домовая нумерация; и шла циркуляция; там, оттуда – в ясные дни, издалека-далека, сверкали ослепительно: золотая игла, облака, луч багровый заката; там, оттуда, в туманные дни – *никого, ничего* [дважды]; ... в светлобагровом ударе последних лучей как-то странно ... стоял Николай

---

[120] Те же образы описывают и сознание, ощущения: "И ощущения органов разлились, вдруг *расширились, распространились* в *пространство*...; ... *расширились* и *раскидались* в душевных *пространствах*...; Петербургская улица осенью – *проницает*" и т. д.
[121] Ср. в параллель: "*пульсация* жилок на лбу отмечала склероз".
[122] Ср. у Гоголя: "Невский проспект есть всеобщая *коммуникация* Петербурга."

Аполлонович ... Он глядел далеко, будто дальше, чем следует, – куда опускались островные здания, где они протуманились в багровеющем дыме ... *Немилосердный закат посылал удар за ударом* от самого горизонта; и шли переливности розовой ряби... то все бирюзовое равномерно лилось ... на дома, на граниты, на воду. Заката *не будет*; ... в стекленеющей бирюзе ослепительный купол Исакия поднимался так строго. Вот Набережная: грубина, зеленоватая синь. Там далеко, далеко, и будто дальше, чем следует, опустились, принизились острова: и принизились здания; вот *замоет* их, *хлынет* на них глубина, зеленоватая синь. А над этой зеленоватою синью *немилосердный закат* и туда и сюда посылал свои отблески: и багрился Троицкий Мост; багрился Дворец; За мостом, на Исакии из мути возникла скала ... С той чреватой поры, как примчался сюда металлический Всадник, как бросил коня на финляндский гранит – на-двое разделилась Россия; на-двое разделились и судьбы отечества; на-двое разделилась, страдая и плача, до последнего часа Россия. Ты, Россия, как конь! ... Или, встав на дыбы, ты на долгие годы, Россия, задумалась перед грозной судьбою, сюда тебя бросившей, ... где и самый закат многочасен ... *Да не будет*! ..." и т. д. с особенно настойчивым повторением мотива блестящей иглы и вод.[123]

Что касается середины середины, *дома*, то ключевые понятия ПН (лестница, дверь, порог, стена, шкаф, диван и под.) в *Петербурге* теряют свою силу (обычно недобрую); они становятся, скорее, точками пересечения, вещественной реализацией той универсальной геометрии, которая преломляется теперь в квартирном пространстве, определяемом перспективами комнат, умноженными в зеркалах.[124] Другая функция понятий, передаваемых этими сло-

---

[123] Ср. у Ахматовой: "*Ты, что там погибать остался* || *В блеске шпилей, в отблеске вод*" (о Ленинграде), или: "*О, есть ли что на свете мне знакомой,* || *Чем шпилей блеск и отблеск этих вод*". С генетической точки зрения важно начало второй части идиллии Гнедича *Рыбаки*, учтенное уже Пушкиным.

[124] Это слово постоянно выступает в романе. Ср. также показательные контексты, как: "Комнаты осветились уже солнцем... все *зеркала* засмеялися, потому что *зеркало*, глядевшее в *зал* из гостиной, теперь от*разило* петрушку ... и *зеркало* перекинуло *зеркалу* от*ражение*; в *зеркалах* отразился петрушка... убегающий взорами в *зеркала*, потому что он видел: первое *зеркало* отразило ... увидевши в *зеркалах* марионетку... поймавши в блистающем *зеркале* взгляд... и подбежал снова к *зеркалу*... из *зеркала* в гостиную смотрела смерть в сюртуке; и *зеркало* – лопнуло..."; или же: "разве вот – *зеркала*: угловатое от*ражение*, подойдя к *зеркальной* поверхности ... и – *зеркальные* от*ражения* комнат суть подлинно комнаты ... закрыть *зеркала* ...; ум – разбился о *зеркало*... Надо вынести *зеркала*!" и т. п.

вами, состоит в указании границы середины центра. Иной, настойчиво внедряемый способ такого указания – употребление слова *четыре* как образа самодостаточной и устойчивой статической целостности: "... его отграничили *четыре* перпендикулярные *стенки*; ... наслаждался подолгу *четырехугольными стенками*...; Незнакомец оставался на дворике, *четырехугольнике*, залитом сплошь асфальтом и отовсюду *притиснутом* ...;[125] 'Я называю *пространством* мое обиталище ... *четыре стены* ...', ... 'Из *четырех* желтых *стенок*'; Спальня сенатора ...: *четыре* перпендикулярных *стены*...; Посреди *четырех* своих *стен* он себе самому показался лишь пойманным узником" и т. п.[126] Тут же следует напомнить (в связи с Достоевским) о *четырехэтажных* домах: "стены *четырехэтажного* дворцового бока блестали луной; все вспыхнуло: воды, трубы, граниты, две богини над аркою, крыша *четырехэтажного* дома" (оба раза о Зимнем дворце).[127] Эти последние примеры приоткрывают путь к другому толкованию *четырех* – как важнейшей координаты Космоса, позволяющей последнему проникать жалкое *четырехстенное*, *четырехугольное* бытие: *Петербург*: "*четвертое измерение*, не отмеченное на картах, отмеченное лишь точкою; точка же – место касания плоскости бытия к шаровой поверхности громадного астрального космоса – точка во мгновение ока способна нам выкинуть жителя *четвертого измерения*, от которого не спасет и стена ...; Разбухая в громаду, из, вероятно, *четвертого измерения* проницал Желтый Дом."

Подобную амбивалентность обнаруживает в *Петербурге* и образ *пространства*, десятки раз возникающий на страницах романа. То пространство, к которому стремился Раскольников, пугает находящегося в центре Аблеухова: "*Боялся пространства* он; Несомненно в сенаторе – развивались: *боязни пространства*; проснулись *боязни пространства*; безотчетную *грусть* вызывали *пространства*" (ср.: "Аполлон Аполлонович *не любил перспективы Невы*"). *Пространство, простор* и его основное свойство – *простираться* описываются как что-то обманчивое, туманное, ледяное, шумное, косное, хаотическое (ср. те же характеристики *узкого*

---

[125] Ср. анаграмму в духе Достоевского: "... *тесненький* промежуток из *стен*."
[126] Ср. еще: "... из *четвертого* номера ...; попал в людской поток в эти пары, в *четверки*; рассеянно на них посмотрел: *четыре часа*" и под.
[127] Отрицательные эмоции начинают связываться с пятиэтажными домами: "... *пятиэтажный ряд*; ... отовсюду притиснуты *пятью этажами* многооконной громадины; стояли песочного цвета дома о *пяти этажах*; ... точно с *пятого этажа* он выскакивал через окошко ..."

у Достоевского): "... полетел к Петербургу Летучий Голландец из свинцовых *пространств* балтийских ... чтобы здесь воздвигнуть обманом свои туманные земли; Уууу-уууу-уууу: так звучало в *пространстве*; 'Ууу-ууу-ууу'. Гудело в *пространстве*; теперь все *пространства* сместились: и жизнь обывателя обставала его подворотнями; но – ползучая, голосящая многоножка была там; сырое *пространство* [ср. в *ПН* "жаркую, душную узость"] ссыпало многоразличие голосов – в многоразличие слов; купоросного цвета *пространства* ... в купоросных *пространствах*; и польза для общества привела меня в ледяные *пространства*" и под. Нева и все, что за нею, суть для Аполлона Аполлоновича *пространства*, т. е. пугающее его, угрожающее ему (ср. "*пространство* Невы и даже *пространства* Невы; на синеватых заневских *просторах*" и под.). Наряду с относительно нейтральными случаями,[128] отмечены и такие, где *пространство* по своему значению и словоупотреблению приближается к *четвертому измерению*;[129] "... чтобы, фыркая, понести огромного Всадника в глубину равнинных *пространств* и обманчивых стран; И опять, там, в *пространстве* возникли теперь уже лазурные всадники; невероятный *простор* ... летела безмерность; *пространства* летели навстречу; ... помчали его через то, что можно назвать всего проще междупланетным *пространством*; ... они мчали через какие-то ... все же ... *пространства*... Да, наши *пространства* не ваши; течет там в обратном порядке... Иванов – японец какой-то: Вонави; ... говорил Александр Иваныч *пространству* (а Шиш-

---

[128] Ср.: "Летний сад *простирался* далее, *простор* отнимая у Марсова поля; Николай Аполлонович окинул глазами *пространство*; ... дозирала *пространство* за стеклами; фигурка тут пробежала в *пространство*; мятущийся обитатель *пространств*; и дыхание облетает *пространство* России; и свистом она гуляет в *пространствах*; Ощутивши огромную встряску в *пространстве* ...; подымались в *пространство* свистящими взмахами ... Тянулась в *пространство*" и под.

[129] Пространства прямо или косвенно характеризуются как *бесконечные, необъятные, безмерные, неизмеримые, бездна*. Ср.: "*бесконечность* проспектов... Есть *бесконечность* бегущих проспектов с *бесконечностью* пересекающих призраков. Весь Петербург – *бесконечность* проспекта, возведенного в энную степень; ... невероятный *простор* ... летела *безмерность*...; позади – в *неизмеримости* убегали века: впереди – ледяная рука открывала: *неизмеримости*. *Неизмеримости* летели навстречу [ср.: "*Пространства* летели навстречу"]; ... распахнется в космическую *безмерность*; открытая дверь открывала космическую *безмерность*. Из двери, из этой *безмерности* ...; *Безмерности* [название главы]; ... в мировые *безмерности*, одолевая *пространства* ...; Рос я, знаете ли, в *неизмеримость*; ... ледяная рука открывала: *неизмеримости*; *неизмеримости* – полетели навстречу; ... все окна – вырезы в *необъятность*; ... до свержения в *бездну* ... из *бездны* мгновенно пришли" и т. д.

нарффнэ – то ведь не было); Мировое *пространство*, пустынно как комната! ... Мировое *пространство* – последнее достижение богатств ...; ... будете отлетать в мировые безмерности, одолевая *пространства – пространствами* становясь".[130]

Наконец, есть не только *пространства* города, страны, земли, мироздания, но и *пространства* тела, души, ума. Ср.: "друг о друга затерлись два пункта – *пространство* руки и *пространство* лица... воздел он *пространство* зрачков своих" и под. Белый говорит о различии пространств: "Второе *пространство* ... Аполлон Аполлонович видел всегда *два пространства*: *одно* – матерьяльное (стенки комнат, кареты), *другое* – не то, чтоб духовное (матерьяльное также) ... блики и блески ... они заволакивали пределы *пространств*; так в *пространстве* роилось *пространство*; мозговые *пространства*; ... как образ, уже забытийствовал в желтоватых *пространствах*; Душа моя – точно какое-то мировое *пространство*; оттуда на все я смотрю; ... бегает по душевным *пространствам*; ... расширились и раскидались в душевных *пространствах*, в душевных *пространствах* запутался авторский взор."

То *пространство (странное пространство)*, которое противопоставлено центру не по *вертикали* (четвертое измерение, новые пространства, космическое пространство), а по *горизонтали*, реализуется в *Петербурге* в образе *Островов*. Следовательно, и здесь Белый использует подчеркивавшееся уже Достоевским (см. выше) противопоставление, но sub specie Аблеухова) меняет ценности членов этого противопоставления. Ср.: "... где так блекло чертились туманные, многотрубные дали, и оттуда испуганно поглядел Василь-

---

[130] Эти пространства, конечно, суть *новые пространства*, слитые с *новыми временами*, о которых писал Белый в *Драматической симфонии*: "Это будут *новые времена и новые пространства*" (Москва, 1902, стр. 141). Отсюда – блоковское:

Небо – в зареве лиловом,
Свет лиловый на снегах,
Словно мы – в *пространстве новом*,
Словно – в *новых временах*
            ("Милый брат! Завечерело..."
                13 января 1906 г.)

Ср. неточное указание в его же письме матери (1 апреля 1910 г.): "Пришли *Весы* с окончанием 'Серебряного голубя' ... Там есть такое место: 'Будто я в *пространствах новых*, будто в *новых временах* – вспоминает Дарьяльский слова когда-то любимого им поэта...'" Ср. далее у Ахматовой:

И его поведано словом,
Как вы были в *пространстве новом*,
Как *вне времени* были вы ...

евский *Остров* [дважды] ... Аполлон Аполлонович *островов* не любил: население там – фабричное, грубое; многотысячный рой людской ... Аполлон Аполлонович не хотел думать далее: *острова* – раздавить!; На Васильевском *Острове* в глубине семнадцатой линии из тумана глядел дом огромный и серый; вела к этажам грязноватая лестница; за Невою вставала громада – абрисами *островов* и домов ... в тумане и казалось, что – плачет; То волненье, *кольцом* охватившее Петербург, проникало и в самые петербургские центры; оно захватило сперва *острова* ...; За Невою, темнее, вставали громадные здания *островов* ... беззвучно, мучительно; ... ублюдочный род: ни люди, ни тени; все то – жители *островов*; а жители *островов* – род ублюдочный, странный: ни люди, ни тени; издалека-далека, где тихо принизились берега, где покорно присели *островные* здания, *остро*, мучительно, немилосердно блистая ...; ... где пепельно вставал неотчетливо *Остров*; Понеслось тяжелозвонкое цоканье – через мост, к *островам*...; От себя же мы скажем: о, русские люди, о, русские люди! Вы толпы теней с *островов* не пускайте! Через летийские воды уже перекинуты черные и сырые мосты. Разобрать бы их ... Поздно ... И тени валили по мосту ..."

Весьма существенно, что, если центр Петербурга организован пересекающимися под *прямым* углом проспектами, если он *квадратен* или – центр центра (дом, комната, карета) – даже *кубичен*, то окружающая этот центр стихия представляется из центра как *кольцо, круг* ("Петербург *окружает кольцо* многотрубных заводов; То волненье, *кольцом охватившее* Петербург, проникало и в самые петербургские центры; *Круг замкнулся*").[131] Это противопоставление *прямоугольный* – *круглый* и его истолкование в романе (хорошее-плохое, принадлежащее культуре – непринадлежащее культуре, организованное – хаотическое) весьма точно воспроизводит то, что в развернутом виде представлено во многих мифопоэтических традициях (с дополнительными интерпретациями: мужской – женский, свой – чужой и т. п.). Здесь достаточно упомянуть о концепции пространства у туземцев Тикопиа. В этой концепции *круглое* трактуется как данное *природой* (жители маленького островка видят вокруг себя – по всей окружности – ни чем не прерываемую линию

---

[131] Ср. образ угрозы (= шара): "одна из сих точек, срываясь с орбиты, с головокружительной быстротой понеслась на него, принимая форму громадного и багрового *шара* ... а в груди родилось ощущение багрового *шара*, готового разорваться на части ..."

горизонта, солнце или луну), а *прямоугольное* – как то, что непременно связано с *культурой* (форма поселения, до́ма, внутренних его частей и т. д.). Вместе с тем внутри дома как продукта культуры есть место для остатков *природы*. Пространство пола делится на две части – связанную с *морем* (*mato paito*, и, следовательно, с *каноэ*, *рыбой*, *мертвыми*) и связанную с *сушей* (*tиаити*, и с *очагом*, *растительной пищей* и *социальными* установлениями). Все передвижения внутри жилища и даже позы и жесты определяются правилами, вытекающими из такой структуры пространства.[132] Да и в *Петербурге* внутри цивилизацией созданной *ортогональной* планиметрии, внутри *куба* комнаты и кареты вдруг оказывается нечто *круглое*, связанное с угрозой и хаосом, – то "*мокрый узелочек с сардинницей ужасного содержания*", внутри которой *бомба*, то собственное в *шар расширяющееся сердце*, испугавшееся точки, превратившейся в громадный багровый *шар*.

К словарю *периферии*, пространства, окружающего центр, нужно отнести прежде всего, конечно, разные обозначения носителей духа этого пространства-хаоса, его тела. Из многочисленных наименований (часто нарочито деперсонализованных или даже лишенных указаний на одушевленность обозначаемого)[133] ср. несколько:

Толпа: "Вы *толпы теней* с островов не пускайте!; Среди медленно протекающих *толп* протекал незнакомец; Все чего-то боялись ... высыпали на улицу, собираясь в *толпу*; и – опять рассыпаясь ... собирались в *толпу* и опять рассыпались; Повысыпали ... и растворялись в *толпе*; но *толпа* все росла ... *толпа* состояла из одних лишь субъектов... И перли, и перли ... – так перли, так перли! И как же иначе; ... соберется *толпа*; под напором сломаются двери; нагрянут сюда; а – смотрит: на ту же *толпу*; нет предела презрению; и нет предела – отчаянию; ... сыпался пачками треск ... хлынула такая *толпа* ... Вот все пропало; ... собиралась *толпа*" и т. п.

Токи людские: "и такие же серые проходили там *токи людские*, и такой же стоял зелено-желтый туман" [дважды].

Гуща, тело: "Вязкую и медленно текущую *гущу* образовали все плечи; плечо ... приклеилось к *гуще*: и, так сказать, – влипло; последовал он за плечом, сообразуясь с законами цельности *тела* ... Что такое икринка? Там *тело* влетающих на панель превращается

---

[132] См. R. Firth, "Postures and Gestures of Respect", *Échanges et communications. Mélanges offerts à Claude Lévi-Strauss*, T. I (Paris, 1970), стр. 188-212.
[133] Показательны характеристики *толпы* – нечто аморфное, текучее, скользкое, клейкое, косное и т. д.

в общее *тело*, в икринку икры ... и *гуща* ползла: переползала и шаркала... из члеников была склеена *гуща*; и членик был – *туловищем*".

Рой, рой людской: "многотысячный *рой людской* там бредет...; многотысячный *рой* к ним бредет по утрам ...; Тотчас же после выхода старички вновь *сроилися* ... отметился вдруг искристый *рой* ...; *Рой* тот выбежал посмотреть ... и *рой* убежал; ... покатились навстречу им многотысячные *рои* котелков ..." и т. д. (часто в параллель к *рою облаков, рою туманов*).

Куча, гурьба: "они собирались ... в *кучечки*... чтобы ... *гурьбою* вдруг двинуться ...; ... и растаяла *кучечка*...; Кто они? Ничтожная *кучка*?" и т. д.

Многоножка: "на Невском Проспекте была циркуляция людской *многоножки*; однако, состав *многоножки* менялся; Не было на Невском людей; но – ползучая, голосящая *многоножка* была там; И видит она под ногами: течение *многоножки* ..."

Ср. выше *род ублюдочный*; *ни люди, ни тени*; постоянно *тени* и т. д.

Основные виды движения толпы обозначаются словами *течь, ползти, валить*. Ее элементарные свойства – *собираться, роиться, кишеть* и *рассыпаться (растекаться)*.[134] Эти характеристики отчетливо противопоставлены прямолинейной организованности пространства центра. Есть еще один глагол, характеризующий толпу, как и все хаотичное, неустойчивое, быстро изменяющееся, – *мелькать*, ср.: "и было жутко *мелькание* странно оравших фигурок ... и топотали, *мелькали* их пятки ..." Ср. другие употребления: "*Мелькнула* любовь ... *мелькнувши*, упали ... Вся жизнь *промелькнула*, упала вся жизнь;[135] ... *промелькнуло* нечто вроде догадки; Но не мешает нам вспомнить: *мелькнувшее* мимо ... – все *промелькнувшее* мимо, – было одним раздражением мозговой оболочки; ... а извозчик, его обогнавши, подпрыгивал на камнях; и – *мелькал* номер бляхи: тысяча девятьсот пятый.[136] Образ *мелькания* постоянен у Достоевского – как в *ПН*, так и в других произведениях. При

---

[134] Ср.: "на *кишащих людом* проспектах размножались; и *кишмя кишит* пригород...; И тени *валили* по мосту; ... *повалила* ватага; оттуда *валили*" (ср.: "и *валила* зевота") и т. д.
[135] Ср. Перемелькала || Жизнь, || *Пустой прохожий* рой – || *Исчезновением в небытие родное.* (Белый, "Больница", 1921).
[136] Ср. сходный эпизод из *Уединенного домика на Васильевском*, когда во время дикой скачки герой замечает на номере бляхи извозчика апокалиптическое число 666.

этом он используется приблизительно в тех же контекстах (и, в частности, при описании *середины*), что и у Гоголя раньше[137] и Белого позже. Ср.: "незнакомец нагнулся, *мелькнул* и исчез ... Незнакомец *мелькнул* ... Голядкин бросился вслед за ним; ... Голядкин-младший *промелькнул* мимо господина Голядкина-старшего; *Мелькали* какие-то лица,... то неясно, то резко ...; Некоторое время еще *мелькали* кое-какие лица..." *(Двойник)*; "я всматривалась в тени людей *мелькавшие* на занавесках...; передо мной *мелькали* одни картины; Я жадно всматривалась в *мелькавшие* передо мной лица ..." *(Неточка Незванова)*; "во всем этом народе, оставшемся в городе, на всех этих лицах, *мелькавших* с утра до вечера..." *(Вечн. муж)* и т. п. Ср. у Гоголя: "Длинные тени *мелькают* по стенам и мостовой; ... сквозь которое *мелькает* бледная Нева; Проходящие реже начали *мелькать* ...; ... *мелькнула* перед ним ..." *(Невский проспект)*; "... ярко *мелькал* трепетный свет свечи" *(Нос)*; "Пешеходы начали *мелькать* чаще; и перед ним *мелькнули* в одно время свечи, чиновники, трубки, столы для карт ...; фонари стали *мелькать* реже... Вдали, бог знает где, *мелькал* огонек ...; *мелькнул* светлый гость в виде шинели" *(Шинель)*; "... и только одни передние домы *мелькали* будто сквозь тонкий газ. Тускло *мелькала* вывеска ... еще тусклее ..." *(Дождь был продолжительный)* и т. д.[138]

Другой пример такого движения ("марионеточного", жизненный танец) - *танцовать* с игрой-меной различных приставок. Ср.: "Николай Петрович Цукатов *про-танцовал* свою жизнь; теперь уж Николай Петрович ту жизнь *до-танцовывал*; *до-танцовывал* безобидно ... Все в жизни *вы-танцовывалось*. *За-танцовал* еще мальчиком; *танцовал* лучше всех; к окончанию курса гимназии *на-танцовались* знакомства; к окончанию факультета из круга знакомств *вы-*

---

[137] Отчасти и у Пушкина, ср.: "... вослед за нею ... *мелькнула* ее воспитанница; Шубы и плащи *мелькали* мимо ..." *(Пиковая дама)*; "*Мелькают* мимо будки, бабы, || Мальчишки, лавки, фонари...; В ладье с *мелькающей* толпою..." и т. п.
[138] Ср. *мелькание* при быстрой езде или полете: "... летит вся дорога нивесть куда в пропадающую даль и что-то страшное заключено в сем быстром *мелькании*, где не успевает означиться пропадающий предмет..." *(Мертвые души)*; "... полетел стремглав в провал ... перед ним *мелькали* знакомые места ..." *(Пропавшая грамота)*; "... и огромные тени их *мелькали* по стенам ... *(Ночь перед Рождеством)*; ср. "тень от них *мелькает* по стенам" *(Страшная месть)*. Два последних примера в сочетании с такими, как: "*мелькает* чья-то длинная *тень*" (там же), - объясняют ахматовские образы: "Тень моя на стенах твоих" "Тень чего-то мелькнула *где-то*" (ср. еще: "Это гость зазеркальный?" Или: "*То что вдруг мелькнуло в окне ...*").

танцовывался и круг покровителей; Николай Петрович пустился *от-плясывать* службу; *про-танцовал* он имение; ... спутница оказалась с приданым; и Николай Петрович теперь *танцовал* у себя; *вы-танцовывались* две дочери ... Так что теперь *до-танцовывал* сам он себя" (вычленение приставок наше – В. Т.).

С этой же периферией[139] связаны и некоторые другие действия или атрибуты (*странный*, *фантастический*; *желтый* и *зеленый* с многочисленными оттенками их, решительно оттеснившие все другие цветовые обозначения; *насекомые* и *гады* и т. п.), так или иначе упомянутые выше. Не случайно, что Александр Иванович Дудкин, чье внутреннее состояние и жилище описываются довольно близко к характеристикам состояния и жилища Раскольникова,[140] – живет на Васильевском *Острове*, на семнадцатой линии, а не в "срединном" Петербурге (как Раскольников), и его путь лежит к *центру* (а не к Островам, как у героя *ПН*).

Пронизанность романа Белого целым рядом мотивов, повторяющихся у Достоевского (о чем см. в другом месте),[141] довершает картину соотнесенности *Петербурга*[142] с произведениями Достоевского и, прежде всего, с *ПН*.

---

[139] Или ее проникновениями в центр.
[140] *Одиночество убивает* меня: *разучился* совсем *говорить*; *слова* мои *путаются*... Или вдруг *забываю*, как называется обыденный предмет... А вот – *память расстроилась*: одиночество убивает меня. И подчас даже *сердишься*! ... Мы все ницшеанцы... для нас, ницшеанцев ... масса... превращается в исполнительный аппарат ..."
[141] К мотивам призрачности Петербурга у Достоевского ("А что, как разлетится этот туман и уйдет кверху, не уйдет ли с ним вместе и весь этот гнилой, склизкий город ... исчезнет, как дым, и останется прежнее финское болото ..." [*Подросток*] и др.) ср. в *Петербурге*: "...казалось – опустятся воды, и хлынет на них [sc. острова, здания] в этот миг: глубина, зеленоватая муть". Ср. далее: "...столичный нам город... принадлежит к стране сновидений" и т. д.
[142] В связи с рядом мотивов *Петербурга* уместно сравнение этого романа с рассказом Зоргенфрея *Санкт-Петербург. Фантастический пролог* (1911). Ср., в частности, образ дьявола – *Варфоломея* Венценосного (ср. *Варфоломея* в *Уединенном домике на Васильевском*, из замыслов Пушкина), который в другом рассказе появляется как провокатор *(Отрывок из адской хроники)*. К близким мотивам см. *красное домино* (в *Петербурге* и в стихах, ср. *огневое домино* [Маскарад]), явно соотносимое с *красной свиткой* (и ее мельканием) в *Сорочинской ярмарке*. Связь *Санкт-Петербурга* с гоголевскими повестями еще более очевидна. В свете исполнения провиденциальных мотивов "петербургского текста" в русской литературе показательна неопубликованная поэма Вагинова о Петербурге "1925 год". Ср. также тему *умиранья века*: "*В Петербурге мы сойдемся снова || Словно солнце мы похоронили в нем*..."

DES PROBLÈMES DE LA LITTÉRATURE POPULAIRE

STEFAN ŻÓŁKIEWSKI

Nous sommes enclins à penser après Roman Jakobson qu'il appartient à la poétique de nous fournir un moyen sûr de discernement de ce qui fait qu'un énoncé linguistique individuel devient œuvre de littérature. La plupart des travaux d'analyse d'ouvrages littéraires témoignent que leurs auteurs se servent d'un critère assez étroit et ambivalent du "littéraire". En gros, ce qui les intéresse ce sont les grandes œuvres, sélectionnées par la tradition nationale des différents peuples, pérennisées dans la mémoire des différentes collectivités. Les faits de littérature sont analysés comme individuels et non-répétables, l'armature conceptuelle de telles analyses servant à dégager à partir des structures répétables et communes, propres aux œuvres littéraires, des variations originales voire même innovations structurelles ou fonctionnelles.

Il existe toutefois des sphères entières de faits littéraires ou, comme le veulent certains, paralittéraires importants qui, tout en étant dignes d'être étudiés et connus, ne méritent pas d'analyses idiographiques ni d'explication de leur spécificité individuelle.

Si l'analogie avec la distinction connue de Ferdinand de Saussure de "parole" et "langage" est ici de mise, on peut dire que les chercheurs étudiant la littérature s'intéressent à la parole littéraire vivante, aux énoncés artistiques concrets des auteurs que sont leurs œuvres originales. On peut toutefois imaginer un intérêt pour l'œuvre considérée uniquement comme réalisation d'un système précis de langage, l'étudier au niveau du code littéraire ou, pour dire mieux, des codes littéraires multiples hiérarchisés dont l'auteur s'est servi et que connaissent les lecteurs.

Si l'idée d'analyser *La Poupée* de Prus, *Les Ames mortes* de Gogol' ou *Les Aventures du brave soldat Tchweik* de Hasek dans leur spécificité unique, leur plénitude et leur unité se justifie à notre conscience méthodologique, il semble qu'il soit absurde d'étendre cette directive investigatrice à chacun des romans policiers de Simenon ou même romans d'anticipation de Jules Verne pris séparément, ou encore à toute autre œuvre de ce genre. En effet, c'est dans leurs caractéristiques répétables que réside tout le secret de ces œuvres écrites en série. Et ce n'est pas sans raison qu'un fervent des énigmes policières peut avoir l'impression que c'est toujours un même roman que Simenon, tout comme la plupart de ses collègues, écrit tout le long de sa vie. C'est que les modifications d'affabulation n'ont pas d'importance essentielle à une telle réalisation en série d'un même schéma générateur d'un thème et de son développement.

On pourrait dire qu'il suffit dans ce cas de n'étudier que la poétique générique du roman policier ou de ses variantes historiques jusqu'ici pas trop nombreuses.

Cette remarque serait parfaitement valide pour le roman policier facilement discernable en tant que genre ou sous-genre romanesque.

Mais le recours aux critères immanents à la poétique historique ne nous donne pas la science de dégager d'une manière univoque les œuvres et même les genres à l'égard desquels il serait juste de s'abstenir à un effort d'analyse tendant à individualiser les œuvres littéraires.

C'est dire que la poétique, même la poétique historique, ne dispose pas de critères qui nous permettraient de circonscrire le champ qui est propre à la littérature populaire ou à la paralittérature.

L'histoire de la réflexion sur la littérature connaît évidemment la distinction en genres bas et nobles, distinction ayant fonctionné socialement dans différentes époques et cultures. Sa valeur instructive est cependant réduite. Car il nous est possible d'expliquer historiquement et sociologiquement le parti pris antiromanesque du public lettré du XVIIIe siècle considérant tout roman comme un ouvrage relevant d'un genre bas, non-artistique, populaire, ce parti pris ne saurait être à nos yeux le critère de distinction de la littérature et de la paralittérature.

Je considère que tous nos jugements descriptifs ayant trait à la poétique du roman ne sont pas à même de nous fournir la clef de distinction du roman hautement artistiques et du roman populaire. Pour les distinguer l'un de l'autre, il nous faut recourir à un critère supplémentaire, extérieur par rapport au système conceptuel de la poétique pure. Or c'est ce qui se passe dans la pratique. Les distinctions qui me sont connues de la littérature tout court et de la littérature populaire reposent ouvertement ou d'une manière dissimulée sur des critères esthétiques ceux-ci étant à vrai dire des critères relevant de diverses esthétiques normatives. Il n'est guère besoin de démontrer que c'est là la démarche de nombreux chercheurs qui se servent de la notion de 'kitsch' (navet), même quand ils essaient, comme le fait A. Moles, de la définir fonctionnellement. La prétendue afonctionnalité d'un objet d'art qui en fait précisément un 'kitsch' n'est qu'une appellation différente de l'inaccomplissement par son auteur des impératifs découlant de normes esthétiques précises. Pareillement, se rangent du côté de l'esthétique tous ceux qui semblent en apparence se référer au critère sociologique quand ils placent entre les pôles de la haute littérature et du folklore littéraire tous les autres faits de littérature, en les appelant soit la paralittérature (p. ex. N. Arnaud, F. Lacassin, J. Tortel) soit la littérature populaire (p. ex. Altick, Escarpit) soit enfin la littérature de boulevard (p. ex. Cz. Hernas) ce qui fait apparaître le troisième circuit social de la littérature, à côté du circuit haut et du circuit folklorique déjà évoqués. Si effectivement nous rejetons le critère esthétique du goût et acceptons des critères sociologiques, nous ne pourrons parler ni de la haute littérature, ni de la paralittérature, ni de la littérature populaire ou littérature de boulevard. Ces adjectifs ne peuvent dans ce cas accompagner le substantif "littérature". Car ce n'est pas la littérature qui est populaire, boulevardière ou paralittéraire, mais c'est bien une même œuvre qui peut faire partie de différents circuits sociaux de la littérature. Ce n'est pas la littérature mais bien son circuit social qui peut être appelé haut, populaire ou encore autrement. Il se définit par les besoins spécifiques du public qui lui est propre, par les rôles sociaux que tiennent les auteurs qui en font partie et par les fonctions sociales des œuvres qui y circulent. Combien avons-nous de ces circuits dans chaque littérature d'un temps et d'un lieu donné ? C'est la question qui appelle une réponse d'ordre historique. Une chose est pourtant certaine à savoir qu'on ne peut affirmer qu'il en existe que trois: haut, populaire et folklorique. Ce dont nous nous proposons de parler dans la suite de ces considérations ce sont les méthodes d'établissement des critères suivant lesquels on classera les textes à vocation littéraire d'une culture donnée dans tel ou tel circuit social de littérature.

Je pense que pour ce faire il est nécessaire de recourir aux méthodes et aux notions non point de la poétique mais bien de la sémiotique, telle qu'elle avait été conçue par R. Jakobson et développée par Baxtin, Bogatyrev et Propp; telle qu'elle se trouve de nos jours enrichie des techniques d'analyses imaginées par V. V. Ivanov, Ju. Lotman, S. N. Toporov, B. Uspenskij et nombre d'auteurs publiant dans la revue *Semeiotikè* éditée à Tartu dont on a déjà vu paraître cinq volumes.

C'est à ces chercheurs-là que nous devons la notion de texte de culture. Nous appelons ainsi tout enchaînement ordonné des signes propres à un système sémiotique et obéissant à ses règles.

Un texte de culture cela peut être un texte linguistique, littéraire, mais également un autre, mettant à profit des signes autres que symboliques, par exemple iconique comme c'est le cas d'ouvrages picturaux, ou mixtes comme c'est celui des films. Un texte de culture déchiffrable au moyen d'un code précis cela peut être un ordre de comportements, telle une cérémonie d'étiquette, un rite, un office religieux. Mais cela peut être également un jardin sentimental en tant que paysage agencé suivant les règles d'une culture et constituant un objet sémiotique capable de prendre part à la communication sociale. Il peut y avoir de nombreux types d'objets sémiotiques, de textes de culture. Nous n'en avons cité que quelques exemples hétérogènes.

De plus, il peut se faire aussi qu'un même système de signes, soit un système sémiotique relevant d'une culture donnée, se réalise dans une matière sémiotique diverse. Le même système de signes propres à la signalisation routière peut se réaliser dans la matière verbale: "Stop", "Attendez", "Démarrez", dans celle des gestes convenus de l'agent de police, ou encore dans celle des signaux lumineux. La notion de texte de culture nous permet de décrire les faits hétérogènes de culture dans le seul et même langage de l'analyse sémiotique, la théorie des signes. Elle permet donc d'interpréter d'une manière comparable les significations de ces objets sémiotiques hétérogènes propres à une culture donnée. Par conséquent, cette notion nous permet de comparer les résultats d'analyses effectuées jusqu'ici dans des langages différents, autonomes, dont les formulations ne sont pas comparables. La description des comportements coutumiers ordonnés, celle des textes littéraires, celle encore des textes iconiques picturaux utilisaient chacune un langage différent, ce qui faisait que toute hypothèse sur les ressemblances ou les différences entre les fonctions sociales de ces textes échappaient à la vérification. Bakhtine fut le premier à démontrer dans son étude sur l'œuvre de Rabelais qu'en analysant un modèle de littérature appelé par lui carnavalesque et les coutumes carnavalesques en tant que phénomène historique, on peut arriver à la constatation que dans certains textes littéraires et dans certains comportements coutumiers se réalise, dans une matière sémiotique différente, le même système de signes d'une culture donnée. Les objets sémiotiques hétérogènes de cette culture ont donc une signification semblable, ils remplissent des fonctions sociales semblables. Toute analyse des textes de culture peut s'effectuer dans trois aspects: syntaxique, concernant l'agencement des signes au sein de ce texte, soit sa structure interne; sémantique concernant le rapport entre les signes du texte et leurs point de référence hors du texte et enfin pragmatique concernant le texte considéré dans son rapport avec l'auteur et son public. Ce troisième aspect nous éclaire le mieux sur la fonction sociale d'un texte de culture.

Or nous avons dit plus haut que le critère suivant lequel on classe les textes littéraires d'une culture dans un circuit social précis de littérature est fonction du rapport de l'auteur et du lecteur à ce texte même et partant de sa fonction sociale.

L'analyse sémiotique d'un texte pris dans ses aspects syntaxique et sémantique peut se borner aux données contenues dans le texte même et dans le contexte de la tradition littéraire qui lui est propre, contexte de la poétique historique. Une analyse portant sur l'aspect pragmatique du texte, requiert des données qu'il importe de puiser à un contexte social plus vaste défini par l'ordre de fonctionnement social, propre à une culture, d'un type donné de textes, en l'occurence littéraires. Or toutes les hypothèses formulées en vue de cerner le contexte du rapport de l'auteur et du destinataire au texte, et de définir la fonction sociale de ce dernier nécessitent une vérification adéquate. Prenons notre exemple simplifié de la signalisation routière. La réalisation d'un même système de signes dans trois matières sémiotiques différentes nous permet de procéder à une vérification comparative de la justesse de notre intelligence du contexte, du rapport de l'auteur et du public au texte, et de la fonction de ce dernier. Même dans ce simple exemple la réalisation verbale ne se rapporte pas d'une façon univoque au contexte social propre, et sa comparaison avec les autres types de réalisation se montre des plus utiles. Il en est de même de la problématique littéraire, infiniment plus complexe.

L'hypothèse sur les fonctions ludiques de la littérature, tout au moins dans certaines cultures, s'impose.

Quelle est donc cette littérature et quand remplit-elle ces fonctions ludiques sinon comme fonctions exclusives du moins comme principales ?

Je pense que ce qui nous aidera à répondre à cette question c'est l'étude de multiples manifestations de la culture ludique de la collectivité d'un temps et d'un lieu. Ce dont il s'agit c'est de formuler en termes comparables les résultats de l'étude des manifestations hétérogènes de cette culture ludique, soit dans le langage de l'analyse sémiotique comme nous l'avons proposé.

De telles analyses nous permettront d'aboutir à la définition du contexte des situations sociales de communication qui se caractérisent par la prédominance des manifestations d'une culture ludique donnée. Elles nous permettront de cerner le contexte institutionnel de ces situations ludiques, et nous diront comment et où et par le truchement de quelles institutions les gens appartenant à une collectivité s'amusent et utilisent leurs loisirs. Ceci nous permettra de mieux définir le public qui s'amuse ainsi que ses besoins, et de dire en quoi consiste son rapport ludique aux différents textes de culture, y compris les textes littéraires. De définir aussi le rôle social que doit assumer l'auteur d'un tel texte afin de l'adapter à son public.

Une telle démarche aidera à dégager le corps recherché des textes littéraires qui, dans une culture donnée, correspondra aux besoins et aux fonctions ludiques. Cette catégorie fonctionnelle ne relève pas de la poétique, elle n'est pas non plus une catégorie génologique. Elle provient d'une classification historique spécifique des fonctions sociales de différents objets de la sémiotique dans une culture donnée. En étudiant la littérature s'intégrant dans cette culture il faut procéder séparément à la classification des fonctions propres à la communication sociale d'une culture donnée. Il s'agira de fonctions remplies par les mêmes objets sémiotiques signifiants, à l'aide d'un même système de signes mais qui s'actualise dans une matière sémiotique qui, elle, varie d'un cas à l'autre. La notion de ludique pouvant en effet se rapporter à une œuvre littéraire, cinématographique ou picturale et à différents types de comportements costumiers actifs et passifs.

Si nous savons définir la nature des situations sociales de communication dans lesquelles seules on constate la présence d'œuvres à fonctions sociales dominantes précises ou qui y donnent lieu le plus souvent, et qu'en même temps nous sachions définir celle du public des lecteurs et celle des auteurs que l'on retrouve exclusivement ou principalement dans ces situations-là (ce qui veut dire qu'il s'agit d'un public en quête d'œuvres à caractéristiques précises, répondant à tels et tels besoins) – nous pouvons circonscrire les limites du circuit social d'un corps d'œuvres relativement stable.

Ce qui importe pour le classement fonctionnel proposé c'est la conjonction, suivant un ordre stable, de tous les indices mentionnés ci-dessus. C'est dire que nous ne pourrons nous contenter du seul type donné de situation sociale de communication s'il ne s'assortit pas d'un public homologue – destinataires ayant des besoins précis – et, conjointement, d'un auteur-expéditeur de message à rôle social correspondant, tout cela en cohérence avec la fonction pragmatique dominante des textes. Une variation d'un seul élément entraîne le changement de catégorie de classement fonctionnel du tout. En effet, c'est dans des catégories fonctionnelles différentes que nous classerons une authentique ballade de la rue et son pastiche à contenu politique. C'est que, dans les deux cas, la situation de communication, le public, le rôle de l'auteur ne seront pas les mêmes ce qui fait que la fonction du texte s'en trouvera, elle aussi, modifiée. On peut se demander si, malgré tout, on ne pourrait classer dans la même catégorie le roman policier et la parodie de ce genre romanesque. Mais il est certain que c'est dans des catégories distinctes qu'on classera le roman sentimental et sa parodie par exemple *La Lépreuse* de Helena Mniszek, ce classique polonais du navet, et *Sur les lèvres du péché* de Magdalena Samozwaniec qui en caricature les poncifs, en dépit du caractère en principe ludique des deux textes, chacun d'eux usant toutefois différemment et à l'intention d'un autre public, de ses ressources distrayantes.

Notre proposition peut être reconnue comme une complication inutile. C'est que, théoriquement, on ne peut exclure l'existence d'une culture littéraire dans laquelle notre classification sera ternaire, comme celle que nous venons d'exposer. On y distinguerait les fonctions des textes d'avant-garde créés par des novateurs à l'intention du public lettré, celles du folklore offrant un circuit spécifique, et celles enfin de tous les autres textes littéraires que l'on a l'habitude d'appeler populaires ou paralittéraires. Théoriquement, un tel cas extrême est possible. Toutefois, même des connaissances assez sommaires en fait de sociologie de littérature, en ce qui concerne plus particulièrement les cultures littéraires historiquement différentes, nous apprennent qu'en règle générale, les classements fonctionnels doivent être plus complexes. Il suffit de prendre en considération le fait que, dans la plupart des cultures littéraires, on est en présence de faits nouveaux qui leur sont plus particulièrement propres et, parallèlement, de faits hérités des cultures antérieures qui n'en restent pas moins fonctionnels dans ces cultures plus récentes. Notre culture polonaise d'aujourd'hui ne fait pas exception à cet égard; en effet, nous y trouvons bien des textes qui ne relèvent ni de l'avant-garde ni du folklore et parmi lesquels les uns sont des produits de la culture industrielle, les autres – des reliques de la culture pré-industrielle, quelquefois même tout bonnement féodale. Or, cette diversité ne peut que différencier les circuits sociaux et les fonctions sociales de ces textes ce qui n'autorise pas à les ranger tous sur le rayon de la paralittérature.

Préciser le nombre de circuits sociaux de littérature dans une culture; déterminer l'appartenance des textes de cette culture aux circuits qui lui sont propres, définir quel sera par conséquent le nombre de catégories à adopter à la classification fonctionnelle des textes – voilà les tâches qui sont propres à l'étude historique de la culture. Leur accomplissement nous apprendra si, à côté des œuvres du circuit populaire nous ne serons pas en présence de plusieurs autres catégories auxquelles il faudra trouver des appellations adéquates.

Pour en revenir au point de départ de nos considérations, nous sommes à même d'indiquer la manière d'analyser ces groupes de textes distincts s'intégrant dans différents circuits, compris dans différentes catégories fonctionnelles, pragmatiques. Comme il a été dit plus haut, pour l'étude des problèmes qui se posent à l'explication des textes dégagés de la manière que nous avons exposée, il n'est point nécessaire de recourir à une méthode d'analyse tendant à individualiser les textes considérés chacun séparément. Il suffit de soumettre à l'analyse un corps complet de textes d'une catégorie, comme s'il s'agissait d'un seul texte de culture à fonction sociale prédominante déterminée. La dissertation de P. Macheray publiée dans le livre *Pour une théorie de la production littéraire* et ayant pour objet l'œuvre entière de Jules Verne traitée comme un seul texte, offre un bon exemple d'une telle analyse. Il s'agit en effet d'une analyse du système de signes réalisé dans ce texte, signes des relations spécifiques du modèle du monde vernéen.

En analysant au moyen de méthodes sémiotiques de tels corps de textes dans leurs aspects syntaxique et sémantique, nous sommes à même de définir la structure interne qui leur est propre, au point d'en arriver à la connaissance de la poétique spécifique du corps de textes considéré. Non point la connaissance des textes classifiés en genres et sous-genres et des variations spécifiques de chaque réalisation créatrice individuelle des règles d'une poétique – comme c'était le cas des descriptions relevant de la poétique classique, mais la connaissance de ce qui, dans la structure interne des groupes entiers de textes est commun à tous les textes réunis en groupe en raison de leurs propriétés fonctionnelles et non-génériques. A prendre comme exemple les textes à fonction politique, on pourrait, au sein de la littérature polonaise, retrouver dans un même groupe la poésie révolutionnaire de Władysław Broniewski, les *Affiches théâtrales* de Witold Wandurski et les romans de Bruno Jasieński, soit des textes différents à les considérer du point de vue de la poétique: lyriques, dramatiques et prosaïque, dans lesquels nous rechercherons les éléments structuraux communs, des signaux d'auteur imposant au lecteur un code politique déterminé comme propre à déchiffrer des textes s'intégrant dans un même groupe fonctionnel et dans le même circuit social.

C'est sur cette voie, je pense, qu'il nous est possible d'arriver à la description souhaitée de tous les textes littéraires, y compris ceux qui bien qu'importants du point de vue fonctionnel, sociologique, manquaient de retenir l'intérêt des chercheurs qui les laissaient à leur propre sort, en les appelant, non sans une note de mépris esthétique, populaires.

VERBAL ART AS INTERFERENCE BETWEEN A COGNITIVE AND AN AESTHETIC STRUCTURE

JAN M. MEIJER

From time to time the student of literature feels the urge to clarify his concepts and to relate them to each other in a more conscious fashion than he can in his practical work. The present paper owes its existence to an urge of this sort. It deals with some general aspects of the structure of a literary work. It is a kind of stocktaking, and this may explain why it contains few references or notes. Their absence is not a denial of indebtedness to others. My main debt is perhaps to formalism.

When we speak of structure, we mean a relationship between two or more entities which fulfill functions in this relationship that they could not possibly fulfill in isolation. It is not necessary that all entities entering into a given structure be capable of an isolated existence. It is sufficient if they can be isolated through analysis of the work. In this paper the structure of the work of verbal art is found to consist in the interference between a cognitive and an aesthetic structure. While this conception will require further elaboration, we think that it offers possibilities for a better understanding of literature.

As it is the structure of the literary work that interests us here, our approach should probably be called structuralist. A literary work undeniably has a structure, and therefore a structuralist approach does not require theoretical justification. Practical justification can only be given by results: by deepening our insights into literature. The fact that structuralism has also had results in the exact sciences is not a valid reason to adopt a structural approach. There is no need to revive the feeling of inferiority *vis à vis* the natural sciences that has plagued students of literature from time to time and that has led to exaggerated compensatory claims. But every discipline should strive for maximum exactitude without forcing its material into moulds that do not fit it.

1. Verbal art is distinguished from other arts in one important aspect, viz. in the character of its material. Language has a structure of its own

that is far more pronounced than that of clay, stone, paint or sound. Verbal, or literary, art has to take this structure into account. It can deviate from it only to a limited extent, and these deviations have to be motivated in and by the work itself in which they occur.

2. Like every work of art the work of verbal art has a structure of its own. It will be clear that this structure can never be identical to its linguistic structure (i.e., the structure of the work considered as an utterance in a natural language), although it is that, too, and all the methods for analysing such utterances can be used for works of verbal art also. As a rule such linguistic structures are open; their structural elements can be replaced by other elements of the same kind if this more effectively serves the ends to which the utterance is made. These ends lie outside the utterances themselves, and the structure of such a non-artistic utterance is conditioned by the end for which it is designed. In a work of verbal art there is no such end outside itself; the end has, as it were, been kept inside this work and as a result it has an independent existence. The work of art is rounded-off; it is set apart from its milieu. Its outward-directed energies are kept in and as a result the elements of the work of art enter into much closer and stronger relations than those of a non-artistic utterance. These relations can be called tensions. The tension will be reduced unless it is maintained by other structural elements. The structural elements of a work of art together constitute its structure: it can be characterised as an equilibrium in tension. In such a situation no structural element is replaceable. It is specific to a work of art that none of its structural elements can be omitted or replaced by another. If this possibility exists, we have either no work of art or an unfinished one. This implies also a certain tension in the linguistic structure of the work of art. The work considered as an open linguistic utterance would tend to reduce the existing tensions, and its elements would be replaceable.

Thus a work of verbal art is 'rounded off' from its milieu. Limitations are essential for a work of art. Without them the tensions within it could not endure.

3. A structuralist approach does not imply evaluation of a work. It is no more the task of the science of literature to explain why work A is more admired than work B than it is that of the science of ethics to decide whether we should perform act C rather than act D. The study of literary evaluation is a separate subject, into which a considerable

number of extra-literary factors enter. Personal admiration of a given work of art often influences the choice of the subject of inquiry. Rightly so: admiration sharpens our eyes. But even after the most exhaustive analysis we can never be sure that we have made the complete connection between the work and our admiration for it. The latter always rests partly on extraneous foundations, such as the phase of life we happen to be in, other books we happen to have read recently, etc. We will understand our own and other people's admiration better after our analysis. But we will never be able to dissolve the former into the latter. Neither a positive nor a negative judgement of a literary work can be finally justified by the structure of the work. The only thing we can study structurally is the extent to which the work has been realised. On the other hand, amid the welter of contradictory judgements of a literary work its structure remains the same. There will always be a certain tension between the literary critic as a representative reader who evaluates this work and argues his judgement, and the student of literature. They can learn from each other, but they can never coincide. One thing we can learn from the critics (or some of them) is that we should avoid explaining in an unreadable way how eminently structured or readable a given work is. This is a factual requirement, not one of principle. At a given stage of inquiry, technical language or mathematical analysis may be in order (see, e.g. *Mathematik und Dichtung*). But the literary analyst will mostly have a public that is not particularly well-versed in mathematics. It would seem advisable, from a practical point of view, to relegate mathematical and technical language as much as possible to the notes. By writing readably we will give and receive more stimuli to and from the public interested in literature.

4. Verbal art has something to do with cognition. Like all art, it has something to do with beauty. The work of verbal art has a structure. This structure necessarily has an aesthetic and a cognitive aspect. The question is how we have to consider them. Three solutions seem to present themselves.

(a) The work of verbal art, inasmuch as it is art, has an aesthetic structure which is somehow filled with words. This theory has long ago been discarded. Art is not made by pouring cognitive items into an aesthetic mould.

(b) The second solution is to view verbal art as a cognitive structure on which an aesthetic structure is somehow projected; so that the basic cognitive structure does not really need the aesthetic structure to serve its end. This can be called the package theory; like the first one we mentioned, it has been discarded long ago. We are forced therefore to accept (c) the existence of an aesthetic and a cognitive structure of the work of art so that there is no one-way dependence of one upon the other. Since we can observe instances both of an active influence exercised by the aesthetic structure on the cognitive structure (e.g. in some cases of rhyme) and of the reverse process (e.g. rhythm as against metre) we come to the conclusion that in the work of verbal art the two structures interfere each with the other.

It may perhaps seem odd to speak of the cognitive structure of a work of art because rarely, if ever, will the information it gives, when taken separately, in its logical sequence, assume of its own accord the structure that we find in the work of art. As a rule it will need more space, or else be less complete than it is in the work of art. The cognitive structure can only be what it is in the work of art because it is in a state of tension. But is not the difference between the two cognitive structures we spoke of precisely the manifestation of the aesthetic structure? Our answer would be that it is no more, and no less so, than the latter is a manifestation of the former. In fact the aesthetic structure manifests the cognitive structure as the latter makes manifest the former. That they do differ is demonstrated by many non-realised works of art. But the two structures can be analysed in fully realised works of art. To return again to Puškin's *Ja vas ljubil*, it is clear that we can analyse its informational, its cognitive structure separately. On finding that a certain piece of information is repeated we are tempted to conclude that it is redundant, and we are liable to wonder what extra information, if any, it furnishes. In inquiring further into the aesthetic structure we will find, for example, that the metrical regularity is ruffled even in the first line, that the feet do not all have equal stresses and as a result do not seem to occupy identical segments of time. In a fully realised work of art our conclusion will be that the irregularities are justified. The meter is ruffled because *this* had to be said. From a cognitive point of view we will find that this had to be said *in this way*, that any alternative construction would be more cumbersome or contain less. We will not find that the irregularities are there for their own sake, as literary signals so to speak. If we do, then we are dealing with the work of an epigone, for whom the beautiful can be equated with the unnatural. Even in literary science the notion that poetic speech is abnormal speech dies hard. This notion, which certainly had a heuristic function in its day, seems to have outlived its usefulness now. (Cf. 11).

In the fully realised work the irregularities in the cognitive structure find their rationale in the aesthetic structure, and the irregularities in the aesthetic structure are caused by the cognitive structure. We observe that the aesthetic and the cognitive structure of a work of art interfere each with the other. Each tries to impose itself upon the other. The resulting tension is not a negative phenomenon: it is essential to the work of art. Neither an aesthetic structure which has been fully realised at the expense of the cognitive structure (if such a thing is possible), nor the opposite, will result in a work of art. This can easily be demonstrated, for example, by droning out the metre of a poem or by formulating the most logical rendering of the plot of a story. The interference found in a fully realised work of art represents the most direct and economical road towards the final result. A work of verbal art is thus *a complete utterance in which an aesthetic and a cognitive structure mutually interfere.*

5. When we try to isolate either the aesthetic or the cognitive structure of a given work of art we are abstracting from the work itself. In the case of Puškin's poem, when we say that what we have is an eight-line iambic pentameter we are dealing with (aspects of) the aesthetic structure. But this statement goes for every eight-line, five-foot iambic poem. When we become more specific, the number of poems to which our statements apply will become less and less. When we say that in this poem a first person addresses a second person, male and female respectively, and that the first person compares and contrasts his feelings for the second person in different time layers, we can imagine other eight-line, five-foot iambic poems to which this would apply. Here again the number of other such poems to which our statements apply will be reduced as we become more specific.

This process of abstraction does not imply that each of the structures automatically has priority over the other. We are therefore free to begin our search at either end. There is a total structure which encompasses both the aesthetic and the cognitive structure. Neither of these is the total structure. But each of them is present everywhere in the total structure. Each structural element of that total structure functions both in the aesthetic and in the cognitive structure. No element of the work of art remains outside either of them. As long as some structural element is not touched by both structures the work is incomplete; it will either have a cognitive overload that is aesthetically unjustified or it will have extrinsic 'beauty spots' that become shiny because their cognitive function is insufficient.

This does not mean that the aesthetic and the cognitive structure are equally strongly represented in each structural element of the work. In fact, this is a situation that can only be hypothetically achieved by a total work, but may be concretely realised at certain points within a work. Two rhyming words, for example, may function equally strongly in either structure, and conversely so may a syllogism that is aesthetically especially well-placed so that it functions powerfully. The complete adequacy of the two structures is only reached on the level of the total structure. Within it, the tranquil equilibrium of fifty-fifty is seldom reached, while the outer limits of 100-0 and 0-100 are never reached.

6. A structure brings a kind of order to what can be termed matter. The matter that goes into a structure need not be amorphous, like plastic that is poured into a mould, but may have a structure of its own that will enter into the higher structure. This is particularly true of speech in relation to verbal art. Words are the basis, they are structural elements. They may also, on occasion, be the locus of a structural principle. The latter term we use to denote a force which brings a kind of order to material. A structural element will then be an amount of matter ordered by a structural principle, or by a group of principles on a lower hierarchical level.

The total structure realises itself through structural principles. At any given place in the work of art at least two such principles are functioning. Of the infinite number of human utterances only very few become verbal art, for one thing because very many utterances do not fulfil the above requirement. If we find interference at a low level this does not imply the presence of verbal art. Only the opposite is true: if we have verbal art, there is interference at all levels. This can be illustrated at an elementary level. Let us take the simple structural device of "and so", for relating a string of events. If we discontinue the use of "and so" somewhere, this is not because the device has run its course: it could go on endlessly; there is no natural end to its use. If we stop using it, this is the result of the activisation of another structural principle, for example, because the miniature 'plot' we set up has ended. The same goes for rhyme. Once we start rhyming we can go on and on. It is a structural principle other than rhyme that puts an end to the process. If we take the cognitive structural principle of the conditional or the indicative, this is not sufficient in itself, whatever richness of life it is made to operate on, for making a work of art, or even a statement. "I loved you once" is a simple indicative structure. It may occur in any number of even the most banal contexts. If it carries associations for some readers, this is because they remember a context in which other structural principles operated. We will return later to one of the points made by these illustrations, namely that some structural principles go on and on, while others conduce quickly to an end.

7. The term interference is borrowed from physics, where it designates the meeting of waves and the results thereof. The waves can either strengthen or counteract each other. The use of a word-image need not vitiate our analysis. The notion of waves, in regard to speech, is not a foreign one: we speak of a turn of phrase, of currents, etc. The term also reminds us that structural principles, like waves, have dynamics and move forward. We are 'carried on' by the 'wave' of a cognitive structure. As soon as we grasp a principle of aesthetic structure, e.g. rhyme, expectations are raised as to its continuation. Structural principles are dynamic forces.

Interference implies that every structural element of the work of art operates on two wavelengths. This is so even if ostensibly one of them is reduced to zero, or below it. But such a 'negative' presence may be much more operative, in certain cases, than an unstressed presence. An expected rhyme that fails to occur may function much more clearly than if the word rhymed in an 'ordinary' way. (Cf. Lotman's concept of *minus-priem*.)

There is one more point of contact with physics. There is no interference, in the sense in which we are using the term, without a rebound from some fixed point. If we agitate a rope we can only have interference if it is fixed at the other end. This applies to verbal art also. It moves towards an end from which the waves rebound. A most important condition for a work of art is that it have an end. It is towards this end that both the author and, in time, the reader feel their way. While writing, the author feels the end towards which he moves, but he knows that end, and thereby the form of the work, only when it is completed. Until that moment the radar of his talent receives a continuous stream of positive and negative signals on the requirements and impossibilities of the structure implied in his conception. For the reader the end is similarly important: only at the end does he know whether he has read 'right', for its rebound may be so strong that the work looks quite different from what it did even very near that end.

8. Having glanced at some broad aspects of the general structure it is time to take a closer look at the structural elements. The first distinction is that between aesthetic and cognitive structure. The total structure is the fundamental reality. The structure and the end it serves coincide. All the energy is kept in and optimally used. This total structure exists through the interference between an aesthetic and a cognitive structure which operate through structural principles. We have already seen in a number of cases that these are active ingredients, which organise matter. If this is so, then the fundamental difference between aesthetic and cognitive structure must be found on the level of structural principles. What then is the difference?

An aesthetic principle organises matter independently of cognition or cognitive content. For example, in the line: eeny, meeny, miny mo, only aesthetic, not cognitive principles are at work. It shows a number of parallelisms that move on step by step: *eeny* – M*eeny*, m*eeny-miny*, *miny* – *mo*. There is further the *ee* in the first three cases, and the *m* in the last three; there is a repetition of stressed-unstressed. This is brought to a close by a single stressed back vowel. This example shows some of the ways an aesthetic principle operates on its matter: it looks for elements that the units of its matter have in common and which may serve as a way of ordering them. In verbal art such units are the words. Another aesthetic principle is contrast which presupposes a median term which may or may not be stated. So is a rise or a descent in which the difference between each of the stages is or is felt to be similar. The two may be combined to form a circular pattern. Other mathematical figures may come to mind as a kind of shorthand for aesthetic principles. The urge to order things is very deeply ingrained in man. Complete structures which show order in interference create in him a feeling of disinterested involvement that he wants to keep alive. Aesthetic structural principles are conducive to that feeling.

The urge to know is as deeply anchored in human nature as that towards harmony. This urge can easily destroy existing harmonies, but it cannot destroy the urge to arrive at a new one. A cognitive structural principle organises matter for cognitive purposes. It organises knowledge for storage or transmission, independent of aesthetic organisation. The principles of logic and syntax belong in this category. While they have the notion of order in common with the aesthetic principles, they differ in that principles of cognitive structure create relationships of dependence. They presuppose inequality between their elements whereas aesthetic principles start from what different elements have in common.

Let us take the sentence: I hate you. We find the following cognitive principles at work: indicativeness, transitiveness, subjectiveness. The sentence can function only if more than one principle of different character are at work. Essentially the same is true even for the sentence: "All men are born equal". The relationship of each word with the word following it is different from the relationship with the word preceding it. When we take the sentence: "If John drinks he feels fine", we find the principles of condition, of name-giving, or individualisation, of subordination, of intransitiveness. In this sentence the words *feels fine* are already a disturbing element: the repeated *f* operates as an aesthetic principle and brings the two words closer than they are in the cognitive structure as such. We will therefore replace *fine* by *well* or *excellent*. This does not change the cognitive structure, but it renders the aesthetic principle that we observed inoperable. In a cognitive structure the basic elements are interchangeable for other elements of the same class.

9. A structural principle operates on matter, i.e. on things that were there before the structure was and that may remain when the structure disappears. This matter may also be subjected to different structures. A structural principle forms matter into a structural element. This means that internal cohesion of the matter within this element is stronger than its cohesion with matter outside the given element. Yet all is material for the total structure. The structure of the work of verbal art is evidently hierarchical.

The total structure of the work of art is complete. The structure is its own end. But this does not apply to the structural principles involved. They function *per se* in a whole that contains more than themselves. But it is by no means clear on what level of the hierarchy they function. If we say that the aesthetic structure of a work is the totality of the aesthetic principles, at work, and if we have succeeded in isolating aesthetic principles, this again brings up the problem of hierarchy. Does a given principle always operate at the same level?

Clearly this is not so. Not all principles operate in every work of art, and those that do are not always equally important. Not all poems rhyme, and of those in which rhyme is operative some have it as their axis while in others it is peripheral. Thus if there is a hierarchal order, the hierarchy is not fixed. A structural principle functions in a hierarchy. While the function it performs in a total structure will always be similar, the importance of this function in the whole will differ from work to work. It will still be the same principle. What identifies it are its features and its function. (See also § 23.)

10. Some structural principles have the tendency to extend their operations indefinitely. We have already observed this. Much poetry is organised by metre, rhyme, stanza. Why are there so many feet, not fewer or more? Why does the rhyme not continue? Why do we have three stanzas and not more? The whole affair could go on rhyming, metre-ing, stanza-ing indefinitely; none of the principles mentioned has 'natural' boundaries. If they do stop operating, in a given work of art, this is because other structural principles interfere. The simplest structure imaginable requires the operation of at least two structural principles, and it is clear that of these two one will be aesthetic and the other cognitive. We will see further on (§ 13) that interference always operates in this way.

All the structural principles that can go on indefinitely appear to be aesthetic ones. The reverse may be true, too, i.e. that all aesthetic structural principles tend to expand their operation, but this requires further proof. It would mean that an aesthetic principle cannot appear 'pure', that it will always have to be curbed or interfered with.

The question is important because a number at least of aesthetic principles can also operate outside verbal art, rhetorically, in a non-artistic context. A scientific article will contain ordering principles that can be called aesthetic: contrasts, comparisons, repetitions, etc. These will certainly be in interference with some cognitive principle at the point where they occur. But this is localised; it is not part of an over-all interference between the two structures. The local interference is in principle replaceable by other structures. In fact, for purposes of clarification this is often done. Such occurrences of localised interference are both subservient and replaceable. (Whether they can fulfill an aesthetic function in this capacity is another question. The concept has been used by Mukařovský, who stresses its subjective aspects. This means that it is not, or not only, structurally conditioned. We will therefore not use the concept in this paper, for the further reason that in Mukařovský's articles the concept has not, to our mind, been fully clarified.) But it is clear that, wherever an aesthetic structural principle operates, either in- or outside a work of verbal art, it requires the interference of a cognitive principle to realise itself.

The reverse is not true. Cognitive structural principles can operate without the interference of aesthetic principles. This seems to imply that, given the same material, the cognitive structure 'in interference' would be different from the 'free' cognitive structure. This conclusion seems to argue in favour of the opinion we discussed before, namely, that artistically organised speech is 'different' from ordinary speech. But for this statement to make sense it is necessary to state what is normal. Normal everyday speech offers such a variety of structures, often unfinished or elliptical, that it cannot furnish a criterion. And there are so many kinds of written speech that it would be arbitrary to select one of these as normal. On the other hand there is the extreme variety of cognitive structures in verbal art and the occurrence of aesthetic principles 'on the loose' in even unreflecting speech in the marketplace. All this makes it pointless, practically speaking, to oppose artistic and normal speech. It seems more useful to replace the opposition *normal* vs. *abnormal speech* by that between a cognitive structure in interference with an aesthetic structure and a 'free' cognitive structure.

Connected with this notion of abnormality is the urge to render 'in one's own words' what the artist had to say. As a rule the result embroiders on the thematic skeleton, but it can, in principle, serve to elucidate the cognitive structure. However, the 'own words' mostly take the matter and give it a different structure so as to render it more assimilable by the organised knowledge of the speaker. The reader's own words are therefore more relevant for his own cognitive structures and give us nothing as regards the structure to be analysed.

11. Cognitive structural principles are not restricted to logic and syntax. Paragraphs and chapters must also be reckoned with. These also have the function of structuring cognition. Chapters as a rule contain several paragraphs and the latter several sentences. But as Sterne shows us, even this is not a fixed rule. There are still other types of cognitive structure. An average reader will soon realise that he has before him e.g. a philosophical text, or an ideological one, even if the matter they are dealing with is almost identical. The philosophical text will be marked by a dearth of images and a large number of abstract nouns; the present will be the most important tense, the indicative and the conditional the most important modes, verbs of stating and copula will be prominent; there will be a fair number of subordinate clauses. A paragraph or other subdivision will often contain a statement plus supporting argument, in this or in reverse order.

An ideological text is more exhortative and imperative than indicative; if the latter, then more future than present. The verbs are often verbs of action. The argumentation often takes the form of rhetorical questions. Qualifying adjectives are fairly common. The order of sentences is teleological. The incidence of abstract nouns is also fairly high here. Exclamations and second person plural constructions are numerous.

Such structures are recognisable after a restricted number of sentences. The same goes for a certain manner of telling a story. The beginning: "once upon a time", especially in combination with the epic past tense *(epische Präteritum)*, is a clear indication. Such structures create expectations in the reader as to what will follow. This does not mean that such sentences would not be replaceable by others of the same type. But a few of those sentences, or sometimes even one, used in a non-philosophical or non-ideological text will remind the reader of such texts. An abstract general statement at the beginning of a work may be sufficient to create a 'philosophical' impression. Thus the first sentence of Anna Karenina, or Tjutčev's *Priroda – sfinks*. Expectations are raised as to the way these statements will be elaborated. In these cases they are not given. Tolstoj continues with a new paragraph: "Everything was upset in the Oblonskijs' house". The change of tone, the opposition between abstract and concrete, create a particular kind of tension. Tjutčev maintains the abstract tone, but no elaboration follows. What follows is a rounded-off general statement, modulated by: *možet stat'sja*, which takes away the rigidity of the general statement. Both with Tolstoj and with Tjutčev the general statement at the beginning is clearly a structural element.

Tjutčev also furnishes us with examples of ideological poems, e.g. *Naprasnyj trud, – net, ix ne vrazumiš'*. The elliptical sentence of the beginning, the high incidence of abstractions (*liberal'nej, civilizacija, fetiš, ideja, prosveščen*), the verbs of action (*vrazumit', gnites', sniskat'*) – all these are structural elements of ideological speech.

It is clear that all such structural elements will have 'their' aesthetic principle, or principles, with which they are in interference. Sometimes they are easy to find, as was the contrast in Tolstoj; in other cases this may be more difficult. The interference need not necessarily be on the same level. Apart from the very real difficulty of isolating levels and their respective elevations, it is not unthinkable that one 'big' structural element interferes with more than one smaller element. In so doing it gives the latter a kind of unity.

12. If ideology and philosophy impose a specific structure on 'their' matter, it is natural to suppose that the same goes for every organised field of knowledge. In fact each science can be supposed to have its own

organisation of knowledge and its own principle of organisation. But one would be hard put to indicate specifically medical, linguistic, mathematical, etc. principles of cognitive structure. When the organisation of knowledge has reached the state of a science, this means that it can be organised in a scientific way. In principles of cognitive structure the sciences have very much in common and these principles are essentially the same as those of philosophy. There are no different structural principles involved in refuting a medical argument than in refuting a philosophical statement.

Are there no other general cognitive structures than these? We have had philosophy, ideology, and perhaps storytelling, if we are ready to accept that there is storytelling in non-artistic texts, e.g. in works of history. This seems little. But there are, after all, not very many fundamental attitudes to and structures of cognition. A few more can nevertheless be distinguished which impose, in varying degree, their own structure on their matter. There is the prophetic one. It has a first person speaker, short main clauses with verbs of saying, and longer subordinate clauses with verbs of happening in the future tense of which the addressees will be the logical object. There is the confession, characterised by the first person singular as subject of verbs of doing in the active voice of the past tense combined with negative qualifying statements in the present tense. It should be noted that these are open cognitive structures, i.e. with replaceable elements, and not structures of definite works.

The survey of principles of cognitive structure that we have given does not pretend to be complete. For verbal art this is well-nigh impossible. Precisely because there is interference, cognitive functions may be attributed to elements that do not have them in non-artistic texts. The minimum requirement is that a relationship between two items of knowledge be given. A word in isolation will not do this as a rule, but the written form of a cognitive structure may be one word. Thus the word "run!" creates a relationship between two persons, one of whom exhorts the other to undertake a certain action.

The most elementary structural principles will have the widest function. The structure "I am walking" shows a particular act in progress from the point of view of the person undertaking it. It allows of very many combinations. It may be part of the paradigm "I am walking", "you are walking", etc., it may be the first sentence of a lively story in the historic present, it may be followed by "said he", etc., etc. As the structural elements become more complex, their functions will be more circumscribed. The possible functions of, say, ideological structures. can be listed. But the interference in a work of art may extend these functions, or seem to do so. An ideological structure, e.g. a speech by a character in a story, may be deflated by one ironical auctorial sentence at the end. This does not, however, destroy the ideological structure. The contrast may structure our cognition differently, but this is another matter.

13. Ideally a cognitive structure is the most direct and economical road towards what we want to know about the matter on which it operates. While it remains true that a cognitive structure remains open, so that we can, for example, replace a word by an explanatory sentence, there will still be an optimal form for the cognitive item in question. Everyone has had experience of long-winded structures that only succeed in hampering cognition. We are always happy to find instead the apt phrase or the economical expression. This means that we have objective criteria for judging cognitive structures. If the relationships between bits of knowledge that the given structure creates can be given in a quicker, more economical way, then the substitute structure is better.

In a scientific article the beginning is a question, implicit or explicit, and the article constitutes the answer. In a work of art we do not know so clearly where we are heading. Nevertheless in it devices are used that make us read on beyond the sentence we have before our eyes. The writer makes us feel that there is something to come; he keeps us in suspense. His justification for doing so is in the end to which he brings us and thereby in the work as a whole.

We have seen before that those structural elements that could go on and on were aesthetic principles. They had to be interfered with in order to work. Now if the cognitive structure as such is the most direct road to what we want to know it cannot go on indefinitely, and it seems right to conclude that those principles we found that could not do that are of a cognitive nature (with the possible exception of those of time). If this is so, then interference could assume the form of going on and on rectilinearly as against heading towards a target. And this is not an unfair description of the process of interference in the piece of rope fixed at one end.

It can be objected that cognition has gone on since the world began and will continue doing so until the end of the world; we are all ugly ducklings who want to know. This is true, but it also true that the process always goes in steps, from question to answer that raises new questions. And these new questions are not the result of the inertia of the cognitive structure. This structure has to be activated every time anew by a new question. So the natural tendency of the cognitive structure is to reach its end as quickly as possible. New questions are then needed in order to go on.

In an artistic work, which is not subject to a larger whole, the knowable situation has to be created first. The beginning of the work is therefore, like the end, of the utmost importance. It has to contain in itself the final question (question in the sense that all dynamism can be reduced to a question, if only "what happens next"). Between beginning and end the general cognitive structure will have to be kept open by an interplay of questions and answers that do not directly concern the initial question and final answer. Now it is clear that this keeping open is the role of the aesthetic structural elements.

Through interference, then, the aesthetic structure 'absorbs' or 'holds' a cognitive structure (which it needs to realise itself). Interference always implies: not without the other. This is a general rule. Even if at a given point in a work several structural principles are operating, aesthetic structural principles never interfere between them directly; interference with a cognitive principle is always necessary. There is no direct interference between, say, rhyme and metre; a cognitive element is always implied. In the finished work of verbal art the interference is maximal; the structural elements are optimally related to each other and not to an end outside the work. This implies that the fully realised work of art can 'absorb' much more cognition than a simple, non-interfering structure of the same circumference (e.g. the same number of words). Compared with the simple cognitive structure of the same extension, the artistic structure can carry an extra load of cognition. (This cognition, however, has an independent structure; it cannot, for example, be taken over directly into a philosophical structure.)

14. The interference of structural principles creates dynamism or, from the reader's point of view, certain expectations. It is a tension that propels the work onward and takes the reader along. The reader's expectations may be more or less marked; they are never absent, or else the reader stops reading. His expectation can be either confirmed or disappointed. The first resolves tension, the latter creates or augments it because it necessitates a new orientation towards what follows and also, on occasion, towards what has preceded. In every work of art expected continuations alternate with unexpected ones. The latter will have to be motivated in and through the work itself. Unexpectedness is not in

itself a virtue. We have to be convinced that the unexpected continuation was necessary – was, in fact, the only possible one.

At any given point in the work of art the number of possible continuations is restricted. Not every structural principle matches every other one. Usually we cannot predict what structural element will follow, but we can think of a few that will not. A first reader of Hamlet's monologue will not expect, after the line "the slings and arrows of outrageous fortune" the words "or to go fishing for cod in the North Sea". This would rend the tissue and no amount of motivation could put it right. In general, the more abrupt the change is, the stronger the motivation will have to be.

On the other hand, not all possible combinations of structural elements appear in every period. If one was to list all the possible combinations that have had currency through the ages, or even during the last two centuries, and which are consequently available to the artists of a given period, it would appear that the number used in that period is far less than the grand total. This is only natural. Quite a number of those combinations acquire an extra signal function: they refer us to specific realisations. Using such a combination now would bring those realisations back to mind, i.e. the signalling function would dominate the 'natural' function of that combination. Thus a hexameter will make us think of the classics or the classicists – until a future poet justifies the use of it in his own way. The signal functions can be particularly strong in those combinations which have been prominent in a preceding current or generation; they can be taboo for that very reason. In its turn the new current gradually develops a predilection for certain combinations that acquire a strong, and this time positive, signalling function. It appears that in their selection of structural principles authors belonging to the same period have more in common than can be explained by accident.

In fact, with the passage of time the way selection is made hardens into a method. The expressive possibilities of given combinations become clearer and are more fully exploited. Finally everything is predictable, we discern a system of selection. The term 'system' is sometimes used as a synonym of structure. It would seem advisable, in view of the notion of predictability inherent in the term 'system', to reserve this term for currents, or movements, that have run their course. We can speak of the 'system' of, say, romanticism, *ex post facto*, when it has in fact become one. As soon as a system is realised, it has outlived itself and can no longer be an active organising force.

There is perhaps nothing against calling such a system a structure. But whatever name we give it, it is important to note that the work of verbal art, while having a fully realised structure of its own, at the same time constitutes a stage in the realisation of a structure, or system in which it originated.

15. One aspect of interference is that the aesthetic structure tries to reduce the cognitive structure to matter, and vice versa. Both structures have a resilience which makes this effort unsuccessful. In a realised work of art neither structure is reduced to zero.

We have said, however, that both structures operate on matter. The matter of verbal art is speech, language, words. If the structure of a work of verbal art could decay, that is what it would be reduced to. What would remain is a jumble of lexical and grammatical items.

The term matter is also used for bits of meaning; thus one speaks of thematic matter that can be handled differently by different writers. 'One's own words' would seem to give a different, usually rather elementary structure to the same matter as served the work of art under discussion.

There is a further reason for the vagueness of the term: if the work of art is completely realised, if each element is incorporated both in the aesthetic and in the cognitive structure, what can still be called matter? It is completely structured. The problem is aggravated by the fact that the words separately are not simple data. It takes a considerable effort of thought to think of a word separately, to isolate its meaning from related notions. Cognition is not contemplating isolated things but it is the creating and verifying of relationships. (What we contemplate are certain aesthetic structures.) As cognition, the relationships created within the work of art remain within it, artistic cognition is not verifiable.

For the fully realised work of art, then, the notion of matter presents some difficulties. Just as in physics mass and energy at a given point become indistinguishable, so matter and structure in the work of art can no longer be distinguished. The point of view could be defended that in regard to the fully realised work of art the notion of matter is an abstraction. In the artist's initial impulse both the aesthetic and the cognitive structures are inherent and inseparable. So they are in a number of impulses during the writing. But in between these states of grace the author is certainly ordering matter. The not-fully-realised work of art testifies to this. To the extent that it is not structured, and only to this extent, is it matter.

16. Is everything there is to know in the work of art discoverable in the two structures and their interference? Do not emotions have their structure, too? Can they not be transmitted by their own visual, emotive and motoric features? There are ways of expressing emotions, but not of expressing their structure. The expression of emotions in direct personal contact takes a wide variety of forms, but one cannot say that emotions have their own expression, their own structure in the work of art. We do have the exclamation mark. But it can be used for a wide variety of emotions. And emotions are often rendered precisely by indicating the impossibility of direct expression: "words failed him", "he could not speak for emotion", "his hate left him speechless", etc. Thus there is no separate 'emotional structure'.

There is no fixed relationship between the cognitive structure and the object of cognition. The notion that there is, is created by the fully realised work of art. Such a work has found the only possible way of expression; any structural principle other than those used seems inappropriate. Therefore one is apt to conclude that such a relationship does exist. When we speak of a philosophical or an ideological structure this again seems to indicate a fixed connection between the structure and the object of cognition. Yet this notion has to be rejected. The same object can be considered from many different viewpoints. Any given characteristic of a human being can be considered from psychological, physiological, philosophical, or other points of view. In its negative form the statement is nearer being true. It seems impossible to attach certain cognitive structures to certain classes of objects. Thus if we want to speak of the philosophy of the nail, there will be quite some explanation to do; we will probably have to make it into an essay.

All this means that through a cognitive structure we grasp not only the object of cognition, but also one approach to it out of more than one possible approaches. By approach we mean the ordering into larger wholes of knowledge: science, ideology, a view of life. Different approaches to the same object will present different structures. This is simply another way of saying that cognition creates relationships that are dependent on the point of view adopted.

The cognitive structure of the work of verbal art is independent of a larger cognitive whole. It cannot be subsumed under a larger category such as science as, for example, the scientific article can. It therefore has to supply its own *raison d'être*. What it does is supply knowledge about life. In the work or art this knowledge and its structure are complete. That this is possible is due to the interference with the aesthetic structure.

17. What an element of cognitive structure does is bring together a certain amount of knowledge and relate this as such to the rest of the work. It takes its place in the dynamics of the work. For the reader this element functions to some extent as an item of knowledge that as such has to be related to other items. From the item in question references are made forward and backward.

There is a certain tension between the internal organisation of a structural element and its outward ties. If we look at such an element in isolation, a number of possibilities for rounding it off may be observed, only few of which are used in the work from which we took it. The more complex the structural element is, the fewer the number of possible ties that bind it to a larger whole. The limit is reached in the work of art, where all valencies have been taken up. It is only the work of art as a whole that can enter into relationships with other structures. We borrow the term valency from chemistry and use it to indicate what connections a given structural element can enter into. Thus a word can be said to have its syntactical valencies and, in addition, a number of others that might be called associative. The latter may even crowd out normal syntactical valencies or change syntactical functions. "Nevermore" in Poe's "The Raven" may illustrate the point. The notion of valencies can never in its literary application attain the degree of exactitude that it has in chemistry, for one thing because the number of elements to which it can apply is so large, for another because of the character of the ties. But it can be useful as an indication of the availability of ties with other elements.

Special problems arise here in connection with elements that are strongly reminiscent of larger wholes, e.g. philosophy, and with ideas that exert a formative influence on a character's life. As such, an idea is less 'pure' than in philosophy, but may thereby have stronger organising abilities. This may cause considerable tensions within the work of art. The author has to use that idea, but may succumb to it. In order to use it in an artistic context the author must have some affinity with it. If he does not, the danger we are discussing disappears, but then another arises. Because of its strong organising ability, an idea that is no more than reported strongly stresses the reporting character of the context in which it is used, and the difficulty of incorporating that may be considerable. Without an affinity with the idea the author will be unable to discover, and let his readers know, what an idea can do to a character. The stronger his affinity with it the better he will be able to do this, – up to a point. Beyond that point the idea handles him; it takes over the organising role and the result will be a *roman à thèse*, or a tract. The idea, by itself an organiser of cognitive material, will then have taken over as artistic organiser.

An idea can also appear in an artistic context in a philosophically purified form. The dangers mentioned are smaller in that case. Its context is more clearly philosophical and its organising ability correspondingly less. The author can have his characters discuss it, but it remains largely an object of discussion and the number of its valencies is restricted. A 'non-purified idea' has more valencies. It can be activated philosophically, psychologically, etc. It is also possible that an idea is first presented in a philosophical manner and reveals its valencies only gradually in the course of the work. Thus both Raskol'nikov and Ivan Karamazov first present their ideas in an abstract form, publishing articles on it, and only later does the full implication become clear. (Cf. Baxtin.)

18. If a fully integrated work of verbal art is an independent structure, how can it have meaning? Of course it can be considered as an object and be brought into contact with other objects and thus render meaning, but what we have in mind here is meaning by itself. A first answer has already been given: through the words. They have meaning inside and outside the work of art. A rose is a rose is a rose. The same goes for many sentences in verbal art: they could quite well appear in a non-artistic context. This becomes more difficult as we move to larger units, and it becomes impossible even before we reach the end of the work of art.

But since the word's context in a work of art is independent, it is more important than in a non-artistic, and thereby somehow dependent text. The meaning of the word can be found in the dictionary, but the interference of the structures does not stop at the word boundary: *at tu, Tite Tati, tantum tyrannum tulisti?, čuždyj čaram černyj čeln,* Xlebnikov's *Smexači*. The word's semantic spectrum is organised along the lines of the interference. In poetry its sound may become a valency that weakens other, more prominent valencies.

The main carrier of meaning is the cognitive structure. That is where we look for it inside and outside art. But in art the interference curbs the straight lines of meaning, and refers us backward and forward. Backward with a rhyming word, forward with the expectation of another rhyme. We arrive at a different point from that which a purely cognitive structure would have brought us to. This is clear also in Puškin's *ja vas ljubil*, where each repetition of these words adds a new component to their meaning. At any given point of a work of art, if interference was to stop, the cognitive structure would go on to a different ending from what we have. The direction of the meaning at a given point can be presented as a tangent to a curve. In fact, we all of us have memories of 'going off at a tangent' while reading a work of verbal art. In so doing the reader moves outside the work, but these are not usually his worst moments.

Thus interference furnishes extra meanings. Or must we say: different meanings? Can we be sure that it does not cut off possible valuable meanings? We can, for one thing because the expectation of what is to come is a factor in the composition: interference is not the cutting off of loose ends, but a state of tension. It is plausible to attribute the extra meaning to the aesthetic structure, saying for example that rhyme adds meaning to a poetical context. But the statement is not quite exact, because it is the total structure that makes the extra meaning possible.

This brings us back to dynamism. It is only at the end of the work that we know both the total and the extra meanings. The *Wendepunktnovelle* is only a more striking illustration of this fact. We have already noted the paradoxical fact that the end is essential for the work of art. An initial readiness on the part of the reader may be counted on. But once he is captured he has to be carried along. The dynamism that does so is the most important aspect of interference. There is interference at each point, but up to the end there is always energy left to activate the next interference and counteract the inertia of the structural elements. Only at the end do we find that everything has its own place.

But if the end only makes the interference possible, and if there is interference everywhere in the work of art, this means that both the aesthetic and the cognitive structures are there in the beginning, that the connection between the two is made in the conception of the work. The conception of a work of art can be described as a meeting of an aesthetic and a cognitive moment. The work of art is the articulation of the possibilities inherent in it.

Dynamism and interference mean that structural elements are in each other's way. Starting from different premises Tynjanov has come to similar conclusions, in particular with regard to poetry. He speaks of the "crowdedness of the poetic line" (*tesnota stixotvornogo rjada*) and sees in it the difference between prose and poetry. He also speaks of the dynamisation of verbal matter. We wonder whether the difference is in reality so fundamental as the formalists and their most prominent representatives think. Some developments in poetry, e.g. the ready-mades, give reason for this doubt. There is interference both in prose and in poetry. It is just possible that there is a different ratio of aesthetic to cognitive structure, but that the transition between the two is gradual.[1]

19. So, apart from how a work of art conveys its meaning, there is also the question of what it means. This question itself has two meanings: the first is answered by the most general form of the cognitive content of the work, its theme. But the more detailed the rendering of the theme becomes the less consensus there will be, for one thing because the work of art has no ready frame of reference. This brings us to the question's second meaning: what does it mean to us? This question is of course unanswerable in general because the answer depends on our structure also. The more important a work of art is, the more difficult it will be to arrive at consensus about its meaning, even within a generation. But there will be a field of approximations on which there will be agreement. Every reader may 'go off at a tangent' at a different point, but there is considerable unanimity on salient points. 'Going off' is part of our apperception of the work. In so doing we follow one of its many suggestions, and reflecting on it we can clarify both the work and our own position. We might even say that a work from which we never 'go off', that nowhere sets us thinking, has no meaning for us. Each work of art has its own atmosphere, the space around it is full of possibilities for a free continuation of thoughts and strands of meaning that are tied into the work. Each reader chooses those that suit him. The knowledge we derive from a work may therefore be different from or more than that which is organised in its structure. We never know how or when or if we will be 'hooked' by a work of art, even on rereading. We ourselves are a-structuring all the time.

The fully realised structure presents itself, under this aspect, as the centre of a wide range of alternatives. If we activate one of these, part of the given structure becomes, in a way, material for our own structure. But also, in a way, we activate, or rather bring to a close, one of the

---

[1] Is not the projection of one axis upon the other of which Jakobson speaks in "The Poetry of Grammar and the Grammar of Poetry" essentially the same as interference? Does it not apply to prose also? If not, what makes prose artistic? For the formalists, disautomatisation was important in this respect. It is true that in the fully realised work of art a number of words are disautomatised. But if all of them were, the work would be unreadable. The rebound from the end, the interference, sets a number of words aquiver which results in extra meanings. But if this were the case for every word or structural element, the work would lack inner continuity and there would be no background against which the disautomatised words could function.

possible structures, or structural elements. This is connected with the fact that the total structure not only 'strives' towards its end, but also 'keeps open' other possible endings. The tendency towards rounding off is active everywhere, but it is felt in some places more strongly than in others. In addition to the end-directed dynamism there is also a tendency, not so much of retardation – although it can express itself in this way – as of encompassing. This is one more aspect of interference, or one of its possible formulations.

20. The term theme is used both with respect to matter (subject *matter*) and to structure. It answers the question of what the work is about. The answers will differ, depending on whether we have in mind the material rather than the structure or the other way round. Such answers can be: (a) it is about everything that makes us go off at a tangent; (b) it is the thought or feeling that keeps the work together. For this very reason the formulation can only be approximative (cf. Tolstoj's famous letter to Straxov on *Anna Karenina*, April 1876); (c) it is the combination of motifs.

Theme can at best be expressed only approximatively. A rendering of a cognitive structure in interference can never be given adequately by a free cognitive structure. This is of the essence of the work of art. It is also amply demonstrated by the most fully realised works of art. It is very hard to state finally and irrevocably what is the theme of *Anna Karenina*, of *Crime and Punishment*, of *Gargantua et Pantagruel*, etc. In these works the truth is to itself; there is no decisive frame of reference outside the work.

21. In the realised work of art the cognitive and the aesthetic structures realise each other. They are completed at the same time. Yet in some works we are made to feel that one of them is left open although we realise that the work is finished. Endings like: *cetera desunt*, a poem called A Fragment, a work called A Sketch, etc., bring such an effect about. Such endings or structures show that a work can be rounded off by playing on the hiatus between the two structures. A variant of this situation is that in which a hiatus is built up towards the end and then filled in with an implosive effect. Such effects are relatively rare because they are difficult to handle. The reverse takes place, for example, when a poem starts with the word "and", or, to a lesser extent, at the beginning of *Moby Dick*. A slice is taken from a larger whole, as it were, of which the structure is only a part or a reflection. (A terminal case is

the ready-made. Such a poem creates a situation in which our apperception of it as a cognitive structure is made to interfere with the suggestions of aesthetic structure the object carries. It becomes a task that can be fulfilled in different ways and thus approaches the paradigm: not the centre of a wide scale of alternatives, but an alternative.)

All these cases are examples of handling expectations and as such should be motivated; they raise questions that have to be answered implicitly or explicitly. The answers can be kept in suspense for some time, but they have to come. (If they don't, it means our question coincides with the theme.) We have the tendency to look for motivation on the same plane as that on which the expectation was raised. The term *plane* needs clarification. It suggests, at first sight, that the work of verbal art consists of planes, or layers. This is of course not so: the planes of which we speak are analytical entities. As such we need them. The structural element has the tendency to extend its field of action or, alternatively, to hasten towards its end. As long as this happens, we are on the same plane. Remaining in it requires no motivation, departing from it does. Such departures are the rule; there is no interference without them. In our analysis we can, of course, follow one and the same plane, e.g. that of direct speech. It will as a rule be interrupted and occur again later on. Both its beginning and its discontinuation will have to be motivated. Direct speech may have interrupted essential actions, in regard to which it serves as retardation while at the same time it explains some of the action so that that can be continued. We may even find that the plane of direct speech is never left, e.g. in *skaz*, or in *drama*. If this is so we have a structural element that is fundamental to the work in question.

The motivation for discontinuing a certain plane is to be found outside this plane. For without that the work would continue, by inertia, on the plane we are analysing. Thus a discontinuation of a given metre must have causes outside this metre. This does not make an analysis by planes less valuable. It is necessary for analysing the working of separate structural principles. This applies when by plane we mean the working of one structural principle, e.g. the plane of rhyme, and also when we designate by this term two or more structural principles that are interrelated and thus arguably form a substructure. But in each of these cases we cut a slice out of the total structure that may or may not reveal the anatomy. The outcome of an analysis by plane will have to be convincingly related to the structure as a whole.

22. Each work of art is a total structure. In each work there will be a different ranking of principles; each will have its own hierarchy. This differs between poetry and prose, in prose between *Brat'ja Karamazovy* and *Zapiski oxotnika*, and within the latter between *Burmistr* and *Xor' i Kalinyč*.

Yet it is clear that there are common elements shared by the different *zapiski oxotnika* as opposed to Turgenev novels, by these as opposed to Dostoevskij's novels, between prose works as opposed to poetry, and so on. In such works the common element is a fixed structural relationship between a certain number of structural principles. A genre is not followed but activated. Thus both the 'novel in verse' *Evgenij Onegin* and Joyce's *Ulysses* are novels, and both create tensions with the genre of the novel itself. New realisations may lead to new reflexions on the genre. The modern novel in France is a case in point. We have the 'anti-novel' and, for over a hundred years, the anti-hero.

It is the conception that 'selects' the appropriate genre, but a certain rebound is possible. Starting a novel a writer may end up with a short story, or the other way round. Realising the conception is to go through an exploration of its structural possibilities.

23. In prose the ratio of cognitive to aesthetic principles is high, in poetry it is low. In prose one aesthetic element 'covers' a number of cognitive elements. It means that cognitive tension, mostly dynamism, is high. Sometimes the aesthetic principles seem to hide and to serve only to let the story tell itself. Even while strongly interfering the aesthetic structure may be very inconspicuous. (The question arises whether it is only a matter of ratio or whether there are also different principles coming into play. This question should be studied in detail, but it would seem that ratio is of prime importance. Differences observed may be a matter of a different degree of abstraction. Thus retardation may be realised in rhythm in poetry while in prose it may take the form of description.) In poetry each cognitive structural element will be stretched to cover many aesthetic elements. Cognitive dynamism will consequently be low.

But what about narrative poems and poems in prose? It must be assumed that the proportion will be somewhat different from both poetry and prose. It is clear that the proportion has something to do with the genre of a work. Given a high degree of formalisation it would perhaps be possible to give a percentage range for each genre. (The practical usefulness of such a procedure, however, is questionable.) But it does not seem impossible to construct a scale of works by one author in which one proportion would increase and the other decrease. The practical use of this could, for example, be sought chiefly in the verification of intuitive judgements. If we take four works by Puškin: *Evgenij Onegin, Kapitanskaja dočka, Grobovščik, Ja vas ljubil*, they would have to be listed as follows: *Ja vas ljubil, Evgenij Onegin, Grobovščik, Kapitanskaja dočka*. In *Ja vas ljubil* the structural element *vas* gives the cognitive elements: second person and direct object (as it would anywhere, depending on a transitive verb), it enters into the aesthetic elements of repetition, sound association (*ja vas*, elsewhere it has always an *a* preceding it) and contrast (*daj vam*, still two *a*'s, but *vam* for *vas*, and a verbal form instead of a pronoun). It functions rhythmically (different in *ja vas*, from *pečalit' vas*, from *vas bol'še*), etc. Similar things can be said for *ljubil*, where structural principles are at work inside the word. The semantic element *ljub* is made to function by the principles: verb and past tense, and by those of noun and subject. The repetition of *ljub* with different endings is the result of an aesthetic principle; so is the repetition of *ljubil* as a whole. One step further we take *ja vas ljubil* as a whole. It is the object of repetition, and its internal sound organisation connects it with *ona vas bol'še*. And soon this is of course no more than an example; like the series as a whole it is lacking in the exactitude which can only be acquired through studies of detail. It is important to note that complex cognitive structures, like *ja vas ljubil*, can as such be subject to aesthetic principles. The refrain is an even clearer example of that. The opposite can also take place, e.g. *God rijmt op lot en thuis is 't ook niet alles* (Greshoff) and *le rhyme, ce bijou d'un sou*.

It is clear that in *Evgenij Onegin* the cognitive structure is much stronger. It has to accommodate a story. Cognitive dynamics is much higher. Compared with *Ja vas ljubil* there is an increase of cognitive structure rather than a decrease in the aesthetic structure. One will not find in *Evgenij Onegin* the tight web of repetition and contrast of the short poem; on the other hand the aesthetic structure of the Onegin stanza is a marvel. Its sway is broken by two lyrical passages and also by a number of empty stanzas. The same is done in a few instances with rhyme. Thus both the stanza and the rhyme are used *and* 'revealed', we are made to look through them and thereby they are made to function as a cognitive element also.

In *Grobovščik* rhyme and meter are absent, and also, therefore, the line as an aesthetic structure. The sentences are 'unfettered'; they have no possibility of interfering with the line, so the sentence has to rely on cognitive structure only. Here the cognitive structure itself is made to function as an aesthetic principle, as it were. What appears as one line of cognition is made out to be a triptych, with the dream sequence in the middle.

Such elements are absent from *Kapitanskaja dočka*; the cognitive structure is even more prominent here, and the primary task of the aesthetic structure seems to be to keep open the cognitive structure. There is more to it, of course, than that, like the 'double' ending, i.e. the meeting with the empress. Formally this can be compared to the ending with two rhyming lines that we find in Shakespeare.

Let us stress once again that we are not doing anything more here than providing a rough illustration of the fact that the ratio of aesthetic to cognitive principles is important for the organisation of a work, i.e. for its genre and for the divisions of tension within it.

24. Hierarchy is a fact of the completed work of art. While writing the artist is often only vaguely conscious of it and only partly knows its implications.

The full realisation of a work of art is a stage in the realisation of the wider hierarchy that takes place over a long period of time. The second process of realisation is, of course, less detailed. It involves the fixed structural relationship of the decisive structural principles, those conditioning the distribution of the others. As stated, the full structure can only be isolated *ex post facto*. Also *ex post facto* it will appear that it is connected with a recognisable way of looking at the world. Thus in romanticism the *poema* occupies an important place (Puškin, Byron). It takes its place in a world view in which the *ego* is decisive, in tension with the world around it, but essentially at home in this world, and lacking the possibility of admitting more than one autonomous point of view. Further analysis would perhaps show that the *poema* is an epos stripped down to its essentials, showing only the main points of the hero's life or action, and that it consequently has strong dynamism and a tendency to exotic thematics. As a result of the point of view adopted there is little scope for depicting character.

(The word hierarchy in the above paragraph can often be replaced by structure. One implies the other, although there are structures like simple strings that are not clarified by the term hierarchy.)

Reasoning somewhat along the same lines we can try to locate the individual *poema* in the genre *poema*, the genre *poema* in romanticism, romanticism in literature, and finally in culture. Finally it takes its place in our organisation of the universe.

25. At the end of a movement, when everything is predictable, new structural elements, or a combination of old elements, come to the fore. At first they give the impression of being only life, only raw, because they have no accepted form. It is as if life were translated directly into literature, at least for those who are on the wavelength of the new form. One is tempted to speak of vitality as a literary category, as the unexpected breakthrough through accepted forms. But what makes such a 'raw' work convincing is not the lack of accepted form, but the fact that it has one of its own. The new, in such a work, is verified: it suggests a multitude of possibilities for rendering life. In respect of the old forms energy is released in the break-up that is gradually seen to be harnessed in new forms.

When a structure has degenerated into a system, is it broken up by a new cognitive or by a new aesthetic structure or structural element? Has everything been said, or has the possibility of saying things in this general way been exhausted? Was Šklovskij right when he stated that "a new form does not arise in order to express a new content, but to replace an old form that has exhausted its artistic possibilities"? (It is a simplification to equate the form-content opposition to aesthetic-cognitive structure, but in this context this does not, we feel, falsify his position.) Or is it a new way of thinking that breaks up the old forms? Striking slogan as it was, Šklovskij's statement has as yet hardly made any inroads on the traditional belief that the cognitive structure is decisive in the transition from one literary movement to another. Overinsistence on world view as an organising factor in literature is apt to strengthen this traditional view. Šklovskij, incidentally, was more concerned with the coming of a new movement than with the decay of an old one.

While it may be possible to show that in a given instance one of the two has been the stronger, by and large both explanations are viable.

When a movement runs out, interference comes to a stop, the structure becomes a fixed form and tension disappears. When such a situation manifests itself we have a period in which 'everybody can write well'. Or rather, as Mandel'štam said, we find that there are a variety of ways to write badly. People are copying the prestructured lines, without tension. As we are concerned here with structures that realise themselves historically, and as we will come up, in our inquiries, against works for which we lack the direct, contemporary 'feel', the question arises whether there is a way of measuring tension, other than intuitively, as a reader?

An absolute manometer of literary tension will be long in coming. Does the individual structure tell us all? Is it not probable that we, honest analysts, groping our way in an unknown literature, will be fooled, regarding as original a work that has in fact been 'done after the fashion of'? It is certainly not unlikely. But it becomes less probable the more we read around in that literature. As we compare more and more works, we will not fail to discern the original souls from the truthful copyists, and we shall be able to determine the predictabilities. If there is a (negative) measure for tension it is predictability.

The picture is complicated, in practice, by the fact that even when the movement is at its strongest this copying is also going on. Many artists start this way. Even the great ones in their early development show patches of predictability. On the other hand, by following their career we are enabled to follow a stretch of the movement. Even during the process of the movement, structure outlines emerge that are copied or filled out. This is a kind of literature made to order, the order of a generalised reader, and it includes pulp literature. Such writing is always to be found on the fringes of any literature that has a large readership. The copied form serves as a literary signal and plays on the prestige literature has. Technically it is literature in the sense that it can only be analysed as literature, but its social function is much stronger than that of 'real' literature, in which the two structures strongly interfere.

On the fringes of literature there are also the remains of older currents. They are over the horizon and what remains is their signal function: this is literature, or rather, this has been literature. It might perhaps be possible to defend the claim that at any given time all literary currents are being followed, even if for some of them we have to look in local newspapers representing the smallest outposts in the country. The phylogenetic argument plays a minor role here, but is not entirely absent. Perhaps each of us does go, for example, through a sentimental period in which he is ready for sentimentalist works. At all events, if we consider 'literature' as a structure, then all the earlier -isms have the function of alternatives, with which any contemporary trend is confronted from time to time and by which its strength is tested. The literature that is 'out' does not decay into structural principles and material, but remains incorporated in works that acquire contemporary status insofar as they are read from choice, and not by compulsion.

26. The hierarchy dominant at a given time is sometimes called the style of the time. We will now take a look at this somewhat vague notion.

However one defines it, it is clear that style concerns the *how* of the work rather than the *what*. In a work of art the two cannot be separated, but they can be distinguished. Its style is the how of its what, the way of saying what is being said. If this statement is to make sense it must be possible to express one and the same thought – to restrict ourselves to this – in more than one way. But it can be maintained with some justification that a thought, expressed differently, is a different thought. This cannot be denied, but if it were absolutely true it would be impossible to clarify a thought once it had been expressed. However, in practice we do this every day, formulating our thought in different ways until it is finally understood. The final form may be far too long; in which case we can continue the process and reduce the formulation until our thought has found its 'own' form, i.e. a form each variant of which tells us less than the chosen one or needs more words to do it. The form chosen in that case is the most adequate expression of the thought taken in isolation, free from a context. It will also have the simplest syntactical construction of all possible variants. In a clearly formulated thought the subject will precede the predicate, a short adjectival adjunct will precede the subject, an adjective clause will usually follow it, and so on. Departures from this norm (of the indicative mode) in a given context must be motivated. These departures are features of style in its widest sense. Some of these may be the necessary result of preceding choices, thus a given inversion may follow from the preceding sentence, or directly the result of choice, e.g. between "we are, therefore", and "therefore we are". The reconstruction of the simplest possible form of the separate sentence can be the point of departure for a stylistic inquiry.

In theory the same applies to everyday speech. There is an infinite variety of choice, even if we are conscious of this only to a limited extent. An expression we use more or less accidentally may please us more than others and we keep it. Other expressions begin to be discarded. Gradually we make our own grooves in the record, we get set and recognisable in our daily speech. It is a question both of inertia and of economy. We organise daily speech only partially – enough, in general, to be understood, to serve the purpose for which we speak, but not more. Our everyday speech abounds in unfinished and elliptical sentences that overlap and undercut each other. Through this incomplete organisation we 'give away' more of ourselves than we realise. We are thereby more subjected to the structural principles we set in motion and less their selecting subject and thus may hit on turns of phrase that sink in. The fact that the choices are less reflected upon does not make them less personal. But because of the ephemeral character of what we say comparison with the norm mentioned will rarely be practicable. This can only be done by recording a person's utterances without his knowing it – awareness of what is being done will directly affect his choice. But it is to a large extent our unreflecting speech that we draw on in making our more conscious choices. Clearly no verbal art is possible in a language that is not used unreflectingly by a very considerable and differentiated group of people.

Our written communications tend to be a little better organised but, in view of the limited object they serve, less personal or completely unpersonal. A philosophical statement will be both more reflected upon and more personal. However, many of the choices will be decided here by the body of philosophy to which the utterance belongs. From a stylistic viewpoint it can be maintained that the artistic utterance is the only adequate one.

In any work of verbal art it will be found that a number of sentences already have the simplest possible form. They will play a key role in stylistic inquiries. What gives style its individuality is the number and nature of departures from sentences of this sort. A small number of 'ab-normal' sentences will be as significant as a large number (cf. Puškin's *Vystrel* as against Gogol''s *Nos*).

A second field of choice, after that of the sentence form, is that of the vocabulary. In the isolated sentence the possibility of choice is perhaps restricted. But in a context of even a few sentences it becomes important. Everyone is confronted with such choices and has trouble in finding *le mot juste*. For the notion we want to express more than one word offers itself, but each has its different valencies, and these may force our thought in a direction we do not want to go. As readers of a work of art we are struck, from time to time, by a word that receives its full value or which is quite unexpected. For such words to hit us, a certain neutral background is required. A work consisting of sensational words only would be unreadable. Those words that do make an import will prove, on closer study, to have certain things in common, so much so that a certain use of words is recognisably characteristic of a particular author.

A special aspect of this choice, which is often studied separately, is an author's imagery. In everyday speech both directly denotative words and image words are used. Just as in an artistic context, the latter may have an important function which they share with image constructions consisting of more than one word.

Next, there are combinations of syntactical elements, sentences or parts of sentences that bear a meaning different from that which the items would bear in isolation. To this category belong the phraseologisms. They refer to definite situations and sometimes to different speech milieus, and this category does not have the neutral background that sentences and words have. They can therefore be used only sparingly and have a strongly signalising function.

Lastly there are the stylistic devices. This aspect of style has been studied through the ages, as the nomenclature testifies. These devices were particularly important when normative aesthetics held sway. Their study decayed with classicism. Formalism and structuralism have led to a certain revival of interest in them.

27. The choice of devices for saying what he has to say is the author's responsibility. But his first decision as to what kind of work he is going to write excludes quite a number of choices and makes others imperative. This implies that the fundamental unit of inquiry into style is the individual work of art. We can look for alternatives in separate sentences; we can perhaps do this for separate paragraphs and larger units, but we cannot do this for the work as a whole. Its being there is our starting point. Each sentence is conditioned by what it has to say by itself and by its place in the work. Style, then, is the result of interference.

As a rule, we know nothing of an author when we start reading his work, but we get to know him by reading. In fact, *le style, c'est l'homme même*. Buffon's statement has found such a wide echo that it would seem almost to constitute a definition of style. Undeniably any writer worth the name has his own 'handwriting', recognisable throughout his work. Recognisable, but not identical; there is a development from one work to the next: an author cannot just repeat himself. The preceding work constitutes both possibilities and impossibilities in regard to the coming work.

The author is present in his creation, but in differing degrees and fashions from work to work. What we learn of him in a given work is not equal to what he wants us to know: it is both less and more. Writing requires a strange combination of conscious and unconscious factors. The thought that is going to be put into words is not ready at the moment the sentence starts: we do not quote ourselves when we write. The ratio of conscious to unconscious factors will vary from writer to writer, but will never be 100-0. Style occurs where the directed, but as yet homogeneous, stream of consciousness 'hits' the discrete language units. The latter 'hit back', i.e. they can answer the need for them, or more than that, or less than that. In the latter cases a signal goes back to the centre, and changes are made perhaps even in other expressions already accepted. For this reason style is never the simple paradigmatic filling out of a preterminal string.

What style teaches us about the author does not concern the man of flesh and blood. It is the author figure, the man as he organises himself for the work he is writing. This goes even, or in particular, for a first person narrative. This author figure is not a mask, it is only more and better organised than the author *en pantoufles*. When the latter reveals himself, this may be due to a lack of technique or to personal disorganisation. Such 'naivety' is, as a rule, stylistically quite relevant.

The reader figure is the author figure's counterpart. A work of verbal art is reader-directed. The reader influences some of the choices of alternatives. The author wants to be understood, even if ostensibly he despises his public. Different genres may be addressed to different readers, but this is not necessarily so. The author addresses a certain reader. He may vary the distance from him, take him into his confidence, or keep him at arm's length, and all this will be reflected in the style. The reader, not as a sociological entity, but as the 'structural addressee' of the work of art, has received little attention to date. It might be worth while to explore him further.

28. Style is the result of interference and cannot belong, therefore, to either the cognitive or the aesthetic structure. While we need a certain abstraction to find these structures, the style is concrete and directly there, even if we may have to look for possible variants in order to grasp it.

Yet stylistics studies the expressive possibilities of a given language more or less in the abstract, on the premise that certain constructions have specific expressive possibilities. There is no contradiction involved: it is undeniable that there is a difference in expressive possibility between, for example, the construction "I nowhere found a man who...", and its variant "Nowhere did I find a man who...". Such differences can be studied in the abstract. We started from the same premise when we said that a thought taken in isolation could find its own form.

But there is more that needs saying. Groups and milieus work out their own way of speaking and organise their speech in recognisable ways, so much so that expressions current in these circles call their milieu to mind. This opens the possibility of stylisation, which means in essence that reference is made to a recognisable style that differs from the author's own. A special form of this is *skaz*. As a rule stylisation will require more than one sentence, but some sentences may be so loaded that one is sufficient.

29. The fact that non-artistic works have their ready frame of reference while the work of art constructs its own has its consequences for the study of style. The former leaves far less freedom in the choice of its elements than the latter. The study of functions in speech has given rise to a functional approach to stylistics as well. As part of this approach must also be reckoned the study of styles as dialects. The functional approach can certainly be fruitful. The study of regional and group styles, the inquiry into what makes such styles recognisable is perhaps a precondition for the study of artistic works. The same general factors that condition artistic style operate outside artistic works also. Inertia, economy, and a certain urge to keep up with the times rather limit the number of choices. Advertising is an interesting subject also. The frantic search for maximum expressivity in advertising results frequently in elementary cases of interference.

But the notion of functional style is less useful for verbal art. Because of the absence of a ready frame of reference, the style of verbal art cannot be studied in the same way as 'the' style of advertising or 'the' style of philosophy. For what is *the* artistic style? That of poetry or that of prose? That of a poem by Puškin or that of Dostoevskij's *podpol'e*? Turgenev's or Blok's? In all these instances the relative frequency of the structural principles differs, and the differences between them may be more important than that between philosophical and journalistic speech. The framework in which the latter function is outside of and larger than these works. If an article functions better when a given element is replaced by another, this can be done without harm. In the work of art function and framework are within. This implies, as we saw, that the number of possible combinations is far greater, but it means, on the other hand, that the combination finally chosen has a compulsory character. Functional stylistics tend to abstract from the individual work, and this cannot be done for the work of art.

30. In descriptions of style intuitive qualifications have always abounded and will abound for some time to come. Consensus about concepts, methods and terminology is still far away. In the present situation it is perhaps best to begin with the most striking features. While initially this may imply a personal and arbitrary element, it is still possible to find the simplest possible form for the separate sentence and then list

the departures from this norm. We will go on to the unremarkable sentences, the stylistically neutral plane, and then correlate both. But this will require a new and consistent terminology.

31. Does it make sense, finally, to speak of the style of a period? If it does not, there will be quite some demolishing to do, because the concept has gained wide currency. We can use it, as indicated, for the hierarchy of a period. As such it is a useful indicator, which does not mean, of course, that every work of the period has to submit to it; it does mean, however, that non-submission is a significant feature for a work written in such a period. But the term is more widely used in a positive sense, to identify a given period. In so using it one moves on to an even wider structure in which literature as a whole takes its place, a structure to which in its widest extension we give the name of culture. The style of one period may encompass more than that of another period, and in one period literature may be its main expression, while in another it may be painting (cf. Lixačev on baroque, in *Russkaja literatura*, 1969). Used in this way, the concept tends to imply a specific way of looking at the world and of organising life, intrinsic to that period. There is the same risk here as was manifested in the notion of system. The world view that we construct for romanticism, for example, is much more explicit than that of an individual author. Now we can say that the individual work functions within this structure, but this alters the perspective: we judge the work, in that case, from a world view that it never entirely managed to realise. In so doing we run the risk of begging several questions. In a nutshell: there are more direct ways than literature for expressing a world view, among them treatises, articles, ego documents. It is quite legitimate to inquire into an author's world view, but when we do so we are no longer analysing literature; what we have is in fact social and biographical criticism in a new guise. Of course no author consciously and deliberately excludes his world view from his writing when he gets down to work. To do so would cost him so much energy that he would hardly have any left to write. So it is somehow operative. Writers will differ as regards the extent to which this is the case, from parnassian to ideological writing. There will, furthermore, be a difference between the author and the man. A better understanding of the latter's world view will not help us in understanding his works.

The remarks made in the preceding pages represent a stage in what is necessarily more than a life's work. They constitute in their way an effort towards rounding off and, as such, are premature. Each of the concepts discussed here is the subject of much specialised literature that is still growing fast. Much of this specialised literature is rather vague in its definition of what literature is. This paper, on the other hand, adopts a more general approach to the special concepts while trying to find out what literature is. It is an approach which should not be abused, but which, from time to time, may be useful.

University of Utrecht

КРИСТИНА ПОМОРСКА

О ЧЛЕНЕНИИ ПОВЕСТВОВАТЕЛЬНОЙ ПРОЗЫ

Один из основных признаков, отличающий прозу от поэзии – это ослабление маркированности первой по отношению ко второй. В то время как поэзия так или иначе выявляет факт своего построения, повествовательная проза, хотя и в разной степени, но все же всегда стремится стереть следы своего построения, пытается быть "естественной" на всех уровнях своей структуры – начиная с языкового слоя и кончая композицией.

Избранные нами произведения особенно характерны в этом отношении. "Путешествие в Арзрум" это дорожные записки. Художественная цель произведения – создать впечатление записи пережитых приключений "как они были"; таким образом ожидаемой мерой естественного членения должны быть дни. "Охранная грамота" – это автобиография, а следовательно в ее основе, как и в Пушкинском дневнике, лежат реальные факты. Из самой их природы следует, что читатель ожидает изложения этих фактов в линеарном, временном порядке. Однако это ожидание не сбывается. Автор настойчиво подчеркивает, что подобная схема не годится для жизнеописания поэта и что подобранные им факты могут быть заменены другими, одинаково важными. Итак, вместо принципа линеарности, управляемого хронологией, перед нами принцип фрагментарности.

Роман Марии Домбровской является классическим примером повествовательной прозы: *proversa*. Движение вперед – ее основной принцип, обязательный для создания иллюзии "движения во времени".[1]

Не случайно в *Ночах и днях*, где столько тоски по молодости и по ушедшему времени, почти никто не вспоминает и не рассказывает о своем прошлом. Таким образом роман лишен обратного дви-

---

[1] "Rzeczy toczącej się w czasie". M. Dąbrowska, *Szkice o Conradzie* (P. I. W., Warszawa, 1959), стр. 78.

жения во времени. Он равно лишен и симультанности. Так что факт рассказа совпадает с движением фактов рассказываемых. Восприятие построенной так модели полностью соответствует естественному восприятию мира, и это первый залог устранения условности конструкции.

Между тем во всех трех произведениях мы имеем дело с языковой моделью действительности и, следовательно, с двумя осями ее построения: парадигматической и синтагматической. Каждая из этих осей разделяется на сегменты. Попытаемся установить характер этих сегментов.

Ожидаемым сегментом синтагматической оси в семейном романе является *происшествие*. Но в романе Домбровской, по крайней мере на первый взгляд, "ничего не происходит", т. е. никаких происшествий нет. Кроме брака главных героев, следствием чего является переезд Барбары в деревню, и смерти ее маленького сына, отчего, в свою очередь, Барбара заболевает и в результате чего супруги Нехцицы переезжают из Кремпы в Сербинов – читателю очень трудно вспомнить другие происшествия. А все же в романе многое случается, так как без происшествий в нем не могла бы существовать синтагматическая ось, которая и составляет целых четыре тома *Ночей и дней*. Возникает вопрос, с какого рода происшествиями мы имеем дело, если они не ощущаются как таковые?

Сопоставим два следующих происшествия: приезд Целины в Сербинов из *Ночей и дней* и первый бал Наташи из *Войны и мира*. В первом случае приезд нового персонажа служит лишь предметом описания, которое задерживает читательское внимание и дает ему новое направление, во втором случае бал становится причиной перемены жизненного положения главных героев. Наташа и Андрей, познакомившись, влюбляются друг в друга. Вследствие этого Андрей меняет свои взгляды на жизнь и собственную роль в ней, решает жениться, от чего раньше принципиально отказывался, в результате чего он оказывается в конфликте с отцом. Под нажимом отца он откладывает формальную помолвку и уезжает. Этот факт в свою очередь вызывает сближение Наташи с Курагиным, попытку бежать с ним, etc. Целина, приехав в Сербинов и наделав там немного шума из-за воображаемых воров, уезжает, не причиняя вреда и не вызывая уже больше волнений в жизни Богумила и Барбары.

Не входя в более глубокий разбор этих происшествий, заметим лишь одно их свойство: эпизод Целины по сравнению с эпизодом бала отличается в своей основной функции тем, что первый ничего не меняет в житейском укладе главных героев, в то время как другой существенно меняет этот уклад. Назовем происшествие первого типа немаркированным (беспризнаковым), а второго – маркированным (признаковым). В тексте *Ночей и дней* из маркированных происшествий мы до сих пор насчитали два: брак Барбары и смерть ее сына. Рассмотрим характер остальных происшествий, составляя их таблицу на основании 1 тома, и обозначим плюсом и минусом соответственно их маркированность и немаркированность:

Смерть свекрови Барбары   –
Смерть дяди Клеменса   –
Смерть Тересы   –
Смерть матери Барбары   –
Смерть Коцелла   –
Прибытие Кательбы   –
Прибытие Целины   –
Прибытие Анки   –
Прибытие Марьи Хласко   –
Прибытие Даленецкого   –

Это две основных группы происшествий 1 тома. Они образуют две категории: "уход" – "прибытие", и отличаются сплошь немаркированностью. Остальные происшествия относятся к той же категории: например рождение всех троих детей Богумила и Барбары.

Из приведенного наблюдения видно, что понятие происшествия представляет не величину, а отношение. Оно является лишь потенциалом данной структуры, чтобы выполнить в ней маркированную или немаркированную функцию. Прекрасным примером такого потенциала являются два момента в романе Домбровской. Один из них – коммерческая сделка, которую ведет Анзельм Остржeньски, обещая Нехцицам выгодное помещение капитала, унаследованного ими от богатого родственника. Момент внезапного наследства, которое воистину свалилось на героев как снег на голову, традиционно используется в романах именно как маркированное происшествие. В *Ночах и днях* его активный потенциал тут же погашен. Деньги сразу вложены в пресловутые "участки" ("place"), оказавшиеся *мертвым капиталом*: они не приносят дохода и не перепродаются выгодно, как было обещано их владельцам. Однако, акт продажи описан очень подробно: он выдается коммерсантом Анзельмом за дело чрезвычайного значения, и под его режиссуру вся публика торжественно совершает поездку за город для смотра покупаемой земли и выслушивает его речи о выгодах и общественном значении сделки. Его истолкование всего дела оказывается, однако, пустым, а его обещания никогда не выполненными. Функцией всего происшествия является таким образом *обманутое ожидание*. Автор играет активным потенциалом происшествия, указывая тем самым на его двойную возможность. Момент обманутого ожидания приносит также "приключение" Целины, кульминацией которого является ее прыжок в окно. Авантюрный потенциал этого происшествия, подчеркиваемый типичными аксессуарами (поиски воров с помощью собак и ночного сторожа, испуг домочадцев) остается неиспользованным в традиционном направлении: все оказывается бредом истеричной женщины.

Немаркированность происшествий несет особую функцию в романе *Ночи и дни*. Она близка к функции обратной связи. Ряд происшествий, лишенных результативного воздействия[2] на судьбы героев, а следовательно на перемену места действия, создает *неменяющийся фон*; этот фон, в свою очередь, становится важным фактором немаркированности происшествий. Неменяющийся фон или, пользуясь традиционной терминологией, единство места, определяет всю жизнь главных героев: на протяжении целого романа Нехчицы живут в деревне, причем, начиная с выздоровления Барбары после смерти ребенка и до последних месяцев перед смертью Богумила, – это Сербинов. Такое единство места, неменяющийся фон, по которому проходят события, ни в чем его не нарушающие и характерные лишь тем, что они появляются и исчезают, – еще усугубляет впечатление стагнации, столь сильно ощущаемое героиней. Этот тип моделирования запечатлен символически в образе неба, по которому "все плывут серые облака" и где "все проходит, но ничего не меняется".[3] Это слова самой героини, характер которой составляет ось всего романа, и следовательно, приходится заняться анализом этого персонажа.

Барбару, главное женское лицо романа, можно охарактеризовать как *немаркированный персонаж*. В одном из своих рассказов[4] Чехов

---

[2] Категорией результативности пользуется А. Чудаков в книге *Поэтика Чехова* (Москва, 1971), анализируя характер событий в чеховской драматургии.
[3] Maria Dąbrowska, *Noce i dnie* ("Czytelnik", Warszawa, 1955), том I, стр. 168. Перевод всех цитат из польского мой.
[4] "Человек в футляре".

говорит об украинках, что основной чертой их характера являются два полярных состояния: они или смеются, или плачут. Нейтральное состояние им непричастно. С Барбарой происходит нечто противоположное: она не знает острых состояний, ей причастна лишь позиция нейтралитета, даже неопределенности. Не любя мужа, она все же держится за него; неудовлетворенная деревней, где ей приходится жить, она и в городе не находит ожидаемого удовлетворения, etc. Словом, она сама не знает, чего ей хочется, и это приводит ее к постоянно "вялому" состоянию, заставляет жаловаться на отсутствие "компаса", который помог бы ей жить.

Факт немаркированности этой героини усугубляют два других фактора: во-первых – это ее собственное желание найти такое окружение или деятельность, которые позволили бы ей "почувствовать жизнь" (т. е. стать маркированным персонажем); во вторых – это параллельные герои, в противовес ей живущие "полной жизнью" (Тереса, Богумил).

К такой модели главной героини прямое отношение имеют событийные ряды. В романе имеется, кроме немаркированного, и маркированный ряд происшествий. Характерно, что все персонажи, которые прошли через жизнь Сербиновских хозяев, образуют новый, *маркированный* событийный ряд. Но характерно и то, что Сербинов исключается из него как место действия. Составим таблицу лиц, действующих в новом событийном ряду, с указанием места действия:

Кательба/Целина	Калинец, Ястржембицы
Целина/Януш	Калинец
Анка/Генрик	Варшава, Италия
Тереса/Тадеуш Кремпски	"Курортные места"

Происшествия этого ряда маркированы, ибо все они приводят к резкой перемене жизненных положений их участников: к распаду семьи Котельбов, рождению внебрачного ребенка Анки и ее разрыву с родителями, к смерти Целины; в то же время они не задевают жизни Нехцицев, проходят вне ее круга, а особенно вне переживаний Барбары, которая не только не принимает в них участия, но даже о них не знает, или узнает *post factum*.[5] Таким образом все маркированные события как бы выносятся за скобки главного течения романа, иначе говоря, за скобки жизненного опыта главной героини. Интересны именно те события, о которых героиня, равно

---

[5] Ср. бо́льшую степень участия Богумила, который является, например, свидетелем начала романа Целины с Янушем.

как и читатель, узнает *post factum*, как например роман Тересы. Неожиданность случившегося, и в то же время его абсолютная завершенность и бесповоротность из-за смерти участницы – усугубляет впечатление, что именно Барбара является границей, разделяющей два событийных ряда; ей именно *не дано* активно участвовать в "настоящих" событиях. Ее собственный монолог (после прочтения сестриных писем) подтверждает наше наблюдение: "А ты по глупости думала, что твои дела играли тут какую-то роль: куда тебе, которой не дано участвовать в чем-то существенном, которой суждено оставаться в стороне, и лишь издали видеть, как между людьми совершается нечто, о чем не снилось философам".[6] Обратим внимание на еще одно обстоятельство: все маркированные события носят *мелодраматический* характер: самоубийство от неразделенной любви, внебрачный ребенок, несчастный роман, кончившийся внезапной смертью. Эта отличительная черта маркированного ряда лишний раз оттеняет его от ряда немаркированных происшествий.

Между тем узловая роль (связь с главными героями) и высокий процент немаркированных происшествий моделируют "ежедневность", "обыкновенную жизнь", в которой "ничего не происходит", а лишь все течет. С этим связана определенная философская концепция действительности, в которой, по характеристике Чехова, люди не каждый день кончают с собой, вызывают друг друга на дуэль, влюбляются смертельно и т. п., а большей частью сидят на диване, разговаривают, едят, пьют чай. С другой стороны, как было указано, соответствующее отношение маркированного и немаркированного рядов к главной героине и другим героям моделирует ее восприятие действительности, а также ее роль в этой действительности. Таким образом, жалобы Барбары, что настоящие переживания даны *другим, а не ей* – оправданы.

Синтагматическая ось, комбинированная из не-результативных событий, строится без участия причинно-следственной связи. Ибо так как события не вызывают результатов в смысле перемены человеческих судеб, то тем самым они не сцеплены друг с другом по принципу, который обязывает в случае причинной связи, указанной на примере *Войны и мира*.

Рассмотрев таким образом синтагматическую ось в построении романа и, по необходимости, оставляя в стороне ряд других ее элементов, перейдем к анализу парадигматической оси. Первый

---

[6] *Noce i dnie*, т. I, стр. 144.

тип эквивалентности, привлекающий внимание – это пары героев. Эта эквивалентность выдвинута уже в заглавии 1-ой части 1 тома романа Домбровской – "Богумил и Барбара". Сама звуковая структура имен (оба имени трехсложные, оба с тождественным начальным согласным, в области гласных – особый контраст) подсказывает принцип разделения по контрасту и сходству. С развитием романа этот принцип становится все виднее. Характерологические черты Богумила и его жены составляют полный контраст. Осмотр этих контрастных черт следует начать с того, что всю жизнь мучает и преследует героиню: невозможность по-настоящему полюбить. После умершего сынишки даже ее любовь к детям превращается в постоянный страх за них. Зато у Богумила изобилие любви; у него ее хватит "на обоих", и поэтому он становится моральной опорой для Барбары на всю их жизнь. Контрастные чувства, психические предрасположения и поступки характерны для любого акта этой пары. Барбарин *страх* оттеняет *спокойствие* ее мужа; чрезмерное, болезненное *воображение* Барбары балансируется *умственной посредственностью* (т. е. *отсутствием воображения*) у Богумила. Также контрастны их жизненные планы: в то время как Барбара стремится к *жизни в городе*, Богумил создан для *деревни*; она мечтает о *высшем образовании* для детей, он хочет научить их *ремеслу*. Отсюда любой диалог супругов превращается в острую дискуссию.

Следующая контрастная пара – это сестры, Барбара и Тереса. Сестры или вообще люди кровного родства традиционно используются как материал для параллелей.[7] Также и в романе Домбровской сестры сопоставлены по контрастным чертам. Барбара представлена постоянно *озабоченной*, Тереса – *сияющей*; Барбара строга, Тереса кокетлива; Барбара погружена в свои проблемы, Тереса руководится принципом: "не думать лишь о себе". Поэтому Богумил, в тяжкую для него минуту, за помощью обращается не к жене, а к ее сестре, а одно время склонен даже влюбиться в Тересу, и это именно выбор по контрасту. Между тем у Тересы действительно *роман*, хотя и не с Богумилом, и этим она лишний раз противопоставлена Барбаре, *убегающей от любви*.

У Домбровской найдется ряд подобных примеров, и кроме сопоставлений по контрасту здесь есть и параллели по сходству –

---

[7] Ср. многие примеры из фольклора. Этот прием использовал Пушкин в *Евгении Онегине*, вводя, кроме ряда параллелей другого типа, контрастных сестер – Татьяну и Ольгу.

как, например, группа лиц, общей чертой которых является пассивность или атрофия воли (Януш, Целина, Тадеуш Кремпски). Вот что сама писательница говорит об этом принципе в романе: "Одной из ... [тем является] ... тема ... сосуществования или борьбы двух разных психических установок, двух разных человеческих типов и двух разных внутренних отношений к действительности... Одно отношение, остающееся в гармонии с жизнью, активное... Другое – вне такой гармонии... Проявлением первого отношения является Богумил, другого – Барбара. Кроме того эти оба сопоставления духовных свойств повторяются в различных вариантах и с разными примесями у всех лиц".[8]

Несмотря на существование параллелей, не приходится, однако, говорить об их ведущей роли в романе. Наоборот, они явно подчинены другим целям. Ибо что такое контрастность или сходство действующих лиц? Это традиционно необходимый элемент структуры романа. Без него не бывает ни конфликта, ни действия, ни сюжетной линии. Герой в романе обычно не служит материалом для построения параллелизма, но является элементом сочетаний по смежности на синтагматической оси. Сходный или контрастный характер героев *может*, но *не должен* приобрести самостоятельную роль в структуре романа. Возьмем для примера, противоположного *Ночам и дням*, подбор героев и сюжетную структуру *Евгения Онегина*, "романа в стихах". У каждого из главных лиц есть партнер, подобранный по контрасту. О контрасте как *принципе* подбора говорится каждый раз при введении героя.[9] В дальнейшем и судьбы пар героев протекают по принципу контраста (например, Евгений и Татьяна – любовная драма, Ленский и Ольга – идиллическая любовь), и эта параллель тоже подчеркивается и непосредственным сопоставлением, и эксплицитным комментарием. Начало и конец любовного конфликта между Онегиным и Татьяной – это метатеза того же положения: начало – он ей говорит "нет"/конец – она ему говорит "нет". Итак принцип контрастных характеров и их контрастных судеб используется Пушкиным *композиционно*, и тем самым параллелизм приобретает самостоятельную, ведущую роль. Этот прием не обязательно приурочен к одним лишь повествовательным жанрам со стиховой структурой; достаточно вспомнить

---

[8] M. Dąbrowska, "Kilka myśli o *Nocach i dniach*", *Ateneum*, 4-5 (1938). (Перепечатка *Maria Dąbrowska*, opr. Z. Libera, P. Z. W. S., Warszawa, 1963).
[9] Ср. Глава 2-ая, строфа XIII для пары Онегин – Ленский, и строфы XXIII, XXV для пары Ольга – Татьяна.

прозу Толстого, который прославился своими параллелистическими построениями.[10] Иногда параллель носит символический характер – например смерть лошади и женщины в *Анне Карениной* показаны как эквиваленты, где смерть животного приобретает роль как бы предостережения (или дурного предзнаменования) для женщины.[11]

Ничего подобного у Домбровской нет. Эквивалентность лишь намечена, иногда сильнее (например, в случае имен главных героев), но в принципе ее элементы используются для других, "прагматических" целей – как например, характерологические контрасты Богумила и Барбары служат для построения "реалистического" диалога. Моменты сходства или контрасты как правило не сближены композиционно и не подчеркнуты никакими другими средствами. Наоборот, как правило, они приглушены и рассеяны среди многочисленных вариаций в судьбах героев.

Интересный пример сигнализирования параллели и ее одновременного изъятия представляет место действия. Эту параллель можно охарактеризовать как оппозицию город/деревня. Жизнь Нехтицев протекает все время в деревне, но город выдвигается семьей Барбары как идеал, и сама героиня мечтает о городе как о том единственном месте, где "можно чего-то добиться". В городе же протекает другой, маркированный и несвязанный с жизнью Сербинова ряд событий.

Город как оппозиция деревне играет важную роль в ряде оценочных систем, в том числе и в прозе XIX века. В "тенденциозном" романе польского позитивизма город дан как положительная часть оппозиции, в то время как деревня носит отрицательную характеристику; город, как правило, оказывается ареной прогресса, местом "органического труда". В системе Толстого знаки "плюс" / "минус" переставлены: деревня оказывается на стороне положительного, город – отрицательного признака. Эту оппозицию поставил под вопрос уже Чехов, указывая на несостоятельность и незаконность того, чтобы место жительства принять за самодовлеющую ценность.[12] Домбровская явно принадлежит той же, что и Чехов, традиции. Выдумкам и мечтам Барбары относительно

---

[10] Параллель часто выдвигается у Толстого уже в заглавии, ср., например, "Три смерти", "Два гусара", "Хозяин и работник", "Война и мир".

[11] См. об этом: Б. Эйхенбаум, *Лев Толстой. Семидесятые Годы* (Сов. Писатель, Ленинград, 1960). Ср. тоже: В. Шкловский, "Параллели у Толстого", *Ход коня* (Москва-Берлин, 1923).

[12] Чеховскую линию продолжают некоторые современные русские прозаики

города, который она считает единственным местом, годным для способных и ценных людей, – нанесен молниеносный удар. На следующий же день после переезда в город Барбара опять в обычном "вялом" настроении, ей опять "нечем жить", в то время как у ее мужа как раз в деревне начинается сильное любовное переживание. Таким образом параллель город / деревня лишается признаков оппозиции и снимается, так как оба места оказываются равными друг другу в отношении порождения ценностей. Изъятие этой оппозиции служит для построения тезиса, что жизнь везде одинакова, и только лишь человек может стать мерилом ее ценности.

Еще одну возможность построения параллели представляют судьбы героев. В принципе Домбровская не использует эту возможность и жизнь разных людей протекает в романе так, что рядом стоят максимально разнообразные моменты. Все же писательница однажды отступает от этого принципа. Мы находим в романе одну определенную и довольно осложненную параллель, а именно: Богумил и женщины / Барбара и мужчины. Как уже упоминалось, Барбара бежит от любви. Она не удовлетворена своим браком, и даже открыто признается, что не любит мужа. Но в то же время она не ищет других мужчин, а когда представляется случай, Барбара отвергает или просто не замечает влюбленного в нее человека. Богумил же, хотя сам и не ищет любовного сближения с женщинами, принимает их инициативу. Эти положения в отношении жены и мужа несколько раз сопоставляются в романе. В конце 2-й части 1 тома, перед самым переездом Барбары в Калинец, супруги проводят вместе ночь; первый же человек, который утром откликается на зов Богумила – это служанка Фелиция. Ее голос "бодрый и звучный", "... как голос человека в хорошем настроении",[13] предсказывает их предстоящее сближение. В то же самое время Барбара получает письмо от Коцелла, который признается ей в любви, она же изумлена, ибо совсем "не заметила" его чувства, а теперь "уже поздно", так как автор письма, больной раком, изо дня в день ожидает смерти. Другой случай подобного сопоставления: Барбара уезжает из города, убегая от встречи с Толибоским.

– например, Казаков в рассказе "На острове". Старой традиции придерживался режиссер известного американского фильма *The Midnight Cowboy*.
[13] *Noce i dnie*, т. I, стр. 434.

Прибыв в деревню, она застает там мужа в интимной сцене с Фелицией (т. I, часть 1).

Особую коррелляцию инвариантного характера в той же параллели составляет пара: Богумил / женщины. С одной стороны, в этом отношении инициатива всегда на стороне женщины (за исключением Барбары, как подобает главной героине); Богумил же никогда не уклоняется от подобной инициативы, несмотря ни на социальное положение, ни на возраст влюбленной в него женщины. С другой стороны, влюбленные в Нехцица женщины той же социальной среды руководятся одинаковыми побуждениями: и Барбара, и Ксавера обе ищут у Богумила спасения после любовного крушения, обоих главным образом привлекает его повстанческое прошлое. Оба эти момента создают композиционную симметрию: т. I начинается помолвкой Богумила с Барбарой и кончается его романом с Ксаверой. К тому же, ни одна из этих связей не оказывается счастливой, ни одна из женщин не является "по-настоящему любящей". Кроме того, доводы Ксаверы прямо подсказывают Нехцицу (и читателю) аналогию с Барбарой.[14] Этим лишний раз подчеркивается параллель.

Современный литературовед П. Бицилли считает "Путешествие в Арзрум" "художественной загадкой", в которой все "элементы формы" скрыты.[15] И в самом деле, при чтении дневника путешествия ожидание направлено на распорядок дней и какую-то иерархию переживаний и впечатлений автора. У Пушкина дни можно сосчитать только при особом желании, а в описаниях подмеченных сцен и окружения нет никакой иерархии: описание смерти стоит рядом с легкой шуткой, встреча с кочующими калмыками соседствует с заметкой о плохом состоянии дорог. Таким образом все становится одинаково существенным, и в то же время равно однообразным. Впечатление "монотонности" усиливается от еще одного фактора: отсутствия движения. *Статика* характерна для этого путешествия, где читатель ожидает как раз противоположного, т. к. с дорогой связано движение.

Все эти интуитивные наблюдения заставляют присмотреться к построению обеих осей Пушкинской прозы. Основным сегментом (парадигматика) является эпизод, носящий характер этно-гео-

---

[14] *Ibid.*, стр. 465.
[15] П. Бицилли, "Путешествие в Арзрум", *Белградский Пушкинский сборник* (Белград, 1937).

графического описания. Автор ведет себя на Кавказе точно в археологическом музее: он останавливается перед каждым экспонатом, чтоб его прокомментировать.[16]

Каждый эпизод поражает точным обозначением своих границ. Эпизод прямо совпадает с абзацем.[17] Это явление соответствует результатам современных стилистических исследований прозы, по которым "связный текст", где основной частью является абзац, заключает в себе описание, "относящееся к одному и тому же предмету".[18] Пушкинский эпизод представляет собой таким образом идеально построенный абзац. Начало и конец эпизода-абзаца несет *стилистические сигналы*. Чаще всего это повторение семантически сродных слов, относящихся к главному предмету описания, например: "Мы ездили в немецкую колонию и там *обедали*..." "Черт побери тифлиского *гастронома*".[19] Иногда эту роль выполняют синонимы или антонимы, например: "Жители пьют курскую *воду*"... "Впрочем *вино* здесь в таком общем употреблении...";[20] или: "*Жизнь* Грибоедова была затемнена некоторыми облаками..." "Самая *смерть*... была мгновенна и прекрасна."[21]

Не пытаясь классифицировать всех типов стилистической сигнализации рамки абзаца, мы приводим лишь типичную выборку, опять-таки остающуюся в согласии с процитированными результатами стилометрических исследований.

Указанной рамке эпизода отвечает его внутреннее построение. Разобрав все эпизоды, мы увидим, что их тематическую основу составляет *парадокс*. Обманутое ожидание путешественника, сопоставляющего настоящий Кавказ с его легендой,[22] встреча с Ермоловым, возможности, темперамент и внешний вид которого

---

[16] Ср. оглавление: например, "Степи. Калмыцкая кибитка. Кавказские воды" и т.п.
[17] Бицилли обращает внимание на членение пушкинского текста по абзацам, усматривая в этом элемент *ритмизации*, равный *строфическому* членению поэтических текстов.
[18] Opis odnoszący się do "jednego przedmiotu", M. R. Mayenowa, "Spójność tekstu a postawa odbiorcy", *O spójności tekstu* (Ossolineum, 1971). Ср. также работы Е. Падучевой, по определению которой абзац – это "... повторение в смежных фразах одинаковых семантических элементов". Е. Падучева, "О структуре абзаца", *Труды по знаковым системам*, 2 (Тарту, 1965).
[19] "Путешествие в Арзрум", А. С. Пушкин, *Полное собрание сочинений в десяти томах*, Изд. третье, Том шестой (Изд. "Наука", Москва, 1946), стр. 664. В дальнейшем все цитаты на основании того же издания.
[20] *Ibid.*
[21] *Ibid.*, стр. 663.
[22] См. об этом Бицилли, *op. cit.*

("голова тигра на геркулесовом торсе") контрастируют с его опальным состоянием "на покое", равным заключению в клетке свободного дикого зверя; забавный анекдот о персидском принце, который карету считал не убежищем, а ловушкой; описание конфликтной натуры Грибоедова и парадоксальности его жизни, ошибка проезжего относительно обычаев туземцев – все это сводится к принципу *контраста*, доходящего подчас до паралогизма.

Таким образом, с одной стороны подбор эпизодов зиждется на том, что они одинаковы. Все они относятся к описанию какого-то этно-географического "объекта". Характерен тот факт, что Пушкин строго-настрого придерживается описания лишь того, что ему встречается на пути, и никогда не пускается в отступления типа "сентиментальных путешествий". Это придает укладу эпизодов строгое единство и компактность. Каждый эпизод, как указывалось, совпадает с параграфом. Все это позволяет их рассматривать как *дискретные единицы*, а их сходство как *внешнюю* черту. В то же время тематическая конструкция эпизодов по принципу *контраста* наделяет их внутренней дифференцированностью. Эта оппозиция одинаковости и контрастности придает укладу эпизодов равновесие: однообразие как результат сходства эпизодов компенсируется их внутренним драматизмом.

Синтагматическая ось не менее интересна. Она построена почти без участия временного фактора. Мы уже отметили, что наш путешественник относится к Кавказу как набору этнографических особенностей. Он описывает *этапы* путешествия по отдельности, и лишь они, а не факт их протекания, приковывает внимание читателя. Пусть примером статики описания послужит эпизод, в котором показан Терек в Дарьяльском ущелии: "Скалы с обеих сторон стоят параллельными стенами. Здесь так узко, так узко, пишет один путешественник, что не только видишь, но, кажется, чувствуешь тесноту..."[23] Вместо ожидаемого движения реки – перед нами стоящие скалы и пространство, ими ограниченное. В других местах Терек описан в своей силе, дикой злости, но никогда в своем стремлении вперед. Дорога "... из Москвы... на Калугу, Белев и Орел" обозначена одним сильным эпизодом – встречей с Ермоловым. При таком комбинировании эпизодов лишней оказывается и причинно-следственная связь. Серия построена по принципу орнамента: смежные элементы оказываются в то же время сходными. То, что при подобном построении текст

---
[23] Пушкин, *op. cit.*, стр. 651.

остается семантически связным, т. е. нельзя в нем безнаказанно переставлять эпизоды, зиждется на географических знаниях читателя: ему известно, в каком направлении нужно двигаться из Москвы на Кавказ. Более точные знания позволяют подробнее локализовать отдельные этапы.[24]

Связность текста исключает, таким образом, принцип чистого *орнамента*. Обратим внимание и на тот важный фактор, что наличие сходства в Пушкинском тексте неизбежно приводит к его метафоричности. В определенных местах внутреннее сходство эпизодов создает настолько сильную параллель, что ее нельзя не истолковать символически. Мы выбрали пары образов, которые играют ведущую роль в Пушкинском тексте. Первая пара – Ермолов и Терек (гл. 1). На параллель между ними обратил внимание Бицилли,[25] подчеркивая в особенности "портретное" сходство: "голова тигра" у Ермолова и "зверь Терек", рычащий как тигр. Однако же это несомненное сходство ведет значительно дальше. В обеих встречах легко расшифровать символику узника, рвущегося на свободу. В свою очередь и путешественник отождествляется с этими символами: ведь и он тоже тщетно рвется "заграницу".[26]

Вторая пара – это встреча с Грибоедовым (гл. II) и первый контакт с войной (гл. III). Встретив по дороге гроб с телом убитого в Тегеране Грибоедова, Пушкин задумывается над его жизненным путем и кончиной. И хотя он пишет, что жизнь поэта была "мгновенна и прекрасна", но все же "*Обезображенный труп его*, бывший три дня игралищем тегеранской толпы, узнан был только *по руке*, некогда простреленной пистолетною пулею".[27] В описании же первой битвы, в следующей главе, мы читаем: "Турки... исчезли, оставя на горе *голый труп казака, обезглавленный и обрубленный*. Турки отсеченные головы отсылают в Константинополь, а *кисти рук*, обмакнув в крови, отпечатлевают на своих знаменах".[28]

Первая пара образов несет тему узника, другая – тему смерти. Они окончательно разрушают легенду Кавказа и Ближнего Востока как символов свободы, столь воспеваемых романтиками и самим Пушкиным в ранние годы. Приехав на легендарный Кавказ, поэт не только разочаровывается относительно его экзотики и необычности (главная тема I главы), но сверх того встречает здесь пора-

---

[24] Об отношении читателя к связности текста см. Mayenowa, *op. cit.*
[25] Бицилли, *op. cit.*
[26] Бицилли усмотрел здесь лишь сходство между автором и Тереком.
[27] Пушкин, *op. cit.*, стр. 667.
[28] *Ibid.*, стр. 677.

бощение свободной личности и смерть в самом жестоком виде. "Театр войны" оказывается отнюдь не прекрасным и увлекательным зрелищем – опять же как в романтических поэмах – но жестоким и бессмысленным; обезображенный же труп казака наводит на мысль также обезображенный труп друга-поэта и в то же самое время заставляет задуматься о собственной судьбе: это пророчество собственной смерти, появившееся уже до того в *Евгении Онегине*.

Следствием всего увиденного был отказ Паскевичу сопровождать его дальше в военном походе. Причина отказа не названа, но она кроется именно в указанной лирической теме, в символике, порожденной параллелизмом. Следствием того же является и нетерпеливое желание поэта поскорее вернуться в Россию: это побег от смерти и порабощения ("Но я спешил в Россию". – стр. 700). И эта спешка тоже "загадка", ибо причина ее не названа.

Мотив крайнего нетерпения и спешки появляется в тексте "Путешествия" дважды. Первый раз – это желание попасть поскорее вглубину Кавказа: Глава I – "Нетерпение доехать до Тифлиса исключительно овладело мною" (стр. 653); "Я решился отправить мою тяжелую петербургскую коляску... и ехать верхом до Тифлиса" (стр. 654); "Я пошел пешком, не дождавшись лошадей" (стр. 656); "Мне сказали, что до города Душета оставалось не более как десять верст, и я опять отправился пешком" (стр. 657). Затем появляется нетерпение доехать до главного места назначения, в штаб армии: Глава II – "Я с нетерпением ожидал разрешения своей участи... Я выехал на другой же день" (стр. 664); "Но демон нетерпения опять мною овладел... Я отправился один, даже без проводника" (стр. 669); "Я следовал за [турком], мучаясь беспокойством; участь моя должна была решиться в Карсе. Здесь должен я был узнать... будет ли еще мне возможность догнать армию" (стр. 672). Второй раз – это нетерпение поскорее уехать с Кавказа, как уже было указано (гл. V).

"Демон нетерпения" или, как его называет Бицилли, "внутренний *impetus*" путешественника вступает в контраст со *статическим* характером эпизодов. Возникшая таким образом оппозиция моделирует Сизифов труд усилий преодолеть косность быта. Эту оппозицию поддерживают эксплицитные мотивы тщетных усилий: спешить не стоило, так как либо маневр был неправильно рассчитан (например, дорога верхом оказывается менее удобной, а следовательно более длительной, чем езда в тяжелом экипаже), или же игра не стоила свеч, хотя и достигнута цель. Или, выражаясь иначе, тема нетерпения семантизирует чисто структурно выраженную монотонность орнаментально сцепленных эпизодов. Они приобретают самостоятельный характер модели.

Особую оппозицию создает законченность эпизодов против незаконченного характера всего текста. В то время как у каждого эпизода границы строго отмечены, у целого путешествия нет ни "начала", ни "конца". Первая фраза текста – "... Из Москвы поехал я на Калугу, Белев и Орел, и сделал таким образом 200 верст лишних" не говорит нам даже, была ли Москва началом пути, или же очередным этапом какого-то предыдущего маршрута. Немаловажную роль играет здесь система знаков препинания: многоточие в начале фразы моделирует текст, как бы продолжающий целое большего обьема, *res porro tractatur*. Первый эпизод равен остальным в отношении своего построения, и особенно при чтении вслух, он мог бы сойти именно за продолжение какого-то целого, а не за начало текста. Конечный эпизод такого же построения, как остальные, и тоже заключает тематический "сюрприз" или парадокс: "любезное отечество", к которому поэт спешил точно к оазису, встречает его журнальной руганью и нападками лично на него и на его творчество. "Путешествие с препятствиями" не кончилось – оно продолжается, выходя за рамки текста. "Точно как жизнь".

Ночи и дни – это тоже открытый текст, также моделирующий "самое жизнь". В романе Домбровской отмечено лишь начало, как подобает эпическому семейному роману, ибо типологически такой текст близок "генетическому мифу", где обязательно выводится начало данного бытия, а затем следует уже "не имеющая конца цепь событий".[29]

В романе Домбровской "ничего не происходит" из-за особого уклада нерезультативных событий. Самый быт, однако, "проплывает", движется. У Пушкина эпизоды сильно отмечены, но нет переплыва времени, ибо эпизоды комбинируются по статическому принципу. Герои *Ночей и дней* не двигаются, не меняют места, но время проходит мимо них: оно измеряется приходом и уходом других людей, переменами в жизни героев другой цепи событий. Повествуется о чем-то, у чего есть начало и это стремится в беско-

---

[29] См. Ю. Лотман, "О моделирующем значении понятий 'начала' и 'конца' в художественных текстах", *Тезисы докладов во второй летней школе по вторичным моделирующим системам* (Тарту, 1966).

нечность. Путешественник Пушкин остается в движении, но движения (а следовательно и времени) нет, так как ничего не меняется. Следующий эпизод не зависит от предыдущего, эпизоды подставляются точно картинки в каллейдоскопе. Конечный эпизод соответствует первому: не было начала и нет конца.

Пастернак оговаривает, что в его автобиографии нет дробления на части, ибо переживания поэта не поддаются такой процедуре. "Не говоря о том, что внутреннее членение истории навязано моему пониманию в образе неминуемой смерти, я и в жизни оживал целиком лишь в тех случаях, когда *заканчивалась утомительная варка частей, и, пообедав целым,* [курсив мой] вырывалось на свободу всею мыслимой ширью оснащенное чувство".[30] Но все же его текст разделяется на три части, соответствующие детству, отрочеству и периоду полной зрелости.

Однако, основным сегментом следует считать эпизод, ядром которого является *встреча с другим человеком*. Текст Пастернака насчитывает пять таких встреч, а встречаемыми лицами являются поочередно: Рильке, Скрябин, Коген, одна из "сестер В." и Маяковский. По одним именам видно, что это не заурядные встречи, но контакты с людьми творческими и в то же время *творящими* самого героя автобиографии. Этот последний факт имеется ввиду, когда автор заявляет, что биография поэта скрыта под чужими именами: "Я не пишу своей биографии. Я к ней обращаюсь, когда этого требует чужая... Настоящего жизнеописания заслуживает только герой, но история поэта в этом виде непредставима... Ее нельзя найти под его именем и надо искать под чужими... Я не дарю своих воспоминаний Рильке. Наоборот, я сам получил их от него в подарок".[31]

Инвариантом всех пяти встреч является то, что благодаря им поэт живет в ином, чем среднее человеческое, измерении. Первый эпизод, открывающий весь текст – это инициация: мальчик встречает Рильке, и тот сразу кажется ему чем-то выделяющимся среди других людей, психически и физически: он был "силуэтом среди тел, вымыслом в гуще невымышленности".[32] Образ немецкого

---

[30] Б. Пастернак, "Охранная грамота", *Проза 1915-1953. Повести, рассказы, автобиографические произведения*, под. ред. Г. П. Струве и Б. А. Филиппова (The University of Michigan Press, Ann Arbor, 1961), стр. 205. Дальше все цитаты на основании этого издания.
[31] *Ibid.*, стр. 213.
[32] *Ibid.*, стр. 203.

поэта указал мальчику на самую возможность существования в другом измерении.

Четыре остальных встречи образуют еще один инвариант: каждая из них заставляет героя избрать какой-то новый жизненный путь, но все кончается поражением. Избранный путь приходится бросать вместе с самой дружбой, единящей поэта с повстречавшимся ему человеком. Рассмотрим эти отношения в схеме:

Скрябин   = отдаться музыке → поражение
Коген   = отдаться философии → поражение
В.   = отдаться любви (брак) → поражение
Маяковский = отдаться поэзии определенного типа → поражение

Чтобы указать всю особенность последнего эпизода, а именно факт, что здесь одно из лиц исчезает не только с горизонта героя, но из жизни вообще – необходимо извлечь еще одно отношение инвариантного характера между всеми эпизодами. Каждая встреча героя с очередным партнером отличается тем, что первый мерится с другим как личность. Каждый эпизод можно с этой точки зрения представить следующей схемой:

$$X = \text{"Я"}$$
$$X \neq \text{"Я"}$$

Рильке появился перед героем-мальчиком как иное измерение вещей. Сам мальчик не обладал еще этим измерением, то есть не равнялся ему.

Скрябина герой "мерит" на свой рост, провоцируя его признание относительно абсолютного слуха. Это уравнение, которое должно указать тождественную черту у обоих партнеров.[33] Когда Скрябин не оправдывает ожидания, уравнение не получается, и герой отступает от своего партнера.

Сцена объяснения в любви характерно описана как наступление более сильного на более слабого: "Она поднялась со стула, *пятясь назад* перед явностью моего волнения, которое как бы *наступало* на нее. [Курсив мой.] Вдруг у стены она вспомнила, что есть на свете способ прекратить все это разом, – и отказала мне."[34]

---

[33] Даже в двойном смысле: оно должно указать характер Скрябина наряду с его слухом.
[34] "Охранная грамота", *op. cit.*, стр. 236.

После этого поединка герой чувствует себя как человек "отвалившийся от чего-то".[35]

От Когена поэт отрывается навсегда, как от "причинного ума", его же собственный ум, полный "сокращающих жизнь загадок", представлял для философа, по догадке поэта, "фальшь и бестолочь".[36] Каждый из них измеряет мир другой мерой, и, следовательно, они не равны друг другу.

В случае Маяковского, его громадность угрожает цельности самого героя. Как и в отношении к Скрябину, герой боготворит свою любовь и стремится всецело отождествить себя с ней: "Когда мне предлагали рассказать что-нибудь о себе, я заговаривал о Маяковском. В этом не было ошибки. Я его боготворил. Я олицетворял в нем свой душевный горизонт".[37] Но заметив слишком большое сходство между собственным стилем и стилем Маяковского, – поэт испугался этой тождественности: "Время и общность влияний роднили меня с Маяковским. У нас имелись совпадения. Я их заметил. Я понимал, что если не сделать чего-то с собою, они в будущем участятся... Я решил отказаться от того, что к ним приводило. Я отказался от романтической манеры".[38] Том стихотворений, вышедший в период "освобождения" от поэтики Маяковского, Пастернак характерно озаглавил *Поверх барьеров* с явным указанием на преодоление препятствия, чем невольно угрожала дружба с Маяковским, так как тот по измерениям был всегда "чем-то бортовым и обрамляющим": "Мы шли с Маяковским по Литейному, он *мял взмахами шагов версты улиц*, и я, как всегда, поражался его способности быть чем-то *бортовым и обрамляющим ко всякому пейзажу*".[39] [Курсив мой.] И, как указывалось, отношение между Маяковским и героем разрешается особым образом. Не только герой отходит от Маяковского, но тот уходит из жизни. Причина самоубийства Маяковского в интерпретации Пастернака заключается не в чем ином, как в громадности измерения самоубийцы. С описанием смерти Маяковского связана именно символика громадных измерений, не помещавшихся в современности. В своей огромности Маяковский похож на "наше небывалое государство", по мерке которого он был скроен: "Вдруг внизу, под окном, мне вообразилась его жизнь, теперь уже начисто прошлая.

---

[35] Pasternak, *op cit.*, стр. 237.
[36] *Ibid.*, стр. 249.
[37] *Ibid.*, стр. 275.
[38] *Ibid.*, стр. 281.
[39] *Ibid.*, стр. 280.

Она пошла вбок от окна в виде какой-то... улицы. И первым на ней у самой стены стало наше государство, наше ломящееся в века и навсегда принятое в них, небывалое, невозможное государство... В своей осязательной необычайности оно чем-то напоминало покойного. Связь между обоими была так разительна, что они могли показаться близнецами.

"И тогда я ... подумал, что этот человек был собственно этому государству едва ли не единственным гражданином".[40]

Но за такие измерения платят смертью, ибо они принадлежат будущему, а в настоящем не помещаются: "Он с детства был избалован будущим, которое далось ему довольно рано и, видимо, без большого труда".[41] Итак, громадность Маяковского, испугавшая героя возможностью поглощения – поглотила самого ее носителя. Отношение X $\neq$ "Я" разрешается двойным поражением, и уравнение таким образом упраздняется.

Большое количество сложных связей между эпизодами заставляет еще раз задуматься над их характером. Из-за одной своей многогранности они приобретают характер тропов. Высокая степень сходства выдвигает на первый план их метафоричность. В самом деле, поэт отождествляет себя со всем и всеми, близ его стоящими. Каждый эпизод – это транссубстанциация самого героя. Но в то же время отождествление является лишь *процессом*, а не неизменным состоянием. Оно проходит, и то, что должно было быть тождественностью, остается лишь *частью* поэта, его метонимией. Его биография остается "под чужими именами", а видимым следом всех пережитых отождествлений является поэзия.[42] Такова динамика поэтической автобиографии. Динамика же эпизодов это постоянное балансирование между метафорикой и метонимикой.

Из этого следует ответ относительно принципа соединения эпизодов по смежности. Сильная ось эквивалентности ослабляет синтагматическую ось. Причинно-следственная связь всецело отсутствует. Тот факт, что после поражения в области музыки герой обращается к философии, etc., – не образует связи типа: "так как – то". Это отдельные, причинно независимые друг от друга *воплощения*. Эпизоды следуют друг за другом хронологически, но временный фактор очень слабо намечен. Кроме того, что эпизоды падают соответственно на три очередных этапа жизни героя,

---

[40] *Ibid.*, стр. 293.
[41] *Ibid.*
[42] Ср. стр. 215.

течение времени иногда сигнализируется и более непосредственно, например, "Прошло шесть лет" (часть II, гл. 11). Но нет, между прочим, ретроспективного повествования, и вообще оперирования временным фактором как активным элементом структуры.

Каждый следующий эпизод является не столько "продолжением человека", сколько его *новым началом* или "переопределением".[43] Поэт же заявляет, что каждый из эпизодов он мог бы заменить другим, равно существенным. Таким образом это не модель линеарной схемы человеческой жизни, но своего рода *серия личностей*, о чем автор опять-таки предупреждает читателя: "Всей своей жизни поэт придает такой крутой наклон, что ее не может быть в биографической вертикали, где мы ждем ее встретить".[44] Этим-то и отличается биография поэта от "биографии героя", что в первом случае связь между событиями не является цепью причин и следствий. На последнем принципе построен классический роман. Из одного события выводится цепь следующих событий – как в случае сюжетной линии Андрея и Наташи в *Войне и мире*: так как А. встречает Н. на балу – он влюбляется и решает жениться; так как он решает жениться – он входит в конфликт с отцом; так как не хочет порывать с отцом – откладывает помолвку, etc. Это структура фабулы, и к тому же фабулы сенсационной. Пастернак не признает самый принцип фабулы, а вместе с ним и элемент сенсационности, сопровождающий большинство классических фабул. Говоря о подборе материала для своей биографии, поэт информирует читателя, что в ней пропущено. Из перечисления видно, что пропущены были все "сенсационные" элементы: "*Я не буду описывать* [курсив мой] ... как весной ... в Зоологическом саду, показывали отряд дагомейских амазонок... Как летом девятьсот третьего года в Оболенском... тонула воспитанница знакомых... Как погиб студент, бросившийся к ней на помощь, и она затем сошла с ума... Как... я сломал себе ногу... [и как] ... горели... знакомые... Как скача в ту ночь с врачом... поседел мой отец..."[45]

Сенсационные мотивы удобны для фабулы, и все это по вкусу "читателю", т. е. филистеру, но не поэту. "Я не буду этого описывать, это сделает за меня читатель. Он любит *фабулы и страхи* [курсив мой] и смотрит на историю, как на рассказ с непрекращающимся продолжением. Неизвестно, желает ли он ей разумного

---

[43] Ср. стр. 281.
[44] "Охранная грамота", *op. cit.*, стр. 213.
[45] *Ibid.*, стр. 205.

конца. Ему по душе места, дальше которых не простирались его прогулки. Он весь тонет в предисловиях и введениях, а для меня жизнь открывалась лишь там, где он склонен подводить итоги".[46]

Возникает вопрос, какую действительность моделирует текст Пастернака по сравнению с остальными двумя? В случае Пушкина и Домбровской это была модель действительности без "необычного", где "ничего не происходит" вопреки ожиданию читателя. У Пушкина такая цель особенно видна, так как его дневник этим именно выделяется на фоне романтической "литературной" манеры описаний Кавказа. С манерой Пушкина и Домбровской связано понятие "среднего" как жизненной основы. Модель этого "среднего" и становится приемом на фоне привычного "необыкновенного".

Пастернаковская модель более сложная. В ней отведено место "среднему" и "необычному", но не в равной мере. "Среднее" – это "фабулы и страхи", пошлое воображение о литературе, предоставленное читателю-филистеру. Необычное и неведомое среднему человеку – это у Пастернака всегда критерий ценности: "Марбургская школа обращалась к первоисточникам, т. е. подлинным распискам мысли...", тогда как "... ходячая философия говорит о том, что думает тот или другой писатель, а ходячая психология – о том, как думает *средний человек*".[47] [Курсив мой.] В другом месте автор зовет эту "среднюю психологию" "общим местом" и "предрассудком".[48] Его интересует как раз то, что среднему противоположно: "Область подсознательного у гения не поддается обмеру".[49] Весь мир поэта – это мир необычный. И лишь такой мир – мир подлинный. Но средний человек его никогда не увидит, и поэтому у каждого факта двойная интерпретация: настоящая, принадлежащая поэту, и фальшивая, годная "для других". То, что произошло между Скрябиным и героем, разделяется на два аспекта: высокая оценка молодого музыканта знаменитостью – это "для других", т. е. для родителей. "Мне [эти факты] в этом виде не принадлежали".[50] Для автора – это ломка всего образа жизни, неотделимого от музыки, с которой он в этот момент порывает. Другой такой случай – сцена отъезда из Марбурга. Для старой немки-хозяйки сложенные книги обозначают конец

---

[46] *Ibid.*
[47] *Ibid.*, стр. 224.
[48] "Детство Люверс", *Проза...*, стр. 86.
[49] "Охранная грамота", *op. cit.*, стр. 213.
[05] *Ibid.*, стр. 211.

научных усилий, увенчавшихся успехом (выдержанные экзамены). Для героя – это очередная ломка жизни, разрыв с любимой, разрыв с философией.

Итак, в то время как у Домбровской и Пушкина между "подлинный" и "средний" стоит знак уравнения, у Пастернака уравнение этих понятий упраздняется. "Среднее" для него отождествляется с неправдой. Он использует подлинные события для того, чтобы разрушить ходячее понятие подлинности. Пушкин оперирует подлинными событиями для того, чтобы разрушить ходячее понятие "литературности". Домбровская же строит свою модель из фиктивных событий с установкой на их подлинное восприятие. Во всем этом играет решающую роль не "тематика", и не "материал", как все еще верят многие, а структура этих произведений.

OHIO UNIVERSITY LIBRARY